抗日战争时期中国人口伤亡和财产损失调研丛书

主　编　李忠杰

副主编　李　蓉　姚金果
　　　　霍海丹　蒋建农

山东省百县（市、区）抗日战争时期
死难者名录

1

山东省委党史研究室　编

中共党史出版社

图书在版编目(CIP)数据

山东省百县(市、区)抗日战争时期死难者名录:全14册/山东省委党史研究室编.—北京:中共党史出版社,2014.9
(抗日战争时期中国人口伤亡和财产损失调研丛书/李忠杰主编)
ISBN 978-7-5098-2784-0

Ⅰ.①山… Ⅱ.①山… Ⅲ.①抗日战争－损失－史料－山东省
Ⅳ.①K265.06

中国版本图书馆 CIP 数据核字(2014)第 197613 号

出版发行:**中共党史出版社**
责任编辑:李亚平　黄艳　王兵　安胡刚　吕佳音　贾京玉　王鸽子　陈海平　姚建萍
复　　审:姚建萍　陈海平
终　　审:汪晓军
责任校对:龚秀华
责任印制:谷智宇
责任监制:贺冬英
社　　址:北京市海淀区芙蓉里南街6号院1号楼
邮　　编:100080
网　　址:www.dscbs.com
经　　销:新华书店
印　　刷:甘肃新华印刷厂
开　　本:170mm×240mm　1/16
字　　数:5928 千字
印　　张:335.25
印　　数:1－3000 册
版　　次:2014 年 9 月第 1 版
印　　次:2014 年 9 月第 1 次印刷

　ISBN 978-7-5098-2784-0
定　　价:760.00 元(全十四册)

此书如有印制质量问题,请与中共党史出版社出版业务部联系
电话:010－82517197

《抗日战争时期中国人口伤亡和财产损失调研丛书》

本课题在中共中央党史研究室室委会领导下进行。先后三位时任主任孙英、李景田、欧阳淞对本课题给予了重要指导。

主　编　李忠杰

副主编　李　蓉　姚金果　霍海丹　蒋建农

参加审稿的领导和专家：

一、中共中央党史研究室领导和专家

曲青山　孙　英　龙新民　陈　威　石仲泉

谷安林　张树军　黄小同　黄如军　李向前

陈　夕　任贵祥　郑　谦　王　淇　黄修荣

刘益涛　韩泰华

二、有关部门和单位的专家

李景田（第十二届全国人大常委、民族委员会主任委员；中共中央党史研究室原主任；中共中央党校原常务副校长）

何　理（中国人民解放军国防大学少将、教授、中国抗日战争史学会会长）

支绍曾（中国人民解放军军事科学院少将、原军事历史研究部副部长、研究员）

罗焕章（中国人民解放军军事科学院研究员）

刘庭华（中国人民解放军军事科学院原军事历史研究部研究室主任、研究员、博士生导师、首席军史专家）

阮家新（中国人民革命军事博物馆原副馆长、研究员）

步　平（中国社会科学院近代史研究所原所长、研究员）

汤重南（中国社会科学院世界历史研究所研究员、中国日本史学会名誉会长）

姜　涛（中国社会科学院近代史研究所研究员）

荣维木（《抗日战争研究》原主编）

郭德宏（中共中央党校党史教研部原主任、教授、博士生导师）

肖一平（中共中央党校党史教研部教授）

杨圣清（中共中央党校党史教研部教授）

李东朗（中共中央党校党史教研部教授、博士生导师）

徐　勇（北京大学历史系教授、博士生导师）

李良志（中国人民大学中共党史系教授）

王桧林（北京师范大学教授、博士生导师）

谢忠厚（河北省社会科学院原现代史研究所所长、历史研究所顾问、研究员）

中共中央党史研究室课题组成员

李忠杰　霍海丹　李　蓉　姚金果　李　颖
王志刚　王树林　杨　凯

《抗日战争时期中国人口伤亡和
财产损失调研丛书》

总　　序

中共中央党史研究室副主任　李忠杰

　　发生在 20 世纪三四十年代的中国人民抗日战争，是中华民族抵抗日本帝国主义侵略的一场规模巨大的战争，是世界反法西斯战争的重要组成部分和东方主战场，是近代以来中国反对外敌入侵第一次取得完全胜利的民族解放战争。中国人民抗日战争的胜利，成为中华民族由衰败走向振兴的重大转折点，也对世界各国人民取得反法西斯战争的胜利、争取世界和平的伟大事业产生了巨大影响。

　　这场战争，作为世界反法西斯战争的一部分，从根本上来说，是反法西斯正义力量与法西斯侵略势力之间的一场大决战，是文明与野蛮的一场大搏斗。日本侵略者，站在法西斯阵营一边，不仅与中国人民为敌，而且与世界人民为敌，肆意践踏人类的公理和正义，企图以残暴杀戮的手段，将中华民族置于自己的铁蹄之下。日本侵略者先后占领了中国、东南亚、南亚、大洋洲许多国家的领土，杀害居民，掠夺物资，强征劳工，施放毒气，蹂躏妇女和儿童，毁坏和窃取文物，造成了大量人员和财产的损失，给中国人民和亚洲其他许多国家人民留下了巨大的创伤，给世界文明造成了空前的破坏。

　　中国是受战争摧残最为严重的国家。从 1931 年到 1945 年的 14 年间，日本侵略者先后占领了东北、华北、华中、华南等大片中国最重要的经济政治文化战略地区。在整个战争进程中，日军到处屠杀、焚烧、抢掠、奸淫，使中国人民的生命财产惨遭蹂躏；大量使用生化武器，进行残酷的细菌战和化学战；把大批中国平民和俘虏当作细菌和毒气的试验品；对无辜的中国平民施放毒气，或在河流、湖泊、水井中投毒；掠走大批中国劳工，强迫他们筑路、开矿、拓荒，从事大型军事工程，使其大批冻、饿、病、累而死；强征中国妇女作为"慰安妇"，严重残害妇女的身心健康；对抗日根据地实行"烧光、杀光、抢光"政策，企图摧毁抗战军民起码的生存条件；在许多地方还制造了一系列触目惊心的大惨案。直至今天，日本侵略所造成的后果还难以完全消除，日军遗留的毒气弹还不时地威胁着中国人民的生命安全。

日本侵略者的罪行，违背了起码的人类良知和国际公法，不仅是对人权和人道主义的践踏，而且是对人类文明的挑战。它决不是如某些日本右翼分子所说是解放亚洲和太平洋地区人民的行动，而是亚洲和太平洋地区历史上最黑暗的一幕，是人类文明史上的一场浩劫。第二次世界大战结束后，根据《波茨坦公告》的规定，远东国际军事法庭在东京对日本首要战犯进行了国际审判，确认侵略战争为国际法上的犯罪，策划、准备、发动或进行侵略战争者为甲级战犯。此外，盟军还在马尼拉、新加坡、仰光、西贡、伯力等地，对日本的乙、丙级战犯进行了审判。中国也先后对日本的有关战犯进行了审判。这些审判，与欧洲的纽伦堡审判一起，使发动侵略战争的罪犯受到了应有的惩处，代表了全世界一切爱好和平人民的共同愿望。这是正义的审判，历史的审判！这一审判的结果是不容挑战的！

策划和制造当年这场战争的，是一小撮日本军国主义和法西斯分子。而日本人民，从根本上来说，也是受害者。所以，日本人民也用不同方式对这场战争进行了抵制和反抗。不少参加侵华战争的士兵认识到战争的性质，幡然悔悟，积极参加了国际和日本国内的反战活动。战后，很多人勇敢面对历史事实，以见证人的身份揭露了日本军国主义的罪行。还有很多当年的士兵，真诚忏悔战争的罪行，以实际行动推动世界和平和中日友好，做了很多有益的工作。他们的良知和勇气，应该得到充分的肯定和赞赏。

相反，日本国内一些右翼势力，直到今天仍然否认侵略战争的性质和罪行，竭力推卸侵略战争的责任。对早已由当年远东国际军事法庭作出严正判决的南京大屠杀一案，始终企图翻案。历史不容改变，事实岂能抹杀！企图歪曲历史，掩盖罪行，这是中国人民绝对不能同意的！

中国人民在当年那场战争中的胜利，是正义战胜邪恶、光明战胜黑暗、进步战胜反动的伟大胜利！是正义的胜利、人民的胜利、和平的胜利！既是中华民族永远值得纪念的胜利，也是世界人民永远值得纪念的胜利！但是，在纪念胜利的同时，我们不要忘记，这一胜利是用极为惨重的代价换来的。在这一伟大胜利的背后，是中华民族遭受的巨大人员伤亡和财产损失！中华民族，既为这场战争的胜利作出了巨大的贡献，也在这场战争中付出了巨大的民族牺牲。

1995年，江泽民同志在首都各界纪念抗日战争暨世界反法西斯战争胜利50周年大会上，对当年日本侵略中国造成巨大人口伤亡和财产损失的基本数据作出了重要表述。2005年，胡锦涛同志在纪念中国人民抗日战争暨世界反法西斯战争胜利60周年大会的讲话中，再次郑重宣布，据不完全统计，在抗日战争期间，中国军民死伤3500多万人；按1937年的比值折算，中国直接经济损失1000多亿美元，间接经济损失5000多亿美元。中国领导人公开宣布的基本数据，从整体上揭示了中国人口伤亡和财产损失的规模，有力地揭露了日本军国主义侵略的罪行。

数据，是历史的抽象。数据的背后，是大量的事实、确凿的证据，是无数人们的惨痛记忆和血泪控诉。为了更直接、更具体、更全面、更系统、更立体地还原当年的历史，展示中国人民遭受的灾难和损失，揭露日本军国主义的罪行，驳斥日本右翼势力否认侵略罪行的种种言论，我们必须通过更多档案资料的展示、历史文书的挖掘、具体事实的考查、当事人的证词证言、各种各样的物证书证，等等，将侵略者的罪行昭告天下。因此，作为炎黄子孙，作为郑重的历史工作者，有必要、有责任、有义务、也有权利对战争期间中国的人口伤亡和财产损失进行更加系统、详尽、具体的调查研究，将当年中国人民的巨大牺牲和惨重损失永远地记载下来。

这项调查研究工作，本来在抗日战争结束之后，或者在新中国成立时，就应该进行。但由于种种历史原因，未能系统、全面地进行。由于年代久远，资料散失，在世的证人越来越少，现在进行这方面的调查和研究已经有很大困难。但是，无论早晚，这项工作总得有人来做。现在才做，已经晚了几十年。但如果现在再不做，将来就更晚，也更困难了。所以，无论再困难，做，都是必要的。做好这项调研，是对历史负责、对人民负责、对当年的牺牲殉难者负责、对我们的子孙后代负责。根本上，是对整个中华民族负责，也是对国际社会和人类文明负责。

因此，2004 年，中央党史研究室决定开展《抗日战争时期中国人口伤亡和财产损失》的课题调研。从 2005 年开始，组织全国党史部门围绕这一重大课题，开展了系统深入的调研工作。其基本任务，是按照实事求是的原则，调查更加详实、有力、具体、准确的档案、材料、事实，更加清楚准确地掌握日本军国主义的侵略罪行，更加清楚准确地掌握日本侵略在各个不同领域、地区和方面对中国造成的破坏和损失。其中包括：各个省、自治区、直辖市在抗战中的人口伤亡和财产损失情况；历次重大战役战斗中中国军队伤亡的情况；日本从中国掠走各种资源的情况；日本从中国掠走和破坏文物的情况；日军在中国制造的一系列重大惨案；中国劳工的损失情况；中国妇女遭受日军性侵犯的情况，包括"慰安妇"的情况；日军在中国使用细菌武器、化学武器及其造成伤害的情况；日本侵略在其他方面给中国造成破坏的情况；等等。

课题调研的整体布局，实行块块和条条的结合。每个省、自治区、直辖市党史研究室，主要负责把本区域内的情况调查清楚。也可根据实际情况，选择一些重点，进行专题性的调研，形成专题性的研究成果。一些重要专题，单靠某个省（自治区、直辖市）做不了，就采取条条的办法，组织专题性的调研。还有一些，则是条条与块块相结合。如毒气，日军在不同区域使用过，有关的省（自治区、直辖市）都调查。但作为一个专题，由相关的区域进行协调，配合开展调研工作，并形成专项的调研成果。如劳工、性侵犯等，就大致属于这种类型。

课题调研的方式方法，主要是查阅和搜集档案文献资料，包括不同历史时期的统计报表。同时查阅当时有关的报刊资料，查阅多年来涉及有关地方、有关课题的研究成果。对一些特殊的重大事件，特别是重大惨案等，也同时进行社会调查，对当事人、知情人、有关研究人员等进行走访，记录证词证言。对于特别重要的事件，有条件的，还进行必要的司法公证，如南京大屠杀、潘家峪惨案等，使这些调查都成为在法律上可以采信的证据。根据需要与可能，也到国外境外包括台湾地区查阅搜集档案资料。

中央党史研究室进行了大量组织和指导工作。在课题确定前，首先进行了必要的论证，得到了许多专家的支持。随后，制定了详细的工作方案，向各省、自治区、直辖市党史研究室发出正式通知和实施意见，明确了工作的指导思想、组织领导、调研项目、工作步骤、基本要求、注意事项等等。为了提高认识，振奋精神，交流经验，落实措施，专门召开了工作培训会议，就课题的总体规划、调研方法、需要把握的问题等，作了全面部署，特别是提出了把调研工作做成"基础工程、精品工程、警世工程、传世工程"的要求。多年来，一直分阶段、有步骤地把这项课题调研推向前进。有关领导和专家分别到各地参加会议，指导培训，提出要求，统一规格，解答疑难问题。在调研过程中，随时就有关问题进行具体指导。工作班子及时编发简报和简讯，交流情况和经验。

各级党委和政府高度重视。多数地方成立了由党史研究室领导负责的课题组。各地先后召开工作会议、电话会议等，培训人员，落实任务。许多地方形成了由党史研究室牵头，档案、民政、财政、司法、地方志、社科院以及高校等部门单位联合攻关的局面，保证了调研工作扎扎实实、有计划有步骤地向前推进。

《抗日战争时期中国人口伤亡和财产损失》课题调研先后经历了六个阶段。第一，酝酿启动。第二，全面调研。这是最重要的阶段。各地组织专门人员，查询档案，实地走访，搜集了大量资料。第三，起草报告。凡参加调研的县以上单位，都要在搜集整理、考证研究档案文献资料和进行实地调查的基础上，写出调研报告，全面、准确地反映调研成果。同时，将调研中搜集的档案文献资料进行分类整理，制作统计表、大事记和人员伤亡名录等。第四，分级验收。为保证调研成果的科学性、准确性、严肃性，各省、自治区、直辖市调研报告都要经过四级验收。首先由课题领导小组审查通过，然后聘请所在省份资深专家审读验收，合格后报送中央党史研究室课题组。中央党史研究室课题组审读各省、自治区、直辖市的调研报告及相关调研成果，认为合格后，再聘请有全国影响的专家审读，写出书面意见并亲笔署名。根据审读意见，各地都要反复认真进行修改，只有达到规定要求才能通过验收。第五，上报成果。完成调研工作的省、自治区、直辖市，都按统一要求，将调研中收集的档案文献资料等所有文件，精心整理，分类成册，向中央党史研究室提交调研成果。各市县也要逐级向省级报送。第六，反复审核。中央党史研究室召开审稿会，组织各省、自治区、直辖市按照标准自审，相互间互审，将各种材料进行比对，将有关数据核实，解决带有共性的问题，进一步统一标准、统一规范、统一格式。

这项课题调研，作为一项浩大的工程，到目前为止，进行了将近10年之久。前后共有60多万党史工作者、史学工作者和其他各类有关人员参加。将近10年来，各个地方都周密组织，采取有力措施推动工作开展，保证调研质量。如山东省，先在30个县（市、区）进行试点，然后在全省普遍推开，形成了纵向省市县乡村五级联动、步调一致，横向十几个部门优势互补、携手攻关的工作格局。课题调研期间，山东省参加工作的同志共查阅档案238742卷，复印档案资料406912页，查阅抗战期间及战后出版的书刊61301册（期），复制文献资料220177页。走访调查8万余个行政村、609万名70岁以上（即1937年全国性抗战爆发以前出生）老人中的507万余人，收集证言证词79万余份。拍摄照片资料7376幅、录像资料49678分钟，制作光盘2037张。全省1931个乡镇，每个乡镇都建立了包括证人证言证词、伤亡人员名录、财产损失清单、人员伤亡和财产损失数字统计、人员伤亡和财产损失大事记、重大惨案证据材料以及证人和知情人口述录音、录像、照片等内容的抗战时期人口伤亡和财产损失材料卷宗，共12892个。

这项课题调研，也得到了社会各界特别是档案图书部门、专家学者的普遍支持。许多档案馆、图书馆为这次调研提供各种方便。不少专家学者在教学科研任务繁重、经费困难的情况下，承担专题研究任务。有的外请专家利用学校假期全力以赴做课题，缺少交通工具，就以自行车代步或徒步，到档案馆和图书馆查阅文献资料。

为了扩大搜寻面，中央党史研究室还组织查档小组，分赴美国、俄罗斯、日本，搜集了许多抗战史料。很多地方的课题组都到台湾查档。在台北"国史馆"、中国国民党党史馆、"中央研究院"近代史研究所档案馆等，找到了数量巨大、整理比较细致的抗战档案。台北"国史馆"馆藏的国民党在大陆统治时期行政院赔偿委员会档案，涉及抗战时期中国人口伤亡和财产损失的有8924卷，内容十分翔实具体。既有中央机关、军队系统人口伤亡和财产损失情况，也有地方省、市，县、区和个人填报的资料，包括台湾地区和华侨的档案资料。新疆防空委员会也报送有财产损失材料，如修筑防空工事、疏散费等财产损失。重庆市报送有日机空袭慰恤重伤难胞姓名卡，上面有卡号、伤员姓名、性别、年龄、籍贯、受伤时间、受伤地点、犒金额、发犒金时期、所住医院名称、医院地址、入院时间等，受伤部位还配有图片加以说明。所有这些，为查明当时各方面的人口伤亡和财产损失，提供了重要证据。

　　这项重大课题调研的成果，均编成《抗日战争时期中国人口伤亡和财产损失调研丛书》公开出版，为国内外学者提供并为子孙后代留下一份关于抗战时期中国人口伤亡和财产损失的系统资料。经过验收、审核合格的调研报告和主要档案文献资料，都按统一体例，编辑成为丛书的A、B两个系列。A系列为各省、自治区、直辖市各一本调研成果，以及若干重要专题的调研成果，由中央党史研究室负责审核。B系列为各省、自治区、直辖市的其他大量调研成果，由各省、自治区、直辖市党史研究室负责审核。全部成果统一设计、统一规格、统一版式、统一编号，由中共党史出版社统一出版。全部出齐之后，将有300本左右。

　　为了集中反映日本侵略者在中国制造的各种重大惨案，我们专门编纂了一套《抗日战争时期全国重大惨案》，收录抗战时期死伤平民（或以平民为主）800人以上的重大惨案100多个，配以档案、文献、口述及照片等作为历史证据。日本一些右翼分子，常常攻击中国为什么不拿出伤亡人员名单。我们专门安排了一个省，即山东省，公布该省具体的伤亡人员名录（第一批先公布该省100个县＜市、区＞的死难人员名录），包括姓名、籍贯、年龄、性别、伤亡时间等多项要素。以此说明，中国的伤亡人员都是有根有据、铁证如山的。

历史的生命在于真实、客观、准确。《抗日战争时期中国人口伤亡和财产损失》这一课题调研的生命也在于真实、客观、准确。所以，在开展这一课题调研的过程中，我们始终把保证调研质量，保证所有材料、事实、成果的真实性、客观性和准确性放在第一位，并在五个重要环节上严格要求、严格把关。第一，严格要求。一开始就明确规定，课题调研工作坚持实事求是的原则和科学严谨的态度。整个调研工作必须尊重历史事实。档案怎么记录的，就怎么记载，不能随意改变。当事人、知情人怎么说的，就怎么记录，不能随意加工。所有的材料、事实都要经得起法律上和学术上的质证。在需要与可能的情况下，对当事人、知情人的证词证言要进行司法公证。各种数据，都要确有根据，不能随便编排、采信。不许追求任何高数字、高指标。第二，统一规范。对课题调研的项目、内容，都做了认真细致的研究，提出了统一要求和严格规范。对全部调研项目设计了统一的表格，对调研报告的内容和格式做了统一规定。每个数字的内涵外延，包括如何计算、如何换算等等，都有明确的规定。事前对调研人员进行了培训。调研过程中，对没有理解的问题、疑难的问题等，都由专家给予统一的解释、说明。第三，责任到人。对所有参与课题调研的人员，都实行责任制。查档的、笔录的、整理的、起草调研报告的、审读的……，每个环节的人员都要签名，以对这一环节自己的工作负责，对子孙后代负责。明确规定，今后凡遇到质疑，有关环节的调研人员都要能够站出来进行证明、解释和辩论。第四，客观撰写。在汇总情况、起草调研报告阶段，要求所有的数据统计都必须客观、真实、准确。一律用事实说话，材料要具体、实在。不允许像写文艺作品那样来写调研报告；不允许作任何想象、编造和煽情性的描写；不允许刻意追求语言的生动华美；不允许使用任何带有夸张性、主观推断性的文字；不允许用"不计其数"、"无恶不作"这类抽象的形容词来概括相关内容；经过调研，凡是能够说清的事实、数字都予采用，但仍然说不清的情况、数据，就客观地说明未查核清楚，在汇总和整理数据时充分考虑这些因素，绝对不得编造数字。第五，逐级验收。除了在调研过程中由特聘的专家随时给予指导外，对各地提交的调研报告和相关材料，都实行逐级验收制度。其中，对省级调研成果实行由地方到中央的四级验收，其他调研成果由有关省、自治区、直辖市党史研究室组织验收。每一验收环节都要有专家审读、签字。凡存在问题和不符合要求之处，都要退回重新核查和修改。

经过艰苦努力，到 2010 年底，我们在深入调研的基础上，初步编出了几十本成果，先行印制了少量样本作为内部工作用书，组织力量作进一步的研究、审读、复查、校核。从 2014 年初开始，我们又组织展开了新一轮较大规模的审核工作。第一，召开有关省、自治区、直辖市党史部门参加的审稿会，进一步提高认识，明确规范，听取相互评审以及从社会各方面听到的意见，对审核工作提出要求，进行部署。第二，开展自审、复核、修改，确保准确无误。同时在各省、自治区、直辖市党史部门之间交叉审读，相互间进行比较、核对、衔接。自审互审完成后，都要确认是否具备正式出版的质量水准，签署是否同意交付出版的意见。第三，由中央党史研究室组织专家，对所有拟第一批出版的成果（书稿）进行六个环节的审读、检查、修改、校对，不仅检查是否还有表述不够准确或不够清楚的地方，而且对各本书稿之间、每本书稿各个部分之间的内容、叙述、时间、数字等进行统筹检查，排除表述不一致的内容。第四，如实客观地说明我们工作尽最大努力后达到的程度。始终强调，凡是已经清楚的，就清楚表述。还没有搞清楚的，就如实说明还没有搞清楚。某些数据、结论与其他书籍资料不完全一致的，则说明我们是依据什么材料、从什么角度得出和叙述的，不强求一致。第五，组织各地党史部门继续参与审核。凡有疑问的，都与有关地方党史部门联系、查核。多数省、自治区、直辖市都派专人来京参与审核、修改、校对。审核完毕后，又组织各地党史部门对自己书稿的清样再次进行审核。然后再按出版流程交付印制。今年以来对这些成果再次进行如此繁密、细致的复核工作，都是为了进一步保证成果的质量，保证历史事实的真实性和准确性。

特别需要强调的是，开展这项调研，不是为了简单汇总、计算这样那样的数据，而是为了寻找、展示更多的档案、更多的材料、更多的人证物证、更多的历史事实，用具体的事实来反映当年中华民族遭受的巨大灾难，揭露日本侵略者反人类的罪行。时隔几十年，很多数据难以查清，很多数据可能不很吻合，而且数据的分类、统计、核算都极为复杂，远远不是简单做一做加法就能算出来的。所以，我们在数据上采取了十分谨慎的态度。能统计出来的就统计出来，难以统计的也不强求。统计的口径、结果相互有差别的，也注意说明。今后，我们将会对数据问题作进一步研究。因此，目前的研究还只是阶段性的，不能说已经包罗万象，更不是最终的结论。总体上，还是在为今后更加综合性的研究提供一个详尽、扎实的基础。

由于自始至终都高度重视和强调调研的质量，所以，对于这一项目的真实性、客观性、准确性，我们有充分的信心。当然，无论如何，历史已经过去了六七十年，很多当事人已经去世，很多档案资料已经散失。现在再对发生在六七十年前的灾难进行大规模的调查，其困难是可想而知的。所以，即使做了最大的努力，我们仍然充分预计在调研成果及有关材料中，还是会有不足和差错之处，出版之后，肯定会有不同意见。所以，我们真诚地欢迎所有看到这些调研成果的人们，对其中的内容、材料、数据等进行审查、讨论。如此，必将有更多的人们关心和参与对当年那场灾难的调查，必将会提供和发现更多的档案、更多的资料、更多的见证，必将对我们调研成果中的很多内容进行不断的推敲琢磨，从而使我们能够更加准确、系统地展示当年中国的人口伤亡和财产损失，使我们为子孙后代留下的资料更为完整、更为丰富。我们也欢迎日本和其他国家的人们对这些调研成果进行阅读、审查、讨论、质疑。如此，将会有更多的国家和人们关注中国当年所遭受的灾难，也将会有更多的存留于国外境外的档案资料出现在公众面前，也将会使对当年这段历史和灾难的记录、研究更加准确和科学。

《抗日战争时期中国人口伤亡和财产损失》课题调研，是一项学术性的工作。开展这项课题调研，是为了更加准确和详尽地记录这场战争和灾难的历史，更加充分和有力地揭露日本军国主义的侵略罪行、反击日本右翼势力否认侵略战争的言行，更加充分和有效地进行爱国主义教育，毋忘国耻、振兴中华，更加积极地促进两岸交流、推进祖国和平统一进程，同时，也是为了给全世界所有关注当年这场战争和灾难的国家、政府和人们一个更加负责任的交代，为子孙后代继续研究当年中国人民抗日战争和日本军国主义的侵略罪行留下一笔丰富翔实的历史遗产。因此，虽然是学术性调研，但具有重大的历史意义、现实意义、国际意义、政治意义。作为历史工作者，我们有责任、有义务，实事求是地把中华民族在那场战争中蒙受的巨大灾难和损失尽可能完整地记载下来。推动和开展这项课题调研，是良心所在，是责任所在！每每读到那些令人震颤的历史事实，每每想到那数千万死难者的冤魂亡灵，每每掂量我们今人特别是历史工作者的责任，我们都禁不住潸然泪下。将近10年来，所有调研人员本着对历史和民族负责的精神，殚精竭虑，无私奉献，千方百计寻找各种线索，逐字逐页翻阅档案资料。为了做好对当事人、知情人的调查取证工作，顶酷暑，冒严寒，深入村镇，一家一户进行走访。也许，随着时间的流逝，这样的调研工作，以后再也不可能如此全面深入大规模地进行了。所以，对于能够基本完成这一课题的调研，我们极为欣慰，对能够取得今天这样的成果，我们极为珍惜。将近10年来，调研工作遇到过重重困难，调研人员付出了巨大心血，但只要能够对国家、对民族、对人民有一个负责任的交代，我们所有的努力、辛劳甚至痛苦都是值得的！

现在，《抗日战争时期中国人口伤亡和财产损失调研丛书》A系列第一批成果就要正式出版了，随后我们还将根据工作进程陆续出版第二批、第三批……B系列丛书的编纂和出版工作也将同时推进。而且，这项课题调研工作远没有结束。截至目前课题调研取得的成果，都还是阶段性的、部分的、不完全的成果。很多专题性调研还要继续进行，对大量档案资料还要进行分析研究。所有这些，都还需要我们继续不懈地努力。我们将以对历史负责的精神，一如既往地将这项课题调研工作做好。

历史，是现实的基础，更是未来的起点。打开尘封的记忆，重温昔日的往事，我们可以得到很多的启示和教诲，增长很多的聪明和智慧。所以，研究历史，形式上是向后看，但根本目的是向前看。作为一种科学的研究，我们调查历史的真相，记录历史的灾难，不是为了延续旧时的仇恨，不是为了扩大中日之间的裂痕，不是为了煽动狭隘民族主义的情绪，而是为了以史为鉴，不让历史的悲剧重演；面向未来，书写更加友好合作的美好篇章。经历了太多的苦难和挫折之后，我们更加坚定地热爱和平，更加执着地追求正义，更加珍惜国家的主权与独立，也更加关注世界的文明发展和进步。我们真诚地希望，世界各国能够携手努力，平等协商，求同存异，友好相处，共同推进世界的发展，共享人类文明的成果；我们真诚地希望，中日两国人民能够更多地加强交流、理解和合作，共同开辟中日关系的新局面，使中日关系更加健康稳定地向前发展，使中日两国人民真正世世代代地友好下去；我们真诚地希望，中华民族能够始终以坚韧不拔的努力，坚定不移地走和平发展之路，在中国特色社会主义旗帜下全面建设小康社会，努力实现社会主义现代化，为推动建设一个和平发展、文明进步的世界作出自己的贡献！

2014 年 4 月 30 日

《抗日战争时期中国人口伤亡和财产损失》课题①调研工作规范和要求

2004 年，中共中央党史研究室决定开展《抗日战争时期中国人口伤亡和财产损失》课题调研。2005 年向全国各省、自治区、直辖市党史研究室发出开展此项工作的正式通知，进行相应部署，着重说明工作的指导思想、调查项目、实施步骤及规范和要求。以后又随着课题调研的深入开展，对规范和要求进行了补充和完善。

一、课题调研的基本任务

抗战损失课题调研的目的和任务是深化对抗日战争时期中国人口伤亡和财产损失的研究。1995 年，在首都各界纪念抗日战争暨世界反法西斯战争胜利 50 周年之际，江泽民同志曾经对 20 世纪三四十年代日本侵略中国造成巨大人口伤亡和财产损失的基本数据做出了重要表述。2005 年，在纪念中国人民抗日战争暨世界反法西斯战争胜利 60 周年大会的讲话中，胡锦涛同志再次郑重宣布，据不完全统计，在抗日战争期间，中国军民伤亡 3500 多万人；按 1937 年的比值折算，中国直接经济损失 1000 多亿美元、间接经济损失 5000 多亿美元。中共中央党史研究室组织开展的课题调研，旨在全面详尽调查有关抗日战争时期中国人口伤亡和财产损失的具体事实，为这组基本数据提供强有力的史实支撑，并不是简单地做数据统计。

---

① 本课题亦简称为抗战损失课题或抗损课题。因为抗日战争时期及抗战胜利后国民政府统计人口伤亡和财产损失多采用"抗战损失"等概括性提法，其中将人口伤亡也称作抗战损失之一种，与财产损失并提，故沿用这一表述。

课题调研的基本任务是：按照实事求是的原则，经过广泛、全面、深入细致的调查研究，包括查阅搜集档案资料、对统计数据进行分析等，获得更多的证据，以更加全面和准确地揭露日本帝国主义侵略中国的罪行及其对中国人民造成的伤害。

课题调研的主要内容包括：（1）各个省、自治区、直辖市在抗战中的人口伤亡和财产损失情况；（2）历次重大战役战斗中中国军队伤亡的情况；（3）日本从中国掠走各种资源的情况；（4）日本从中国掠走和破坏文物的情况；（5）日军在中国制造的一系列重大惨案；（6）中国劳工的损失情况；（7）中国妇女遭受日军性侵犯的情况，包括"慰安妇"的情况；（8）日军在中国使用细菌武器、化学武器及其造成伤害的情况；（9）日本侵略在其他方面给中国造成破坏的情况；等等。

二、课题调研的方式和方法

主要是组织有关人员查阅和搜集档案馆、图书馆和其他文博单位以及民间保存的有关中国抗战人口伤亡和财产损失的档案资料、报刊杂志、历年出版的专题资料集和发表的研究成果。对一些特殊、重大的事件如重大惨案，则走访当事人、知情人和有关研究人员，进行录音录像，整理和保存证人证言，有条件的还进行司法公证，努力使这些调查材料成为在法律上可以采信的证据。有些省份的课题组还到境外的有关机构查阅相关档案资料，作为对大陆保存的档案资料的丰富和补充。这次课题调研的整体布局，实行块块和条条相结合。每个省、自治区、直辖市党史研究室在负责开展地区性的广泛调研的同时，也从实际出发开展一些专题性调研。一些重要的、涉及多个地方的带有全局性的专题，则另组织专家进行调研。

三、对搜集档案资料的要求

1. 明确搜集档案资料的范围。搜集档案资料是本课题调研工作的基础，调研成果的质量也主要决定于档案资料是否翔实，是否尽可能完整和全面。所以，凡相关内容的档案资料，不论是直接反映人口伤亡和财产损失的，还是间接反映的（如关于人口状况、财产状况、生产能力、各类资源情况等资料），都尽量搜集，作为撰写调研报告的客观的历史依据。搜集的要件有：档案、报刊、史志、时人日记、专著专论、实地调查报告、图片、影像资料以及出版、发表的研究成果等。

2. 认真整理原始档案和资料。对于搜集到的档案资料，不论是来自原始的档案，还是来自报刊、史志、日记、图书、专题论文等，都认真整理，每份每件都注明保存的地点、单位，文件卷号、出版或发表处等，然后分类汇总，妥善保存。档案资料使用时一律保持原貌，必要时作注释说明，不允许对原件内容增改、涂抹。对搜集到的档案资料要在分门别类整理的基础上进行必要的考证、鉴别和研究。整理后的档案资料，不仅是有关课题承担者撰写课题调研报告的重要依据，其主要内容也作为附件收入有关的调研成果之中。

四、有关数据统计中的几个问题

1. 根据搜集、掌握资料的情况，抗日战争时期中国的人口伤亡分为直接伤亡和间接伤亡两大类。直接伤亡，一般是指日本侵略中国的战争直接导致的中国方面人员的死、伤、失踪等；间接伤亡，一般是指在日本侵略中国的战争包括特定战争环境中造成的中国方面被俘捕人员、灾民、难民、劳工等的伤亡。抗战期间，被俘捕人员、灾民、难民、劳工等伤亡很大，但由于其流动性大等复杂原因，很难形成具体数据资料，统计起来十分困难。因此，本课题调研中，将已确定属于死、伤或失踪的被俘捕人员、灾民、难民、劳工的数据归入有关地方间接伤亡统计数据；无法确定是否伤亡失踪的，可视情况单列相关数据并加以说明。需要补充说明的是，在战争中失踪者，按通常惯例归为死亡。

2. 抗日战争时期中国的财产损失分为直接损失和间接损失两大类。直接损失，一般是指在日军攻击、轰炸或掠夺中直接造成的社会财产损失。居民财产损失列为直接损失。间接损失，一般包括：(1)政府机关等因抗战需要而增加的费用，如迁移费、防空设备费、疏散费、救济费、抚恤费等；(2)各种营业活动可获利润额的减少及由于成本上升等增加的费用；(3)有关伤亡人员的医药、埋葬等费用；(4)为抗战捐献的物资和钱财；(5)有关人力资源的损失。总之，一切因战争造成的间接财产损失均包括在内。

3. 在财产损失中所列的人力资源类损失，包括了被俘捕人员、劳工等在财产方面的损失。中国各级政府所组织的劳役，例如为战争修筑公路、机场、军事工事等抽调民工，都算作人力资源损失。但中国方面征用民工和日本侵略军强征劳工有所区别。日军强征劳工的伤亡率很高，和中国方面征用民工民夫的情况区别很大，因此要分别统计和说明，不能混淆。

4. 中国军队在重大战役战斗中的人员伤亡，分别情况加以统计处理。此次课题调研以统计平民伤亡为主。有关省（自治区、直辖市）如发现有本地发生过军队人员伤亡的重要资料，可以搜集整理并在调研报告中说明，但不计入本地人口伤亡总数。若是本地籍军人的伤亡，则计入本地人口伤亡总数。

5. 海外华侨拥有中国国籍，因此在计算抗日战争时期中国人口伤亡和财产损失时，华侨人口伤亡和财产损失均计算在内。各有关地方在计算本地人口伤亡和财产损失时，视情况可以将本地籍华侨的伤亡、损失计入统计数据总数，亦可单列数据并加以说明。

6. 工厂、学校、机关团体等由于战争原因搬迁造成的损失，算作间接损失，原则上由工厂、学校、机关团体等原所在地方统计。如果原所在地方缺少相关资料，新迁移处具备资料条件，也可由后者统计。为避免交叉和重复，遇到这类情况须特别加以说明。

7. 政党、政府机构的财产损失，归入公用事业的社会团体类财产损失一并计算。

8. 被日军、日本占领当局无偿征用、占用的中国耕地，按农作物的产量及其价值计算财产损失。

9. 伪军、伪政府的人员伤亡和财产损失，一般计入中国人口伤亡和财产损失。

10. 由战争原因导致的如黄河花园口决堤一类重大事件所造成的人口伤亡和财产损失，计算在间接人口伤亡和财产损失中。

11. 重大的财产损失，均以相应数额的货币反映价值。反映财产损失的货币一般要注明币种。

12. 通常用于抗日战争时期财产损失统计的货币（主要是法币），币值问题非常复杂。本课题调研中，涉及财产损失统计的货币数据，有条件进行折算的，一般按1937年即全国抗战爆发当年通用货币法币的币值进行折算，并说明折算的方式方法。因条件不具备，保留原始数据未作折算的，则注明有关数据中用以反映财产损失的货币系何种货币、何年币值。

五、关于撰写课题调研报告的要求

本次课题调研，有关课题组和承担专门课题的专家均按要求撰写出调研报告。

1. 各省、自治区、直辖市课题组撰写调研报告，内容大致分为概述、主体、结论三部分。

概述部分主要包括：介绍课题调研工作的基本情况，如：投入多少力量，到过什么地方查阅搜集档案资料，搜集了多少档案资料等。反映本地的自然地理概况，抗战爆发前的经济社会发展和人口状况，以及在抗战时期是重灾区还是大后方，是沦陷区还是根据地等。叙述日本侵略者在本地的主要罪行。还可简略回顾以往相关课题的资料和研究情况。

主体部分主要包括：分析说明本地人口伤亡和财产损失情

况。根据现掌握资料，将本地抗战时期人口伤亡分为直接伤亡和间接伤亡，将本地财产损失分为直接损失和间接损失，并分别说明主要的史料依据和分析结果。

结论部分，汇总本地人口伤亡数据、财产损失数据。据实说明迄今所掌握资料的局限性、本地遭受人口伤亡和财产损失的特点、影响等。

撰写调研报告依据的主要资料以及调研中同步完成的专题研究报告等，作为调研报告的附件，纳入课题调研成果中。

2. 由一批专家承担的全局性专门课题，如抗日战争时期重大惨案、劳工问题、"慰安妇"问题、细菌战、化学战、文化损失、海外华侨人口伤亡和财产损失、中国军队伤亡、重要战役战斗伤亡等，其调研报告的撰写和附件的收录，参照以上要求进行。

六、对调研成果的验收

在各省、自治区、直辖市课题调研工作结束后，完成的包括课题调研报告在内的省级调研成果和市、县等调研成果，要装订成册，通过审阅和验收，逐级上报，送交各省、自治区、直辖市党史研究室和中共中央党史研究室分别保存。

为确保质量，在调研过程中形成的各省、自治区、直辖市 A、B 两个系列书稿（省级调研成果为 A 系列书稿，市、县等调研成果为 B 系列书稿），要分别通过验收。其中，省级调研成果要通过由地方到中央的四级验收，市、县等调研成果则在有关省、自治区、直辖市内验收。

省级调研成果上报验收前，课题组先认真进行自审，以保证内容的完整准确，特别是调研报告和有关专题研究报告、资料、大事记的内容和数据要互相补充、印证，不能互相矛盾。课题组完成自审后，省级调研成果首先报送省级抗战损失课题领导小组验收。省级课题领导小组审查通过后，送省级专家验收组验收。省级专家验收组参加验收的专家一般为3—5人，人选来自党史系统、社会科学院和社科联系统、档案史志部门、高等院校等方面，为较有影响力、权威性的专家。省级专家验收组在本省（自治区、直辖市）课题领导小组的指导下，按照学术规范的严格要求和有关规定审读、验收本省（自治区、直辖市）拟提交中共中央党史研究室的省级调研成果。验收的主要标准和目的是确保调研成果的准确性、可靠性。对于验收中指出的问题、提出的意见和建议，各省（自治区、直辖市）课题组须采取有效措施解决和落实。对一次验收不合格的，修改、完善之后进行第二次以至多次验收，直到合格为止。省级专家验收组验收合格后，填写《A系列书稿验收报告表》。填写的报告表和书稿同时报送中共中央党史研究室课题组。

中共中央党史研究室课题组收到经省级专家验收组验收合格的省级调研成果后，先进行验收。认为合格后，再聘请国内知名专家进行验收，并填写《A系列书稿验收报告表》。验收中所提修改意见，由有关省、自治区、直辖市课题组予以逐条落实，对调研成果做出相应修改或者说明相关情况。

由一批专家承担的全局性专题研究成果，最后形成的书稿也纳入A系列，其验收也参照上述程序和要求，由中共中央党史研究室课题组组织有关专家进行。对于验收中提出的意见，承担课题的专家要逐条落实，对调研成果进行修改完善直至合格为止。

最后，中共中央党史研究室课题组对经过反复修改形成的省级调研成果和全局性专门课题调研成果进行复核。完成各项程序并符合要求的调研成果，包括通过四级验收的A系列书稿和由有关省、自治区、直辖市党史研究室组织验收并合格的B系列书稿，分批次送交中共党史出版社付印出版。

中共中央党史研究室课题组

山东省抗日战争时期人口伤亡和
财产损失课题研究办公室

（2006年9月）

主　任（重大专项课题组组长）　　常连霆

副主任（重大专项课题组副组长）　席　伟

成　员　　岳绍红　张绍麟　丁广斌　于文新　王成华

　　　　　陈金亮　李清汉　郑世诗　宋继法　亓　涛

　　　　　张启信　范伟正　李秀业　崔维志　张宜华

　　　　　刘如峰　李双安　苗祥义　韩立明　刘桂林

　　　　　魏子焱　张艳芳　王增乾

山东省抗日战争时期人口伤亡和
财产损失课题研究办公室

（2008年2月）

主　任（重大专项课题组组长）　　常连霆

副主任（重大专项课题组副组长）　席　伟

成　员　　岳绍红　张绍麟　丁广斌　侯希杰　张开增

　　　　　陈金亮　李清汉　郑世诗　秦佑镇　亓　涛

　　　　　张启信　范伟正　李秀业　李克彬　李凤华

　　　　　刘如峰　李双安　魏玉杰　韩立明

山东省抗日战争时期人口伤亡和财产损失课题研究办公室

(2010 年 7 月)

主　任（重大专项课题组组长）　　常连霆

副主任（重大专项课题组副组长）　　席　伟　韩立明

成　员　　岳绍红　张绍麟　丁广斌　张开增　褚金光

　　　　　李清汉　郑世诗　秦佑镇　亓　涛　张启信

　　　　　范伟正　李秀业　李克彬　李凤华　刘如峰

　　　　　李双安　魏玉杰

山东省抗日战争时期人口伤亡和财产损失课题研究办公室

(2014 年 8 月)

主　任（重大专项课题组组长）　　常连霆

副主任（重大专项课题组副组长）　　席　伟　韩立明

成　员　　刘　浩　冯　英　司志兰　张开增　褚金光

　　　　　杨仁祥　郑世诗　崔　康　牛国新　肖　怡

　　　　　肖　梅　李秀业　李洪彦　刘宝良　张绪阳

　　　　　李文进　李允富　张　华

《山东省百县（市、区）抗日战争时期死难者名录》编纂委员会

（2014年8月）

主　任　　常连霆

副主任　　邱传贵　　林　杰　　席　伟　　李晨玉
　　　　　韩延明　　吴士英　　臧济红

成　员　　姚丙华　　韩立明　　田同军　　郭洪云　　危永安
　　　　　许　元　　刘　浩　　冯　英　　司志兰　　张开增
　　　　　褚金光　　杨仁祥　　郑世诗　　崔　康　　牛国新
　　　　　肖　怡　　肖　梅　　李秀业　　李洪彦　　刘宝良
　　　　　张绪阳　　李文进　　李允富

主　编　　常连霆

副主编　　席　伟　　韩立明

编　辑　　赵　明　　李　峰　　吕　海　　李草晖　　邱吉元
　　　　　王华艳　　尹庆峰　　郑功臣　　贾文章　　韩　莉
　　　　　姜俊英　　曹东亚　　高培忠　　刘佳慧　　韩百功
　　　　　李治朴　　李耀德　　宋元明　　李海卫　　封彦君
　　　　　韩庆伟　　刘　可　　邵维霞　　潘维胜　　郭纪锋
　　　　　刘兆东　　吉薇薇　　杨兴文　　王玉玺　　宁　峰
　　　　　陈　旭　　罗　丹　　焦晓丽　　赵建国　　孙　颖

王红兵	张　丽	樊京荣	曾世芳	田同军
郭洪云	危永安	许　元	肖　夏	张耀龙
闫化川	乔士华	邱从强	刘　莹	孟红兵
王增乾	左进峰	马　明	潘　洋	吴秀才
张　华	张江山	朱伟波	耿玉石	秦国杰
王小龙	齐　薇	柳　晶		

编纂说明

　　本名录以 2006 年山东省抗日战争时期人口伤亡和财产损失大型调研活动收集的见证人、知情人口述资料为基础整理编纂而成。

　　按照中央党史研究室关于开展抗日战争时期中国人口伤亡和财产损失调研方案的总体要求，在中央党史研究室的精心组织和科学指导下，山东省于 2006 年开展了抗日战争时期人口伤亡和财产损失大型调研活动。调研期间，全省组织 32 万余名乡村走访调查人员，走访调查了省内 95% 以上的行政村和 80% 以上的 70 岁以上老人，收集见证人和知情人关于日军屠杀平民的证言证词 79 万余份。此后，在中央党史研究室的指导下，山东省委党史研究室组织各市、县（市、区）委党史研究室以县（市、区）为单位认真梳理证言证词等调研资料，于 2010 年整理形成了包括 140 个县（市、区）和 16 个经济开发区、高新技术开发区的《山东省抗日战争时期伤亡人员名录》，共收录现山东行政区域范围内抗日战争期间（1937 年 7 月至 1945 年 8 月）因战争因素造成伤亡的人员 46.9 万余名。2014 年初，根据中央党史研究室关于编纂出版《抗日战争时期中国人口伤亡和财产损失调研丛书》的部署，我们以《山东省抗日战争时期伤亡人员名录》为基础，选择信息比较完整、填写比较规范的 100 个县（市、区）抗日战争时期死难人员名录，经省市县三级党史部门进一步整理、编纂，形成了《山东省百县（市、区）抗日战争时期死难者名录》，共收录死难者 169173 人。

　　本名录所收录的死难者，系指抗日战争时期因日本发动侵略战争，在山东境内造成死难的平民。包括被杀死、轰炸及其引起火灾等致死和因生化战、被奸淫、被迫吸毒等而死，以及因战争因素造成的饿死、冻死、累死等其他非正常死亡的平民。死难者信息主要来源于 2006 年乡村走访调查的口述资料，也有个别县（市、区）收录了文献资料中记载的部分死难者。死难者信息包含"姓名"、"籍贯"、"年龄"、"性别"、"死难时间"5 项要素。在编纂过程中，我们尽量使各项要素达到规范、完整。但由于历史已经过去了 60 多年，行政区划有很大变动，人口迁徙规模很大，流动状况非常复杂，有的见证人和知情人对死难者信息的记忆本身就不完整；由于参与调查笔录和名录整理的人员多达数万人，对死难者信息各要素的规范和掌握也难以做到完全一致，所以，名录编纂工作非常复杂。为了保证科学性、规范性和准确性，我们尽可能采取了比较合理的处理方式，现特作如下说明：

1. "姓名"一栏中，一律以见证人和知情人的证言证词记录的死难者姓名为依据。证言证词怎么记录的，名录就怎么记载，在编纂中未作改变和加工。有些死难者姓名为乳名、绰号，有的乳名、绰号多则四个字，少则一个字；有些死难者姓名是以其家人或关联人的姓名记录的，用"××之子"、"××之家属之一"、"××之家属之二"等表述；还有些死难人员无名无姓但职业指向明确，如"卖炸鱼之妇女"、"老油匠"等；还有个别情况，是死难人员的亲属感到死难人员的乳名、绰号不雅，为其重新起了名字。上述情况都依据证言证词上的原始记录保留了其称谓。有的死难者只知道姓氏，如"杨某某"、"李××"等，在编纂中我们作了适当规范，其名字统一用"×"号代替，如"杨××"、"李××"等。

2. "籍贯"一栏中，地名为2006年调研时的名称。部分县（市、区）收录了少量非本县（市、区）籍或非山东籍，但死难地在本县（市、区）的死难者。凡山东省籍的死难人员均略去了省名，一般标明了县（市、区）、乡（镇）、村三级名称。但也有个别条目，由于证言证词记录不完整，只记录了县名或县、乡（镇）两级名称或县、村两级名称。村一级名称，有些标注了"村"字，有些标注了"社区"，有些既未标注"村"字，也未标注"社区"，在编纂中我们未作规范。对于死难者籍贯不明，但能够说明其死难时居住地点或工作、就业的组织（单位）情况的，也在此栏中予以保留。

3. "年龄"一栏中，死难者的岁数大多是见证人或知情人回忆或与同龄人比对后估算的，所以整数相对较多。由于年代久远，亦不可避免地存在着部分死难者年龄要素缺失的情况。

4. "性别"一栏中，个别死难者的性别因调查笔录漏记，其性别难以判断和核查，只能暂时空缺。另外，由于乡村风俗习惯造成的个别男性取女性名字，如"张二妮"性别为"男"等情况均保持原貌。

5. "死难时间"一栏中，由于年代久远，当事人或知情人记忆模糊，部分死难者遇难时间没有留下精确的记录。凡确认抗日战争时期死难，但无法确定具体年份的用"—"作了标示。另外，把农历和公历混淆的情况也较多见，也不排除个别把年份记错的情况。

在编纂中，对于见证人或知情人证言证词中缺漏的要素，在对应的表格栏目内采用"—"标示。

本名录所收录的 100 个县（市、区）的名称、区域范围，均为 2006 年山东省开展抗日战争时期人口伤亡和财产损失大型调研活动时的名称和区域范围。各县（市、区）死难者名录填报单位、填表人及填报时间，保留了 2009 年各县（市、区）伤亡人员名录形成时的记录，核实人、责任人除保留原核实人和责任人外，增加了 2014 年各县（市、区）复核时的核实人和责任人。名录所依据的证言证词原件存于各县（市、区）党史部门或档案馆。

编　者

2014 年 8 月

目　　录

总序

《抗日战争时期中国人口伤亡和财产损失》
　课题调研工作规范和要求

编纂说明

济南市历城区抗日战争时期死难者名录

姓 名	籍 贯	年 龄	性 别	死难时间
李玉亭	历城区彩石镇西丝峪村	36	男	1937 年
张荣立	历城区彩石镇西丝峪村	46	男	1937 年
夏现才	历城区港沟乡里子村	35	男	1937 年
赵富荣	历城区郭店镇相公村	43	男	1937 年
苗树田之父	历城区唐王乡韩西村	—	男	1937 年
韩庆安	历城区唐王乡韩西村	—	男	1937 年
李进芳之母	历城区董家镇潘新村	70	女	1937 年
曾昭仪	历城区王舍人镇张马屯村	—	男	1937 年
张希武	历城区王舍人镇张马屯村	—	男	1937 年
曾昭章之祖父	历城区王舍人镇张马屯村	—	男	1937 年
小顺子	历城区王舍人镇宿家村	60	男	1937 年
王光福	历城区王舍人镇刘家村	—	男	1937 年
王树文	历城区王舍人镇简家村	—	男	1937 年
王学孔	历城区王舍人镇靳家村	22	男	1937 年
曾纪清	历城区王舍人镇张马屯村	—	男	1937 年
曾昭霖	历城区王舍人镇张马屯村	—	男	1937 年
李宝有	历城区高而乡北高而村	—	男	1937 年
林茂青	历城区高而乡北高而村	—	男	1937 年
段洪氏	历城区华山镇北辛村	—	女	1937 年
张官久之妻	历城区董家镇院后村	55	女	1938 年 3 月
张天禄	历城区港沟乡田庄村	—	男	1938 年 4 月 5 日
王曹氏	历城区港沟乡田庄村	—	女	1938 年 4 月 5 日
刘焕亭	历城区港沟乡田庄村	—	男	1938 年 4 月 5 日
李圣实	历城区港沟乡田庄村	—	男	1938 年 4 月 5 日
李圣全	历城区港沟乡田庄村	—	男	1938 年 4 月 5 日
王三元	历城区港沟乡田庄村	—	男	1938 年 4 月 5 日
赵子禄	历城区港沟乡田庄村	—	男	1938 年 4 月 5 日
赵世禄	历城区港沟乡田庄村	—	男	1938 年 4 月 5 日
张传顺	历城区港沟乡田庄村	—	男	1938 年 4 月 5 日
张 氏	历城区港沟乡田庄村	—	女	1938 年 4 月 5 日
田国相	历城区港沟乡田庄村	—	男	1938 年 4 月 5 日

姓 名	籍 贯	年 龄	性 别	死难时间
杨思迪	历城区港沟乡田庄村	—	男	1938 年 4 月 5 日
杨顺祥	历城区港沟乡田庄村	—	男	1938 年 4 月 5 日
杨余祥	历城区港沟乡田庄村	—	男	1938 年 4 月 5 日
牛德龙	历城区港沟乡田庄村	—	男	1938 年 4 月 5 日
杨兴业	历城区港沟乡田庄村	—	男	1938 年 4 月 5 日
杨世忠	历城区港沟乡田庄村	—	男	1938 年 4 月 5 日
杨万明	历城区港沟乡田庄村	—	男	1938 年 4 月 5 日
徐光武	历城区港沟乡田庄村	—	男	1938 年 4 月 5 日
杨九祥	历城区港沟乡田庄村	—	女	1938 年 4 月 5 日
刘修宝	历城区港沟乡田庄村	—	男	1938 年 4 月 5 日
杨福祥	历城区港沟乡田庄村	—	男	1938 年 4 月 5 日
杨万璐	历城区港沟乡田庄村	—	男	1938 年 4 月 5 日
李浩然	历城区港沟乡田庄村	—	男	1938 年 4 月 5 日
杨万权	历城区港沟乡田庄村	—	男	1938 年 4 月 5 日
杨世太	历城区港沟乡田庄村	—	男	1938 年 4 月 5 日
张志全	历城区港沟乡田庄村	—	男	1938 年 4 月 5 日
李春华	历城区港沟乡田庄村	—	男	1938 年 4 月 5 日
杨世祯	历城区港沟乡田庄村	—	男	1938 年 4 月 5 日
郑杨氏	历城区港沟乡田庄村	—	女	1938 年 4 月 5 日
郑思兴	历城区港沟乡田庄村	—	男	1938 年 4 月 5 日
郑王氏	历城区港沟乡田庄村	—	女	1938 年 4 月 5 日
郑国玉	历城区港沟乡田庄村	—	男	1938 年 4 月 5 日
杨化六	历城区港沟乡田庄村	—	男	1938 年 4 月 5 日
杨世彬	历城区港沟乡田庄村	—	男	1938 年 4 月 5 日
杨万会	历城区港沟乡田庄村	—	男	1938 年 4 月 5 日
杨世香	历城区港沟乡田庄村	—	男	1938 年 4 月 5 日
邹延昌	历城区港沟乡田庄村	—	男	1938 年 4 月 5 日
邹延会	历城区港沟乡田庄村	—	男	1938 年 4 月 5 日
刘修森	历城区港沟乡田庄村	—	男	1938 年 4 月 5 日
刘玉珍	历城区港沟乡田庄村	—	男	1938 年 4 月 5 日
田国宝	历城区港沟乡田庄村	—	男	1938 年 4 月 5 日
杨先祥	历城区港沟乡田庄村	—	男	1938 年 4 月 5 日

姓 名	籍 贯	年 龄	性 别	死难时间
杨万勇	历城区港沟乡田庄村	—	男	1938 年 4 月 5 日
孙寇氏	历城区西营乡西营村	—	女	1938 年 4 月
张东才	历城区彩石镇南宅科村	45	男	1938 年 5 月
张元杰	历城区彩石镇南宅科村	34	男	1938 年 5 月
代洪庆	历城区彩石镇南宅科村	46	男	1938 年 5 月
景伯柱	历城区彩石镇南宅科村	25	男	1938 年 5 月
李小三	历城区彩石镇南宅科村	26	男	1938 年 5 月
杨德贤	历城区彩石镇朝阳村	40	男	1938 年 5 月
刘当柱	历城区彩石镇朝阳村	40	男	1938 年 5 月
刘家祥	历城区党家庄镇东渴马村	—	男	1938 年 5 月
张镇廷	历城区党家庄镇东渴马村	31	男	1938 年 5 月
周洪禧	历城区党家庄镇东渴马村	33	男	1938 年 5 月
满 仓	历城区彩石镇两岔河村	34	男	1938 年春
徐德炳	历城区彩石镇两岔河村	52	男	1938 年春
徐 ×	历城区彩石镇两岔河村	27	男	1938 年春
王小五	历城区彩石镇两岔河村	45	男	1938 年春
徐 ×	历城区彩石镇两岔河村	27	男	1938 年春
王丙泉	历城区港沟乡蟠龙村	23	男	1938 年 6 月
王奎典	历城区锦绣川乡槲疃村	43	男	1938 年 6 月
王福祥	历城区彩石镇东彩石村	67	男	1938 年 7 月
王兴波之兄	历城区郭店镇彭庄村	40	男	1938 年 8 月 13 日
胡玉堂	历城区港沟乡河西村	16	男	1938 年 8 月 17 日
亓李氏	历城区港沟乡河西村	32	女	1938 年 8 月 17 日
王六月子	历城区西营乡西营村	—	男	1938 年 8 月
任化先	历城区郭店镇韩二村	32	男	1938 年 9 月 2 日
任福山	历城区郭店镇韩二村	31	男	1938 年 9 月 20 日
韩文银	历城区港沟乡神武村	—	男	1938 年 9 月
刘延生	历城区港沟乡神武村	—	男	1938 年 9 月
刘修林	历城区港沟乡神武村	—	男	1938 年 9 月
王廷栋	历城区港沟乡神武村	—	男	1938 年 9 月
刘修勇	历城区港沟乡神武村	—	男	1938 年 9 月
刘孙氏	历城区港沟乡神武村	—	女	1938 年 9 月

姓 名	籍 贯	年 龄	性 别	死难时间
梅高氏	历城区港沟乡神武村	—	女	1938 年 9 月
梅振生	历城区港沟乡神武村	—	男	1938 年 9 月
孙志安	历城区港沟乡大官村	21	男	1938 年 9 月
曹文专	历城区郭店镇郭西村	30	男	1938 年 10 月 4 日
李登庆	历城区彩石镇彩石一村	25	男	1938 年秋
马 ×	历城区彩石镇彩石一村	34	女	1938 年秋
李加福之母	历城区彩石镇彩石一村	42	女	1938 年秋
李加福之子	历城区彩石镇彩石一村	8	男	1938 年秋
巩 ×	历城区董家镇五里堂村	—	男	1938 年秋
十五子	历城区董家镇五里堂村	—	男	1938 年秋
巩化元	历城区董家镇五里堂村	—	男	1938 年秋
张希林	历城区仲宫镇稻池村	32	男	1938 年 12 月 25 日
赵洪珠	历城区仲宫镇稻池村	59	男	1938 年 12 月 25 日
孙学庚	历城区仲宫镇稻池村	23	男	1938 年 12 月 25 日
赵陈氏	历城区仲宫镇稻池村	53	女	1938 年 12 月 25 日
付长祥	历城区仲宫镇稻池村	41	男	1938 年 12 月 25 日
付长龙	历城区仲宫镇稻池村	40	男	1938 年 12 月 25 日
付文生	历城区仲宫镇稻池村	35	男	1938 年 12 月 25 日
付志帮	历城区仲宫镇稻池村	38	男	1938 年 12 月 25 日
付殿池	历城区仲宫镇稻池村	63	男	1938 年 12 月 25 日
赵立生	历城区仲宫镇稻池村	56	男	1938 年 12 月 25 日
赵立才	历城区仲宫镇稻池村	31	男	1938 年 12 月 25 日
张金锋	历城区仲宫镇稻池村	56	男	1938 年 12 月 25 日
张玉兰	历城区仲宫镇稻池村	59	男	1938 年 12 月 25 日
付殿敬	历城区仲宫镇稻池村	64	男	1938 年 12 月 25 日
程玉岭	历城区仲宫镇稻池村	34	男	1938 年 12 月 25 日
孙振海	历城区仲宫镇稻池村	43	男	1938 年 12 月 25 日
孙志让	历城区仲宫镇稻池村	33	男	1938 年 12 月 25 日
张希文	历城区仲宫镇稻池村	25	男	1938 年 12 月 25 日
张金泽	历城区仲宫镇稻池村	56	男	1938 年 12 月 25 日
付展凯	历城区仲宫镇稻池村	—	男	1938 年 12 月 25 日
赵洪奎	历城区仲宫镇稻池村	—	男	1938 年 12 月 25 日
付殿凯	历城区仲宫镇刘家村	53	男	1938 年 12 月 25 日
胡文兴之妻	历城区仲宫镇刘家村	35	女	1938 年 12 月 25 日

姓 名	籍 贯	年龄	性别	死难时间
胡文兴之长子	历城区仲宫镇刘家村	15	男	1938 年 12 月 25 日
胡文兴之次子	历城区仲宫镇刘家村	13	男	1938 年 12 月 25 日
胡文兴之女	历城区仲宫镇刘家村	9	女	1938 年 12 月 25 日
胡文深之妻	历城区仲宫镇刘家村	36	女	1938 年 12 月 25 日
胡文兴之母	历城区仲宫镇刘家村	56	女	1938 年 12 月 25 日
付胡氏之外孙女	历城区仲宫镇刘家村	11	女	1938 年 12 月 25 日
付胡氏之外孙女	历城区仲宫镇刘家村	9	女	1938 年 12 月 25 日
胡朋来	历城区仲宫镇刘家村	31	男	1938 年 12 月 25 日
杨天河	历城区仲宫镇刘家村	29	男	1938 年 12 月 25 日
张世成	历城区仲宫镇刘家村	52	男	1938 年 12 月 25 日
张金忠	历城区仲宫镇刘家村	51	男	1938 年 12 月 25 日
高玉宽	历城区仲宫镇刘家村	31	男	1938 年 12 月 25 日
李兆义	历城区仲宫镇邱家村	45	男	1938 年 12 月 25 日
李兆义之妻	历城区仲宫镇邱家村	40	女	1938 年 12 月 25 日
李兆义之子	历城区仲宫镇邱家村	5	男	1938 年 12 月 25 日
李兆春	历城区仲宫镇邱家村	52	男	1938 年 12 月 25 日
李兆端	历城区仲宫镇邱家村	63	男	1938 年 12 月 25 日
赵亢良	历城区仲宫镇邱家村	65	男	1938 年 12 月 25 日
李元华	历城区仲宫镇邱家村	43	男	1938 年 12 月 25 日
宗秀武	历城区仲宫镇邱家村	45	男	1938 年 12 月 25 日
陈思棋	历城区仲宫镇东路村	24	男	1938 年 12 月 25 日
陈中明	历城区仲宫镇东路村	25	男	1938 年 12 月 25 日
马海水	历城区仲宫镇于家洼村	52	男	1938 年 12 月 25 日
高奉春	历城区港沟乡蟠龙村	19	男	1938 年
李天民	历城区孙村镇南顿丘村	23	男	1938 年
孙锡胜	历城区港沟乡大官村	23	男	1938 年
康庭先	历城区彩石镇西彩石六村	27	男	1938 年
大妮子	历城区彩石镇北宅科村	20	女	1938 年
张东贵之弟	历城区彩石镇北宅科村	22	男	1938 年
王京福之妻	历城区彩石镇北宅科村	40	女	1938 年
孙光荣	历城区彩石镇北宅科村	61	男	1938 年
李腾财之妹	历城区彩石镇北宅科村	23	女	1938 年
李廷杰	历城区彩石镇北宅科村	31	男	1938 年
李天春	历城区彩石镇北宅科村	—	男	1938 年

姓 名	籍 贯	年 龄	性 别	死难时间
安长贵	历城区彩石镇北宅科村	40	男	1938 年
李廷杰	历城区彩石镇北宅科村	35	男	1938 年
张向坤	历城区彩石镇北宅科村	35	男	1938 年
张向文	历城区彩石镇北宅科村	32	男	1938 年
张枝学	历城区彩石镇北宅科村	25	女	1938 年
左德胜	历城区彩石镇北宅科村	25	男	1938 年
王 村	历城区董家镇五里堂村	—	男	1938 年
王村之妻	历城区董家镇五里堂村	—	女	1938 年
巩玉树之子	历城区董家镇五里堂村	—	男	1938 年
王红年	历城区王舍人镇简家村	—	男	1938 年
路恩盛	历城区王舍人镇川流村	28	男	1938 年
苏玉东	历城区王舍人镇苏家村	18	男	1938 年
闫世友	历城区王舍人镇郭家村	36	男	1938 年
李袁氏	历城区王舍人镇郭家村	23	女	1938 年
吕素江	历城区唐王乡段家村	—	男	1938 年
许金贵	历城区华山镇北辛村	—	男	1938 年
朱经青	历城区华山镇北辛村	22	男	1938 年
尹兴荣	历城区华山镇坝子村	—	男	1938 年
方酷杰	历城区郭店镇方家村	26	男	1939 年 2 月 27 日
王傅氏	历城区西坞乡黑龙峪村	42	女	1939 年 4 月 1 日
王云阁	历城区西坞乡黑龙峪村	50	男	1939 年农历 3 月 28 日
刘文斗	历城区西坞乡黑龙峪村	46	男	1939 年农历 3 月 28 日
王传孟	历城区西坞乡黑龙峪村	81	男	1939 年农历 3 月 28 日
王孙氏	历城区西坞乡黑龙峪村	44	女	1939 年农历 3 月 28 日
王刘氏	历城区西坞乡黑龙峪村	41	女	1939 年农历 3 月 28 日
韩富元	历城区西坞乡黑龙峪村	4	男	1939 年农历 3 月 28 日
李王氏	历城区西坞乡黑龙峪村	19	女	1939 年农历 3 月 28 日
宋有钱	历城区唐王镇唐西村	19	男	1939 年 5 月
陈刘山	历城区港沟乡河西村	23	男	1939 年麦收前
刁连海	历城区党家庄镇东渴马村	29	男	1939 年 7 月
吴延生	历城区党家庄镇东渴马村	26	男	1939 年 7 月
周俊志	历城区党家庄镇东渴马村	40	男	1939 年 7 月
张怀胜	历城区锦绣川乡后沟村	37	男	1939 年 7 月
张怀岭	历城区锦绣川乡后沟村	30	男	1939 年 7 月

姓 名	籍 贯	年 龄	性 别	死难时间
张玉玺	历城区锦绣川乡后沟村	27	男	1939 年 7 月
赵思孔	历城区锦绣川乡十八盘村	53	男	1939 年 7 月
张元辉	历城区锦绣川乡牛家村	36	男	1939 年 7 月
郑　×	历城区锦绣川乡东商村	37	男	1939 年 7 月
秦延林	历城区唐王乡唐东村	27	男	1939 年 8 月
赵学德	历城区孙村镇港沟村	19	男	1939 年 8 月
亓观勤	历城区港沟乡河西村	12	男	1939 年麦后
李殿功	历城区港沟乡河西村	40	男	1939 年秋后
宗玉香	历城区锦绣川乡小佛村	27	男	1939 年 11 月
保　兴	历城区锦绣川乡小佛村	25	男	1939 年 11 月
宗修贞	历城区锦绣川乡小佛村	25	男	1939 年 11 月
宗修增	历城区锦绣川乡小佛村	32	男	1939 年 11 月
高吉永	历城区锦绣川乡小佛村	30	男	1939 年 11 月
张路明	历城区锦绣川乡大佛村	27	男	1939 年 11 月
张路福	历城区锦绣川乡大佛村	37	男	1939 年 11 月
冯金福	历城区锦绣川乡大佛村	35	男	1939 年 11 月
王志子	历城区锦绣川乡大佛村	30	男	1939 年 11 月
时春茂	历城区锦绣川乡道沟村	30	男	1939 年 11 月
时孟进	历城区锦绣川乡道沟村	27	男	1939 年 11 月
时殿仁	历城区锦绣川乡道沟村	43	男	1939 年 11 月
郭万祥	历城区港沟乡西邢村	—	男	1939 年
杨　友	历城区港沟乡西邢村	—	男	1939 年
张长亮	历城区彩石镇北宅科村	53	男	1939 年
方庆福之母	历城区彩石镇北宅科村	37	女	1939 年
杨书文	历城区董家镇东杨村	30 多岁	男	1939 年
杨希征	历城区董家镇东杨村	20 多岁	男	1939 年
刘　顺	历城区王舍人镇大辛村	—	男	1939 年
王学荣	历城区王舍人镇简家村	—	男	1939 年
马大曾	历城区王舍人镇赵家村	43	男	1939 年
李学乾	历城区王舍人镇赵家村	39	男	1939 年
陈长文	历城区王舍人镇苏家村	21	男	1939 年
周玉岭	历城区王舍人镇苏家村	19	男	1939 年
苏贵子	历城区王舍人镇苏家村	20	男	1939 年
苏珂子	历城区王舍人镇苏家村	20	男	1939 年

姓 名	籍 贯	年 龄	性 别	死难时间
张云圣	历城区唐王乡渡口村	28	男	1939 年
王心敬	历城区唐王乡王坡村	—	男	1939 年
王永训	历城区唐王乡王坡村	—	男	1939 年
颜世仁	历城区唐王乡颜家村	37	男	1939 年
王锡山	历城区孙村镇流海村	31	男	1940 年 1 月
张立友	历城区仲宫镇尹家店村	18	男	1940 年 1 月
赵氏之弟	历城区郭店镇武家村	44	男	1940 年 2 月
赵氏之弟	历城区郭店镇武家村	—	男	1940 年 2 月
王振南	历城区郭店镇武家村	30	男	1940 年 3 月
李兴东	历城区锦绣川乡潘家村	30	男	1940 年 3 月
田喜让	历城区锦绣川乡潘家村	53	男	1940 年 3 月
王福山之母	历城区郭店镇武家村	45	女	1940 年 3 月
闫 氏	历城区锦绣川乡潘家村	27	女	1940 年 3 月
孙学堂	历城区西营乡下罗伽村	27	男	1940 年 3 月
王庆朝	历城区西营乡枣林村	31	男	1940 年 3 月
王学颜	历城区西营乡枣林村	35	男	1940 年 3 月
刘怀志	历城区西营乡枣林村	30	男	1940 年 3 月
王明三	历城区西营乡枣林村	34	男	1940 年 3 月
李 氏	历城区西营乡枣林村	23	女	1940 年 3 月
宋太太	历城区西营乡枣林村	33	女	1940 年 3 月
王庆汉	历城区西营乡枣林村	32	男	1940 年 3 月
王功俊之子	历城区西营乡枣林村	2	男	1940 年 3 月
王庆江	历城区王舍人镇赵家村	44	男	1940 年春
王凤河	历城区王舍人镇赵家村	19	男	1940 年春
高世业	历城区大龙堂乡平坊村	14	男	1940 年 6 月
孟兆福	历城区锦绣川乡金刚村	25	男	1940 年 7 月
赵殿祥之叔	历城区郭店镇武家村	35	男	1940 年 10 月 18 日
赵殿祥之婶	历城区郭店镇武家村	33	女	1940 年 10 月 18 日
赵殿祥之叔内弟	历城区郭店镇武家村	30	男	1940 年 10 月 18 日
李继和	历城区港沟乡东邢村	—	男	1940 年 10 月
刘学征	历城区港沟乡蟠龙村	20	男	1940 年
冯守兰	历城区彩石镇中泉村	52	女	1940 年
李训起	历城区彩石镇西小龙堂村	35	男	1940 年
李少康	历城区郭店镇程庄村	—	男	1940 年

姓名	籍贯	年龄	性别	死难时间
李贤忠	历城区郭店镇程庄村	—	男	1940 年
李心书	历城区郭店镇程庄村	—	男	1940 年
李心史	历城区郭店镇程庄村	—	男	1940 年
李修富之弟	历城区郭店镇程庄村	—	男	1940 年
黑小子	历城区郭店镇程庄村	—	男	1940 年
死 妮	历城区郭店镇程庄村	—	男	1940 年
邢士革	历城区董家镇王辛村	—	男	1940 年
黄 ×	历城区董家镇城角村	40 多岁	男	1940 年
季书章	历城区董家镇季家村	40 多岁	男	1940 年
逮 住	历城区董家镇王辛村	—	男	1940 年
王克章	历城区王舍人镇简家村	—	男	1940 年
路恩玉	历城区王舍人镇川流村	30	男	1940 年
路云兴	历城区王舍人镇川流村	23	男	1940 年
路福俊	历城区王舍人镇沙三村	—	男	1940 年
小 宝	历城区王舍人镇沙四村	—	女	1940 年
亓来忠	历城区高而乡北核桃园村	—	男	1940 年
杨黑子	历城区西营乡石岭村	—	男	1940 年
杨刘水	历城区西营乡石岭村	—	男	1940 年
宋元美	历城区西营乡石岭村	—	男	1940 年
杨荣元	历城区西营乡石岭村	—	男	1940 年
李中信	历城区唐王乡渡口村	25	男	1940 年
董杏森	历城区唐王乡刘六务村	10	男	1940 年
张学宝	历城区华山镇坝子村	—	男	1940 年
刘长顺	历城区郭店镇唐北村	28	男	1941 年 2 月 2 日
卢圣成	历城区孙村镇卢家寨村	21	男	1941 年 4 月
李广东	历城区港沟乡里子村	81	男	1941 年 4 月
刘国振	历城区郭店镇李西村	35	男	1941 年 4 月 4 日
韩圣文	历城区港沟乡神武村	—	男	1941 年 4 月 7 日
韩京文	历城区港沟乡神武村	—	男	1941 年 4 月 7 日
韩前方	历城区港沟乡神武村	—	男	1941 年 4 月 7 日
韩家平	历城区港沟乡神武村	—	男	1941 年 4 月 7 日
韩前孟	历城区港沟乡神武村	—	男	1941 年 4 月 7 日
陈卿云	历城区港沟乡神武村	—	男	1941 年 4 月 7 日
李道德	历城区郭店镇胥家村	41	男	1941 年 4 月 17 日

姓　名	籍　贯	年　龄	性　别	死难时间
李传培	历城区高而乡汤家村	17	男	1941 年 6 月
张其良之祖父	历城区郭店镇流海村	46	男	1941 年 8 月 14 日
贾延长	历城区大龙堂乡大龙堂村	28	男	1941 年 9 月
张凤海	历城区西营镇老峪村	23	男	1941 年 9 月
江兆孔	历城区郭店镇山前村	25	男	1941 年 9 月 17 日
刘振汉	历城区港沟乡神武村	—	男	1941 年 11 月 10 日
杨万山	历城区港沟乡神武村	—	男	1941 年 11 月 10 日
王学书	历城区港沟乡神武村	—	男	1941 年 11 月 10 日
李茂根	历城区彩石镇成粮峪村	51	男	1941 年 12 月
孟庆荣	历城区柳埠镇孟家村	32	男	1941 年
贾友祥	历城区彩石镇玉龙村	19	男	1941 年
程广元	历城区彩石镇西彩石五村	54	男	1941 年
赵福祥	历城区彩石镇西彩石五村	43	男	1941 年
党兴傲	历城区彩石镇西彩石二村	34	男	1941 年
程兴远	历城区彩石镇西彩石二村	46	男	1941 年
李怀芝	历城区彩石镇西彩石二村	52	女	1941 年
马乃仁之兄	历城区董家镇城子村	29	男	1941 年
韩作河之叔	历城区董家镇城子村	21	男	1941 年
贾配兰之女	历城区董家镇三官庙村	17	女	1941 年
贾配胸之女	历城区董家镇三官庙村	17	女	1941 年
王士方	历城区高而乡北邱村	—	男	1941 年
李洪金	历城区高而乡北邱村	—	男	1941 年
丁玉广	历城区高而乡北邱村	—	男	1941 年
赵辛恩	历城区港沟乡东邢村	28	男	1941 年
谢德星之兄	历城区彩石镇岔峪村	20	男	1941 年
高士业	历城区彩石镇平坊村	32	男	1941 年
李加友之兄	历城区彩石镇路相村	35	男	1941 年
张士海	历城区高而乡出泉沟村	19	男	1941 年
姚兆平之父	历城区西周村	—	男	1941 年
李二牛之子	历城区西周村	—	男	1941 年
高世庆	历城区大龙堂乡平坊村	32	男	1942 年 1 月
徐杰修	历城区董家镇张而村	50 多岁	男	1942 年 1 月
赵三全之父	历城区董家镇张而村	50 多岁	男	1942 年 1 月
朱先科	历城区彩石镇朝阳村	26	男	1942 年 3 月

姓　名	籍　贯	年　龄	性　别	死难时间
孙寿昌	历城区彩石镇西彩石二村	22	男	1942 年 3 月
吕素江	历城区郭店镇耿家村	21	男	1942 年 5 月 6 日
卢清山	历城区孙村镇左家洼村	22	男	1942 年 5 月
刘洪昌	历城区彩石镇大龙堂村	32	男	1942 年春
李洪恩之兄	历城区彩石镇大龙堂村	33	男	1942 年春
陈　×	历城区彩石镇大龙堂村	35	男	1942 年春
张　×	历城区彩石镇大龙堂村	26	男	1942 年春
吕信之	历城区邵而乡丰奇村	22	男	1942 年 6 月
吕至勇	历城区邵而乡丰奇村	25	男	1942 年 6 月
孙守岭	历城区港沟乡里子村	80	男	1942 年 6 月
于道生	历城区彩石镇虎门村	26	男	1942 年 6 月
李秀实	历城区彩石镇虎门村	—	男	1942 年 6 月
单光春	历城区彩石镇徐家场村	47	男	1942 年麦收
杨荣辉	历城区西营乡石岭村	—	男	1942 年 7 月 16 日
张承颜	历城区大龙堂乡西峪村	20	男	1942 年 7 月
辛尚正	历城区高而乡北核桃园村	—	男	1942 年 7 月
吕仁远	历城区郭店镇耿家村	22	男	1942 年 8 月 14 日
刘凤江	历城区柳埠镇秦家村	19	男	1942 年 8 月
崔希良	历城区董家镇崔家村	—	男	1942 年 9 月
崔延德	历城区董家镇崔家村	—	男	1942 年 9 月
崔凤举	历城区董家镇崔家村	—	男	1942 年 9 月
刘文全	历城区董家镇崔家村	—	男	1942 年 9 月
李学勤	历城区港沟乡河西村	42	男	1942 年秋后
高传俊	历城区仲宫镇刘家村	33	男	1942 年 11 月 16 日
李在学	历城区西营乡佛峪村	25	男	1942 年 12 月 27 日
耿立殿	历城区西营乡佛峪村	45	男	1942 年 12 月 27 日
耿立忠	历城区西营乡佛峪村	30	男	1942 年 12 月 27 日
李传信	历城区西营乡佛峪村	30	男	1942 年 12 月 27 日
宋茉之	历城区西营乡佛峪村	33	男	1942 年 12 月 27 日
李传虎之女	历城区西营乡佛峪村	2	女	1942 年 12 月 27 日
张恩同	历城区柳埠镇秦家村	21	男	1942 年
康廷先之妻	历城区彩石镇西彩石六村	37	女	1942 年
刘扣住	历城区彩石镇西彩石六村	54	男	1942 年
段培昌之叔	历城区郭店镇武家村	44	男	1942 年

姓 名	籍 贯	年 龄	性 别	死难时间
吕升祥	历城区董家镇季家村	—	男	1942 年
张长怀之长女	历城区王舍人镇大辛村	—	女	1942 年
陈长恒	历城区王舍人镇苏家村	20	男	1942 年
杨云坡	历城区王舍人镇冷水沟村	—	男	1942 年
李凤敖	历城区王舍人镇冷水沟村	—	男	1942 年
李洪应	历城区高而乡南高村	20	男	1942 年
于旺礼	历城区高而乡南高村	21	男	1942 年
王 二	历城区高而乡西沟村	60	男	1942 年
邢耀普	历城区高而乡邢家村	—	男	1942 年
邢有昌	历城区高而乡邢家村	—	男	1942 年
李德明	历城区西营乡上罗伽村	20	男	1942 年
侯士杰	历城区仲宫镇泉子峪村	29	男	1942 年
侯承富	历城区华山镇洪园村	30	男	1942 年
郭朝志之妻	历城区西坞乡郭家村	—	女	1942 年
耿守朝之母	历城区西坞乡郭家村	—	女	1942 年
郭春法	历城区仲宫镇西老仙村	—	男	1942 年
胡光玉	历城区	27	男	1942 年
辛尚岭	历城区高而乡核桃园村	22	男	1942 年
朱登文	历城区仲宫镇北道沟村	30	男	1942 年
东志贤	历城区港沟乡河西村	37	男	1942 年腊月
王清泉	历城区彩石镇捎近村	39	男	1943 年 1 月
徐志清	历城区孙村镇北徐村	23	男	1943 年 1 月
杨荣三	历城区西营乡石岭村	28	男	1943 年 1 月
王清白	历城区彩石镇捎近村	31	男	1943 年 1 月
钟玉珠	历城区董家镇院后村	43	男	1943 年 3 月
王万良	历城区郭店镇王官村	27	男	1943 年 4 月 27 日
徐功顺	历城区郭店镇王官村	32	男	1943 年 4 月 27 日
贾和本	历城区彩石镇东彩石村	18	男	1943 年 4 月
商殿增	历城区柳埠镇亓城村	—	男	1943 年 4 月
王茂松	历城区柳埠镇亓城村	—	男	1943 年 4 月
王茂友	历城区柳埠镇亓城材	—	男	1943 年 4 月
赵书芳	历城区仲宫镇东乐园村	23	男	1943 年 4 月
焦忠文	历城区孙村镇南顿丘村	27	男	1943 年 5 月
王如山	历城区大龙堂乡西小龙村	21	男	1943 年 5 月

姓　名	籍　贯	年龄	性别	死难时间
孟　镇	历城区港沟乡伙路村	60	男	1943 年春
李恩曾之祖父	历城区西周村	—	男	1943 年 6 月
褚振义	历城区彩石镇塔窝村	15	男	1943 年 6 月
孟现师	历城区孙村镇西卢村	20	男	1943 年 6 月
吴学俭	历城区港沟乡大官村	25	男	1943 年 6 月
吴法成	历城区大龙堂乡磨盘峪村	23	男	1943 年 7 月
吴法盛	历城区大龙堂乡磨盘峪村	23	男	1943 年 7 月
李丙泉	历城区彩石镇朝阳村	25	男	1943 年 8 月
党海元	历城区大龙堂乡西彩石二村	32	男	1943 年 8 月
高希庆	历城区仲宫镇西老仙村	32	男	1943 年 8 月
郭春洪	历城区仲宫镇西老仙村	32	男	1943 年 8 月
刘元太	历城区柳埠镇软枣峪村	—	男	1943 年 8 月
商年增	历城区仲宫镇西老仙村	16	男	1943 年 8 月
商希庆	历城区仲宫镇西老仙村	18	男	1943 年 8 月
商希增	历城区仲宫镇西老仙村	16	男	1943 年 8 月
张恩桐	历城区柳埠镇秦家村	19	男	1943 年 8 月
张永吉	历城区大龙堂乡王家庄	17	男	1943 年 8 月
段东汉	历城区郭店镇彭庄村	33	男	1943 年 9 月 9 日
方景生	历城区郭店镇方家村	31	男	1943 年 9 月 12 日
王福典之弟	历城区郭店镇流海村	35	男	1943 年 10 月 8 日
卜相俊	历城区柳埠镇黄巢村	28	男	1943 年秋
单光僧	历城区彩石镇徐家场村	42	男	1943 年秋
郭才顺	历城区彩石镇玉河泉村	41	男	1943 年秋
宋道荣	历城区彩石镇南宅科村	33	男	1943 年秋
王凤智	历城区西坞乡坞东村	84	男	1943 年秋后
东迎三	历城区西坞乡坞东村	87	男	1943 年秋后
贾存智	历城区郭店镇唐北村	33	男	1943 年 11 月 6 日
王兴国	历城区郭店镇彭庄村	32	男	1943 年 11 月 22 日
王福典之弟	历城区郭店镇流海村	25	男	1943 年 11 月
王善芳	历城大龙堂乡横岭村	22	男	1943 年 11 月
贾续昆之姑	历城区郭店镇西枣园村	34	女	1943 年 11 月
王元凤	历城区港沟乡桃科村	15	女	1943 年 12 月 29 日
王泽安	历城区锦绣川乡西南峪村	19	男	1943 年 12 月
李云禄	历城区西坞乡郭家村	—	男	1943 年

姓　名	籍　贯	年　龄	性　别	死难时间
宋庆玉之父	济南市	—	男	1943 年
金兆成之弟	历城区港沟乡章锦村	28	男	1943 年
夏现周	历城区港沟乡章锦村	40	男	1943 年
邢道同之弟	历城区港沟乡章锦村	28	男	1943 年
宋斗之	历城区东梧乡商家洼村	33	男	1943 年
范洪山	历城区西营乡南龙湾村	22	男	1943 年
郭备生	历城区港沟乡石庙村	42	男	1943 年
靳成富	历城区孙村镇马头村	18	男	1943 年
刘德法	历城区柳埠镇泥淤泉村	20	男	1943 年
刘青海	历城区高而乡核桃园村	19	男	1943 年
刘永太	历城区西营乡大水井村	25	男	1943 年
马长全	历城区仲宫镇左而村	18	男	1943 年
宋立山	历城区柳埠镇上海螺屿村	—	男	1943 年
王元三	历城区港沟乡桃科村	23	男	1943 年
夏增章	历城区西营乡夏家村	33	男	1943 年
张春岭	历城区西营镇秦口峪村	20	男	1943 年
姜元海	历城区柳埠镇孟家村	28	男	1943 年
陈学章	历城区柳埠镇孟家村	44	男	1943 年
王恩仁	历城区柳埠镇龙门村	18	男	1943 年
李长更	历城区东梧乡鸡山坡村	83	男	1943 年
李长西	历城区东梧乡鸡山坡村	79	男	1943 年
杨在山	历城区港沟乡有兰峪村	约18	男	1943 年
司玉美	历城区港沟乡有兰峪村	约22	男	1943 年
李自亮	历城区彩石镇东小龙堂村	9	男	1943 年
赵洪青	历城区彩石镇西彩石五村	25	男	1943 年
梅鸭子	历城区彩石镇西彩石二村	34	男	1943 年
梅妹子	历城区彩石镇西彩石二村	32	女	1943 年
小　绍	历城区彩石镇北宅科村	20	男	1943 年
时文丙	历城区郭店镇西枣园村	22	男	1943 年
时文林	历城区郭店镇西枣园村	23	男	1943 年
刘××	—	40 多岁	男	1943 年
张继兰	历城区锦绣川乡大庄村	30 多岁	女	1943 年
吕　×	历城区锦绣川乡大庄村	30 多岁	男	1943 年
贾文元	历城区王舍人镇沙一村	18	男	1943 年

姓 名	籍 贯	年 龄	性 别	死难时间
段乃露	历城区王舍人镇沙一村	19	男	1943 年
元 ×	历城区高而乡西沟村	30	男	1943 年
程方和	历城区高而乡北高而村	—	—	1943 年
刘庆海	历城区高而乡北核桃园村	—	男	1943 年
辛尚岭	历城区高而乡北核桃园村	—	男	1943 年
亓福安	历城区高而乡北核桃园村	—	男	1943 年
梁元成	历城区西营乡叶字坡村	17	男	1943 年
李存芝	历城区唐王乡渡口村	27	男	1943 年
李景康之妻	历城区西周村	—	女	1943 年
李心贵	历城区港沟乡港沟村	约24	男	1943—1944 年
田印之子	历城区港沟乡港沟村	约22	男	1943—1944 年
常学兰	历城区柳埠镇水泉村	32	女	1944 年 1 月
白怀友	历城区柳埠镇泥东村	27	男	1944 年 1 月
王配祥	历城区柳埠镇泥东村	25	男	1944 年 1 月
张存元	历城区柳埠镇泥东村	28	男	1944 年 1 月
谢洪成	历城区柳埠镇柳中村	—	男	1944 年 1 月
李法光	历城区西营乡李家庄村	—	男	1944 年 2 月
王永春	历城区	24	男	1944 年 2 月
尹天佑	历城区孙村镇武家村	31	男	1944 年 2 月
孟广木	历城区邵而镇相家村	39	男	1944 年 3 月
山 库	历城区彩石镇三泉峪村	19	男	1944 年春
张京贵	历城区彩石镇塔窝村	25	男	1944 年 4 月
孟斜子	历城区彩石镇塔窝村	52	男	1944 年 4 月
冯光义	历城区董家乡锦平一村	24	男	1944 年 4 月
王元贞	历城区高而乡核桃园村	23	男	1944 年 4 月
张仕秀	历城区高而乡出泉沟村	21	男	1944 年 4 月
王明友	历城区彩石镇西彩石三村	20	男	1944 年 5 月
高留善	历城区仲宫镇朱家村	20	男	1944 年 5 月
高占东	历城区大龙堂乡东泉村	22	男	1944 年 5 月
马洪章	历城区柳埠镇柳西村	22	男	1944 年 5 月
吴士孝	历城区仲宫镇左而村	22	男	1944 年 5 月
尹富泉	历城区西营乡道沟村	19	男	1944 年 5 月
张维福	历城区大龙堂乡东彩石村	19	男	1944 年 5 月
王 八	历城区港沟乡河西村	8	男	1944 年 6 月

姓　名	籍　贯	年　龄	性　别	死难时间
刘云瑞	历城区孙村镇东徐马村	23	男	1944 年 6 月
徐延信	历城区董家镇徐家村	18	男	1944 年 6 月
祝宝兴	历城区柳埠镇青阳峪村	24	男	1944 年 7 月
王恩海	历城区柳埠镇青阳峪村	26	男	1944 年 7 月
李仁忠	历城区唐王乡渡口村	31	男	1944 年 7 月
李兴荣	历城区仲宫镇西老仙村	37	男	1944 年 7 月
刘茂林	历城区唐王乡唐东村	24	男	1944 年 7 月
玄春清	历城区邵而乡宅科村	40	男	1944 年 7 月
张子元	历城区仲宫镇门牙村	32	男	1944 年 7 月
苏传友	历城区柳埠镇水泉村	20	男	1944 年 8 月
高　成	历城区高而乡北核桃园村	—	男	1944 年 8 月
李少师	历城区孙村镇南顿丘村	29	男	1944 年 8 月
刘德仁	历城区仲宫镇西乐园村	23	男	1944 年 8 月
马荣盛	历城区仲宫镇先锋店村	—	男	1944 年 8 月
王清九	历城区大龙堂乡东泉村	23	男	1944 年 8 月
孙志平	历城区港沟乡大官村	24	男	1944 年 9 月 1 日
王业正	历城区孙村镇埠平村	20	男	1944 年 9 月
谷德龙	历城区柳埠镇柳西村	19	男	1944 年秋
田传福之妻	历城区彩石镇两岔河村	49	女	1944 年秋
高作鲁	历城区彩石镇东泉村	25	男	1944 年秋
高小当	历城区彩石镇东泉村	28	男	1944 年秋
高小定	历城区彩石镇东泉村	26	男	1944 年秋
张多妮	历城区彩石镇东泉村	23	女	1944 年秋
王绍文	历城区王舍人镇水坡村	31	男	1944 年秋
韩永禄	历城区邵而乡魏家村	16	男	1944 年 11 月
周洪生	历城区高而乡汤家村	25	男	1944 年 11 月
石　来	历城区郭店镇彭庄村	22	男	1944 年 12 月 12 日
刘长胜	历城区西营乡积米峪村	59	男	1944 年 12 月 28 日
张春田	历城区西营乡石岭村	—	男	1944 年 12 月 28 日
李福生	历城区彩石镇柳泉村	22	男	1944 年 12 月
李正仁	历城区彩石镇柳泉村	28	男	1944 年 12 月
李正信	历城区彩石镇柳泉村	33	男	1944 年 12 月
高当东	历城区大龙堂乡东泉村	23	男	1944 年 12 月
马佃中	历城区柳埠镇西坡村	44	男	1944 年 12 月

姓 名	籍 贯	年 龄	性 别	死难时间
田立贵	历城区孙村镇南顿丘村	29	男	1944 年 12 月
王玉海	历城区大龙堂乡东泉村	28	男	1944 年 12 月
焦延荣	历城区高而乡南高而村	45	男	1944 冬
李日生之子	历城区港沟乡港沟村	约 19	男	1944 年
赵宪恩	历城区港沟乡东邢村	24	男	1944 年
闫兴珂	历城区港沟乡东邢村	37	男	1944 年
闫朝春	历城区港沟乡东邢村	8	女	1944 年
王 星	历城区港沟乡东邢村	20	男	1944 年
苗长清	历城区港沟乡章锦村	38	男	1944 年
曾光庆	历城区港沟乡章锦村	34	男	1944 年
殷三星	历城区港沟乡章锦村	32	男	1944 年
段俊礼	历城区孙村镇武家村	23	男	1944 年
傅金宝	历城区大龙堂乡青龙峪村	21	男	1944 年
高洪成	历城区港沟乡龙爪峪村	21	男	1944 年
韩士财	历城区西营乡道沟村	21	男	1944 年
韩士元	历城区西营乡道沟村	22	男	1944 年
贾存义	历城区港沟乡唐冶村	19	男	1944 年
贾延功	历城区英雄山镇挖峪村	—	男	1944 年
李丙泉	历城区大龙堂乡土头村	23	男	1944 年
李在贞	历城区西营乡葫芦峪村	19	男	1944 年
刘荣汉	历城区柳埠镇突泉村	18	男	1944 年
刘元思	历城区柳埠镇突泉村	23	男	1944 年
马宝义	历城区柳埠镇突泉村	16	男	1944 年
王朝河	历城区英雄山镇涝坡村	—	男	1944 年
王芳俊	历城区柳埠镇外石村	23	男	1944 年
王凤圣	历城区柳埠镇突泉村	25	男	1944 年
王守平	历城区柳埠镇外石村	28	男	1944 年
王玉忠	历城区大龙堂乡王家庄	18	男	1944 年
吴殿旺	历城区仲宫镇左而村	20	男	1944 年
夏金章	历城区西营乡石岭村	27	男	1944 年
夏现富	历城区西营乡红岭村	23	男	1944 年
夏享海	历城区西营乡石岭村	19	男	1944 年
杨宝义	历城区柳埠镇突泉村	26	男	1944 年
杨秀贵	历城区柳埠镇里石村	17	男	1944 年

姓 名	籍 贯	年 龄	性 别	死难时间
姚学典	历城区西营乡西岭角村	30	男	1944 年
张富春	历城区高而乡出泉沟村	29	男	1944 年
张元辉	历城区锦绣川乡牛家村	27	男	1944 年
赵丰俊	历城区柳埠镇突泉村	20	男	1944 年
周恩全	历城区柳埠镇柳西村	20	男	1944 年
周盛福	历城区高而乡汤家村	27	男	1944 年
周恩泉	历城区柳埠镇柳西村	18	男	1944 年
潘忠祥	历城区柳埠镇柳西村	20	男	1944 年
马洪章	历城区柳埠镇柳西村	18	男	1944 年
刘凤江	历城区柳埠镇秦家村	24	男	1944 年
马德友	历城区港沟乡寨而头村	38	男	1944 年
张茂胜	历城区东梧乡鸡山坡村	84	男	1944 年
王好亮	历城区港沟乡有兰峪村	约16	男	1944 年
魏继先之妻	历城区彩石镇西彩石四村	34	女	1944 年
张志刚	历城区彩石镇北宅科村	40	男	1944 年
石 头	历城区彩石镇北宅科村	20	男	1944 年
崔福俊	历城区彩石镇北宅科村	40	男	1944 年
安福元	历城区彩石镇北宅科村	41	男	1944 年
李振生	历城区彩石镇北宅科村	42	男	1944 年
陈传翠	历城区高而乡北邱村	19	女	1944 年
焦延本	历城区高而乡南高村	22	男	1944 年
焦延春	历城区高而乡南高村	23	男	1944 年
韩世昌	历城区高而乡邢家村	—	男	1944 年
王西故	历城区西营乡西营村	—	男	1944 年
司玉英	历城区西营乡西营村	—	男	1944 年
李建有	历城区西营乡王家峪村	—	男	1944 年
尹秀成	历城区西营乡红峪村	—	男	1944 年
葛财文	历城区高而乡北邱村	23	男	1945 年 1 月
李长顺	历城区港沟乡吉山村	27	男	1945 年 1 月
王全身	历城区唐王乡西王村	20	男	1945 年 1 月
玄春廷	历城区邵而乡宅科村	25	男	1945 年 1 月
张明仁	历城区西营乡西营村	20	男	1945 年 1 月
张兆福	历城区唐王乡老僧口南村	38	男	1945 年 1 月
赵德顺	历城区仲宫镇尹家店村	19	男	1945 年 1 月

姓 名	籍 贯	年 龄	性 别	死难时间
刘春来	历城区高而乡出泉沟村	27	男	1945 年 2 月 28 日
张京文	历城区锦绣川乡东崖村	27	男	1945 年 2 月
宋斗芝	历城区港沟乡高家洼村	30	男	1945 年 3 月
徐广森	历城区仲宫镇平坊村	28	男	1945 年 3 月
张怀俊	历城区仲宫镇东老仙村	20	男	1945 年 3 月
马长庆	历城区西营乡西营村	—	男	1945 年 4 月
李庆亭	历城区仲宫镇西崖村	32	男	1945 年 5 月
王周福	历城区邵而乡西褐马村	20	男	1945 年 5 月
徐道利	历城区郭店镇耿家村	26	男	1945 年 6 月 4 日
吕张和	历城区港沟乡河西村	32	男	1945 年 6 月
亓观水	历城区港沟乡河西村	40	男	1945 年 6 月
李如恒	历城区唐王乡渡口村	—	男	1945 年 6 月
王荣庆	历城区邵而乡展西村	22	男	1945 年 6 月
张来鑫	历城区孙村镇山圈村	22	男	1945 年 6 月
段福武	历城区郭店镇彭庄村	32	男	1945 年 7 月 19 日
陈洪富	历城区孙村镇李家楼村	21	男	1945 年 7 月
侯士英	历城区仲宫镇仲北村	20	男	1945 年 7 月
吴风六	历城区仲宫镇西郭村	16	男	1945 年 7 月
景传智	历城区柳埠镇柳埠村	25	男	1945 年 8 月
李德福	历城区高而乡南高村	26	男	1945 年 8 月
王元贞	历城区孙村镇西徐马村	19	男	1945 年 8 月
赵保全	历城区西营乡十八盘村	16	男	1945 年 8 月
朱凤祥	历城区仲宫镇西许村	28	男	1945 年 8 月
韩恩泉	历城区邵而乡童庆村	22	男	1945 年 9 月
刘生云	历城区邵而乡陡沟村	28	男	1945 年 9 月
吕成德	历城区高而乡南高村	25	男	1945 年 9 月
王业富	历城区孙村镇埠平村	22	男	1945 年 9 月
武长圣	历城区孙村镇武家村	17	男	1945 年 9 月
张永谦	历城区仲宫镇凤凰岭村	20	男	1945 年 9 月
杨文仁	历城区港沟乡潘庄村	—	男	1945 年
王布瀛	历城区港沟乡潘庄村	—	男	1945 年
张德厚	历城区东梧乡商家洼村	25	男	1945 年
侯承寿	历城区华山镇洪园村	25	男	1945 年
邢有昌	历城区高而乡邢家村	21	男	1945 年

姓 名	籍 贯	年 龄	性 别	死难时间
张德厚	历城区港沟乡高家洼村	22	男	1945 年
刘庆云	历城区柳埠镇田褚村	18	男	1945 年
尹加信之妻	历城区彩石镇北宅科村	45	女	1945 年
杨德贤	历城区彩石镇北宅科村	64	男	1945 年
吕安尧之子	历城区彩石镇北宅科村	55	男	1945 年
王振水	历城区王舍人镇沙三村	—	男	1945 年
邢兰峰	历城区高而乡邢家村	—	男	1945 年
邢有甸	历城区高而乡邢家村	—	男	1945 年
亓来友	历城区高而乡北核桃园村	—	男	1945 年
陈允河	历城区高而乡北核桃园村	—	男	1945 年
王风齐	历城区西营乡大南营村	44	男	1945 年
李志斗	历城区西营乡佛峪村	60	男	1945 年
李志秋	历城区西营乡佛峪村	62	男	1945 年
蒲公芝	历城区西营乡白炭窑村	60	男	1945 年
李爱民	历城区西营乡白炭窑村	9	女	1945 年
于绪水	历城区西营乡白炭窑村	23	男	1945 年
田延文	历城区西营乡白炭窑村	23	男	1945 年
李在池	历城区西营乡白炭窑村	19	男	1945 年
李志忠	历城区西营乡白炭窑村	70	男	1945 年
谷丙前	历城区港沟乡两河村	25	男	—
乜建科	历城区港沟乡两河村	26	男	—
三元子	历城区港沟乡两河村	19	男	—
赵福星	历城区港沟乡东邢村	—	男	—
孙锡胜	历城区港沟乡大官村	23	男	—
李寿贵	历城区王舍人镇梁二村	—	男	—
李义才	历城区王舍人镇纸坊村	—	男	—
张玉珍	历城区王舍人镇纸坊村	—		—
刘春阳	历城区王舍人镇孙家卫村	—	男	—
张圣元	历城区王舍人镇杨北村	—	男	—
李圣全	历城区王舍人镇沙四村	39	男	—
李传分	历城区王舍人镇沙四村	41	男	—
刘配兰	历城区王舍人镇赵家村	—	女	—
李杰臣	历城区王舍人镇赵家村	—	男	—
周洪信之兄	历城区高而乡汤家村	—	男	—

姓 名	籍 贯	年 龄	性 别	死难时间
贾连元	历城区高而乡东沟村	—	男	—
杨秀春	历城区西营乡上降甘村	18	男	—
梁小四	历城区华山镇刘姑村	20	男	—
田桂森	历城区华山镇刘姑村	17	男	—
朱经亮	历城区华山镇北辛村	23	男	—
郑吉友	历城区华山镇北辛村	25	男	—
郑加奎之子	历城区华山镇北辛村	20	男	—
许金奎	历城区华山镇北辛村	22	男	—
李殿荣	历城区华山镇朱桥村	—	男	—
马 锁	历城区华山镇朱桥村	—	男	—
霍 羊	历城区华山镇朱桥村	—	男	—
崔大亮	历城区唐王镇水宋村	20	男	—
王茬修	历城区彩石镇虎门村	28	男	—
郑付贵	历城区华山镇北辛村	21	男	—
付长怀	历城区仲宫镇稻池村	30	男	1939 年
薛振宗之伯父	历城区东风街道祝甸村	—	男	1941 年
郭玉东	历城区西坞乡东脚山村	21	男	1941 年
徐久臣	历城区唐王乡刘六务村	33	男	1942 年 3 月
徐连年	历城区唐王乡刘六务村	51	男	1942 年 4 月
陈玉俭	历城区高而乡西邱村	—	男	1942 年
张汝为	历城区高而乡汤家沟	—	男	1942 年
周连举	历城区高而乡汤家沟	—	男	1942 年
齐文山	历城区高而乡东沟村	—	男	1942 年
贾连元	历城区高而乡东沟村	19	男	1942 年
李景陈	历城区东风街道西周村	—	男	1942 年
邹延春之兄	历城区大辛庄村	—	男	1942 年
孙学喜	历城区西坞乡车脚山村	20	男	1943 年 9 月 9 日
李述芝	历城区唐王乡渡口村	38	男	1943 年
杨秀庭	历城区高而乡邢家村	30	男	1943 年
吴人喜	历城区高而乡邢家村	42	男	1943 年
刘怀举	历城区柳埠镇桃科村	20	男	1943 年
吴士俊	历城区高而乡北高而村	—	男	1944 年
马月山	历城区柳埠镇里石村	22	男	1944 年
侯承寿之妻	历城区华山镇坝子村	—	女	1945 年

姓　名	籍　贯	年　龄	性　别	死难时间
赵成中	历城区西营乡老岭村	—	男	—
赵成德	历城区西营乡老岭村	—	男	—
黄兆元	历城区东风街道祝甸村	—	男	—
叶四爷	历城区东风街道祝甸村	—	男	—
合　计	**711**			

责任人：刘广昌　孙炳江　　　　核实人：肖　军　李　会　　　　填表人：肖　军　李　会

填报单位（签章）：济南市历城区委党史研究室　　　　填报时间：2009 年 4 月 20 日

济南市长清区抗日战争时期死难者名录

姓　名	籍　贯	年　龄	性　别	死难时间
田兆庆	长清区文昌街道东三里	39	男	1937 年
秦贞山	长清区万德镇西夏峪	17	男	1937 年
陶汉修	长清区万德镇西夏峪	30	男	1937 年
于春田	长清区万德镇西夏峪	30	男	1937 年
高良臣	长清区五峰山街道三官庙	30	男	1937 年
刘庆柏	长清区双泉乡大张	20	男	1937 年
刘　银	长清区五峰山街道三官庙	37	男	1937 年
刘志昌	长清区双泉乡大张	19	男	1937 年
刘　柱	长清区平安街道大刘	32	男	1937 年
赵学五之兄	长清区文昌街道十里铺	41	男	1937 年
曹广申	长清区归德镇小屯	37	男	1937 年
陈泰和	长清区崮云湖街道大崮山	30	男	1937 年
董振新	长清区万德镇小万德	18	男	1937 年
杜××	长清区归德镇南马山	23	男	1937 年
段崇礼	长清区崮云湖街道段庄	17	男	1937 年
段义保	长清区崮云湖街道务子北	15	男	1937 年
房兆华	长清区万德镇小万德	25	男	1937 年
付　狗	长清区孝里镇石岗	19	男	1937 年
付兴田	长清区孝里镇石岗	27	男	1937 年
高　六	长清区崮云湖街道大梁	16	男	1937 年
高中平	长清区崮云湖街道务子北	17	男	1937 年
韩士生	长清区万德镇小万德	18	男	1937 年
李玉田	长清区归德镇南马山	21	男	1937 年
刘　二	长清区归德镇刘套	42	男	1937 年
刘　三	长清区归德镇刘套	22	男	1937 年
刘　一	长清区归德镇刘套	36	男	1937 年
吕学德	长清区崮云湖街道大崮山	61	男	1937 年
李党氏	长清区崮云湖街道炒米店	32	女	1937 年
李登山	长清区崮云湖街道炒米店	35	男	1937 年
司成林	长清区崮云湖街道大崮山	64	男	1937 年
宋明海	长清区文昌街道东八里	42	男	1937 年

姓名	籍贯	年龄	性别	死难时间
粟文玉	长清区崮云湖街道炒米店	36	男	1937 年
田来玉	长清区归德镇平房	19	男	1937 年
田兴正	长清区归德镇平房	19	男	1937 年
田子全	长清区归德镇平房	38	男	1937 年
万增河之祖父	长清区崮云湖街道大崮山	30	男	1937 年
王守祥	长清区文昌街道大柿子园	35	男	1937 年
辛靠山	长清区崮云湖街道坡庄	28	男	1937 年
杨殿魁	长清区崮云湖街道务子北	16	男	1937 年
于文忠	长清区文昌街道东房	—	男	1937 年
张 红	长清区归德镇平房	30	男	1937 年
张克法	长清区归德镇平房	19	男	1937 年
张士太	长清区文昌街道大柿子园	37	男	1937 年
张思谦	长清区归德镇平房	21	男	1937 年
张绪道之母	长清区孝里镇张营	50	女	1937 年
周 丰	长清区张夏镇青北	29	男	1937 年
周可年	长清区崮云湖街道炒米店	11	男	1937 年
周廷德	长清区张夏镇青北	31	男	1937 年
周廷翔	长清区张夏镇青北	27	男	1937 年
朱明臣	长清区孝里镇大街	50	男	1937 年
朱明水	长清区文昌街道邢代庄	49	男	1937 年
庄庭臣	长清区归德镇庄楼	31	男	1937 年
庄庭进	长清区归德镇庄楼	40	男	1937 年
庄玉岗	长清区归德镇庄楼	27	男	1937 年
葛子丹	长清区万德镇万南	27	男	1938 年 1 月
曲进德	长清区万德镇万南	45	男	1938 年 1 月
王玉起	长清区崮云湖街道炒米店	32	男	1938 年 1 月
陈九凤	长清区张夏镇高庄	67	女	1938 年 2 月 1 日
陈九泉	长清区张夏镇高庄	70	男	1938 年 2 月 1 日
陈寿昌	长清区张夏镇高庄	20	男	1938 年 2 月 1 日
陈玉林	长清区张夏镇高庄	65	男	1938 年 2 月 1 日
陈玉田	长清区张夏镇高庄	66	男	1938 年 2 月 1 日
姜玉岭	长清区张夏镇高庄	45	男	1938 年 2 月 1 日
李万松	长清区张夏镇诗庄	21	男	1938 年 2 月 1 日
王西久	长清区崮云湖街道王府	70	男	1938 年 2 月 10 日

姓 名	籍 贯	年龄	性别	死难时间
韩李氏	长清区崮云湖街道前大彦	25	女	1938 年 2 月 13 日
坏鸡子	长清区崮云湖街道前大彦	—	男	1938 年 2 月 13 日
李长海	长清区崮云湖街道前大彦	30	男	1938 年 2 月 13 日
李传成	长清区崮云湖街道前大彦	45	男	1938 年 2 月 13 日
李传俊	长清区崮云湖街道前大彦	30	男	1938 年 2 月 13 日
李传银之祖父	长清区崮云湖街道前大彦	60	男	1938 年 2 月 13 日
李墩头	长清区崮云湖街道前大彦	—	男	1938 年 2 月 13 日
李方坤之子	长清区崮云湖街道前大彦	20	男	1938 年 2 月 13 日
李凤久	长清区崮云湖街道前大彦	17	男	1938 年 2 月 13 日
李光乾	长清区崮云湖街道前大彦	18	男	1938 年 2 月 13 日
李光耀	长清区崮云湖街道前大彦	17	男	1938 年 2 月 13 日
李广泰	长清区崮云湖街道前大彦	18	男	1938 年 2 月 13 日
李会东	长清区崮云湖街道前大彦	17	男	1938 年 2 月 13 日
李继汉之父	长清区崮云湖街道前大彦	50	男	1938 年 2 月 13 日
李经顺	长清区崮云湖街道前大彦	—	男	1938 年 2 月 13 日
李来玉	长清区崮云湖街道前大彦	20	男	1938 年 2 月 13 日
李连众	长清区崮云湖街道前大彦	—	男	1938 年 2 月 13 日
李木生	长清区崮云湖街道前大彦	18	男	1938 年 2 月 13 日
李五奎	长清区崮云湖街道前大彦	20	男	1938 年 2 月 13 日
李小斗	长清区崮云湖街道前大彦	20	男	1938 年 2 月 13 日
李谢氏	长清区崮云湖街道前大彦	—	女	1938 年 2 月 13 日
李兴东	长清区崮云湖街道前大彦	50	男	1938 年 2 月 13 日
李兴斗	长清区崮云湖街道前大彦	20	男	1938 年 2 月 13 日
李兴木	长清区崮云湖街道前大彦	75	男	1938 年 2 月 13 日
李兴善	长清区崮云湖街道前大彦	70	男	1938 年 2 月 13 日
李兴佑	长清区崮云湖街道前大彦	—	男	1938 年 2 月 13 日
李玉灵	长清区崮云湖街道前大彦	16	男	1938 年 2 月 13 日
刘景安	长清区崮云湖街道后大彦	—	男	1938 年 2 月 13 日
聂宝贝	长清区崮云湖街道前大彦	18	男	1938 年 2 月 13 日
石相生	长清区崮云湖街道前大彦	20	男	1938 年 2 月 13 日
宋西千	长清区崮云湖街道前大彦	16	男	1938 年 2 月 13 日
屠明新	长清区崮云湖街道前大彦	20	男	1938 年 2 月 13 日
王成年之父	长清区崮云湖街道后大彦	—	男	1938 年 2 月 13 日
王洪祥	长清区崮云湖街道前大彦	50	男	1938 年 2 月 13 日

姓　名	籍　贯	年　龄	性　别	死难时间
王井氏	长清区崮云湖街道前大彦	24	女	1938 年 2 月 13 日
王少温	长清区崮云湖街道前大彦	—	男	1938 年 2 月 13 日
王玉成	长清区崮云湖街道前大彦	50	男	1938 年 2 月 13 日
王玉和	长清区崮云湖街道前大彦	25	男	1938 年 2 月 13 日
王玉胜	长清区崮云湖街道前大彦	—	男	1938 年 2 月 13 日
王玉胜之叔	长清区崮云湖街道前大彦	—	男	1938 年 2 月 13 日
于宝琛	长清区崮云湖街道前大彦	70	男	1938 年 2 月 13 日
于长友	长清区崮云湖街道前大彦	—	男	1938 年 2 月 13 日
于传文	长清区崮云湖街道前大彦	26	男	1938 年 2 月 13 日
于传修之父	长清区崮云湖街道前大彦	50	男	1938 年 2 月 13 日
于家起之祖父	长清区崮云湖街道前大彦	40	男	1938 年 2 月 13 日
于树章	长清区崮云湖街道前大彦	40	男	1938 年 2 月 13 日
于文元	长清区崮云湖街道前大彦	17	男	1938 年 2 月 13 日
于张栓	长清区崮云湖街道前大彦	27	男	1938 年 2 月 13 日
于振汉	长清区崮云湖街道前大彦	28	男	1938 年 2 月 13 日
于振水	长清区崮云湖街道前大彦	25	男	1938 年 2 月 13 日
张　宝	长清区崮云湖街道前大彦	35	男	1938 年 2 月 13 日
张　斌	长清区崮云湖街道前大彦	—	男	1938 年 2 月 13 日
张　丑	长清区崮云湖街道前大彦	30	男	1938 年 2 月 13 日
张　川	长清区崮云湖街道前大彦	30	男	1938 年 2 月 13 日
张川之母	长清区崮云湖街道前大彦	50	女	1938 年 2 月 13 日
张颠大	长清区崮云湖街道前大彦	—	男	1938 年 2 月 13 日
张镀之	长清区崮云湖街道前大彦	70	男	1938 年 2 月 13 日
张风吾	长清区崮云湖街道前大彦	20	男	1938 年 2 月 13 日
张风久	长清区崮云湖街道前大彦	—	男	1938 年 2 月 13 日
张风山	长清区崮云湖街道前大彦	—	男	1938 年 2 月 13 日
张风元	长清区崮云湖街道前大彦	60	男	1938 年 2 月 13 日
张光礼	长清区崮云湖街道前大彦	—	男	1938 年 2 月 13 日
张贵祥	长清区崮云湖街道前大彦	50	男	1938 年 2 月 13 日
张贵祯	长清区崮云湖街道前大彦	—	男	1938 年 2 月 13 日
张洪祥	长清区崮云湖街道前大彦	—	男	1938 年 2 月 13 日
张金生	长清区崮云湖街道前大彦	—	男	1938 年 2 月 13 日
张克远	长清区崮云湖街道前大彦	50	男	1938 年 2 月 13 日
张老六	长清区崮云湖街道前大彦	—	男	1938 年 2 月 13 日

姓　名	籍　贯	年　龄	性　别	死难时间
张立德	长清区崮云湖街道前大彦	31	男	1938 年 2 月 13 日
张刘氏	长清区崮云湖街道前大彦	60	女	1938 年 2 月 13 日
张　前	长清区崮云湖街道前大彦	—	男	1938 年 2 月 13 日
张　小	长清区崮云湖街道前大彦	—	男	1938 年 2 月 13 日
张小之母	长清区崮云湖街道前大彦	—	女	1938 年 2 月 13 日
张振分	长清区崮云湖街道前大彦	—	男	1938 年 2 月 13 日
张振泗	长清区崮云湖街道前大彦	35	男	1938 年 2 月 13 日
张振叶之兄	长清区崮云湖街道前大彦	—	男	1938 年 2 月 13 日
赵传贵	长清区崮云湖街道前大彦	70	男	1938 年 2 月 13 日
赵　党	长清区崮云湖街道前大彦	60	男	1938 年 2 月 13 日
赵道田	长清区崮云湖街道前大彦	50	男	1938 年 2 月 13 日
赵广臣	长清区崮云湖街道前大彦	22	男	1938 年 2 月 13 日
赵广玉	长清区崮云湖街道前大彦	23	男	1938 年 2 月 13 日
赵广运	长清区崮云湖街道前大彦	25	男	1938 年 2 月 13 日
赵九江	长清区崮云湖街道前大彦	70	男	1938 年 2 月 13 日
赵玲玲	长清区崮云湖街道前大彦	4	女	1938 年 2 月 13 日
赵马氏	长清区崮云湖街道前大彦	40	女	1938 年 2 月 13 日
赵如田	长清区崮云湖街道前大彦	—	男	1938 年 2 月 13 日
赵三小之父	长清区崮云湖街道前大彦	—	男	1938 年 2 月 13 日
赵小四	长清区崮云湖街道前大彦	35	男	1938 年 2 月 13 日
赵之兰	长清区崮云湖街道前大彦	—	男	1938 年 2 月 13 日
高振禹	长清区崮云湖街道后大彦	—	男	1938 年 2 月
韩九月	长清区崮云湖街道后大彦	—	男	1938 年 2 月
李洪山	长清区崮云湖街道后大彦	—	男	1938 年 2 月
邵同晋	长清区崮云湖街道后大彦	—	男	1938 年 2 月
王乐丰之父	长清区崮云湖街道后大彦	—	男	1938 年 2 月
高二麻子	长清区崮云湖街道后大彦	—	男	1938 年 2 月
李志信	长清区崮云湖街道务子前	57	男	1938 年 2 月
孙寿法	长清区文昌街道袁庄	24	男	1938 年 2 月
王秉祥	长清区崮云湖街道后大彦	—	男	1938 年 2 月
王庚深	长清区崮云湖街道后大彦	—	男	1938 年 2 月
王全福	长清区崮云湖街道后大彦	—	男	1938 年 2 月
王银子	长清区崮云湖街道前大彦	50	男	1938 年 2 月
杨　士	长清区崮云湖街道前大彦	—	男	1938 年 2 月

姓 名	籍 贯	年 龄	性 别	死难时间
赵广吉之祖伯父	长清区崮云湖街道后大彦	—	男	1938 年 2 月
赵广吉之祖父	长清区崮云湖街道后大彦	—	男	1938 年 2 月
赵其兰	长清区崮云湖街道前大彦	—	女	1938 年 2 月
苏文山	长清区万德镇官庄	33	男	1938 年 3 月 3 日
王晨生	长清区万德镇官庄	28	男	1938 年 3 月 3 日
王传京	长清区万德镇田庄	46	男	1938 年 3 月 4 日
董传毕	长清区马山镇南宋庄	20	男	1938 年 3 月 5 日
董传海	长清区马山镇南宋庄	25	男	1938 年 3 月 5 日
董传会	长清区马山镇南宋庄	20	男	1938 年 3 月 5 日
董大志	长清区马山镇南宋庄	40	男	1938 年 3 月 5 日
董振河	长清区马山镇南宋庄	23	男	1938 年 3 月 5 日
董振林	长清区马山镇南宋庄	60	男	1938 年 3 月 5 日
董振延	长清区马山镇南宋庄	30	男	1938 年 3 月 5 日
李士安	长清区马山镇马东	24	男	1938 年 3 月 5 日
李士昌	长清区马山镇马东	35	男	1938 年 3 月 5 日
李士杰	长清区马山镇马东	18	男	1938 年 3 月 5 日
李士荣	长清区马山镇马东	22	男	1938 年 3 月 5 日
李延长	长清区马山镇马东	40	男	1938 年 3 月 5 日
石光荣	长清区马山镇南宋庄	51	男	1938 年 3 月 5 日
孙传荣	长清区马山镇大核桃园	19	男	1938 年 3 月 5 日
孙传永	长清区马山镇大核桃园	26	男	1938 年 3 月 5 日
孙培林	长清区马山镇大核桃园	25	男	1938 年 3 月 5 日
孙培荣	长清区马山镇大核桃园	30	男	1938 年 3 月 5 日
孙培仁	长清区马山镇大核桃园	25	男	1938 年 3 月 5 日
孙培续	长清区马山镇大核桃园	18	男	1938 年 3 月 5 日
孙培友	长清区马山镇大核桃园	31	男	1938 年 3 月 5 日
孙培忠	长清区马山镇大核桃园	20	男	1938 年 3 月 5 日
吴振夺	长清区马山镇马东	20	男	1938 年 3 月 5 日
徐士合	长清区马山镇马东	40	男	1938 年 3 月 5 日
闫胡氏	长清区马山镇大核桃园	22	女	1938 年 3 月 5 日
闫树功	长清区马山镇大核桃园	21	男	1938 年 3 月 5 日
闫荣常	长清区马山镇大核桃园	40	男	1938 年 3 月 5 日
闫树斋	长清区马山镇大核桃园	23	男	1938 年 3 月 5 日
闫兆春	长清区马山镇大核桃园	30	男	1938 年 3 月 5 日

姓 名	籍 贯	年 龄	性 别	死难时间
闫兆文	长清区马山镇大核桃园	50	男	1938年3月5日
周家生	长清区马山镇大核桃园	35	男	1938年3月5日
崔殿熬	长清区万德镇西夏峪	50	男	1938年3月14日
秦书庆	长清区万德镇西夏峪	45	男	1938年3月14日
陶匡水	长清区万德镇西夏峪	21	男	1938年3月14日
陶仙修	长清区万德镇西夏峪	50	男	1938年3月14日
于有田	长清区万德镇西夏峪	20	男	1938年3月14日
段良佑	长清区张夏镇诗庄	43	男	1938年3月18日
段友伦	长清区张夏镇诗庄	35	男	1938年3月18日
李付祥	长清区张夏镇诗庄	31	男	1938年3月18日
李云荣	长清区张夏镇诗庄	33	男	1938年3月18日
李三妮	长清区张夏镇积峪	31	女	1938年3月28日
杨殿青	长清区张夏镇积峪	42	女	1938年3月28日
杨立秀	长清区张夏镇积峪	36	女	1938年3月28日
车贵祥	长清区马山镇关王庙	31	男	1938年3月
邓玉美	长清区万德镇田庄	38	女	1938年3月
房士英	长清区马山镇小核桃园	42	女	1938年3月
刘德胜	长清区马山镇关王庙	30	男	1938年3月
王春昌	长清区马山镇焦庄	21	男	1938年3月
王好行	长清区万德镇田庄	19	男	1938年3月
王好芝	长清区万德镇田庄	27	女	1938年3月
杨俊泉	长清区马山镇小核桃园	13	男	1938年3月
杨振文	长清区马山镇小核桃园	23	男	1938年3月
张世吉	长清区五峰山街道庄家庄	38	男	1938年3月
赵连虎	长清区马山镇王家岭	16	男	1938年3月
周丙成	长清区马山镇北李	21	男	1938年3月
王乐安	长清区崮云湖街道后大彦	—	男	1938年3月
段良友	长清区张夏镇邵庄	—	男	1938年4月18日
段友伦	长清区张夏镇邵庄	—	男	1938年4月18日
江秀洲	长清区张夏镇邵庄	40	男	1938年4月18日
李历城	长清区张夏镇邵庄	—	男	1938年4月18日
张二小	长清区张夏镇邵庄	23	男	1938年4月18日
邵同浮	长清区崮云湖街道后大彦	24	男	1938年4月
石广成	长清区文昌街道袁庄	32	男	1938年4月

姓 名	籍 贯	年 龄	性 别	死难时间
孙宝银	长清区双泉乡黄立泉	21	男	1938 年 4 月
孙传法	长清区双泉乡黄立泉	60	男	1938 年 4 月
吴志伟	长清区马山镇漩庄	27	男	1938 年 4 月
于春槐	长清区崮云湖街道皇姑井	—	男	1938 年 4 月
李金田	长清区万德镇万北	28	男	1938 年 5 月 5 日
李溃田	长清区万德镇万北	30	男	1938 年 5 月 5 日
李相恒	长清区万德镇万北	31	男	1938 年 5 月 5 日
李 小	长清区万德镇义灵关	19	男	1938 年 5 月 5 日
李玉祥	长清区万德镇万北	40	男	1938 年 5 月 5 日
秦淑银	长清区万德镇义灵关	27	男	1938 年 5 月 5 日
杨树党	长清区万德镇万北	42	男	1938 年 5 月 5 日
姚凯珍	长清区万德镇万北	36	女	1938 年 5 月 5 日
张风信	长清区万德镇万北	26	男	1938 年 5 月 5 日
程立元	长清区万德镇玉皇庙	30	男	1938 年 5 月 27 日
程玉珠	长清区万德镇玉皇庙	51	男	1938 年 5 月 27 日
刘光泗	长清区万德镇玉皇庙	48	男	1938 年 5 月 27 日
葛才发	长清区张夏镇邵庄	30	男	1938 年 6 月 24 日
葛长柱	长清区张夏镇邵庄	27	男	1938 年 6 月 24 日
葛文岭	长清区张夏镇邵庄	62	男	1938 年 6 月 24 日
葛兴林	长清区张夏镇邵庄	35	男	1938 年 6 月 24 日
葛兴美	长清区张夏镇邵庄	30	男	1938 年 6 月 24 日
李希元	长清区张夏镇邵庄	50	男	1938 年 6 月 24 日
李学贵	长清区张夏镇邵庄	36	男	1938 年 6 月 24 日
王现洲	长清区张夏镇邵庄	50	男	1938 年 6 月 24 日
伊秀贵	长清区张夏镇邵庄	32	男	1938 年 6 月 24 日
张凡伦	长清区张夏镇邵庄	50	男	1938 年 6 月 24 日
张凡义	长清区张夏镇邵庄	60	男	1938 年 6 月 24 日
张贾五	长清区张夏镇邵庄	35	男	1938 年 6 月 24 日
张庆友	长清区张夏镇邵庄	19	男	1938 年 6 月 24 日
高玉俊	长清区文昌街道袁庄	26	男	1938 年 6 月
郭云廷	长清区文昌街道西八里	49	男	1938 年 6 月
李长功	长清区平安街道老李	45	男	1938 年 6 月
李长珠	长清区平安街道老李	52	男	1938 年 6 月
李文斗	长清区文昌街道西八里	42	男	1938 年 6 月

姓 名	籍 贯	年 龄	性 别	死难时间
李永明之妻	长清区平安街道老李	42	女	1938 年 6 月
齐太洪	长清区孝里镇孝里一	19	男	1938 年 6 月
王玉勇	长清区文昌街道西八里	48	男	1938 年 6 月
王振江	长清区平安街道老李	45	男	1938 年 6 月
邢士明	长清区文昌街道西八里	37	男	1938 年 6 月
赵齐海	长清区平安街道老李	50	男	1938 年 6 月
韩二生	长清区平安街道丁店	43	男	1938 年 7 月 13 日
李会林	长清区平安街道丁店	27	男	1938 年 7 月 13 日
赵光田	长清区平安街道丁店	23	男	1938 年 7 月 13 日
赵君昆	长清区平安街道丁店	37	男	1938 年 7 月 13 日
赵明元	长清区平安街道丁店	29	男	1938 年 7 月 13 日
韩大生	长清区平安街道丁店	45	男	1938 年 7 月 13 日
高传富	长清区万德镇东夏峪	19	男	1938 年 7 月
李怀山	长清区万德镇胡家崖	41	男	1938 年 7 月
苗承善	长清区归德镇边苗	25	男	1938 年 7 月
王春延	长清区马山镇焦庄	23	男	1938 年 7 月
王二小	长清区文昌街道新徐	26	男	1938 年 7 月
孟兆斗	长清区双泉乡满井峪	27	男	1938 年 8 月 12 日
董宝黑	长清区文昌街道水泉峪	18	男	1938 年 8 月 27 日
董殿宙	长清区文昌街道水泉峪	48	男	1938 年 8 月 27 日
董殿安	长清区文昌街道水泉峪	48	男	1938 年 8 月 27 日
董殿平	长清区文昌街道水泉峪	42	男	1938 年 8 月 27 日
董殿太	长清区文昌街道水泉峪	40	男	1938 年 8 月 27 日
董殿祥	长清区文昌街道水泉峪	42	男	1938 年 8 月 27 日
董洪春	长清区文昌街道水泉峪	42	男	1938 年 8 月 27 日
董洪春之妻	长清区文昌街道水泉峪	40	女	1938 年 8 月 27 日
董文夫	长清区文昌街道水泉峪	57	男	1938 年 8 月 27 日
董文泉	长清区文昌街道水泉峪	54	男	1938 年 8 月 27 日
董文台	长清区文昌街道水泉峪	37	男	1938 年 8 月 27 日
段方山	长清区文昌街道水泉峪	60	男	1938 年 8 月 27 日
孔现银	长清区文昌街道水泉峪	36	男	1938 年 8 月 27 日
李二妮	长清区文昌街道水泉峪	9	女	1938 年 8 月 27 日
李广兴	长清区文昌街道水泉峪	40	男	1938 年 8 月 27 日
李来子	长清区文昌街道水泉峪	50	男	1938 年 8 月 27 日

姓 名	籍 贯	年 龄	性 别	死难时间
李妹女	长清区文昌街道水泉峪	5	女	1938 年 8 月 27 日
李如吉	长清区文昌街道水泉峪	46	男	1938 年 8 月 27 日
李如宽	长清区文昌街道水泉峪	22	男	1938 年 8 月 27 日
李如亮	长清区文昌街道水泉峪	44	男	1938 年 8 月 27 日
李如善	长清区文昌街道水泉峪	42	男	1938 年 8 月 27 日
李孙氏	长清区文昌街道水泉峪	44	女	1938 年 8 月 27 日
李五女	长清区文昌街道水泉峪	4	女	1938 年 8 月 27 日
李玉宝之妻	长清区文昌街道水泉峪	52	女	1938 年 8 月 27 日
席圣林	长清区文昌街道水泉峪	68	男	1938 年 8 月 27 日
席圣云	长清区文昌街道水泉峪	67	男	1938 年 8 月 27 日
席永功	长清区文昌街道水泉峪	60	男	1938 年 8 月 27 日
杨三女	长清区文昌街道水泉峪	50	女	1938 年 8 月 27 日
尹呈恩	长清区文昌街道水泉峪	28	男	1938 年 8 月 27 日
尹呈祥	长清区文昌街道水泉峪	60	男	1938 年 8 月 27 日
尹士法	长清区文昌街道水泉峪	64	男	1938 年 8 月 27 日
尹绪恒	长清区文昌街道水泉峪	62	男	1938 年 8 月 27 日
尹绪三	长清区文昌街道水泉峪	30	男	1938 年 8 月 27 日
尹绪志	长清区文昌街道水泉峪	56	男	1938 年 8 月 27 日
张兆荣	长清区文昌街道水泉峪	62	男	1938 年 8 月 27 日
董殿太之妻	长清区文昌街道水泉峪	36	女	1938 年 8 月 27 日
董殿秀	长清区文昌街道水泉峪	62	女	1938 年 8 月 27 日
董殿窑	长清区文昌街道水泉峪	55	男	1938 年 8 月 27 日
董二女	长清区文昌街道水泉峪	10	女	1938 年 8 月 27 日
董洪生	长清区文昌街道水泉峪	58	男	1938 年 8 月 27 日
董会来之妻	长清区文昌街道水泉峪	38	女	1938 年 8 月 27 日
董莲官	长清区文昌街道水泉峪	17	女	1938 年 8 月 27 日
董文台	长清区文昌街道水泉峪	38	男	1938 年 8 月 27 日
董文田	长清区文昌街道水泉峪	68	男	1938 年 8 月 27 日
董文志之弟	长清区文昌街道水泉峪	4	男	1938 年 8 月 27 日
董文志之妹	长清区文昌街道水泉峪	8	女	1938 年 8 月 27 日
董小女	长清区文昌街道水泉峪	2	女	1938 年 8 月 27 日
郝玉坤	长清区文昌街道水泉峪	35	男	1938 年 8 月 27 日
李广清	长清区文昌街道水泉峪	46	男	1938 年 8 月 27 日
李黑鬼	长清区文昌街道水泉峪	50	男	1938 年 8 月 27 日

姓 名	籍 贯	年 龄	性 别	死难时间
李庆大	长清区文昌街道水泉峪	40	男	1938 年 8 月 27 日
李玉安之妻	—	49	女	1938 年 8 月 27 日
刘二妮	长清区文昌街道水泉峪	48	女	1938 年 8 月 27 日
吴玉亭	长清区文昌街道西三里	31	男	1938 年 8 月 27 日
席教明	长清区文昌街道水泉峪	61	男	1938 年 8 月 27 日
席教司	长清区文昌街道水泉峪	59	男	1938 年 8 月 27 日
席圣好	长清区文昌街道水泉峪	58	男	1938 年 8 月 27 日
席圣善	长清区文昌街道水泉峪	48	男	1938 年 8 月 27 日
席圣新	长清区文昌街道水泉峪	59	男	1938 年 8 月 27 日
席圣雨	长清区文昌街道水泉峪	62	男	1938 年 8 月 27 日
席永贞	长清区文昌街道水泉峪	—	男	1938 年 8 月 27 日
席永志	长清区文昌街道水泉峪	60	男	1938 年 8 月 27 日
薛象丰	长清区文昌街道西三里	23	男	1938 年 8 月 27 日
薛象恒	长清区文昌街道西三里	24	男	1938 年 8 月 27 日
尹呈海	长清区文昌街道水泉峪	51	男	1938 年 8 月 27 日
尹绪水	长清区文昌街道水泉峪	17	男	1938 年 8 月 27 日
董洪春之妻	长清区文昌街道水泉峪	40	女	1938 年 8 月 28 日
孔现友	长清区文昌街道水泉峪	—	男	1938 年 8 月 28 日
孔兆荣	长清区文昌街道水泉峪	62	男	1938 年 8 月 28 日
李五玄	长清区文昌街道水泉峪	54	男	1938 年 8 月 28 日
董殿需	长清区文昌街道水泉峪	49	男	1938 年 8 月 28 日
董文志之母	长清区文昌街道水泉峪	40	女	1938 年 8 月 28 日
李五玄之妻	长清区文昌街道水泉峪	52	女	1938 年 8 月 29 日
陈光泗之妻	长清区双泉乡小张	—	女	1938 年 8 月
陈甲生之母	长清区双泉乡小张	—	女	1938 年 8 月
程刘氏	长清区孝里镇马庄	70	女	1938 年 8 月
董振邦	长清区马山镇小河东	35	男	1938 年 8 月
二白花	长清区孝里镇马庄	20	男	1938 年 8 月
房泽法	长清区归德镇归北	31	男	1938 年 8 月
房泽新	长清区归德镇归北	35	男	1938 年 8 月
高嘲四	长清区孝里镇高庄	30	女	1938 年 8 月
高传济	长清区孝里镇马庄	55	男	1938 年 8 月
高德银	长清区孝里镇高庄	—	男	1938 年 8 月
高德珍	长清区孝里镇高庄	51	男	1938 年 8 月

姓 名	籍 贯	年 龄	性 别	死难时间
高郭氏	长清区孝里镇公庄	40	女	1938 年 8 月
高家慈	长清区孝里镇马庄	43	男	1938 年 8 月
高家瑞	长清区孝里镇马庄	35	男	1938 年 8 月
高家瑞	长清区孝里镇马庄	—	男	1938 年 8 月
高家太	长清区孝里镇马庄	43	男	1938 年 8 月
高李氏	长清区孝里镇马庄	55	女	1938 年 8 月
高木远	长清区孝里镇马庄	22	男	1938 年 8 月
高庄氏	长清区孝里镇马庄	65	女	1938 年 8 月
顾高氏	长清区孝里镇高庄	36	女	1938 年 8 月
郭二小	长清区孝里镇郭庄	10	男	1938 年 8 月
郭家宝	长清区孝里镇郭庄	10	男	1938 年 8 月
郭家兴	长清区孝里镇郭庄	28	男	1938 年 8 月
郭家兴之祖母	长清区孝里镇郭庄	63	女	1938 年 8 月
郭家贞	长清区孝里镇郭庄	41	男	1938 年 8 月
郭延丰	长清区孝里镇郭庄	34	男	1938 年 8 月
郭燕生	长清区孝里镇郭庄	—	女	1938 年 8 月
郭增河	长清区孝里镇郭庄	45	男	1938 年 8 月
郭增久之妻	长清区孝里镇郭庄	—	女	1938 年 8 月
郭张氏	长清区孝里镇郭庄	50	女	1938 年 8 月
刘殿宝	长清区孝里镇郭庄	—	男	1938 年 8 月
刘绪贞	长清区孝里镇郭庄	—	男	1938 年 8 月
靖茂臣	长清区归德镇南马	28	男	1938 年 8 月
孟刘氏	长清区马山镇潘庄	29	女	1938 年 8 月
孟庆春	长清区孝里镇孟道口	45	男	1938 年 8 月
孟庆义	长清区孝里镇孟道口	50	男	1938 年 8 月
孟庆忠	长清区孝里镇孟道口	50	男	1938 年 8 月
孟宪雨	长清区孝里镇孟道口	50	男	1938 年 8 月
孟宪志	长清区孝里镇孟道口	50	男	1938 年 8 月
孟兆朋	长清区孝里镇孟道口	61	男	1938 年 8 月
许茂友	长清区孝里镇高庄	—	男	1938 年 8 月
杨长富	长清区马山镇小河东	18	男	1938 年 8 月
杨富元	长清区马山镇小河东	18	男	1938 年 8 月
杨俊祥	长清区马山镇小河东	30	男	1938 年 8 月
杨俊兴	长清区马山镇小河东	43	男	1938 年 8 月

姓　名	籍　贯	年　龄	性　别	死难时间
杨振清	长清区马山镇小河东	32	男	1938 年 8 月
袁桂英	长清区孝里镇郭庄	—	女	1938 年 8 月
段德运	长清区双泉乡韩店	20	男	1938 年 9 月
段良思之子	长清区双泉乡韩店	25	男	1938 年 9 月
段　氏	长清区双泉乡韩站	27	女	1938 年 9 月
高德长	长清区马山镇潘庄	19	男	1938 年 9 月
刘宝恒	长清区双泉乡南付	41	男	1938 年 9 月
刘善银之祖父	长清区双泉乡南付	34	男	1938 年 9 月
尹延田	长清区马山镇尹庄	18	男	1938 年 9 月
曲树德	长清区万德镇万南	32	男	1938 年 10 月 5 日
尚老三	长清区孝里镇广里店	62	男	1938 年 10 月
郭延东	长清区马山镇庄峪	20	男	1938 年 10 月
刘永信	长清区五峰山街道北套	23	男	1938 年 11 月
石志珠	长清区文昌街道袁庄	21	男	1938 年 11 月
张文元	长清区文昌街道燕王	40	男	1938 年 11 月
庄廷厚	长清区归德镇庄楼	21	男	1938 年 11 月
井洪轩	长清区崮云湖街道炒米店	70	男	1938 年 12 月 4 日
井翟氏	长清区崮云湖街道炒米店	65	女	1938 年 12 月 4 日
刘　大	长清区崮云湖街道炒米店	8	男	1938 年 12 月 4 日
刘　二	长清区崮云湖街道炒米店	6	男	1938 年 12 月 4 日
刘　三	长清区崮云湖街道炒米店	4	男	1938 年 12 月 4 日
刘小女	长清区崮云湖街道炒米店	2	女	1938 年 12 月 4 日
刘文和	长清区文昌街道新徐	26	男	1938 年 12 月
王继明之妻	长清区双泉乡满井峪	36	女	1938 年 12 月
张燕振之妻	长清区双泉乡翟科	26	女	1938 年 12 月
柴本路	长清区崮云湖街道池子东	36	男	1938 年
常贵田	长清区万德镇万北	37	男	1938 年
仇子玉	长清区万德镇万北	52	男	1938 年
褚　氏	长清区平安街道后朱	27	女	1938 年
褚王氏	长清区平安街道后朱	45	女	1938 年
戴庆银	长清区崮云湖街道大刘	22	男	1938 年
董殿臣	长清区张夏镇于盘	36	男	1938 年
董京增	长清区归德镇苂村	27	男	1938 年
董林夏	长清区归德镇刘套	30	女	1938 年

姓　名	籍　贯	年　龄	性　别	死难时间
董正青	长清区万德镇万北	43	男	1938 年
杜　×	长清区崮云湖街道大崮山	30	男	1938 年
杜希荣	长清区崮云湖街道务子西	30	男	1938 年
段传孔之妻	长清区张夏镇于盘	44	女	1938 年
段方青	长清区双泉乡孟庄	18	男	1938 年
范明成	长清区万德镇大王	32	男	1938 年
范明如	长清区万德镇大王	21	男	1938 年
范小安	长清区崮云湖街道范庄	25	男	1938 年
范行子	长清区崮云湖街道范庄	18	男	1938 年
房殿晨	长清区双泉乡房庄	50	男	1938 年
冯元新	长清区孝里镇南黄崖	45	男	1938 年
葛本楹	长清区万德镇万北	34	男	1938 年
韩子普	长清区平安街道名庄	55	男	1938 年
胡训明	长清区归德镇后胡庄	34	男	1938 年
姜　五	长清区张夏镇茶棚	19	男	1938 年
焦仲三	长清区归德镇石官庄	35	男	1938 年
李保贵	长清区崮云湖街道土山	32	男	1938 年
李臭水	长清区崮云湖街道大崮山	15	男	1938 年
李春河	长清区崮云湖街道务子西	40	男	1938 年
李春旭	长清区崮云湖街道务子西	27	男	1938 年
李春艳	长清区崮云湖街道务子西	22	男	1938 年
李代氏	长清区崮云湖街道池子东	28	女	1938 年
李德法	长清区崮云湖街道后大彦	—	男	1938 年
李等修	长清区万德镇长城	60	男	1938 年
李海水	长清区张夏镇于盘	38	男	1938 年
李化武	长清区崮云湖街道东辛	26	男	1938 年
李继长	长清区归德镇李庄	32	男	1938 年
李连云	长清区平安街道齐庄	41	男	1938 年
李梅田	长清区万德镇万北	41	男	1938 年
李守仁	长清区张夏镇车厢峪	23	男	1938 年
李贞田	长清区万德镇万北	39	男	1938 年
刘丙军	长清区归德镇刘套	30	男	1938 年
刘存良	长清区五峰山街道庄庄	32	男	1938 年
刘风辉	长清区归德镇岗辛	32	男	1938 年

姓　名	籍　贯	年　龄	性　别	死难时间
刘洪海之妻	长清区归德镇刘套	25	女	1938 年
刘建银	长清区万德镇小万德	20	男	1938 年
刘云庆	长清区平安街道大刘	37	男	1938 年
刘振德	长清区万德镇大刘	19	男	1938 年
鲁盛周	长清区归德镇苏村	41	男	1938 年
陆传斌	长清区崮云湖街道大刘	30	男	1938 年
马德水	长清区万德镇小万德	27	男	1938 年
马士儒	长清区崮云湖街道凤凰	41	男	1938 年
潘玉龙	长清区万德镇万北	37	男	1938 年
阮发德之女	长清区孝里镇北黄崖	30	女	1938 年
宋同德	长清区孝里镇房头	50	男	1938 年
隋振田	长清区双泉乡隋峪	25	男	1938 年
孙寿平	长清区五峰山街道纸坊	35	男	1938 年
孙曰臣	长清区五峰山街道纸坊	43	男	1938 年
王长松	长清区张夏镇车厢峪	23	男	1938 年
王承勤	长清区崮云湖街道大刘	—	男	1938 年
王承休	长清区崮云湖街道大刘	19	男	1938 年
王大友	长清区万德镇万北	40	男	1938 年
王德新	长清区孝里镇北黄崖	40	男	1938 年
王福祥	长清区张夏镇张夏	18	男	1938 年
王流章	长清区万德镇万北	40	男	1938 年
王绍明	长清区崮云湖街道后大彦	—	男	1938 年
王　氏	长清区万德镇万北	20	女	1938 年
王文红之妻	长清区归德镇前刘官	30	女	1938 年
魏方×	长清区文昌街道孟里	—	—	1938 年
魏文清	长清区归德镇阁楼	21	男	1938 年
吴会元	长清区崮云湖街道大刘	24	男	1938 年
杨思有	长清区崮云湖街道池子西	30	男	1938 年
张殿英	长清区万德镇大王	41	男	1938 年
张奉山	长清区双泉镇东坦	27	男	1938 年
张金清	长清区万德镇大王	45	男	1938 年
张×××	长清区归德镇西张	40	女	1938 年
张秋田之妻	长清区归德镇阁楼	25	女	1938 年
张荣贵	长清区崮云湖街道东辛	75	男	1938 年

姓 名	籍 贯	年 龄	性 别	死难时间
张寿法	长清区万德镇大王	27	男	1938 年
张宗孝	长清区张夏镇车厢峪	21	男	1938 年
赵树美	长清区万德镇小万德	20	男	1938 年
赵太北	长清区万德镇石胡同	27	男	1938 年
郑立同	长清区万德镇大王	47	男	1938 年
郑吴常	长清区双泉乡东坦	60	男	1938 年
朱××	长清区文昌街道邢代庄	—	男	1938 年
高刘氏	长清区孝里镇中黄崖	17	女	1939 年 1 月 27 日
刘残疾	长清区孝里镇中黄崖	10	男	1939 年 1 月 27 日
刘道存	长清区孝里镇中黄崖	30	男	1939 年 1 月 27 日
刘道存之长子	长清区孝里镇中黄崖	3	男	1939 年 1 月 27 日
刘道存之次子	长清区孝里镇中黄崖	2	男	1939 年 1 月 27 日
刘道存之女	长清区孝里镇中黄崖	6 个月	女	1939 年 1 月 27 日
刘道仁	长清区孝里镇中黄崖	35	男	1939 年 1 月 27 日
刘道岩	长清区孝里镇中黄崖	32	男	1939 年 1 月 27 日
刘道志	长清区孝里镇中黄崖	37	男	1939 年 1 月 27 日
刘光代	长清区孝里镇中黄崖	30	男	1939 年 1 月 27 日
刘光前	长清区孝里镇中黄崖	30	男	1939 年 1 月 27 日
刘光学	长清区孝里镇中黄崖	40	男	1939 年 1 月 27 日
刘光运	长清区孝里镇中黄崖	30	男	1939 年 1 月 27 日
刘光震	长清区孝里镇中黄崖	40	男	1939 年 1 月 27 日
刘 炮	长清区孝里镇中黄崖	17	男	1939 年 1 月 27 日
刘许氏	长清区孝里镇中黄崖	29	女	1939 年 1 月 27 日
刘绪河	长清区孝里镇中黄崖	12	男	1939 年 1 月 27 日
马二墩	章丘市	33	男	1939 年 1 月 27 日
马二墩之子	章丘市	17	男	1939 年 1 月 27 日
赵存义	长清区孝里镇中黄崖	42	男	1939 年 1 月 27 日
赵存义之妻	长清区孝里镇中黄崖	40	女	1939 年 1 月 27 日
赵 小	长清区孝里镇岚峪	6	男	1939 年 1 月 27 日
程 诰	长清区归德镇三合庄	22	男	1939 年 1 月
程绪善	长清区归德镇三合庄	23	男	1939 年 1 月
魏长友	长清区归德镇张街	17	男	1939 年 1 月
许仁富	长清区五峰山街道东菜园	17	男	1939 年 1 月
吴传瑞	长清区归德镇平房	22	男	1939 年 1 月

姓 名	籍 贯	年 龄	性 别	死难时间
李树生	长清区五峰山街道宋村	26	男	1939 年 2 月
潘忠全	长清区文昌街道新徐	35	男	1939 年 2 月
徐本元	长清区文昌街道新徐	19	男	1939 年 2 月
徐养恒	长清区文昌街道新徐	24	男	1939 年 2 月
杨丙刚	长清区文昌街道新徐	29	男	1939 年 2 月
张志成	长清区崮云湖街道小崮山	27	男	1939 年 2 月
王兴印	长清区万德镇坡里庄	13	男	1939 年 3 月 9 日
赵宝瑞	长清区万德镇坡里庄	14	男	1939 年 3 月 9 日
刘道田	长清区孝里镇中黄崖	33	男	1939 年 3 月
刘生辉	长清区马山镇小刘庄	18	男	1939 年 3 月
路 芸	长清区马山镇小刘庄	8	女	1939 年 3 月
麦 芸	长清区马山镇小刘庄	10	女	1939 年 3 月
母德茂	长清区归德镇兴隆	42	男	1939 年 3 月
孙 氏	长清区马山镇小刘庄	21	女	1939 年 3 月
王永本	长清区双泉乡陈沟	22	男	1939 年 3 月
杨丙坤	长清区马山镇小核桃园	49	男	1939 年 3 月
杨兆荣	长清区马山镇小刘庄	22	男	1939 年 3 月
张震岳	长清区文昌街道吕庄	47	男	1939 年 3 月
房士印	长清区归德镇兴隆	19	男	1939 年 4 月
王 小	长清区五峰山街道庄庄	30	男	1939 年 4 月
刘西连之母	长清区万德镇大刘	26	女	1939 年 5 月 5 日
程振东	长清区归德镇三合庄	23	男	1939 年 5 月
顾延昆	长清区双泉乡学城	39	男	1939 年 5 月
冯存海	长清区平安街道邢楼村	20	男	1939 年 5 月
金 女	长清区马山镇关王庙	22	女	1939 年 5 月
张光乾	长清区归德镇水坡	33	男	1939 年 5 月
朱玉水	长清区文昌街道十里铺	55	男	1939 年 5 月
郭传典	长清区马山镇大崖	34	男	1939 年 6 月
郭光秀	长清区马山镇大崖	24	男	1939 年 6 月
郭力业	长清区马山镇大崖	69	男	1939 年 6 月
郝传庆	长清区万德镇南纸	30	男	1939 年 6 月
王全停	长清区马山镇王家岭	4	男	1939 年 6 月
张金峰	长清区孝里镇南黄崖	25	男	1939 年 6 月
董方贵	长清区五峰山街道西菜园	41	男	1939 年 7 月

姓 名	籍 贯	年 龄	性 别	死难时间
董文臣	长清区五峰山街道西菜园	16	男	1939 年 7 月
裴振有	长清区万德镇裴家园	27	男	1939 年 7 月
郝 氏	长清区崮云湖街道钟庄	—	女	1939 年 7 月
李文水	长清区文昌街道荆庄	19	男	1939 年 7 月
刘传钧	长清区平安街道王宿	33	男	1939 年 7 月
刘汉福	长清区归德镇薛庄	18	男	1939 年 7 月
邢王氏	长清区崮云湖街道皇姑井	—	女	1939 年 7 月
张凡明	长清区归德镇前夏	22	男	1939 年 7 月
石广成	长清区文昌街道袁庄	37	男	1939 年 8 月
王立明	长清区马山镇季家西山	30	男	1939 年 8 月
赵张氏	长清区马山镇季家西山	31	女	1939 年 8 月
宋宝平	长清区崮云湖街道北孙	21	男	1939 年 9 月
席自由	长清区文昌街道水泉峪	20	男	1939 年 9 月
肖德平	长清区孝里镇房头	40	男	1939 年 9 月
杨兴居	长清区文昌街道杨庄	46	男	1939 年 9 月
杨兴俊	长清区文昌街道杨庄	25	男	1939 年 9 月
史家臣	长清区五峰山街道宋村	26	男	1939 年 11 月
王树云	长清区平安街道高垣墙	41	男	1939 年 11 月
张正理	长清区双泉乡李庄	26	男	1939 年 11 月
庄玉新	长清区归德镇庄楼	34	男	1939 年 11 月
李传岭之妻	长清区双泉乡王庄	21	女	1939 年 12 月
刘玉田	长清区平安街道四里庄	19	男	1939 年 12 月
孟传公	长清区马山镇潘庄	41	男	1939 年 12 月
曹立坤	长清区万德镇曹庄	43	男	1939 年
曹文合	长清区万德镇曹庄	14	男	1939 年
董林江	长清区五峰山街道庄庄	29	男	1939 年
董振强之父	长清区双泉乡段店	60	男	1939 年
董振烨	长清区万德镇小万德	23	男	1939 年
杜汉青	长清区归德镇前刘官	31	男	1939 年
杜金奎	长清区双泉乡庞庄	26	男	1939 年
段金水	长清区双泉乡北付	33	男	1939 年
樊鲁生	长清区崮云湖街道皇姑井	24	男	1939 年
房殿臣	长清区双泉乡房庄	28	男	1939 年
房士策	长清区归德镇陈庄	25	男	1939 年

姓　名	籍　贯	年　龄	性　别	死难时间
房泽川	长清区归德镇后平	21	男	1939 年
房兆其	长清区双泉乡庞庄	41	男	1939 年
房兆祥	长清区崮云湖街道皇姑井	24	男	1939 年
郭岚田	长清区张夏镇靳庄	27	男	1939 年
国成年	长清区归德镇尹街	21	男	1939 年
胡继田	长清区归德镇前胡	32	男	1939 年
姬广金	长清区崮云湖街道务子中	19	男	1939 年
贾洪克	长清区万德镇贾庄	20	男	1939 年
姜殿臣	长清区张夏镇桃园	23	男	1939 年
姜殿玉	长清区张夏镇桃园	27	男	1939 年
金增春	长清区张夏镇金峪	27	男	1939 年
王××	长清区万德镇	38	男	1939 年
李文奎	长清区万德镇马场	19	男	1939 年
刘本文	长清区归德镇尹街	17	男	1939 年
刘采令之妻	长清区双泉乡段店	60	女	1939 年
刘恩广	长清区崮云湖街道小崮山	28	男	1939 年
刘万杰	长清区孝里镇马岭	60	男	1939 年
刘孝南	长清区崮云湖街道小崮山	40	男	1939 年
卢广雨	长清区文昌街道小卢	46	男	1939 年
马现夫	长清区双泉乡马西	19	男	1939 年
潘忠法	长清区崮云湖街道皇姑井	24	男	1939 年
石孟氏	长清区归德镇苪村	45	女	1939 年
孙传义	长清区万德镇长城	45	男	1939 年
孙力丙	长清区五峰山街道朱家庄	21	男	1939 年
田金更	长清区归德镇前刘官	25	男	1939 年
王丁新	长清区张夏镇红石岭	22	男	1939 年
王恩红	长清区张夏镇金庄	30	男	1939 年
王恩照	长清区五峰山街道庄庄	35	男	1939 年
王杰三	长清区崮云湖街道大刘	30	男	1939 年
王立生之母	长清区万德镇史庄	78	女	1939 年
王立生之妻	长清区万德镇史庄	60	女	1939 年
王　四	长清区张夏镇桃园	32	男	1939 年
王为寿	长清区张夏镇周家庵	20	男	1939 年
王宪泉	长清区文昌街道北门里	24	男	1939 年

姓 名	籍 贯	年 龄	性 别	死难时间
王子木之兄	长清区文昌街道西魏	30	男	1939 年
魏刘氏	长清区崮云湖街道大崮山	50	女	1939 年
吴洪林	长清区张夏镇青南	37	男	1939 年
吴洪庆	长清区崮云湖街道小崮山	21	男	1939 年
武迹仓	长清区崮云湖街道后大彦	36	男	1939 年
伊四小之妻	长清区万德镇史庄	62	女	1939 年
伊 旺	长清区崮云湖街道土山	33	男	1939 年
尹士俊	长清区文昌街道北门里	23	男	1939 年
于丙轮	长清区崮云湖街道皇姑井	24	男	1939 年
于有庆	长清区万德镇长城	18	男	1939 年
袁明保	长清区孝里镇袁道口	—	男	1939 年
袁善廷	长清区孝里镇袁道口	19	男	1939 年
苑玉典	长清区崮云湖街道开山	27	男	1939 年
张春元	长清区五峰山街道后太平	28	男	1939 年
张二旺	长清区万德镇史庄	40	男	1939 年
张恒孝	长清区万德镇义灵关	26	男	1939 年
张实庵	长清区文昌街道新徐	35	男	1939 年
张树信	长清区归德镇小屯	39	男	1939 年
张小辰	长清区崮云湖街道后大彦	—	男	1939 年
张寅汗	长清区孝里镇岚峪	20	男	1939 年
张宗平	长清区双泉乡庞庄	19	男	1939 年
张宗武	长清区双泉乡庞庄	27	男	1939 年
赵发明	长清区张夏镇韩庄	22	男	1939 年
赵七河	长清区万德镇小万德	23	男	1939 年
赵兴河	长清区五峰山街道朱家庄	42	男	1939 年
朱传志	长清区五峰山街道朱家庄	30	男	1939 年
朱 春	长清区张夏镇靳庄	25	男	1939 年
董朋洋	长清区归德镇董洼	22	男	1940 年 1 月
鲁京林	长清区归德镇苈村	18	男	1940 年 1 月
孟兆富	长清区五峰山街道宋村	20	男	1940 年 1 月
史德富	长清区五峰山街道宋村	35	男	1940 年 1 月
王兰斌	长清区平安街道东楼	25	男	1940 年 1 月
张成专	长清区文昌街道新徐	22	男	1940 年 2 月
张恒文	长清区归德镇新张	24	男	1940 年 2 月

姓 名	籍 贯	年龄	性别	死难时间
周世善	长清区崮云湖街道王府	62	男	1940年3月15日
韩玉升	长清区文昌街道东铺	20	男	1940年3月
李成友	长清区孝里镇马岭	60	男	1940年3月
李孟玉	长清区文昌街道三龙庄	32	男	1940年3月
李瑞明	长清区孝里镇广里店	27	男	1940年3月
牟玉香	长清区崮云湖街道土山	50	男	1940年3月
王存礼	长清区五峰山街道石窝	26	男	1940年3月
孟现厚	长清区文昌街道西李	20	男	1940年4月
孙树贞	长清区文昌街道孙庄	19	男	1940年5月
邢武银	长清区马山镇王家坊	19	男	1940年5月
钟玉池	长清区文昌街道段庄	38	男	1940年5月
杜甲元	长清区归德镇杜圈	19	男	1940年6月
方希义	长清区孝里镇方峪	38	男	1940年6月
胡光善	长清区归德镇小屯	40	男	1940年6月
李德生	长清区文昌街道燕王庄	21	男	1940年6月
孟现忠	长清区双泉乡满井峪	25	男	1940年6月
唐庆亭	长清区归德镇唐李	28	男	1940年6月
阎庆凯	长清区归德镇阎楼	21	男	1940年6月
张金海	长清区五峰山街道李店	19	男	1940年6月
张丕田	长清区归德镇吴渡	18	男	1940年6月
张正坤	长清区孝里镇张营	24	男	1940年6月
赵 伪	长清区文昌街道后三	32	男	1940年6月
王同贵	长清区双泉乡郝庄	21	女	1940年7月
周长福	长清区文昌街道东门里	19	男	1940年7月
杜九明	长清区归德镇小屯	20	男	1940年8月
潘忠元	长清区文昌街道新徐	36	男	1940年8月
王学厚	长清区孝里镇龙泉官庄	40	男	1940年8月
王元征	长清区孝里镇龙泉官庄	60	男	1940年8月
于京太	长清区崮云湖街道务子前	49	男	1940年8月
董树泉	长清区文昌街道三庄村	22	男	1940年9月
井学让	长清区崮云湖街道炒米店	32	男	1940年9月
杨炳君	长清区马山镇小核桃园	45	男	1940年9月
尹福佐	长清区马山镇小尹庄	36	男	1940年9月
张洪河	长清区崮云湖街道北孙	27	男	1940年9月

姓　名	籍　贯	年　龄	性　别	死难时间
张燕亭	长清区归德镇桃园	31	男	1940 年 9 月
季　墩	长清区马山镇季家西山	25	男	1940 年 11 月
曹士路	长清区归德镇东辛	30	男	1940 年
陈克三	长清区张夏镇车厢峪	24	男	1940 年
董朋志	长清区归德镇董洼	28	男	1940 年
董泗清	长清区马山镇牛角沟	37	男	1940 年
董在沈	长清区归德镇三合庄	24	男	1940 年
董振卓	长清区万德镇小万德	40	男	1940 年
董振青	长清区万德镇小万德	40	男	1940 年
杜汉清	长清区崮云湖街道大崮山	36	男	1940 年
段方志	长清区五峰山街道黑峪	40	男	1940 年
段可宝	长清区崮云湖街道务子前	40	男	1940 年
方丰江	长清区孝里镇方峪	20	男	1940 年
房安泽	长清区双泉乡房庄	20	男	1940 年
房玉堂	长清区双泉乡庞庄	50	男	1940 年
龚家龙	长清区文昌街道北门里	25	男	1940 年
国杰年	长清区归德镇贺街	21	男	1940 年
胡春田	长清区万德镇马场	20	男	1940 年
胡广吉	长清区归德镇前胡	25	男	1940 年
贾刘氏	长清区张夏镇石店	18	女	1940 年
贾王氏	长清区张夏镇石店	31	女	1940 年
贾元胡	长清区双泉乡高庄	33	男	1940 年
李敬文	长清区双泉乡满井峪	25	男	1940 年
李连登	长清区归德镇翟庄	18	男	1940 年
李培贤	长清区五峰山街道东菜园	21	男	1940 年
梁业广	长清区崮云湖街道池子西	50	男	1940 年
刘宝珍	长清区双泉乡南付	16	男	1940 年
刘洪夺	长清区双泉乡刘口	19	男	1940 年
刘继元	长清区双泉乡刘口	22	男	1940 年
刘茂德	长清区双泉乡段店	27	男	1940 年
刘汝路	长清区万德镇长城	37	男	1940 年
刘万善	长清区孝里镇付庄	21	男	1940 年
刘学文	长清区平安街道平安	26	男	1940 年
刘学文之母	长清区平安街道平安	55	女	1940 年

姓 名	籍 贯	年 龄	性 别	死难时间
刘延彬	长清区万德镇马场	18	男	1940 年
刘玉楷	长清区双泉乡刘口	22	男	1940 年
卢志超	长清区文昌街道西仓	28	男	1940 年
齐丙相	长清区平安街道石庄	41	男	1940 年
谯应法	长清区平安街道石庄	60	男	1940 年
宋传功	长清区双泉乡高庄	23	男	1940 年
宋明轮	长清区归德镇岗辛	38	男	1940 年
宋守金	长清区双泉乡高庄	30	男	1940 年
孙文忠	长清区文昌街道老徐	33	男	1940 年
孙振家	长清区张夏镇车厢峪	27	男	1940 年
孙振善	长清区张夏镇车厢峪	25	男	1940 年
谭传桐	长清区归德镇前刘官	32	男	1940 年
唐恩荣	长清区文昌街道潘庄	—	男	1940 年
陶夫行	长清区归德镇前刘官	19	男	1940 年
田兆峰	长清区孝里镇宋庄	31	男	1940 年
王道士	长清区平安街道石庄	38	男	1940 年
王道祥	长清区归德镇吴渡	21	男	1940 年
王光奎	长清区崮云湖街道大刘	28	男	1940 年
王洪生	长清区双泉乡马西	33	男	1940 年
王庆岭	长清区文昌街道东北关	40	男	1940 年
王正更	长清区平安街道石庄	31	男	1940 年
魏宝柱	长清区文昌街道西魏	52	男	1940 年
魏立训	长清区归德镇阁楼	32	男	1940 年
徐本长	长清区马山镇东褚科	19	男	1940 年
徐泽海	长清区五峰山街道徐南	20	男	1940 年
徐中林	长清区张夏镇徐毛	20	男	1940 年
杨金洪	长清区崮云湖街道池子西	40	男	1940 年
杨俊兰	长清区马山镇小核桃园	32	男	1940 年
张本庆	长清区文昌街道义和	38	男	1940 年
张炳凤	长清区孝里镇石岗	24	男	1940 年
张成选	长清区归德镇阁楼	30	男	1940 年
张德一	长清区孝里镇东辛	29	男	1940 年
张九裁	长清区马山镇牛角沟	27	男	1940 年
张李氏	长清区平安街道王府	22	女	1940 年

姓 名	籍 贯	年 龄	性 别	死难时间
张　氏	长清区平安街道王府	36	女	1940 年
张文芳	长清区孝里镇岚峪	40	男	1940 年
张绪坦	长清区双泉乡高庄	23	男	1940 年
张玉德之妻	长清区万德镇大刘	24	女	1940 年
张正礼	长清区双泉乡李庄	30	男	1940 年
赵得恒	长清区归德镇西辛	24	男	1940 年
赵君星	长清区平安街道石庄	26	男	1940 年
赵立才	长清区孝里镇岚峪	45	男	1940 年
赵立泉	长清区归德镇西辛	21	男	1940 年
赵希淮	长清区归德镇吴渡	23	男	1940 年
朱存新	长清区孝里镇西辛	22	男	1940 年
韩士忠	长清区张夏镇西野老	17	男	1941 年 1 月
井传树	长清区崮云湖街道炒米店	27	男	1941 年 1 月
石玉俊	长清区文昌街道袁庄	40	男	1941 年 1 月
张春林	长清区平安街道小范	34	男	1941 年 1 月
王春泥	长清区双泉乡河洼	30	男	1941 年 2 月 2 日
刘光文	长清区归德镇岗辛	37	男	1941 年 2 月
王捷三	长清区马山镇北站	23	男	1941 年 2 月
张延东	长清区马山镇北站	19	男	1941 年 2 月
张　毅	长清区孝里镇太平	—	男	1941 年 2 月
赵养海	长清区马山镇崮头	19	男	1941 年 2 月
房子珍	长清区文昌街道东房	32	男	1941 年 2 月
郭宝田之岳母	长清区平安街道北郭庄	62	女	1941 年 3 月
李义三之弟	长清区平安街道北郭庄	22	男	1941 年 3 月
宋传志	长清区双泉乡高庄	32	男	1941 年 3 月
孙洪申	长清区双泉乡郝庄	43	男	1941 年 3 月
邢爱银	长清区五峰山街道西马	19	男	1941 年 3 月
张春江	长清区平安街道北郭庄	32	男	1941 年 3 月
张春生	长清区平安街道北郭庄	45	男	1941 年 3 月
张　廷	长清区五峰山街道北宋	39	男	1941 年 3 月
李云西	长清区张夏镇诗庄	28	男	1941 年 4 月 15 日
李淑军	长清区马山镇南李庄	24	男	1941 年 4 月
孙发民	长清区文昌街道孙庄	23	男	1941 年 4 月
田兴明	长清区五峰山街道三官庙	28	男	1941 年 4 月

姓　名	籍　贯	年　龄	性　别	死难时间
周希法	长清区马山镇华庄	34	男	1941 年 4 月
马振庆	长清区文昌街道燕王	45	男	1941 年 5 月
周文江	长清区文昌街道新徐	39	男	1941 年 5 月
梁　臣	长清区马山镇魏庄	23	男	1941 年 6 月
许孔陞	长清区文昌街道西李	29	男	1941 年 6 月
张连增	长清区马山镇魏庄	27	男	1941 年 6 月
马夫良	长清区马山镇崮头	27	男	1941 年 7 月
徐顺财	长清区归德镇大觉寺	26	男	1941 年 7 月
李绪莲	长清区双泉乡柳杭	19	男	1941 年 8 月
董兴禄	长清区文昌街道吕庄	19	男	1941 年 9 月
李殿文	长清区马山镇大河东	50	男	1941 年 9 月
刘凤保	长清区文昌街道十里铺	35	男	1941 年 9 月
路德权	长清区归德镇路庄	20	男	1941 年 9 月
张洪元	长清区文昌街道燕王	36	男	1941 年 9 月
赵文杰	长清区文昌街道燕王	42	男	1941 年 9 月
郭传书	长清区马山镇郭家峪	40	男	1941 年 10 月
栗元荣	长清区归德镇麒麟	38	男	1941 年 10 月
庄寿孟	长清区归德镇麒麟	27	男	1941 年 10 月
崔洪恩	长清区万德镇史庄	21	男	1941 年 11 月
石少常	长清区归德镇苾村	31	男	1941 年 11 月
肖洪昌	长清区归德镇西辛	21	男	1941 年 11 月
张红强之叔	长清区孝里镇马岭	20	男	1941 年 11 月
邵孔家	长清区张夏镇金庄	18	男	1941 年 12 月
王凤和	长清区文昌街道东苏	21	男	1941 年 12 月
曹连德	长清区归德镇翟庄	23	男	1941 年
查玉新	长清区孝里镇岚峪	23	男	1941 年
陈国俊	长清区双泉乡王庄	21	男	1941 年
崔士友	长清区归德镇满庄	21	男	1941 年
底庆海	长清区归德镇刘街	24	男	1941 年
丁兆庆	长清区归德镇月庄	21	男	1941 年
董××	长清区五峰山街道下铺子	30	男	1941 年
方振松	长清区孝里镇方峪	41	男	1941 年
房士蒲	长清区归德镇兴隆	28	男	1941 年
高　生	长清区崮云湖街道王府	38	男	1941 年

姓 名	籍 贯	年 龄	性 别	死难时间
高一个	长清区文昌街道西房	36	男	1941 年
郭庆喜	长清区五峰山街道东菜园	18	男	1941 年
韩百达	长清区张夏镇大娄峪	35	男	1941 年
韩 春	长清区张夏镇大娄峪	50	男	1941 年
贾秀善	长清区双泉乡贾庄	29	男	1941 年
贾绪伦	长清区双泉乡红庙	22	男	1941 年
蒋文学	长清区双泉乡五眼井	20	男	1941 年
焦其森	长清区归德镇石官庄	23	男	1941 年
靖长牛	长清区归德镇南马山	26	男	1941 年
李成金	长清区双泉乡孟庄	17	男	1941 年
李开阳	长清区孝里镇马岭	19	男	1941 年
李文友	长清区文昌街道东苏	23	男	1941 年
李学庆	长清区张夏镇邵庄	45	男	1941 年
刘化义	长清区文昌街道小卢	27	男	1941 年
刘 吉	长清区孝里镇石岗	30	男	1941 年
刘继更	长清区双泉乡书堂峪	25	男	1941 年
刘梅村	长清区归德镇尹街	23	男	1941 年
刘汝祥	长清区万德镇长城	21	男	1941 年
刘万明	长清区孝里镇马岭	21	男	1941 年
卢广明	长清区文昌街道小卢	55	男	1941 年
卢来友	长清区归德镇翟庄	27	男	1941 年
马振家	长清区崮云湖街道东辛	80	男	1941 年
齐秉信	长清区平安街道齐庄	47	男	1941 年
孙焕太	长清区文昌街道孙庄	—	男	1941 年
孙象殿	长清区平安街道北汝	44	男	1941 年
谭 氏	长清区五峰山街道三官庙	19	女	1941 年
唐梅生	长清区归德镇唐李	29	男	1941 年
唐 其	长清区归德镇唐李	23	男	1941 年
田兆水	长清区归德镇平房	34	男	1941 年
王春河	长清区马山镇北站	21	男	1941 年
王光武	长清区五峰山街道德峪	30	男	1941 年
王天社	长清区崮云湖街道大崮山	43	男	1941 年
王绪水	长清区孝里镇孝里一	20	男	1941 年
王英运	长清区崮云湖街道大刘	18	男	1941 年

姓 名	籍 贯	年 龄	性 别	死难时间
王照运	长清区崮云湖街道大刘	28	男	1941 年
王哲才之妻	长清区文昌街道孟里村	32	女	1941 年
魏宝祥	长清区文昌街道西魏	42	男	1941 年
徐金岭	长清区五峰山街道黑峪	26	男	1941 年
杨富机	长清区五峰山街道下铺子	19	男	1941 年
伊泉水	长清区孝里镇孝里一	18	男	1941 年
张保旺	长清区孝里镇岚峪	24	男	1941 年
张凡山	长清区归德镇小屯	24	男	1941 年
张如代	长清区崮云湖街道东辛	18	男	1941 年
张玉奇	长清区万德镇界首	35	男	1941 年
张志同	长清区双泉乡庞庄	27	男	1941 年
赵春长	长清区五峰山街道三官庙	31	男	1941 年
赵明林	长清区文昌街道三龙庄	23	男	1941 年
周立荣	长清区文昌街道小卢	38	男	1941 年
朱小黑	长清区归德镇南马山	27	男	1941 年
崔盛学	长清区归德镇满庄	16	男	1942 年 1 月
董子忠	长清区归德镇董洼	18	男	1942 年 1 月
马士友	长清区崮云湖街道凤凰	36	男	1942 年 1 月
石子美	长清区文昌街道袁庄	19	男	1942 年 1 月
赵连昇	长清区文昌街道西李	30	男	1942 年 1 月
钟广善	长清区崮云湖街道钟庄	19	男	1942 年 1 月
顾先荣	长清区归德镇顾道口	29	男	1942 年 2 月
黄庆新	长清区归德镇前夏	41	男	1942 年 2 月
安林泉	长清区马山镇龙凤庄	37	男	1942 年 3 月
董在岷	长清区归德镇董岗	21	男	1942 年 3 月
国玉峥	长清区归德镇国街	28	男	1942 年 3 月
李永信	长清区马山镇南苤	50	男	1942 年 3 月
刘汉庆	长清区双泉乡书堂峪	45	男	1942 年 3 月
刘合其	长清区双泉乡书堂峪	44	男	1942 年 3 月
刘继申	长清区双泉乡书堂峪	42	男	1942 年 3 月
万林山	长清区归德镇万庄	22	男	1942 年 3 月
吴财柱	长清区马山镇南苤	28	男	1942 年 3 月
吴明山	长清区马山镇南苤	30	男	1942 年 3 月
邢廷章	长清区马山镇南苤	32	男	1942 年 3 月

姓　名	籍　贯	年　龄	性　别	死难时间
陈××	长清区双泉乡后园	40	男	1942 年 4 月
方荣旺	长清区孝里镇方峪	22	男	1942 年 4 月
刘树基	长清区马山镇关王庙	35	男	1942 年 4 月
王金芳	长清区崮云湖街道土山	13	女	1942 年 4 月
刘长生	长清区万德镇西山	51	男	1942 年 5 月
于传忠	长清区孝里镇石岗	26	男	1942 年 5 月
冯元诚	长清区孝里镇南黄崖	22	男	1942 年 6 月
刘道正	长清区孝里镇中黄崖	22	男	1942 年 6 月
潘国琪	长清区文昌街道新屯	30	男	1942 年 6 月
邵良香	长清区孝里镇南黄崖	32	男	1942 年 6 月
孙继贵	长清区崮云湖街道张庄	24	男	1942 年 6 月
高传海	长清区马山镇崮头	24	男	1942 年 7 月
高　生	长清区马山镇白石崖	27	男	1942 年 7 月
李刘氏	长清区马山镇李家庄	34	女	1942 年 7 月
王二半	长清区马山镇白石崖	27	男	1942 年 7 月
王乃斌	长清区马山镇白石崖	40	男	1942 年 7 月
王乃签	长清区马山镇白石崖	40	男	1942 年 7 月
于传法	长清区马山镇于家庄	19	男	1942 年 7 月
于兆云	长清区马山镇于家庄	40	男	1942 年 7 月
袁洪祥	长清区文昌街道东北关	22	男	1942 年 7 月
房寿泽	长清区归德镇兴隆	22	男	1942 年 8 月
王世荣	长清区五峰山街道西马	26	男	1942 年 8 月
魏金三	长清区归德镇阎楼	35	男	1942 年 9 月
郑延苗	长清区双泉乡徐庄	27	女	1942 年 9 月
郑延英	长清区双泉乡徐庄	27	男	1942 年 9 月
蒋希全	长清区孝里镇潘庄	51	男	1942 年 10 月
方志贵	长清区孝里镇方峪	30	男	1942 年 11 月 21 日
方希法	长清区孝里镇方峪	80	男	1942 年 11 月
刘培成	长清区平安街道柳庄	20	男	1942 年 11 月
杜国英	长清区崮云湖街道务子前	43	女	1942 年 12 月
方瑞亭	长清区孝里镇方峪	23	男	1942 年 12 月
杨俊洪	长清区马山镇小核桃园	24	男	1942 年 12 月
曹连猛	长清区归德镇东辛	19	男	1942 年
曹丕清	长清区归德镇西辛	24	男	1942 年

姓 名	籍 贯	年龄	性别	死难时间
曹世诚	长清区归德镇东辛	27	男	1942 年
陈永河	长清区归德镇边苗	29	男	1942 年
程兆杰	长清区五峰山街道黑峪	26	男	1942 年
褚新田	长清区万德镇长城	27	男	1942 年
董宝顺	长清区平安街道西潘	—	男	1942 年
董保银	长清区平安街道东潘	22	男	1942 年
董玉宁	长清区五峰山街道宋村	53	男	1942 年
范振水	长清区孝里镇石岗	51	男	1942 年
房 狗	长清区崮云湖街道池子西	20	男	1942 年
房士坤	长清区归德镇归南	32	男	1942 年
房 玉	长清区归德镇薛庄	27	男	1942 年
房泽海	长清区五峰山街道东洋河	31	男	1942 年
房泽河	长清区五峰山街道东洋河	30	男	1942 年
房泽亮	长清区归德镇归北	29	男	1942 年
房照年	长清区归德镇房庄	25	男	1942 年
符兴光	长清区孝里镇石岗	21	男	1942 年
付连旺之母	长清区孝里镇岚峪	60	女	1942 年
高长泉	长清区双泉乡马西	22	男	1942 年
高继营	长清区归德镇永平	42	男	1942 年
顾延山	长清区归德镇顾小庄	18	男	1942 年
顾业兴	长清区归德镇顾小庄	22	男	1942 年
季俊玉	长清区马山镇季庄	31	男	1942 年
贾元顺	长清区双泉乡贾庄	37	男	1942 年
江延章	长清区张夏镇丁庄	21	男	1942 年
焦念森	长清区五峰山街道北宋	23	男	1942 年
李传梦	长清区双泉乡柳杭	45	男	1942 年
李恩洪	长清区归德镇程官庄	29	男	1942 年
李贵臣	长清区归德镇翟庄	23	男	1942 年
李洪银	长清区双泉乡柳杭	22	男	1942 年
李开民	长清区万德镇拔山	39	男	1942 年
李树春	长清区归德镇归南	23	男	1942 年
李永柱	长清区归德镇程官庄	20	男	1942 年
李玉宗	长清区孝里镇胡林	27	男	1942 年
李元典	长清区归德镇永平	35	男	1942 年

姓　名	籍　贯	年　龄	性　别	死难时间
刘成山	长清区崮云湖街道大崮山	30	男	1942 年
刘传禄	长清区归德镇吴渡	19	男	1942 年
刘洪潮	长清区双泉乡段店	27	男	1942 年
刘　库	长清区崮云湖街道池子西	20	男	1942 年
刘名师	长清区万德镇拔山	43	男	1942 年
刘庆良	长清区万德镇拔山	52	男	1942 年
刘同景	长清区孝里镇岚峪	23	男	1942 年
刘学成	长清区归德镇西张	27	男	1942 年
刘永恭	长清区五峰山街道北套	49	男	1942 年
卢凤武	长清区张夏镇土门	23	男	1942 年
吕洪铎	长清区文昌街道燕庄	30	男	1942 年
马长林	长清区孝里镇石岗	44	男	1942 年
孟凡宗	长清区归德镇永平	40	男	1942 年
庞振河	长清区崮云湖街道周庄	19	男	1942 年
亓洪才	长清区万德镇长城	19	男	1942 年
邵清登	长清区孝里镇胡林	36	男	1942 年
石光礼	长清区文昌街道西苏	23	男	1942 年
时　芳	长清区五峰山街道宋村	27	男	1942 年
孙荣法	长清区崮云湖街道池子东	26	男	1942 年
孙增山	长清区文昌街道水鸣庄	23	男	1942 年
唐云山	长清区归德镇唐李	25	男	1942 年
王荣新	长清区张夏镇红石岭	19	男	1942 年
王维运	长清区崮云湖街道大刘	26	男	1942 年
王绪良	长清区孝里镇孝里一	32	男	1942 年
王禹庆	长清区张夏镇王家庄	28	男	1942 年
王振元	长清区文昌街道孟里	29	男	1942 年
王子山	长清区五峰山街道下铺子	15	男	1942 年
邢丕才	长清区孝里镇广里店	22	男	1942 年
邢尊礼	长清区马山镇季庄	27	男	1942 年
闫庆山	长清区归德镇永平	27	男	1942 年
闫庆元	长清区归德镇永平	46	男	1942 年
杨兆亮	长清区双泉乡王庄	22	男	1942 年
尹成海	长清区双泉乡李庄	30	男	1942 年
于庆海	长清区孝里镇金村	21	男	1942 年

姓 名	籍 贯	年 龄	性 别	死难时间
张德镇	长清区崮云湖街道务子前	21	男	1942 年
张立华	长清区文昌街道南王	23	男	1942 年
张林选	长清区归德镇西张	32	男	1942 年
张庆孝	长清区归德镇前刘官	23	男	1942 年
张庆云	长清区五峰山街道北宋	25	男	1942 年
张三满子	长清区崮云湖街道范庄	30	男	1942 年
张少年	长清区归德镇吴渡	22	男	1942 年
张树望	长清区归德镇西张	30	男	1942 年
张文仁	长清区归德镇永平	29	男	1942 年
张耀元	长清区孝里镇四街	22	男	1942 年
张育才	长清区万德镇拔山	26	男	1942 年
张兆福	长清区归德镇水坡	25	男	1942 年
赵传明	长清区归德镇前刘官	18	男	1942 年
赵传申	长清区崮云湖街道小崮山	25	男	1942 年
赵光恩	长清区文昌街道十里铺	23	男	1942 年
赵洪岭	长清区崮云湖街道小崮山	23	男	1942 年
赵洪生	长清区归德镇吴渡	24	男	1942 年
赵振秋	长清区文昌街道三龙村	40	男	1942 年
周宫庆	长清区张夏镇周家庵	22	男	1942 年
周希有	长清区马山镇华庄	20	男	1942 年
周行涛	长清区张夏镇周家庵	19	男	1942 年
朱爱友	长清区崮云湖街道范庄	30	男	1942 年
朱铁华	长清区双泉乡陈沟	25	男	1942 年
朱孝玲	长清区归德镇永平	36	女	1942 年
朱孝泉	长清区孝里镇朱庄	24	男	1942 年
庄玉界	长清区归德镇庄楼	22	男	1942 年
张业贵	长清区崮云湖街道务子前	33	男	1943 年 1 月 29 日
张仁卿	长清区崮云湖街道西辛	37	男	1943 年 1 月
季承德	长清区马山镇碾砣沟	34	男	1943 年 1 月
王国生	长清区万德镇刁庄	19	男	1943 年 1 月
魏金英	长清区崮云湖街道务子前	51	女	1943 年 1 月
李东金	长清区归德镇后李	20	男	1943 年 1 月
李连坡	长清区归德镇翟庄	23	男	1943 年 1 月
赵振崛	长清区文昌街道后三	21	男	1943 年 1 月

姓 名	籍 贯	年龄	性别	死难时间
李德生	长清区文昌街道燕王	36	男	1943 年 2 月
刘丙德	长清区文昌街道东苏	21	男	1943 年 2 月
许明杰	长清区文昌街道西李	27	男	1943 年 2 月
张培臣	长清区文昌街道新徐	45	男	1943 年 2 月
李春生	长清区孝里镇方峪	33	男	1943 年 3 月 22 日
房兆斌	长清区万德镇西房庄	27	男	1943 年 3 月
郝金泉	长清区崮云湖街道钟庄	21	男	1943 年 3 月
贾元珍	长清区双泉乡刀山峪	33	男	1943 年 3 月
李青前	长清区双泉乡学城	41	男	1943 年 3 月
刘玉勤	长清区双泉乡柳杭	50	男	1943 年 3 月
齐兆善	长清区万德镇万南	41	男	1943 年 3 月
王代城	长清区双泉乡河洼	26	男	1943 年 3 月
张文卿	长清区崮云湖街道西辛	29	男	1943 年 3 月
陈树平	长清区崮云湖街道务子前	40	男	1943 年 4 月
房兆柱	长清区万德镇西房庄	33	男	1943 年 4 月
李承学	长清区孝里镇马岭	24	男	1943 年 4 月
卢广庆	长清区崮云湖街道西辛	21	男	1943 年 4 月
张延柱	长清区马山镇碾砣沟	24	男	1943 年 4 月
吴伯祥	长清区五峰山街道宋村	25	男	1943 年 5 月
邢占起	长清区平安街道南汝	23	男	1943 年 5 月
袁继尧	长清区平安街道袁庄	21	男	1943 年 5 月
张贻祯	长清区崮云湖街道西辛	46	男	1943 年 5 月
赵宝祥	长清区马山镇崮头	24	男	1943 年 5 月
曹明义	长清区孝里镇南凤凰	26	男	1943 年 6 月
顾承忠	长清区归德镇顾小庄	19	男	1943 年 6 月
韩光生	长清区孝里镇南凤凰	28	男	1943 年 6 月
贾绪平	长清区双泉乡刀山峪	45	男	1943 年 6 月
刘道发	长清区孝里镇中黄崖	28	男	1943 年 6 月
魏绪茂	长清区孝里镇南凤凰	45	男	1943 年 6 月
邢爱平	长清区马山镇小岭	28	男	1943 年 6 月
张金香	长清区归德镇陈庄	33	男	1943 年 6 月
张兴玉	长清区孝里镇南凤凰	37	男	1943 年 6 月
张振远	长清区五峰山街道西洋河	27	男	1943 年 6 月
赵庆吉	长清区孝里镇岚峪	27	男	1943 年 6 月

姓 名	籍 贯	年 龄	性 别	死难时间
樊奇峰	长清区文昌街道山峪	38	男	1943 年 7 月
刘道洪	长清区孝里镇中黄崖	22	男	1943 年 7 月
刘吉江	长清区文昌街道三龙庄	23	男	1943 年 7 月
曲庆德	长清区万德镇万南	36	男	1943 年 7 月
王业儒	长清区平安街道高垣墙	28	男	1943 年 7 月
邢尊军	长清区马山镇小岭	28	男	1943 年 7 月
徐立国	长清区文昌街道新徐	28	男	1943 年 7 月
许 勇	长清区文昌街道西李	21	男	1943 年 7 月
张传银	长清区马山镇张家老庄	32	男	1943 年 7 月
张齐银	长清区马山镇张家老庄	52	男	1943 年 7 月
张英新	长清区马山镇郭庄	18	女	1943 年 7 月
侯传叶	长清区万德镇孙西	40	男	1943 年 8 月
孟光杰	长清区归德镇坟台	27	男	1943 年 8 月
赵万檀	长清区归德镇焦寨	31	男	1943 年 8 月
庄庆金	长清区归德镇坟台	21	男	1943 年 8 月
李士岭	长清区五峰山街道蔡庄	25	男	1943 年 9 月
石广训	长清区文昌街道袁庄	45	男	1943 年 9 月
钟玉方	长清区文昌街道段庄	21	男	1943 年 9 月
孙玉民	长清区孝里镇广里店	42	男	1943 年 10 月
范兴水	长清区孝里镇太平庄	—	男	1943 年 10 月
贾书泰	长清区双泉乡沈庄	34	男	1943 年 11 月
侯车文	长清区万德镇西侯	62	男	1943 年 12 月 10 日
李学俭	长清区万德镇灵岩	17	男	1943 年 12 月 10 日
曹德功	长清区归德镇前封	20	男	1943 年
曹连顺	长清区归德镇翟庄	23	男	1943 年
曹连锁	长清区归德镇翟庄	24	男	1943 年
曹修汉	长清区归德镇翟庄	30	男	1943 年
陈德荣	长清区孝里镇后楚	63	男	1943 年
陈永庆	长清区归德镇边苗	22	男	1943 年
程方利	长清区孝里镇北黄崖	50	男	1943 年
戴丙泉	长清区归德镇南河洼	23	男	1943 年
董大功	长清区万德镇小万德	24	男	1943 年
董林风	长清区五峰山街道西北石	43	男	1943 年
董玉炳	长清区五峰山街道宋村	27	男	1943 年

姓　名	籍　贯	年　龄	性　别	死难时间
杜九皋	长清区双泉乡杜庄	25	男	1943 年
杜兴汉	长清区张夏镇杜庄	18	男	1943 年
范园章	长清区万德镇小万德	25	男	1943 年
方荣旺	长清区孝里镇方峪	31	男	1943 年
房衍龙	长清区文昌街道西房	27	男	1943 年
房泽安	长清区五峰山街道东洋河	36	男	1943 年
房泽发	长清区五峰山街道东洋河	34	男	1943 年
房泽洪	长清区双泉乡杜庄	25	男	1943 年
冯传伦	长清区万德镇义灵关	33	男	1943 年
冯太礼	长清区孝里镇南黄崖	24	男	1943 年
郭深芝	长清区文昌街道窑头	22	男	1943 年
韩继征之弟媳	长清区孝里镇北黄崖	17	女	1943 年
韩文俊	长清区归德镇北河洼	32	男	1943 年
韩相恒	长清区崮云湖街道皇姑井	28	男	1943 年
韩兆禄	长清区崮云湖街道段庄	26	男	1943 年
侯家成	长清区双泉乡段店	25	男	1943 年
胡光同	长清区双泉乡马西	35	男	1943 年
季成修	长清区马山镇季家西山	34	男	1943 年
贾洪科	长清区万德镇贾庄	19	男	1943 年
贾绪平	长清区双泉乡刀山峪	27	男	1943 年
李宝新之子	长清区双泉乡西龙湾	10	男	1943 年
李富洪之弟	长清区孝里镇大桥	24	男	1943 年
李光臣之叔	长清区五峰山街道蔡庄	50	男	1943 年
李明德	长清区双泉乡郝庄	18	男	1943 年
李绍兴	长清区文昌街道西北石	34	男	1943 年
李士杰之妻	长清区五峰山街道德峪	30	女	1943 年
梁国林	长清区崮云湖街道东孙庄	23	男	1943 年
林秀歧	长清区归德镇朱东	23	男	1943 年
刘承恩	长清区平安街道王宿	40	男	1943 年
刘承杰	长清区平安街道王宿	38	男	1943 年
刘传诏	长清区文昌街道刘庄	24	男	1943 年
刘　三	长清区归德镇李庄	31	男	1943 年
刘太银	长清区孝里镇后楚	33	男	1943 年
刘学明	长清区五峰山街道东洋河	37	男	1943 年

姓 名	籍 贯	年龄	性别	死难时间
刘日顺	长清区双泉乡段店	28	男	1943 年
刘振海之妻	长清区归德镇董洼	—	女	1943 年
刘振河	长清区归德镇董洼	20	男	1943 年
马立河	长清区孝里镇公庄	22	男	1943 年
马茂珠	长清区归德镇东马	22	男	1943 年
马 ×	长清区崮云湖街道辛庄村	29	男	1943 年
孟现海	长清区孝里镇孟道口	23	男	1943 年
秦凤桐	长清区平安街道北汝	38	男	1943 年
秦广福	长清区张夏镇岳庄	43	男	1943 年
石玉巽	长清区文昌街道袁庄	29	男	1943 年
石志贤	长清区文昌街道西苏	20	男	1943 年
宋传荣	长清区双泉乡高庄	23	男	1943 年
孙同远	长清区双泉乡黄立泉	23	男	1943 年
王法张	长清区归德镇双乳村	23	男	1943 年
王凤银	长清区五峰山街道东莱园	23	男	1943 年
王凤臣之妻	长清区张夏镇岳庄	33	女	1943 年
王光礼	长清区五峰山街道庄庄	40	男	1943 年
王国昌	长清区万德镇孙家峪	28	男	1943 年
王兰庭	长清区五峰山街道宋村	31	男	1943 年
王立学	长清区张夏镇大娄峪	40	男	1943 年
王茂乾	长清区崮云湖街道务中	24	男	1943 年
王如善	长清区双泉乡韩峪	21	男	1943 年
王树芳	长清区崮云湖街道小崮山	23	男	1943 年
王维政	长清区崮云湖街道东孙	39	男	1943 年
王业贤	长清区崮云湖街道大崮山	34	男	1943 年
王兆山	长清区张夏镇石店	20	男	1943 年
王振家	长清区孝里镇后楚	28	男	1943 年
王志礼	长清区五峰山街道庄庄	31	男	1943 年
魏 六	长清区文昌街道孟里	18	男	1943 年
吴永增	长清区归德镇薛庄	27	男	1943 年
徐二保	长清区五峰山街道下铺子	23	男	1943 年
徐化先	长清区五峰山街道徐南	23	男	1943 年
徐明群	长清区张夏镇徐毛	23	男	1943 年
徐占先	长清区五峰山街道徐南	20	男	1943 年

姓 名	籍 贯	年 龄	性 别	死难时间
杨洪宝	长清区双泉乡王庄	23	男	1943 年
杨秀冉	长清区马山镇杨土	43	男	1943 年
姚建民	长清区万德镇长城	46	男	1943 年
于文忠	长清区文昌街道东房	26	男	1943 年
于兴华	长清区文昌街道东房	26	男	1943 年
曾照义	长清区孝里镇南凤凰	37	男	1943 年
张金水	长清区孝里镇岚峪	—	男	1943 年
张俊峰	长清区平安街道小庞	26	男	1943 年
张士良	长清区五峰山街道东洋河	35	男	1943 年
张 秃	长清区崮云湖街道西辛	—	男	1943 年
张文强	长清区归德镇曹楼	20	男	1943 年
张兆庆	长清区孝里镇公庄	28	男	1943 年
赵传玉	长清区崮云湖街道小崮山	22	男	1943 年
赵凤河	长清区归德镇归南	37	男	1943 年
赵福财	长清区归德镇归北	33	男	1943 年
赵吉良	长清区孝里镇岚峪	55	男	1943 年
赵林福	长清区五峰山街道庄庄	20	男	1943 年
赵清顺	长清区归德镇归南	34	男	1943 年
赵玉海	长清区归德镇归南	42	男	1943 年
钟继玉	长清区孝里镇北黄崖	50	男	1943 年
周廷洞	长清区张夏镇青北	19	男	1943 年
朱成水	长清区孝里镇西辛	24	男	1943 年
朱存富	长清区归德镇南赵	22	男	1943 年
刘兴成	长清区万德镇北纸坊	31	男	1944 年 1 月
袁曰雨	长清区平安街道马店	24	男	1944 年 1 月
白班长	阳谷县	30	男	1944 年 2 月 3 日
金宝珠	长清区崮云湖街道东孙庄	22	男	1944 年 2 月
刘吉岭	长清区归德镇大觉寺	22	男	1944 年 2 月
李承才	长清区孝里镇马岭	23	男	1944 年 3 月
王维来	长清区张夏镇梨枣峪	22	男	1944 年 3 月
曾照梅	长清区孝里镇北凤凰	22	男	1944 年 3 月
张建贞	长清区孝里镇金村	24	男	1944 年 3 月
周传教	长清区孝里镇广里店	24	男	1944 年 3 月
周速成	长清区马山镇北李庄	23	男	1944 年 3 月

姓　名	籍　贯	年　龄	性　别	死难时间
付茂家	长清区孝里镇赵庄	22	男	1944 年 4 月
郭延柏	长清区马山镇郭家峪	38	男	1944 年 4 月
郭延亭	长清区马山镇郭家峪	39	男	1944 年 4 月
靖茂新	长清区归德镇南马	18	男	1944 年 4 月
李继宝	长清区归德镇李庄	21	男	1944 年 4 月
李元法	长清区归德镇南马	19	男	1944 年 4 月
卢允富	长清区万德镇南纸坊	22	男	1944 年 4 月
宋保昌	长清区崮云湖街道北孙	20	男	1944 年 4 月
张宝全	长清区孝里镇东辛	19	男	1944 年 4 月
朱成泉	长清区归德镇南赵	21	男	1944 年 4 月
邹庆元	长清区张夏镇上龙	21	男	1944 年 4 月
高　凯	长清区归德镇高庄	24	男	1944 年 5 月
康玉金	长清区归德镇高庄	19	男	1944 年 5 月
卢允泉	长清区万德镇南纸坊	25	男	1944 年 5 月
于方水	长清区归德镇岗辛	23	男	1944 年 5 月
斐进发	长清区孝里镇南黄崖	22	男	1944 年 6 月
孟　氏	长清区马山镇中义合	30	女	1944 年 6 月
徐玉海	长清区孝里镇房头	17	男	1944 年 6 月
叶杰三	长清区文昌街道三龙庄	44	男	1944 年 6 月
张文意	长清区五峰山街道润玉泉	17	男	1944 年 6 月
李方青	长清区平安街道石庄	—	男	1944 年 7 月 19 日
邢爱常	长清区马山镇季家西山	—	男	1944 年 7 月
邢尊圣	长清区马山镇季家西山	33	男	1944 年 7 月
董孟芳	长清区归德镇边苗	23	男	1944 年 8 月
董玉宝	长清区归德镇边苗	19	男	1944 年 8 月
王连三	长清区崮云湖街道务子中	24	男	1944 年 8 月
叶明堂	长清区文昌街道办事处仁合	35	男	1944 年 8 月
张世河	长清区万德镇南纸坊	22	男	1944 年 8 月
赵化祥	长清区归德镇阎楼	20	男	1944 年 8 月
赵振坤	长清区崮云湖街道后大彦	23	男	1944 年 8 月
郑延训	长清区孝里镇房头	20	男	1944 年 8 月
房照喜	长清区文昌街道西房	20	男	1944 年 9 月
高　虎	长清区马山镇崮头	21	男	1944 年 9 月
高振贵	长清区马山镇崮头	31	男	1944 年 9 月

姓 名	籍 贯	年 龄	性 别	死难时间
李寿山	长清区张夏镇车厢峪	20	男	1944 年 9 月
王如年	长清区孝里镇龙泉官庄	20	男	1944 年 9 月
曹延瑚	长清区文昌街道山峪	23	男	1944 年 11 月
郭守庆	长清区文昌街道西三里	19	男	1944 年 11 月
刘吉太	长清区归德镇大觉寺	19	男	1944 年 11 月
申书安	长清区崮云湖街道魏庄	39	男	1944 年 12 月 4 日
申珠云	长清区崮云湖街道魏庄	58	男	1944 年 12 月 4 日
陈富祥	长清区张夏镇于盘	20	男	1944 年 12 月
李云水	长清区双泉乡段店	22	男	1944 年 12 月
田新元	长清区孝里镇马岭	26	男	1944 年 12 月
尹绪珠	长清区孝里镇北凤凰	21	男	1944 年 12 月
白兆祥	长清区归德镇贾庄	33	男	1944 年
米哑巴	长清区张夏镇青北	18	男	1944 年
曹修柱	长清区归德镇永平	26	男	1944 年
查文平	长清区孝里镇岚峪	23	男	1944 年
陈吉祯	长清区孝里镇潘庄	32	男	1944 年
崔学仁	长清区崮云湖街道钟庄	22	男	1944 年
代庆合	长清区归德镇双乳	21	男	1944 年
邓传贵	长清区五峰山街道东菜园	31	男	1944 年
董玉兴之妻	长清区归德镇双乳	26	女	1944 年
董玉行	长清区五峰山街道三官庙	48	男	1944 年
杜金山	长清区崮云湖街道大崮山	40	男	1944 年
杜九翠	长清区双泉乡杜庄	22	女	1944 年
樊官生	长清区崮云湖街道皇姑井	—	男	1944 年
方永仁	长清区孝里镇方峪	23	男	1944 年
房梅需	长清区万德镇小万德	23	男	1944 年
房士木	长清区文昌街道西大房	27	男	1944 年
房西同	长清区万德镇小万德	23	男	1944 年
付文香	长清区孝里镇岚峪	—	男	1944 年
高远臣	长清区双泉乡沈庄	18	男	1944 年
顾先泗	长清区归德镇顾道口	30	男	1944 年
郭家勇	长清区孝里镇郭庄	27	男	1944 年
韩文师	长清区崮云湖街道大崮山	33	男	1944 年
郝传西	长清区文昌街道西仓	50	男	1944 年

姓　名	籍　贯	年　龄	性　别	死难时间
贾士儒	长清区归德镇贾庄	21	男	1944 年
金增春	长清区张夏镇金庄	20	男	1944 年
李传春	长清区张夏镇井字坡	23	男	1944 年
李光德	长清区孝里镇马岭	22	男	1944 年
李洪郡	长清区张夏镇诗庄	18	男	1944 年
李其田	长清区归德镇苗庄	31	男	1944 年
李士喜	长清区五峰山街道庄庄	34	男	1944 年
李兴森	长清区双泉乡北付	25	男	1944 年
李月芝	长清区五峰山街道东菜园	58	男	1944 年
刘方才	长清区万德镇长城	37	男	1944 年
刘继香	长清区双泉乡书堂峪	22	男	1944 年
吕洪石	长清区双泉乡书堂峪	29	男	1944 年
孟兆光	长清区五峰山街道宋村	27	男	1944 年
米玉贵	长清区平安街道赵营	22	男	1944 年
牛正声	长清区崮云湖街道大崮山	52	男	1944 年
齐风明	长清区文昌街道南门里	27	男	1944 年
邵同法	长清区五峰山街道三官庙	27	男	1944 年
邵同杰	长清区马山镇西褚科	34	男	1944 年
司　×	长清区崮云湖街道大崮山	—	男	1944 年
宋现廷	长清区张夏镇井字坡	23	男	1944 年
孙富昌	长清区张夏镇桃园	24	男	1944 年
孙富兰	长清区张夏镇桃园	20	男	1944 年
孙廷凯	长清区平安街道后升	26	男	1944 年
唐振远	长清区平安街道赵营	19	男	1944 年
田绍南	长清区孝里镇孝里三	22	男	1944 年
万玉青	长清区万德镇长城	38	男	1944 年
王春泉	长清区孝里镇龙泉官庄	22	男	1944 年
王春山	长清区孝里镇龙泉官庄	22	男	1944 年
王继元	长清区张夏镇徐毛	22	男	1944 年
王京楷	长清区崮云湖街道土山	17	男	1944 年
王茂善	长清区张夏镇绿豆囤	29	男	1944 年
王孝忠	长清区五峰山街道东马庄	35	男	1944 年
王兴城	长清区双泉乡袁纸坊	33	男	1944 年
魏殿俊	长清区崮云湖街道小崮山	23	男	1944 年

姓 名	籍 贯	年 龄	性 别	死难时间
魏殿生	长清区崮云湖街道小崮山	29	男	1944 年
小生子	长清区归德镇翟庄	18	男	1944 年
徐立秋	长清区孝里镇北黄崖	33	男	1944 年
燕吉顺	长清区孝里镇燕庄	25	男	1944 年
袁登岩	长清区平安街道袁庄	19	男	1944 年
袁明盘	长清区孝里镇袁道口	24	男	1944 年
张 臣	长清区崮云湖街道小崮山	21	男	1944 年
张东海	长清区文昌街道南门里	24	男	1944 年
张洪祥	长清区崮云湖街道小崮山	47	男	1944 年
张良臣	长清区归德镇阎楼	24	男	1944 年
张太泽	长清区五峰山街道东菜园	23	男	1944 年
张新旺	长清区孝里镇岚峪	24	男	1944 年
张学海	长清区孝里镇房头	25	男	1944 年
张英甫	长清区平安街道四里	25	男	1944 年
张玉英	长清区五峰山街道宋村	21	男	1944 年
张振雨	长清区万德镇孙西	21	男	1944 年
赵长东	长清区马山镇季家西山	31	男	1944 年
赵法明	长清区张夏镇金庄	20	男	1944 年
赵俊卿	长清区归德镇归南	21	男	1944 年
赵士可	长清区崮云湖街道大崮山	30	男	1944 年
周可诗	长清区张夏镇周家庵	28	男	1944 年
马胜岭	长清区归德镇归北	47	男	1945 年 1 月
王三楼	长清区归德镇马西	46	男	1945 年 1 月
张祥珍	长清区归德镇前夏	37	男	1945 年 1 月
房士富	长清区归德镇房庄	33	男	1945 年 2 月
孟兆华	长清区归德镇高庄	32	男	1945 年 2 月
张光水	长清区归德镇前封	22	男	1945 年 2 月
房泽岭	长清区归德镇朱东	23	男	1945 年 3 月
张甲茂	长清区归德镇朱西	19	男	1945 年 3 月
杜兆瑞	长清区归德镇杜圈	31	男	1945 年 4 月
范玉昂	长清区孝里镇太平	23	男	1945 年 4 月
王贞林	长清区归德镇大觉寺	32	男	1945 年 4 月
张太顺	长清区孝里镇南凤凰	25	男	1945 年 4 月
郝宋氏	长清区崮云湖街道钟庄	—	女	1945 年 5 月

姓 名	籍 贯	年 龄	性 别	死难时间
郝庆祥	长清区文昌街道西仓	30	男	1945 年 5 月
秦贞峰	长清区万德镇义灵关	20	男	1945 年 5 月
王盛贤	长清区张夏镇东野老	23	男	1945 年 5 月
张永得	长清区崮云湖街道周庄	31	男	1945 年 5 月
孟宪香	长清区马山镇中义合	23	女	1945 年 6 月
王允金	长清区万德镇石都庄	23	男	1945 年 6 月
周传孝	长清区孝里镇广里店	21	男	1945 年 6 月
周梅青	长清区文昌街道水鸣庄	17	男	1945 年 6 月
朱延美	长清区文昌街道后朱	31	男	1945 年 6 月
杨金水	长清区平安街道王宿	29	男	1945 年 7 月
朱宝金	长清区文昌街道后朱	6	男	1945 年 8 月 14 日
段良茂	长清区张夏镇东野老	33	男	1945 年 8 月
路良木	长清区归德镇路庄	22	男	1945 年 8 月
牛占奎	长清区张夏镇张夏	20	男	1945 年 8 月
石安德	长清区张夏镇桃园	33	男	1945 年 8 月
邢玉才	长清区马山镇季家西山	—	男	1945 年 8 月
张志勇	长清区归德镇朱西	23	男	1945 年 8 月
赵连宝	长清区归德镇杨庄	31	男	1945 年 8 月
孟现山	长清区归德镇薛庄	19	男	1945 年 9 月
魏庆荣	长清区归德镇魏庄	25	男	1945 年 9 月
张传奎	长清区万德镇张庄	36	男	1945 年 9 月
周长山	长清区文昌街道西三里	26	男	1945 年 9 月
曹恒务	长清区归德镇曹楼	25	男	1945 年
曹善述	长清区归德镇前封	49	男	1945 年
曹修忠	长清区归德镇翟庄	25	男	1945 年
陈庆水	长清区孝里镇孝里一	25	男	1945 年
董金元	长清区五峰山街道纸坊	29	男	1945 年
段德道	长清区归德镇张街	42	男	1945 年
方荣学	长清区孝里镇方峪	27	男	1945 年
房兆友	长清区万德镇小万德	24	男	1945 年
高振吉	长清区平安街道平安	27	男	1945 年
葛纪三	长清区孝里镇孝里三	27	男	1945 年
李元富	长清区孝里镇松竹店	20	男	1945 年
国玉江	长清区归德镇国街	30	男	1945 年

姓 名	籍 贯	年 龄	性 别	死难时间
韩兆壳	长清区万德镇小万德	24	男	1945 年
季方金	长清区马山镇季家西山	—	男	1945 年
贾发成	长清区归德镇东马	—	男	1945 年
贾秀山	长清区双泉乡红庙	26	男	1945 年
江秀玉	长清区张夏镇丁庄	23	男	1945 年
荆　路	长清区归德镇沙河辛	26	男	1945 年
李仁元	长清区孝里镇四街	43	男	1945 年
李寿云	长清区归德镇前封	49	男	1945 年
李廷杰	长清区马山镇关王庙	27	男	1945 年
刘春田	长清区张夏镇上龙	22	男	1945 年
刘兴东	长清区崮云湖街道务子中	17	男	1945 年
卢长德	长清区张夏镇青北	29	男	1945 年
吕洪典	长清区文昌街道燕庄	30	男	1945 年
马复林	长清区归德镇刘街	27	男	1945 年
马振标	长清区归德镇东马山	—	男	1945 年
潘宗孝	长清区张夏镇车厢峪	25	男	1945 年
彭先动	长清区归德镇西义合	30	男	1945 年
秦树明	长清区文昌街道新屯	22	男	1945 年
傻二成	长清区归德镇沙河辛	21	男	1945 年
宋传秀	长清区双泉乡高庄	22	男	1945 年
唐月云	长清区归德镇唐李	26	男	1945 年
万成友	长清区归德镇万庄	32	男	1945 年
王纯义	长清区张夏镇徐毛	20	男	1945 年
王洪宝	长清区双泉乡马西	37	男	1945 年
王洪普	长清区双泉乡马西	29	男	1945 年
王洪向	长清区双泉乡马西	42	男	1945 年
王怀胜	长清区张夏镇绿豆囤	33	男	1945 年
王树平	长清区平安街道马店	37	男	1945 年
王学元	长清区张夏镇梨枣峪	21	男	1945 年
魏立奎	长清区归德镇阎楼	33	男	1945 年
闻方贞	长清区崮云湖街道坡庄	35	男	1945 年
徐本山	长清区马山镇西褚科	24	男	1945 年
徐丙兰	长清区张夏镇徐毛	24	男	1945 年
尹祚怀	长清区张夏镇尹庄	28	男	1945 年

姓 名	籍 贯	年 龄	性 别	死难时间
于风堂之母	长清区张夏镇于盘	36	女	1945 年
张德广	长清区归德镇程官庄	25	男	1945 年
张洪元	长清区文昌街道燕王庄	27	男	1945 年
张金芳	长清区五峰山街道李店	20	男	1945 年
张兰亮	长清区万德镇长城	45	男	1945 年
张深厚	长清区五峰山街道东菜园	24	男	1945 年
张希岭	长清区五峰山街道张庄	22	男	1945 年
赵善英	长清区归德镇东赵	38	男	1945 年
赵士臣	长清区归德镇焦寨	23	男	1945 年
赵修泉	长清区归德镇西辛	27	男	1945 年
赵中梅	长清区五峰山街道小庵	24	男	1945 年
赵中武	长清区五峰山街道庄庄	24	男	1945 年
朱宝武	长清区双泉乡陈沟	24	男	1945 年
朱存财	长清区孝里镇朱庄	25	男	1945 年
朱存忠	长清区孝里镇西辛	25	男	1945 年
朱孝钦	长清区归德镇阎楼	30	男	1945 年
范登岱	长清区崮云湖街道大崮山	50	男	—
魏立功	长清区崮云湖街道小崮山	23	男	—
陈玉水	长清区孝里镇陈家峪	—	男	—
董振奎	长清区归德镇芯村	—	男	—
房泽龙	长清区归德镇凤鸣	18	男	—
房泽志	长清区归德镇后平	—	男	—
冯元新	长清区孝里镇北黄崖	—	男	—
黄木中	长清区孝里镇北黄崖	—	男	—
蒋春仁	长清区平安街道东潘	—	男	—
李春荣之子	长清区平安街道东潘	—	男	—
李武曾	长清区孝里镇大桥	26	男	—
李志营	长清区孝里镇南黄崖	—	男	—
刘传韶	长清区文昌街道刘庄	—	男	—
刘光庆	长清区归德镇岗辛	33	男	—
芦 友	长清区万德镇六律	46	男	—
孟平安	长清区五峰山街道纸坊	36	男	—
苗振泗	长清区归德镇颜庄	27	男	—
潘尚久	长清区文昌街道潘庄	—	男	—

姓 名	籍 贯	年 龄	性 别	死难时间
孙象殿	长清区平安街道北汝	—	男	—
唐梦金	长清区文昌街道潘庄	—	男	—
王春昌	长清区万德镇六律	27	男	—
王起贤	长清区平安街道东潘	—	男	—
小 砖	长清区文昌街道新徐	—	男	—
徐本起	长清区文昌街道新徐	—	男	—
徐立功	长清区文昌街道新徐	—	男	—
袁士功	长清区孝里镇燕庄	—	男	—
月庄祥	长清区文昌街道小卢	—	男	—
张 炮	长清区文昌街道东王	—	男	—
张北厚	长清区五峰山街道黄崖	30	男	—
张继礼之父	长清区文昌街道东王	—	男	—
张世怡	长清区五峰山街道西马	85	男	—
左风槐	长清区归德镇石官庄	—	男	—
李二桂	长清区平安街道怀庙	50	男	1937 年
刘永水	长清区双泉乡刘峪	22	男	1937 年
王近木	长清区双泉乡刘峪	38	男	1937 年
王为俊	长清区双泉乡刘峪	41	男	1937 年
郑亭香	长清区双泉乡刘峪	32	男	1937 年
姜元生	长清区万德镇长城	42	男	1937 年
潘尚文	长清区文昌街道潘庄	30	男	1937 年
唐学雨	长清区文昌街道潘庄	35	男	1937 年
石光派	长清区文昌街道西苏	30	男	1938 年 11 月
石光水	长清区文昌街道西苏	25	男	1938 年 11 月
石少文	长清区文昌街道西苏	23	男	1938 年 11 月
石玉清	长清区文昌街道西苏	25	男	1938 年 11 月
石志杰	长清区文昌街道西苏	23	男	1938 年 11 月
石志贤	长清区文昌街道西苏	36	男	1938 年 11 月
王振起	长清区归德镇胡同店	25	男	1938 年 12 月
朱昭安	长清区平安街道南桥	38	男	1938 年
刘元恩	长清区平安街道王宿	33	男	1938 年
高 氏	长清区马山镇崮头	40	女	1938 年
张 氏	长清区双泉乡南付	60	女	1938 年
黄 靳	长清区万德镇长城	35	男	1938 年

姓　名	籍　贯	年　龄	性　别	死难时间
王鼎新	长清区张夏镇红石岭	41	男	1938 年
刘长银	长清区文昌街道燕王	27	男	1939 年 1 月
赵二子	长清区文昌街道燕王	—	男	1939 年 1 月
张兴明	长清区万德镇马场	—	男	1939 年 6 月
徐本端	长清区文昌街道新徐	33	男	1939 年 10 月
赵永昌	长清区崮云湖街道小崮山	28	男	1939 年
孙丙宝	长清区归德镇国街	22	男	1939 年
赵善高	长清区归德镇南赵	31	男	1939 年
付洪恩	长清区平安街道藤屯	50	男	1939 年
袁登堂	长清区平安街道袁庄	27	男	1939 年
杜文明	长清区万德镇长城	40	男	1939 年
王方安	长清区张夏镇丁庄	—	男	1939 年
魏文增	长清区归德镇阎楼	31	男	1940 年 3 月
张辉南	长清区归德镇阎楼	37	男	1940 年 3 月
张之剑	长清区归德镇阎楼	40	男	1940 年 3 月
朱孝仁	长清区归德镇阎楼	30	男	1940 年 3 月
黄纪榜	长清区马山镇小岭	25	男	1940 年 3 月
刘占福	长清区马山镇小岭	23	男	1940 年 3 月
李庆良	长清区双泉乡陈沟	31	男	1940 年 3 月
朱尚昆	长清区双泉乡陈沟	32	男	1940 年 3 月
朱秀田	长清区双泉乡陈沟	22	男	1940 年 3 月
李文同之父	长清区双泉乡郝庄	55	男	1940 年 3 月
代绍成	长清区崮云湖街道土山	34	男	1940 年 5 月
张玉年	长清区万德镇马场	—	男	1940 年 5 月
张传道	长清区万德镇马场	—	男	1940 年 6 月
刘光庆	长清区万德镇玉皇庙	46	男	1940 年 9 月
刘光如	长清区万德镇玉皇庙	50	男	1940 年 9 月
赵修桥	长清区归德镇南赵	30	男	1940 年 11 月
崔景汉	长清区崮云湖街道坡庄	—	男	1940 年
更兴堂	长清区崮云湖街道坡庄	—	男	1940 年
李玉皂	长清区崮云湖街道坡庄	—	男	1940 年
辛更生	长清区崮云湖街道坡庄	—	男	1940 年
张殿青	长清区崮云湖街道坡庄	—	男	1940 年
刘大臣	长清区双泉乡刘口	22	男	1940 年

姓 名	籍 贯	年 龄	性 别	死难时间
刘继申	长清区双泉乡刘口	19	男	1940 年
刘玉凡	长清区双泉乡刘口	20	男	1940 年
李良志	长清区双泉乡马头	27	男	1940 年
李青林	长清区双泉乡马头	26	男	1940 年
李青真	长清区双泉乡马头	45	男	1940 年
李连柱	长清区双泉乡学城	27	男	1940 年
刘月光	长清区万德镇长城	38	男	1940 年
孟段义	长清区万德镇长城	27	男	1940 年
宋志林	长清区万德镇长城	45	男	1940 年
赵群安	长清区万德镇孙家圈	50	男	1940 年
唐恩荣	长清区文昌街道潘庄	25	男	1940 年
于 木	长清区孝里镇大桥	20	男	1940 年
程陈奎	长清区五峰山街道小庵	37	男	1941 年 4 月
程陈柱	长清区五峰山街道小庵	16	男	1941 年 4 月
程重洋	长清区五峰山街道小庵	19	男	1941 年 4 月
孟兆贵	长清区马山镇南李庄	21	男	1941 年 6 月
靖长森	长清区归德镇南马山	27	男	1941 年
李兰玉	长清区归德镇南马山	20	男	1941 年
李玉生	长清区归德镇南马山	28	男	1941 年
李玉春	长清区归德镇南马山	36	男	1941 年
朱志海	长清区归德镇南马山	27	男	1941 年
房士金	长清区归德镇兴隆	—	男	1941 年
邵元里	长清区归德镇兴隆	31	男	1941 年
邵元志	长清区归德镇兴隆	28	男	1941 年
刘××	长清区平安街道南汝	—	男	1941 年
邢化善	长清区平安街道南汝	—	男	1941 年
邢菊田	长清区平安街道南汝	—	男	1941 年
刘二臣	长清区双泉乡刘口	32	男	1941 年
刘安祥	长清区双泉乡南付	37	男	1941 年
刘宝银	长清区双泉乡南付	26	男	1941 年
赵春胜	长清区万德镇孙家圈	55	男	1941 年
顾大军之伯父	长清区归德镇顾道口	38	男	1942 年 3 月
顾延行	长清区归德镇顾道口	19	男	1942 年 3 月
安绪财	长清区归德镇前封	21	男	1942 年 3 月

姓 名	籍 贯	年龄	性别	死难时间
曹明来	长清区归德镇前封	18	男	1942 年 3 月
曹修禄	长清区归德镇前封	20	男	1942 年 3 月
曹修迎	长清区归德镇前封	35	男	1942 年 3 月
曹修迎之子	长清区归德镇前封	16	男	1942 年 3 月
陈满囤	长清区归德镇前封	18	男	1942 年 3 月
肖连强	长清区归德镇前封	16	男	1942 年 3 月
肖连忠	长清区归德镇前封	19	男	1942 年 3 月
李兆旺	长清区归德镇水坡	27	男	1942 年 3 月
张福贵	长清区归德镇水坡	17	男	1942 年 3 月
张光生之父	长清区归德镇水坡	39	男	1942 年 3 月
张光玉	长清区归德镇水坡	38	男	1942 年 3 月
徐养贤	长清区马山镇大河东	26	男	1942 年 3 月
张夫生	长清区马山镇南李庄	22	男	1942 年 3 月
高振水	长清区马山镇碾砣沟	50	男	1942 年 3 月
张保安	长清区马山镇牛角沟	27	男	1942 年 3 月
韩树合	长清区马山镇南李庄	10	男	1942 年 6 月
韩元顺	长清区马山镇南李庄	26	男	1942 年 6 月
韩忠利	长清区马山镇南李庄	24	男	1942 年 6 月
韩忠显	长清区马山镇南李庄	24	男	1942 年 6 月
高春景	长清区万德镇拔山	34	男	1942 年 10 月
高春荣	长清区万德镇拔山	55	男	1942 年 10 月
高春有	长清区万德镇拔山	42	男	1942 年 10 月
李开明	长清区万德镇拔山	43	男	1942 年 10 月
刘光会	长清区万德镇拔山	58	男	1942 年 10 月
刘光庆	长清区万德镇拔山	38	男	1942 年 10 月
刘光有	长清区万德镇拔山	42	男	1942 年 10 月
刘庆文	长清区万德镇拔山	39	男	1942 年 10 月
刘庆愈	长清区万德镇拔山	51	男	1942 年 10 月
王殿会	长清区万德镇拔山	47	男	1942 年 10 月
张荣生	长清区万德镇拔山	41	男	1942 年 10 月
刘泽长	长清区归德镇凤鸣	43	男	1942 年
刘泽成	长清区归德镇凤鸣	26	男	1942 年
刘泽斗	长清区归德镇凤鸣	32	男	1942 年
刘泽龙	长清区归德镇凤鸣	37	男	1942 年

姓　名	籍　贯	年　龄	性　别	死难时间
房　氏	长清区归德镇归南	26	女	1942 年
房世兴	长清区归德镇归南	27	男	1942 年
房兆顺	长清区归德镇归南	34	男	1942 年
房兆坦	长清区归德镇归南	32	男	1942 年
李平其	长清区归德镇归南	30	男	1942 年
赵　氏	长清区归德镇归南	32	女	1942 年
赵玉厚之父	长清区归德镇归南	—	男	1942 年
赵玉厚之兄	长清区归德镇归南	29	男	1942 年
赵玉厚之兄	长清区归德镇归南	30	男	1942 年
马夫竹	长清区归德镇后刘官	24	男	1942 年
李修兰	长清区归德镇姜庄	23	女	1942 年
张德方	长清区归德镇姜庄	20	男	1942 年
张凤祥	长清区归德镇姜庄	46	男	1942 年
张李之女	长清区归德镇姜庄	—	女	1942 年
张范香	长清区归德镇前刘官	53	男	1942 年
张青英	长清区归德镇西张	25	女	1942 年
张延武	长清区归德镇西张	26	男	1942 年
丁兆庆	长清区归德镇月庄	23	男	1942 年
邵太柏	长清区双泉乡后园	40	男	1942 年
邵太长	长清区双泉乡后园	41	男	1942 年
李汝明	长清区万德镇长城	26	男	1942 年
王庆吉	长清区万德镇孙家峪	32	男	1942 年
唐学俊	长清区文昌街道潘庄	25	男	1942 年
于传忠	长清区孝里镇大桥	21	男	1942 年
查来明	长清区孝里镇岚峪	20	男	1942 年
王洪庆	长清区孝里镇岚峪	30	男	1942 年
张　臭	长清区孝里镇岚峪	30	男	1942 年
张明胜	长清区孝里镇岚峪	40	男	1942 年
赵立贵	长清区孝里镇岚峪	35	男	1942 年
赵庆申	长清区孝里镇岚峪	24	男	1942 年
赵守常	长清区孝里镇岚峪	20	男	1942 年
郑广银	长清区孝里镇岚峪	40	男	1942 年
郑庆山	长清区孝里镇岚峪	13	男	1942 年
郑延明	长清区孝里镇岚峪	40	男	1942 年

姓 名	籍 贯	年 龄	性 别	死难时间
安庆林	长清区孝里镇张营	60	男	1942 年
张庆云	长清区孝里镇张营	35	男	1942 年
张正检	长清区孝里镇张营	42	男	1942 年
金志贵	长清区张夏镇金庄	28	男	1942 年
钟玉德	长清区文昌街道段庄	45	男	1943 年 1 月
马金好	长清区归德镇东马山	21	男	1943 年 3 月
马茂田	长清区归德镇东马山	20	男	1943 年 3 月
李长更	长清区归德镇翟庄	20	男	1943 年 3 月
李长信	长清区归德镇翟庄	19	男	1943 年 3 月
卢来财之弟	长清区归德镇翟庄	19	男	1943 年 3 月
卢庆升	长清区归德镇翟庄	20	男	1943 年 3 月
宋立成	长清区归德镇翟庄	18	男	1943 年 3 月
杨 三	长清区归德镇翟庄	21	男	1943 年 3 月
李殿安	长清区马山镇大河东	29	男	1943 年 3 月
高家恒	长清区马山镇崮头	19	男	1943 年 3 月
徐敬礼	长清区马山镇崮头	37	男	1943 年 3 月
徐士金	长清区马山镇崮头	22	男	1943 年 3 月
赵光平	长清区马山镇崮头	21	男	1943 年 3 月
赵满牛	长清区马山镇崮头	17	男	1943 年 3 月
张富新	长清区马山镇牛角沟	24	男	1943 年 3 月
毛春清	长清区平安街道东潘	22	男	1943 年 3 月
毛洛泉	长清区平安街道东潘	31	男	1943 年 3 月
卢培敏	长清区平安街道马店	43	男	1943 年 3 月
马文海	长清区平安街道马店	34	男	1943 年 3 月
王登云	长清区平安街道马店	27	男	1943 年 3 月
王其德	长清区平安街道南桥	23	男	1943 年 3 月
吕玉珠	长清区平安街道平安	38	男	1943 年 3 月
李德厚	长清区平安街道齐庄	27	男	1943 年 3 月
齐如水	长清区平安街道齐庄	26	男	1943 年 3 月
刘丹盛	长清区双泉乡东庄	42	男	1943 年 3 月
贾绪岭	长清区双泉乡高庄	40	男	1943 年 3 月
贾元俊	长清区双泉乡高庄	29	男	1943 年 3 月
宋传仁	长清区双泉乡高庄	42	男	1943 年 3 月
张绪奇	长清区双泉乡高庄	37	男	1943 年 3 月

姓 名	籍 贯	年 龄	性 别	死难时间
董玉河	长清区双泉乡马西	40	男	1943 年 3 月
董振唐	长清区双泉乡马西	17	男	1943 年 3 月
高长寅	长清区双泉乡马西	35	男	1943 年 3 月
李红安	长清区双泉乡马西	20	男	1943 年 3 月
李红昌	长清区双泉乡马西	40	男	1943 年 3 月
李兴贤	长清区双泉乡马西	50	男	1943 年 3 月
李云生	长清区双泉乡马西	40	男	1943 年 3 月
李振玉	长清区双泉乡马西	40	男	1943 年 3 月
王丙干	长清区双泉乡马西	50	男	1943 年 3 月
王洪举	长清区双泉乡马西	50	男	1943 年 3 月
周传跟	长清区双泉乡马西	35	男	1943 年 3 月
段小木	长清区双泉乡孟庄	22	男	1943 年 3 月
段振安	长清区双泉乡孟庄	41	男	1943 年 3 月
段振田	长清区双泉乡孟庄	27	男	1943 年 3 月
段振玉	长清区双泉乡孟庄	32	男	1943 年 3 月
偏 头	长清区双泉乡孟庄	21	男	1943 年 3 月
昌士华	长清区双泉乡学城	32	男	1943 年 3 月
昌士荣	长清区双泉乡学城	21	男	1943 年 3 月
张延新	长清区马山镇碾砣沟	31	男	1943 年 4 月
于传水	长清区马山镇于家庄	25	男	1943 年 5 月
于兆来	长清区马山镇于家庄	19	男	1943 年 5 月
于兆武	长清区马山镇于家庄	27	男	1943 年 5 月
于振生	长清区马山镇于家庄	43	男	1943 年 5 月
刘玉亮	长清区万德镇辛庄	36	男	1943 年 5 月
刘玉明	长清区万德镇辛庄	38	男	1943 年 5 月
杨盛德	长清区万德镇辛庄	40	男	1943 年 5 月
孙守太	长清区五峰街道邱庄	21	男	1943 年 5 月
郑桂兰	长清区五峰街道邱庄	45	男	1943 年 5 月
杜九丁	长清区归德镇后刘官	23	男	1943 年 6 月
王明星	长清区马山镇黄路山	20	男	1943 年 6 月
王文学	长清区马山镇黄路山	17	男	1943 年 6 月
王银法	长清区马山镇黄路山	21	男	1943 年 6 月
王银富	长清区马山镇黄路山	17	男	1943 年 6 月
王银贵	长清区马山镇黄路山	19	男	1943 年 6 月

姓 名	籍 贯	年 龄	性 别	死难时间
王银祥	长清区马山镇黄路山	18	男	1943 年 6 月
王银云	长清区马山镇黄路山	20	男	1943 年 6 月
于兆亮	长清区马山镇于家庄	27	男	1943 年 6 月
于振泗	长清区马山镇于家庄	38	男	1943 年 6 月
李振武	长清区马山镇碾砣沟	23	男	1943 年 7 月
桑登友	长清区马山镇碾砣沟	20	男	1943 年 7 月
王寅福	长清区马山镇王家庄	12	男	1943 年 7 月
于兆军	长清区马山镇于家庄	28	男	1943 年 7 月
于兆申	长清区马山镇于家庄	15	男	1943 年 7 月
于兆文	长清区马山镇于家庄	50	男	1943 年 8 月
张齐敬	长清区马山镇张家老庄	34	男	1943 年 9 月
张禄之	长清区马山镇碾砣沟	40	男	1943 年 12 月
张申之	长清区马山镇碾砣沟	21	男	1943 年 12 月
张珍夏	长清区马山镇碾砣沟	20	男	1943 年 12 月
苗长谭	长清区归德镇边苗	27	男	1943 年
苗长银	长清区归德镇边苗	30	男	1943 年
李本道	长清区归德镇程官庄	46	男	1943 年
李本坡	长清区归德镇程官庄	38	男	1943 年
李本夏	长清区归德镇程官庄	22	男	1943 年
王新玉	长清区归德镇程官庄	41	男	1943 年
张黄银	长清区归德镇程官庄	27	男	1943 年
陈如意	长清区归德镇后刘官	23	男	1943 年
李如意	长清区归德镇后刘官	32	男	1943 年
马庆岭	长清区归德镇后刘官	31	男	1943 年
程光祯	长清区归德镇三合	27	男	1943 年
白现云	长清区归德镇山贾庄	23	男	1943 年
张安信	长清区归德镇西义合	43	男	1943 年
张兆友	长清区归德镇西义合	41	男	1943 年
杜三元	长清区归德镇小屯	16	男	1943 年
刘化路	长清区归德镇小屯	24	男	1943 年
谢成告	长清区归德镇小屯	22	男	1943 年
谢孝常	长清区归德镇小屯	25	男	1943 年
张德银	长清区归德镇小屯	29	男	1943 年
张德元	长清区归德镇小屯	18	男	1943 年

姓 名	籍 贯	年 龄	性 别	死难时间
张凡远	长清区归德镇小屯	46	男	1943 年
张凡远之子	长清区归德镇小屯	19	男	1943 年
张老二	长清区归德镇小屯	26	男	1943 年
张相安	长清区归德镇小屯	20	男	1943 年
张相辰	长清区归德镇小屯	23	男	1943 年
张相水	长清区归德镇小屯	19	男	1943 年
陈庆安	长清区归德镇月庄	—	男	1943 年
樊学存	长清区归德镇月庄	42	男	1943 年
樊学庆	长清区归德镇月庄	—	男	1943 年
杨万夏	长清区归德镇月庄	33	男	1943 年
董玉春	长清区归德镇翟庄	—	男	1943 年
董玉贵	长清区归德镇翟庄	—	男	1943 年
卢庆祥	长清区归德镇翟庄	27	男	1943 年
卢王氏	长清区归德镇翟庄	25	女	1943 年
程春银	长清区归德镇张官庄	21	男	1943 年
董光波	长清区归德镇张官庄	32	男	1943 年
董光玉	长清区归德镇张官庄	27	男	1943 年
张长友	长清区归德镇张官庄	55	男	1943 年
张德嘎	长清区归德镇张官庄	22	男	1943 年
张银师	长清区归德镇张官庄	33	男	1943 年
张 玉	长清区归德镇张官庄	19	男	1943 年
庄延路	长清区归德镇张官庄	42	男	1943 年
李永荣	长清区归德镇庄楼	32	男	1943 年
庄长水	长清区归德镇庄楼	33	男	1943 年
庄凤妮	长清区归德镇庄楼	34	女	1943 年
庄庆池	长清区归德镇庄楼	25	男	1943 年
庄庭江	长清区归德镇庄楼	57	男	1943 年
庄庭乙	长清区归德镇庄楼	47	男	1943 年
庄延承	长清区归德镇庄楼	28	男	1943 年
庄延程	长清区归德镇庄楼	42	男	1943 年
庄延娥	长清区归德镇庄楼	28	女	1943 年
庄延福	长清区归德镇庄楼	31	男	1943 年
庄延海	长清区归德镇庄楼	27	男	1943 年
庄延海	长清区归德镇庄楼	26	男	1943 年

姓 名	籍 贯	年 龄	性 别	死难时间
庄延庆	长清区归德镇庄楼	42	男	1943 年
庄延全	长清区归德镇庄楼	24	男	1943 年
庄延泉	长清区归德镇庄楼	32	男	1943 年
庄延生	长清区归德镇庄楼	27	男	1943 年
庄延喜	长清区归德镇庄楼	29	男	1943 年
庄延祥	长清区归德镇庄楼	33	男	1943 年
庄延志	长清区归德镇庄楼	25	男	1943 年
庄延周	长清区归德镇庄楼	26	男	1943 年
庄玉法	长清区归德镇庄楼	32	男	1943 年
庄玉孟	长清区归德镇庄楼	23	男	1943 年
庄玉让	长清区归德镇庄楼	39	男	1943 年
庄玉天	长清区归德镇庄楼	26	男	1943 年
庄玉亭	长清区归德镇庄楼	21	男	1943 年
庄玉燕	长清区归德镇庄楼	26	男	1943 年
庄玉芝	长清区归德镇庄楼	30	女	1943 年
庄云山	长清区归德镇庄楼	28	男	1943 年
刘原德	长清区平安街道大于	26	男	1943 年
于露广	长清区平安街道大于	37	男	1943 年
李安长	长清区平安街道东潘	46	男	1943 年
李百谦	长清区平安街道东潘	28	男	1943 年
孙东岭	长清区双泉乡黄立泉	42	男	1943 年
刘曰甫	长清区双泉乡南付	46	男	1943 年
刘曰华	长清区双泉乡南付	50	男	1943 年
刘曰友	长清区双泉乡南付	37	男	1943 年
李　×	长清区双泉乡五眼井	19	男	1943 年
刘宝同	长清区双泉乡五眼井	27	男	1943 年
刘嘉其	长清区双泉乡五眼井	46	男	1943 年
郑春斗	长清区双泉乡徐庄	22	男	1943 年
郑春祥	长清区双泉乡徐庄	27	男	1943 年
李玉山	长清区万德镇长城	24	男	1943 年
侯本成	长清区万德镇孙西	50	男	1943 年
侯本国	长清区万德镇孙西	28	男	1943 年
侯本祥	长清区万德镇孙西	20	男	1943 年
侯传新	长清区万德镇孙西	63	男	1943 年

姓 名	籍 贯	年 龄	性 别	死难时间
李丹方	长清区万德镇孙西	40	男	1943 年
李丹方之妻	长清区万德镇孙西	39	女	1943 年
李柱生	长清区万德镇孙西	30	男	1943 年
张传绪之父	长清区万德镇孙西	43	男	1943 年
张振太	长清区万德镇孙西	60	男	1943 年
潘尚奎	长清区文昌街道潘庄	20	男	1943 年
李延良	长清区五峰山街道官庄	16	男	1943 年
徐祥福	长清区五峰山街道北宋	38	男	1943 年
张朋银	长清区五峰山街道北宋	27	男	1943 年
张庆昌	长清区五峰山街道北宋	22	男	1943 年
李英鹏	长清区五峰山街道德峪	41	男	1943 年
李英武	长清区五峰山街道德峪	39	男	1943 年
徐玉亭	长清区五峰山街道德峪	37	男	1943 年
徐振湖	长清区五峰山街道德峪	42	男	1943 年
李世富	长清区五峰山街道东马	27	男	1943 年
张凡昌	长清区五峰山街道东马	36	男	1943 年
张广生	长清区五峰山街道东马	31	男	1943 年
李武曾	长清区孝里镇大桥	26	男	1943 年
韩道俊	长清区孝里镇南凤凰	50	男	1943 年
李仁元	长清区孝里镇四街	43	男	1943 年
张克正	长清区孝里镇张营	28	男	1943 年
张绪柱	长清区孝里镇张营	52	男	1943 年
张正兴	长清区孝里镇张营	40	男	1943 年
金永涛	长清区张夏镇金庄	25	男	1943 年
焦连政	长清区张夏镇三尖台	45	男	1943 年
王序良	长清区张夏镇三尖台	32	男	1943 年
张北厚	长清区五峰山街道西黄	—	男	1943 年
徐本润	长清区马山镇东褚科	31	男	1944 年 3 月
赵文国	长清区文昌街道十里铺	42	男	1944 年 7 月
钟玉林	长清区文昌街道段庄	36	男	1944 年 9 月
李安之伯父	长清区归德镇前夏	25	男	1944 年 11 月
鲁全周	长清区马山镇北站	22	男	1944 年 12 月
鲁为周	长清区马山镇北站	23	男	1944 年 12 月
吴广田	长清区崮云湖街道小崮山	33	男	1944 年

姓　名	籍　贯	年　龄	性　别	死难时间
吴玉田	长清区崮云湖街道小崮山	31	男	1944 年
陈忠志	长清区归德镇边苗	32	男	1944 年
董孟山	长清区归德镇边苗	36	男	1944 年
张金荣	长清区归德镇陈庄	30	男	1944 年
马庆坡	长清区归德镇后刘官	36	男	1944 年
马庆波	长清区归德镇后刘官	36	男	1944 年
丁兆杰	长清区归德镇月庄	—	男	1944 年
宋德水	长清区万德镇大刘	19	男	1944 年
赵春明	长清区万德镇孙家圈	50	男	1944 年
张振广	长清区文昌街道吕庄	27	男	1944 年
魏文明	长清区孝里镇松竹店	24	男	1944 年
张红子	长清区孝里镇张营	38	男	1944 年
张正雅	长清区孝里镇张营	60	男	1944 年
王序友	长清区张夏镇三尖台	36	男	1944 年
钟同雨	长清区文昌街道段庄	27	男	1945 年 8 月
韩二生	长清区平安街道丁店	41	男	1945 年 9 月
赵光田	长清区平安街道丁店	29	男	1945 年 9 月
赵君昆	长清区平安街道丁店	43	男	1945 年 9 月
赵明元	长清区平安街道丁店	23	男	1945 年 9 月
房召江	长清区归德镇陈庄	31	男	1945 年
占长富	长清区归德镇陈庄	34	男	1945 年
朱安稳	长清区归德镇双乳	—	男	1945 年
朱志旺	长清区归德镇双乳	—	男	1945 年
付兴振	长清区平安街道藤屯	29	男	1945 年
杜文光	长清区万德镇长城	17	男	1945 年
刘　鹏	长清区万德镇长城	71	男	1945 年
刘友里	长清区万德镇长城	43	男	1945 年
刘西生	长清区万德镇大刘	18	男	1945 年
朱金栋	长清区张夏镇三尖台	30	男	1945 年
孙绍斗	长清区平安街道北汝	36	男	—
田培琪	长清区平安街道北汝	42	男	—
王庆金	长清区平安街道北汝	38	男	—
张仁德	长清区平安街道北汝	21	男	—
范　×	长清区平安街道大范	37	男	—

姓　名	籍　贯	年　龄	性　别	死难时间
党风河	长清区平安街道东潘	39	男	—
李勇年	长清区平安街道东潘	21	男	—
卢宋月	长清区平安街道名庄	40	男	—
卢志水	长清区平安街道名庄	31	男	—
吴××	长清区平安街道南汝	27	男	—
方曰才	长清区孝里镇方峪	32	男	—
吴盛宝	长清区孝里镇方峪	27	男	—
吴盛良	长清区孝里镇方峪	22	男	—
李兆会	长清区孝里镇胡林	22	男	—
齐京山	长清区孝里镇孝里一	19	男	—
齐太洪	长清区孝里镇孝里一	19	男	—
王绪水	长清区孝里镇孝里一	20	男	—
王振菊之兄	长清区归德镇胡同店	—	男	—
张善斌	长清区归德镇南河洼	—	男	—
陈洪兰之父	长清区平安街道齐庄	—	男	—
陈洪兰之兄	长清区平安街道齐庄	—	男	—
齐丙相之母	长清区平安街道石庄	—	女	—
齐丙相之妻	长清区平安街道石庄	40	女	—
刘庆吉	长清区文昌街道水泉峪	23	男	—
李胜法之兄	长清区文昌街道燕王	—	男	—
张鑫元	长清区文昌街道燕王	—	男	—
冯太辰	长清区孝里镇南黄崖	—	男	—
冯太禄	长清区孝里镇南黄崖	—	男	—
李朝山	长清区孝里镇南黄崖	—	男	—
邵良增	长清区孝里镇南黄崖	—	男	—
徐茂盛	长清区孝里镇南黄崖	—	男	—
杨连宝	长清区孝里镇南黄崖	—	男	—
合　计	1894			

责任人：李兆河　　　　　　核实人：魏　珺　李　鹏　　　　填表人：魏　珺
填报单位（签章）：济南市长清区委党史研究室　　　　　　填报时间：2009 年 4 月 25 日

章丘市抗日战争时期死难者名录

姓 名	籍 贯	年 龄	性 别	死难时间
赵继华	章丘市相公镇相公村	27	男	1937 年
咸丙水	章丘市黄河乡范元村	20	男	1937 年
王者风	章丘市黄河乡范元村	19	男	1937 年
王者惯	章丘市黄河乡范元村	19	男	1937 年
王者免	章丘市黄河乡范元村	31	男	1937 年
王者辉	章丘市黄河乡范元村	55	男	1937 年
王青文	章丘市黄河乡范元村	42	男	1937 年
刘乃友	章丘市黄河乡范元村	70	男	1937 年
侯光运	章丘市黄河乡范元村	72	男	1937 年
赵和子	章丘市黄河乡新街村	30	男	1937 年
苗有根	章丘市黄河乡刘家村	38	男	1937 年
刘金广	章丘市黄河乡刘家村	29	男	1937 年
王光臣	章丘市黄河乡刘家村	60	男	1937 年
王相禹	章丘市黄河乡刘家村	29	男	1937 年
王太平	章丘市黄河乡刘家村	62	男	1937 年
王光东	章丘市黄河乡刘家村	58	男	1937 年
刘金贵	章丘市黄河乡刘家村	59	男	1937 年
刘安长	章丘市黄河乡刘家村	70	男	1937 年
王光年	章丘市黄河乡刘家村	51	男	1937 年
陈明华	章丘市普集镇南三村	50	男	1937 年
肖景文	章丘市普集镇南三村	60	男	1937 年
赵纯华	章丘市相公镇皋西村	40	男	1937 年
侯大清	章丘市黄河乡马家村	60	男	1937 年
侯大清之妻	章丘市黄河乡马家村	60	女	1937 年
甄对子	章丘市黄河乡马家村	—	男	1937 年
马希冬	章丘市黄河乡马家村	—	男	1937 年
侯来诀	章丘市黄河乡马家村	30	男	1937 年
侯明文	章丘市黄河乡马家村	30	男	1937 年
马希罕	章丘市黄河乡马家村	—	男	1937 年
王善彬之妹	章丘市黄河乡马家村	—	女	1937 年
小 杰	章丘市黄河乡马家村	—	男	1937 年

姓　名	籍　贯	年　龄	性　别	死难时间
王有征	章丘市黄河乡王圈村	29	男	1937 年
王殿怀	章丘市黄河乡王圈村	32	男	1937 年
王丹辰	章丘市黄河乡王圈村	29	男	1937 年
王者吉	章丘市黄河乡王圈村	35	男	1937 年
高　友	章丘市黄河乡王圈村	11	男	1937 年
常化然	章丘市黄河乡常家村	35	男	1937 年
常在明	章丘市黄河乡常家村	33	男	1937 年
常在文	章丘市黄河乡常家村	27	男	1937 年
常永祥	章丘市黄河乡常家村	25	男	1937 年
常玉然	章丘市黄河乡常家村	42	男	1937 年
王象珠	章丘市黄河乡西张村	31	男	1937 年
赵兴芹	章丘市水寨镇赵百户村	37	男	1937 年
王宗长	章丘市枣园镇季官村	20	男	1937 年
王书芳	章丘市枣园镇季官村	22	男	1937 年
胡希谦	章丘市枣园镇季官村	21	男	1937 年
胡银生	章丘市枣园镇季官村	19	男	1937 年
仇文全	章丘市枣园镇下河村	45	男	1937 年
在　子	章丘市枣园镇下河村	45	男	1937 年
赵思军	章丘市枣园镇上河村	30	男	1937 年
王成岱	章丘市枣园镇上河村	28	男	1937 年
王凤鸣	章丘市枣园镇上河村	27	男	1937 年
康在军	章丘市枣园镇西类村	23	男	1937 年
王延勋	章丘市枣园镇西类村	24	男	1937 年
皇廷玉	章丘市枣园镇小义田村	—	男	1937 年
增　子	章丘市宁家埠镇郭码村	—	男	1937 年
钳　子	章丘市宁家埠镇郭码村	—	男	1937 年
王云宝	章丘市宁家埠镇张码村	—	男	1937 年
根　子	章丘市宁家埠镇张码村	—	男	1937 年
全　子	章丘市宁家埠镇张码村	—	男	1937 年
王云朋	章丘市宁家埠镇张码村	—	男	1937 年
张廷彬	章丘市宁家埠镇支宋村	—	男	1937 年
换　义	章丘市宁家埠镇支宋村	—	男	1937 年
宋天彬	章丘市宁家埠镇支宋村	—	男	1937 年
仇　子	章丘市宁家埠镇宁二村	—	男	1937 年

姓　名	籍　贯	年　龄	性　别	死难时间
东　子	章丘市宁家埠镇宁二村	—	男	1937 年
宁应宝	章丘市宁家埠镇宁二村	41	男	1937 年
张俊星	章丘市宁家埠镇马北村	—	男	1937 年
张兴贵	章丘市宁家埠镇马北村	—	男	1937 年
仇　子	章丘市宁家埠镇刘家村	—	男	1937 年
二　憨	章丘市绣惠镇西南关村	18	男	1937 年
臭　妮	章丘市绣惠镇西南关村	16	女	1937 年
王大爷	章丘市绣惠镇西南关村	45	男	1937 年
李玉伙	章丘市绣惠镇小高村	60	男	1937 年
张英子	章丘市绣惠镇小高村	24	女	1937 年
单哑巴	章丘市绣惠镇乔家村	30	男	1937 年
郭庚田	章丘市龙山镇李官村	15	男	1937 年
韩彦会	章丘市龙山镇苇陀村	37	男	1937 年
张昌荣之妻	章丘市龙山镇甄家村	—	女	1937 年
张运开	章丘市龙山镇甄家村	—	男	1937 年
倪长起	章丘市龙山镇任家村	22	男	1937 年
张蕴孝	章丘市双山镇白泉村	30	男	1937 年
孟凡葵	章丘市刁镇旧南村	—	男	1937 年
张玉冒	章丘市相公镇时家村	60	男	1938 年 3 月
郑绍礼	章丘市相公镇丁家村	62	男	1938 年 3 月
郑绍孟	章丘市相公镇丁家村	65	男	1938 年 3 月
郑苔子	章丘市相公镇丁家村	63	男	1938 年 3 月
郑多子	章丘市相公镇丁家村	67	男	1938 年 3 月
郑社子	章丘市相公镇丁家村	66	男	1938 年 3 月
郑　氏	章丘市相公镇丁家村	64	女	1938 年 3 月
马继荣	章丘市双山镇三涧溪村	38	男	1938 年 4 月
袁汝新	章丘市刁镇张官村	26	男	1938 年 5 月
张乃胜	章丘市普集镇龙华村	27	男	1938 年 5 月
张喜体之母	章丘市普集镇龙华村	31	女	1938 年 5 月
李佩杰	章丘市明水镇浅井村	45	男	1938 年 6 月 10 日
刘凤义	章丘市明水镇浅井村	—	男	1938 年 6 月 10 日
汉林子	章丘市明水镇浅井村	—	男	1938 年 6 月 10 日
扣　子	章丘市明水镇浅井村	40	男	1938 年 6 月 10 日
高继祥	章丘市明水镇浅井村	—	男	1938 年 6 月 10 日

姓 名	籍 贯	年龄	性别	死难时间
高广厚	章丘市明水镇浅井村	—	男	1938 年 6 月 10 日
高 支	章丘市明水镇浅井村	—	男	1938 年 6 月 10 日
刘家源	章丘市明水镇浅井村	20	男	1938 年 6 月 10 日
刘承奋	章丘市明水镇浅井村	40	男	1938 年 6 月 10 日
杨 ×	章丘市明水镇浅井村	40	男	1938 年 6 月 10 日
大顺子	章丘市明水镇浅井村	40	男	1938 年 6 月 10 日
韩照礼	章丘市明水镇浅井村	40	男	1938 年 6 月 10 日
娟 子	章丘市明水镇浅井村	15	女	1938 年 6 月 10 日
甜 瓜	章丘市明水镇浅井村	20	男	1938 年 6 月 10 日
席 子	章丘市明水镇浅井村	—	男	1938 年 6 月 10 日
庆 子	章丘市明水镇浅井村	—	男	1938 年 6 月 10 日
王立忠	章丘市明水镇浅井村	20	男	1938 年 6 月 10 日
刘凤华	章丘市明水镇浅井村	25	男	1938 年 6 月 10 日
杨文华	章丘市明水镇浅井村	50	男	1938 年 6 月 10 日
杨成仁	章丘市明水镇浅井村	30	男	1938 年 6 月 10 日
杨文魁	章丘市明水镇浅井村	50	男	1938 年 6 月 10 日
小鲁子	章丘市明水镇浅井村	23	男	1938 年 6 月 10 日
石老四	章丘市明水镇浅井村	40	男	1938 年 6 月 10 日
陈兆风之叔	章丘市普集镇南三村	36	男	1938 年 6 月
陈兆水	章丘市普集镇南三村	50	男	1938 年 6 月
万天富	章丘市普集镇南三村	41	男	1938 年 6 月
袁传荣之祖父	章丘市普集镇南三村	50	男	1938 年 6 月
袁其温	章丘市普集镇南三村	60	男	1938 年 6 月
王教谭	章丘市相公镇相四村	39	男	1938 年 7 月
王树基	章丘市相公镇相四村	48	男	1938 年 7 月
田玉芳	章丘市相公镇相四村	65	男	1938 年 7 月
侯瑞四	章丘市绣惠镇耿家村	28	男	1938 年 9 月
刘清理	章丘市刁镇旧南村	48	男	1938 年 11 月
刘台子	章丘市刁镇旧南村	10	男	1938 年 11 月
小黑姐	章丘市刁镇旧南村	10	女	1938 年 11 月
马训和	章丘市黄河乡马家村	—	男	1938 年
刘连柱	章丘市白云湖镇郑码村	21	男	1938 年
陈难子	章丘市白云湖镇苏码村	48	男	1938 年
宝佳子	章丘市白云湖镇苏码村	10	男	1938 年

姓 名	籍 贯	年 龄	性 别	死难时间
孟庆祥	章丘市白云湖镇杨北村	31	男	1938 年
杨玉山	章丘市白云湖镇杨北村	31	男	1938 年
张小章	章丘市白云湖镇石东村	41	男	1938 年
孙　氏	章丘市白云湖镇石东村	50	女	1938 年
师天运	章丘市白云湖镇石绗村	61	男	1938 年
程学亨	章丘市明水镇侯家村	30	男	1938 年
侯公臣	章丘市明水镇侯家村	25	男	1938 年
侯功选	章丘市明水镇侯家村	25	男	1938 年
张传典	章丘市明水镇张家村	40	男	1938 年
王振洪	章丘市明水镇张家村	40	男	1938 年
王宪荣	章丘市明水镇张家村	30	男	1938 年
颜承福	章丘市明水镇张家村	17	男	1938 年
徐不吉	章丘市高官寨镇单家村	60	男	1938 年
张其春	章丘市高官寨镇张家村	30	男	1938 年
张志山	章丘市高官寨镇旧军村	—	男	1938 年
张荣本	章丘市高官寨镇旧军村	—	男	1938 年
高才三	章丘市高官寨镇罗家村	39	男	1938 年
孙茂谭	章丘市水寨镇托寨村	18	男	1938 年
拴柱子	章丘市水寨镇托寨村	17	男	1938 年
张家诋	章丘市枣园镇张辛村	25	男	1938 年
赵向文	章丘市文祖镇三德范北村	38	男	1938 年
张马氏	章丘市文祖镇石斑鸠村	38	女	1938 年
韩保瑞	章丘市文祖镇石斑鸠村	48	男	1938 年
韩　×	章丘市文祖镇石斑鸠村	60	男	1938 年
于化文	章丘市文祖镇东王黑村	25	男	1938 年
冯汝财	章丘市文祖镇三德范村	76	男	1938 年
王庆奎	章丘市宁家埠镇王推村	—	男	1938 年
张根子	章丘市宁家埠镇宁一村	—	男	1938 年
瞎伍子	章丘市宁家埠镇宁一村	—	男	1938 年
扭　子	章丘市宁家埠镇宁一村	—	男	1938 年
李凤拴	章丘市宁家埠镇宁二村	—	男	1938 年
大牛子	章丘市宁家埠镇宁二村	—	男	1938 年
张绍刚	章丘市宁家埠镇马北村	—	男	1938 年
张绍民	章丘市宁家埠镇马西村	—	男	1938 年

姓 名	籍 贯	年 龄	性 别	死难时间
张绍彬	章丘市宁家埠镇马西村	—	男	1938 年
刘兴国	章丘市宁家埠镇明家村	—	男	1938 年
翟玉同	章丘市宁家埠镇明家村	—	男	1938 年
刘承吉	章丘市宁家埠镇明家村	—	男	1938 年
李 雷	章丘市宁家埠镇元辛村	—	男	1938 年
伦道祥	章丘市曹范镇北曹范村	40	男	1938 年
明兴子	章丘市曹范镇北曹范村	35	男	1938 年
李娥子	章丘市曹范镇北曹范村	38	男	1938 年
大老五	章丘市曹范镇北曹范村	41	男	1938 年
栗衍太	章丘市官庄乡栗家峪村	65	男	1938 年
张燕子	章丘市官庄乡栗家峪村	17	男	1938 年
栗仲风	章丘市官庄乡栗家峪村	67	男	1938 年
栗衍年	章丘市官庄乡栗家峪村	62	男	1938 年
栗庆玉	章丘市官庄乡栗家峪村	37	男	1938 年
栗轮子	章丘市官庄乡栗家峪村	19	女	1938 年
栗衍贤	章丘市官庄乡栗家峪村	32	男	1938 年
赵后荣	章丘市官庄乡栗家峪村	48	男	1938 年
栗衍汉	章丘市官庄乡栗家峪村	51	男	1938 年
栗仲荣	章丘市官庄乡栗家峪村	77	男	1938 年
栗庆芝之妻	章丘市官庄乡栗家峪村	28	女	1938 年
栗项子	章丘市官庄乡栗家峪村	18	男	1938 年
栗衍周	章丘市官庄乡栗家峪村	29	男	1938 年
栗庆泽	章丘市官庄乡栗家峪村	29	男	1938 年
郭祁氏	章丘市官庄乡弓角湾村	58	女	1938 年
郭张氏	章丘市官庄乡弓角湾村	60	女	1938 年
贾玉珠	章丘市官庄乡三名村	66	男	1938 年
石相队	章丘市官庄乡三名村	53	男	1938 年
董秀元	章丘市官庄乡西同谷村	41	男	1938 年
董开顺	章丘市官庄乡西同谷村	40	男	1938 年
高 氏	章丘市官庄乡西同谷村	42	女	1938 年
李奎香	章丘市官庄乡西同谷村	40	女	1938 年
高化周	章丘市官庄乡田家柳村	60	男	1938 年
张殿杰	章丘市官庄乡田家柳村	60	男	1938 年
高化开	章丘市官庄乡田家柳村	61	男	1938 年

姓　名	籍　贯	年　龄	性　别	死难时间
张传斌	章丘市官庄乡田家柳村	60	男	1938 年
高可训	章丘市官庄乡田家柳村	58	男	1938 年
高克圣	章丘市官庄乡田家柳村	45	男	1938 年
高克传	章丘市官庄乡田家柳村	55	男	1938 年
高元祯	章丘市官庄乡田家柳村	20	男	1938 年
刘杨廷	章丘市官庄乡水峪村	61	男	1938 年
刘永斗	章丘市官庄乡水峪村	41	男	1938 年
刘士珍	章丘市官庄乡水峪村	15	男	1938 年
刘李氏	章丘市官庄乡水峪村	40	女	1938 年
刘士金之妹	章丘市官庄乡水峪村	17	女	1938 年
刘士华	章丘市官庄乡水峪村	50	男	1938 年
刘士斗	章丘市官庄乡水峪村	30	男	1938 年
刘永年之妹	章丘市官庄乡水峪村	11	女	1938 年
潘永忠	章丘市官庄乡孟家峪村	40	男	1938 年
王和尚	章丘市绣惠镇东关南村	32	男	1938 年
王道士	章丘市绣惠镇东关南村	30	男	1938 年
伊琢子	章丘市绣惠镇华家村	60	男	1938 年
刘志贵	章丘市绣惠镇三星村	31	男	1938 年
李　氏	章丘市绣惠镇三星村	39	女	1938 年
刘胡氏	章丘市绣惠镇三星村	41	女	1938 年
常景福	章丘市辛寨乡常家村	21	男	1938 年
王尽德	章丘市普集镇北三村	35	男	1938 年
名学理	章丘市普集镇北三村	21	男	1938 年
崔志增	章丘市普集镇北三村	32	男	1938 年
崔贵玲	章丘市普集镇北三村	60	女	1938 年
齐名荣	章丘市普集镇北三村	60	男	1938 年
张庆贵	章丘市普集镇龙华村	37	男	1938 年
张启远	章丘市普集镇龙华村	50	男	1938 年
张存路	章丘市普集镇龙华村	57	男	1938 年
宋德江	章丘市普集镇大院村	32	男	1938 年
宋兆家	章丘市普集镇坦上村	13	男	1938 年
崔凤武	章丘市龙山镇冯家村	22	男	1938 年
冯志柱	章丘市龙山镇冯家村	22	男	1938 年
冯志礼	章丘市龙山镇冯家村	22	男	1938 年

姓 名	籍 贯	年 龄	性 别	死难时间
冯玉八	章丘市龙山镇冯家村	18	男	1938 年
房慎修	章丘市龙山镇龙一村	36	男	1938 年
孙怀义	章丘市龙山镇孙家村	25	男	1938 年
刘凤久	章丘市龙山镇便家村	35	男	1938 年
苏洪勋	章丘市龙山镇苏官村	—	男	1938 年
郭恩长	章丘市埠村镇埠西村	32	男	1938 年
靳化东	章丘市埠村镇兴旺村	19	男	1938 年
赵景祥	章丘市双山镇	45	男	1938 年
徐传栋之妻	章丘市双山镇杨胡村	46	女	1938 年
瞎连子	章丘市双山镇鲍庄村	40	男	1938 年
马润芳	章丘市双山镇横沟村	29	男	1938 年
曲北城	章丘市双山镇木厂村	24	男	1938 年
李连河	章丘市相公镇魏李村	34	男	1938 年
李庶明之妻	章丘市相公镇魏李村	35	女	1938 年
李连玺	章丘市相公镇魏李村	47	男	1938 年
李庶梅	章丘市相公镇魏李村	49	男	1938 年
张振刚	章丘市相公镇魏李村	52	男	1938 年
韩式相	章丘市双山镇杨胡村	18	男	1939 年 1 月
韩兆同	章丘市双山镇杨胡村	60	男	1939 年 1 月
部合岭	章丘市双山镇杨胡村	40	男	1939 年 1 月
彭太学	章丘市双山镇	23	男	1939 年 4 月
王兴仁	章丘市双山镇西琅沟村	45	男	1939 年 4 月
袁传安	章丘市刁镇张官村	20	男	1939 年 4 月
赵丙训	章丘市官庄乡中白秋村	54	男	1939 年 5 月
李玉池	章丘市明水镇樊家村	18	男	1939 年 6 月 15 日
张兆庆	章丘市明水镇牛王村	40	男	1939 年 6 月 27 日
张兆盈	章丘市明水镇牛王村	28	男	1939 年 6 月 27 日
刘树新	章丘市明水镇牛王村	29	男	1939 年 6 月 27 日
王继元	章丘市明水镇牛王村	27	男	1939 年 6 月 27 日
刘殿仁	章丘市明水镇牛王村	—	男	1939 年 6 月 27 日
刘玉方	章丘市明水镇牛王村	31	男	1939 年 6 月 27 日
刘玉栋	章丘市明水镇牛王村	32	男	1939 年 6 月 27 日
刘凤岭	章丘市相公镇刘井村	32	男	1939 年 6 月
荆克利	章丘市双山镇西琅沟村	25	男	1939 年 9 月

姓　名	籍　贯	年龄	性别	死难时间
李广灿	章丘市刁镇旧东村	38	男	1939 年 11 月
韩大之伯父	章丘市刁镇旧南村	40	男	1939 年 11 月
李博高	章丘市刁镇旧南村	40	男	1939 年 11 月
刁正子	章丘市刁镇旧南村	25	男	1939 年 11 月
阎长命之子	章丘市刁镇旧南村	20	男	1939 年 11 月
李庚义之妻	章丘市刁镇旧南村	30	女	1939 年 11 月
吕孝善之姐	章丘市刁镇旧南村	50	女	1939 年 11 月
马象隆	章丘市相公镇丁家村	45	男	1939 年 11 月
刘厚子	章丘市明水镇眼明堂村	21	男	1939 年
魏兰岭	章丘市明水镇眼明堂村	18	男	1939 年
魏洪子	章丘市明水镇眼明堂村	19	男	1939 年
李光银	章丘市明水镇西营村	20	男	1939 年
刘德行	章丘市明水镇宫王村	40	男	1939 年
刘凤林	章丘市明水镇宫王村	38	男	1939 年
韩兆瑞	章丘市明水镇宫王村	41	男	1939 年
刘镇厚	章丘市明水镇宫王村	22	男	1939 年
高才辉	章丘市高官寨镇罗家村	40	男	1939 年
吕来子	章丘市水寨镇水南村	17	男	1939 年
张允聪	章丘市文祖镇文祖南村	40	男	1939 年
韩延兄	章丘市文祖镇石斑鸠村	27	男	1939 年
韩保信	章丘市文祖镇石斑鸠村	30	男	1939 年
韩延前	章丘市文祖镇石斑鸠村	37	男	1939 年
于连江	章丘市文祖镇东王黑村	25	男	1939 年
张希森	章丘市文祖镇双龙村	25	男	1939 年
冯建华	章丘市文祖镇鹁鸽崖村	26	男	1939 年
明先方	章丘市文祖镇大寨村	50	男	1939 年
李金田	章丘市文祖镇黑峪村	50	男	1939 年
李应考	章丘市文祖镇黑峪村	69	男	1939 年
李金良	章丘市文祖镇黑峪村	51	男	1939 年
刘交贵	章丘市垛庄镇官营村	30	男	1939 年
刘希昆	章丘市垛庄镇官营村	32	男	1939 年
李　氏	章丘市垛庄镇下秋村	23	女	1939 年
邢　×	章丘市垛庄镇下秋村	2	男	1939 年
妒玉国	章丘市垛庄镇北石屋村	50	男	1939 年

姓　名	籍　贯	年　龄	性　别	死难时间
妒玉台	章丘市垛庄镇北石屋村	52	男	1939 年
潘明享	章丘市垛庄镇北石屋村	41	男	1939 年
郭少燕	章丘市宁家埠镇郭码村	—	男	1939 年
赵松林	章丘市宁家埠镇郭码村	—	男	1939 年
翟玉英	章丘市宁家埠镇向高村	—	男	1939 年
宁延海	章丘市宁家埠镇向高村	—	男	1939 年
李德胜	章丘市宁家埠镇向高村	—	男	1939 年
何里怀	章丘市宁家埠镇向高村	—	男	1939 年
于传义	章丘市宁家埠镇向高村	—	男	1939 年
王德亮	章丘市宁家埠镇向高村	—	男	1939 年
周排长	章丘市宁家埠镇向高村	—	男	1939 年
张佩民	章丘市宁家埠镇马南村	—	男	1939 年
袁　子	章丘市宁家埠镇马南村	—	男	1939 年
张少兰之弟	章丘市宁家埠镇马南村	—	男	1939 年
张松石之兄	章丘市宁家埠镇马南村	—	男	1939 年
王守志	章丘市曹范镇南曹范村	23	男	1939 年
王守贤	章丘市曹范镇南曹范村	22	男	1939 年
卢令昌	章丘市曹范镇南曹范村	21	男	1939 年
张宗元	章丘市曹范镇品贤村	21	男	1939 年
朴可才	章丘市曹范镇品贤村	20	男	1939 年
郭修太	章丘市官庄乡弓角湾村	38	男	1939 年
高树盛	章丘市官庄乡下白秋村	—	男	1939 年
高石氏	章丘市官庄乡下白秋村	—	女	1939 年
邱高氏	章丘市官庄乡下白秋村	—	女	1939 年
张殿府	章丘市官庄乡马闹坡村	—	男	1939 年
高仕胡	章丘市官庄乡田家柳村	59	男	1939 年
高仕胡之子	章丘市官庄乡田家柳村	15	男	1939 年
高老六	章丘市官庄乡田家柳村	30	男	1939 年
贺宝玉	章丘市官庄乡西泉村	47	男	1939 年
安元章	章丘市官庄乡西泉村	28	男	1939 年
安明坡	章丘市官庄乡西泉村	45	男	1939 年
张　氏	章丘市官庄乡西泉村	60	女	1939 年
张爱毅	章丘市绣惠镇西北村	21	男	1939 年
焦方中	章丘市绣惠镇大高村	19	男	1939 年

姓 名	籍 贯	年龄	性别	死难时间
焦方林	章丘市绣惠镇大高村	40	男	1939 年
郭太春	章丘市绣惠镇全福村	35	男	1939 年
宋广山	章丘市绣惠镇南套村	40	男	1939 年
宋兆朱	章丘市绣惠镇南套村	22	男	1939 年
石春海	章丘市绣惠镇山北村	20	男	1939 年
韩延良之子	章丘市绣惠镇山北村	21	男	1939 年
牛增水	章丘市绣惠镇山北村	17	男	1939 年
刘玉虎	章丘市绣惠镇山北村	22	男	1939 年
范句子	章丘市龙山镇丁王村	30	男	1939 年
李传兴	章丘市龙山镇乐林村	20	男	1939 年
李传吉	章丘市龙山镇乐林村	23	男	1939 年
郭洪武	章丘市龙山镇李官村	17	男	1939 年
郭俊玲	章丘市龙山镇李官村	18	男	1939 年
杜 福	章丘市龙山镇权西村	20	男	1939 年
陈京丙	章丘市龙山镇权西村	25	男	1939 年
邱中度	章丘市龙山镇霍八村	45	男	1939 年
琚永兴	章丘市龙山镇西石村	—	男	1939 年
苏兆元	章丘市龙山镇苏官村	—	男	1939 年
苏士喜	章丘市龙山镇苏官村	—	男	1939 年
李朝汉	章丘市双山镇李家埠村	—	男	1939 年
李朝朴	章丘市双山镇李家埠村	—	男	1939 年
李志清之子	章丘市双山镇李家埠村	—	男	1939 年
李左臣	章丘市双山镇李家埠村	—	男	1939 年
马相文	章丘市双山镇白泉村	21	男	1939 年
马永康	章丘市双山镇白泉村	22	男	1939 年
李世奎	章丘市双山镇白泉村	42	男	1939 年
李世奎之妻	章丘市双山镇白泉村	39	女	1939 年
韩昭庆	章丘市相公镇鞠家村	36	男	1939 年
李振堂	章丘市相公镇鞠家村	45	男	1939 年
韩祖印	章丘市相公镇鞠家村	48	男	1939 年
刘鸣岐	章丘市相公镇牛一村	—	男	1939 年
孙松林	章丘市相公镇孙家村	—	男	1939 年
李善禄	章丘市刁镇请十户村	30	男	1939 年
徐传银	章丘市刁镇王三村	42	男	1939 年

姓 名	籍 贯	年 龄	性 别	死难时间
刘清秀	章丘市普集镇东珠村	45	男	1940 年 3 月 15 日
刘清村	章丘市普集镇东珠村	40	男	1940 年 3 月 15 日
刘清信	章丘市普集镇东珠村	36	男	1940 年 3 月 15 日
杨玉仑	章丘市刁镇田福村	24	男	1940 年 4 月
赵崔氏	章丘市刁镇邵庄村	40	女	1940 年 5 月
赵张氏	章丘市刁镇邵庄村	26	女	1940 年 5 月
王岫生	章丘市埠村镇埠西村	43	男	1940 年 6 月
郭瑞福	章丘市相公镇刘井村	20	男	1940 年 6 月
张玉四	章丘市刁镇田福村	27	男	1940 年 7 月
伙 子	章丘市刁镇田福村	19	男	1940 年 7 月
张仲禄之妻	章丘市刁镇田福村	44	女	1940 年 7 月
窦国清	章丘市刁镇田福村	22	男	1940 年 7 月
十五子	章丘市刁镇旧东村	20	男	1940 年 7 月
刘瑞祥	章丘市刁镇旧南村	14	男	1940 年 7 月
康书俭	章丘市绣惠镇康陈村	25	男	1940 年 7 月
杨文明	章丘市刁镇田福村	37	男	1940 年 7 月 4 日
刘传云	章丘市绣惠镇耿家村	35	男	1940 年 8 月
赵风台	章丘市刁镇董家村	32	男	1940 年 9 月
孙明夏	章丘市白云湖镇石衍村	22	男	1940 年 11 月
王孝礼	章丘市刁镇王福村	58	男	1940 年 12 月
东岭子	章丘市刁镇堤张村	10	男	1940 年 12 月 31 日
八歌子	章丘市刁镇堤张村	8	男	1940 年 12 月 31 日
汇泉子	章丘市刁镇堤张村	20	男	1940 年 12 月 31 日
烦雾子	章丘市刁镇堤张村	21	男	1940 年 12 月 31 日
圣 子	章丘市刁镇堤张村	56	男	1940 年 12 月 31 日
绪 子	章丘市刁镇堤张村	57	男	1940 年 12 月 31 日
赵土子	章丘市黄河乡新街村	19	男	1940 年
赵玉水	章丘市黄河乡新街村	28	男	1940 年
苗庆子	章丘市黄河乡新街村	30	男	1940 年
杨百川	章丘市白云湖镇黄家塘村	72	男	1940 年
孙庆礼	章丘市白云湖镇石北村	19	男	1940 年
马守润	章丘市明水镇牛牌村	33	男	1940 年
马守鹏	章丘市明水镇牛牌村	30	男	1940 年
姜玉良	章丘市明水镇禹家村	—	男	1940 年

姓　名	籍　贯	年　龄	性　别	死难时间
刘成武	章丘市明水镇浅井村	—	男	1940 年
张冠群	章丘市明水镇浅井村	—	男	1940 年
吴　坤	章丘市明水镇柳沟村	46	男	1940 年
吴锡三	章丘市明水镇柳沟村	25	男	1940 年
刘凤猛	章丘市高官寨镇相公庄村	21	男	1940 年
王在柱	章丘市高官寨镇相公庄村	17	男	1940 年
王福祥	章丘市高官寨镇相公庄村	34	男	1940 年
王福禄	章丘市高官寨镇相公庄村	37	男	1940 年
鲁　能	章丘市高官寨镇相公庄村	37	男	1940 年
张起祯	章丘市高官寨镇相公庄村	27	男	1940 年
董恒大	章丘市水寨镇康家村	28	男	1940 年
刘继美	章丘市水寨镇辛丰村	—	男	1940 年
董君时	章丘市水寨镇辛丰村	—	男	1940 年
王宗孝	章丘市枣园镇季官村	22	男	1940 年
马允征	章丘市文祖镇文祖南村	30	男	1940 年
韩延秀	章丘市文祖镇石斑鸠村	41	男	1940 年
张　氏	章丘市文祖镇大寨村	30	女	1940 年
单　氏	章丘市文祖镇大寨村	40	女	1940 年
许庆长	章丘市垛庄镇西麦腰村	30	男	1940 年
赵延秀	章丘市垛庄镇乔子村	43	男	1940 年
朴日贡	章丘市曹范镇品贤村	22	男	1940 年
张继茂	章丘市曹范镇品贤村	21	男	1940 年
王际雨	章丘市官庄乡天尊院村	30	男	1940 年
韩云湖	章丘市官庄乡天尊院村	28	男	1940 年
石奉柱	章丘市官庄乡三名村	50	男	1940 年
石奉新	章丘市官庄乡三名村	47	男	1940 年
高邱氏	章丘市官庄乡下白秋村	—	女	1940 年
毕元勤	章丘市官庄乡毕家柳村	47	男	1940 年
邹王氏	章丘市官庄乡盆崖村	42	女	1940 年
辛树恒	章丘市官庄乡盆崖村	47	男	1940 年
姜永修	章丘市官庄乡孟家峪村	27	男	1940 年
韩狗剩	章丘市官庄乡孟家峪村	28	男	1940 年
李庆玉之子	章丘市绣惠镇西关村	22	男	1940 年
李庆玉	章丘市绣惠镇西关村	61	男	1940 年

姓 名	籍 贯	年 龄	性 别	死难时间
王文指	章丘市绣惠镇西关村	31	男	1940 年
张凤山	章丘市绣惠镇西关村	20	男	1940 年
霍其福	章丘市绣惠镇西关村	21	男	1940 年
李库子	章丘市绣惠镇大高村	34	男	1940 年
隗双印	章丘市绣惠镇鲁家园村	59	男	1940 年
刘成平	章丘市绣惠镇崖南村	35	男	1940 年
李文志	章丘市绣惠镇回北村	43	男	1940 年
隗玉贤	章丘市绣惠镇崖北村	50	男	1940 年
吴兆祥	章丘市绣惠镇崖北村	42	男	1940 年
潘光环	章丘市绣惠镇崖北村	38	男	1940 年
潘士逸	章丘市绣惠镇崖北村	46	男	1940 年
窦景祥之妻	章丘市绣惠镇南套村	40	女	1940 年
阎之本	章丘市绣惠镇北套村	25	男	1940 年
高伊煦	章丘市普集镇池子头村	—	男	1940 年
刘光锡	章丘市普集镇东珠村	60	男	1940 年
刘元善	章丘市普集镇东珠村	40	男	1940 年
刘宜文	章丘市普集镇东珠村	15	男	1940 年
刘英深之妻	章丘市普集镇东珠村	40	女	1940 年
刘光景	章丘市普集镇东珠村	55	男	1940 年
刘其昆	章丘市普集镇东珠村	60	男	1940 年
刘王氏	章丘市普集镇东珠村	45	女	1940 年
王李氏	章丘市普集镇东珠村	19	女	1940 年
王进美	章丘市普集镇东珠村	43	男	1940 年
刘宜建	章丘市普集镇东珠村	37	男	1940 年
李仲训	章丘市普集镇西珠村	35	男	1940 年
海 氏	章丘市普集镇西珠村	32	女	1940 年
赵克祥	章丘市龙山镇龙三村	26	男	1940 年
郭寿长	章丘市龙山镇龙三村	28	男	1940 年
冯志金	章丘市龙山镇冯家村	30	男	1940 年
李风来	章丘市龙山镇西李村	46	男	1940 年
辛西今	章丘市龙山镇乐林村	30	男	1940 年
郭 常	章丘市龙山镇李官村	17	男	1940 年
李善启	章丘市龙山镇贾而村	40	男	1940 年
王福铁	章丘市龙山镇大官村	27	男	1940 年

姓 名	籍 贯	年 龄	性 别	死难时间
张凤芝	章丘市龙山镇莘陀村	30	男	1940 年
王殿英	章丘市龙山镇山城村	30	男	1940 年
王金生	章丘市龙山镇山城村	30	男	1940 年
马兆富	章丘市龙山镇崔家村	23	男	1940 年
刘张氏	章丘市双山镇滕朋村	37	女	1940 年
敦大娘	章丘市双山镇滕朋村	56	女	1940 年
赵洪业	章丘市双山镇滕朋村	41	男	1940 年
刘维新	章丘市双山镇滕朋村	45	男	1940 年
逯传伦	章丘市双山镇李家埠村	—	男	1940 年
宋殿东	章丘市双山镇东琅沟村	—	男	1940 年
金领子	章丘市相公镇李家亭村	19	男	1940 年
庚 子	章丘市相公镇李家亭村	23	男	1940 年
岁 子	章丘市相公镇李家亭村	23	男	1940 年
郗连祥	章丘市相公镇丁家村	67	男	1940 年
尹殿山	章丘市相公镇十九郎村	17	男	1940 年
郑世义	章丘市相公镇道流村	60	男	1940 年
李鉴增	章丘市相公镇道流村	57	男	1940 年
靳广胜	章丘市相公镇道流村	20	男	1940 年
张圣直	章丘市相公镇韩家村	—	男	1940 年
张自义	章丘市相公镇韩家村	—	男	1940 年
陈 ×	章丘市相公镇孙家村	60	男	1940 年
杨 ×	章丘市相公镇辛家村	—	男	1940 年
李 ×	章丘市相公镇辛家村	—	男	1940 年
清明子	章丘市刁镇旧北村	20	男	1940 年
定 子	章丘市刁镇旧北村	21	男	1940 年
徐尧明	章丘市刁镇王三村	26	男	1940 年
刘方富	章丘市刁镇王四村	22	男	1940 年
卢景乾	章丘市刁镇田官村	94	男	1940 年
崔尔杰	章丘市刁镇田官村	79	男	1940 年
牛占三	章丘市刁镇曹庄村	22	男	1940 年
高振兴	章丘市刁镇曹庄村	30	男	1940 年
展三子	章丘市刁镇曹庄村	20	男	1940 年
展五子	章丘市刁镇曹庄村	25	男	1940 年
石雨量	章丘市刁镇曹庄村	20	男	1940 年

姓 名	籍 贯	年 龄	性 别	死难时间
薛主子	章丘市刁镇曹庄村	20	男	1940 年
李刚子	章丘市刁镇曹庄村	25	男	1940 年
崔广林之女	章丘市刁镇崔家村	—	女	1940 年
袁汝谦	章丘市刁镇张官村	40	男	1941 年 2 月
郭志西	章丘市官庄乡徐家村	35	男	1941 年 3 月
郭至彪	章丘市官庄乡徐家村	40	男	1941 年 3 月
杨宝正	章丘市刁镇董家村	56	男	1941 年 4 月
张乃宽	章丘市白云湖镇靠河林村	22	男	1941 年 4 月
宋文秀	章丘市白云湖镇牛码村	22	男	1941 年 6 月 17 日
王永康	章丘市白云湖镇牛码村	31	男	1941 年 6 月 17 日
王宪海	章丘市白云湖镇牛码村	26	男	1941 年 6 月 17 日
宋殿宽	章丘市白云湖镇牛码村	25	男	1941 年 6 月 17 日
王长山	章丘市白云湖镇牛码村	26	男	1941 年 6 月 17 日
王永德	章丘市白云湖镇牛码村	41	男	1941 年 6 月 17 日
马园子	章丘市白云湖镇牛码村	21	男	1941 年 6 月 17 日
王永德之妻	章丘市白云湖镇牛码村	43	女	1941 年 6 月 17 日
张次子	章丘市刁镇王官村	—	男	1941 年 6 月
陈法贤	章丘市白云湖镇陈家村	30	男	1941 年 6 月
崇明诛	章丘市相公镇曹梦村	36	男	1941 年 6 月
刘庆举	章丘市相公镇曹梦村	30	男	1941 年 6 月
袁汝芝	章丘市刁镇张官村	30	男	1941 年 7 月
丁玉兰	章丘市刁镇张官村	30	男	1941 年 8 月
郭志武	章丘市刁镇张官村	30	男	1941 年 8 月
于承义	章丘市普集镇于家村	20	男	1941 年 8 月
于淡邦	章丘市普集镇于家村	21	男	1941 年 8 月
董玉章	章丘市相公镇大位李村	40	男	1941 年 8 月
董继思	章丘市相公镇大位李村	26	男	1941 年 8 月
董玉珍之妻	章丘市相公镇大位李村	50	女	1941 年 8 月
瑞耀之祖母	章丘市相公镇大位李村	60	女	1941 年 8 月
和尚子	章丘市明水镇浅井村	20	男	1941 年
张际房	章丘市明水镇山阳东村	18	男	1941 年
孟广喜	章丘市高官寨镇中孟村	37	男	1941 年
蔺广夕	章丘市水寨镇水南村	18	男	1941 年
赵玉兰	章丘市水寨镇水南村	18	男	1941 年

姓　名	籍　贯	年　龄	性　别	死难时间
孟德丑	章丘市水寨镇康家村	30	男	1941 年
董君征	章丘市水寨镇辛丰村	—	男	1941 年
赵克杰	章丘市水寨镇赵百户村	33	男	1941 年
郝维尧	章丘市水寨镇郝家楼村	23	男	1941 年
郑凤祥	章丘市水寨镇狮子口村	—	男	1941 年
杨思祥	章丘市水寨镇狮子口村	—	男	1941 年
杨尧领	章丘市水寨镇狮子口村	—	男	1941 年
鹿全吉	章丘市枣园镇吉祥村	—	男	1941 年
鹿洪智	章丘市文祖镇东张村	41	男	1941 年
李玉汉	章丘市文祖镇东张村	43	男	1941 年
韩保民	章丘市文祖镇石斑鸠村	40	男	1941 年
韩笑传	章丘市文祖镇石斑鸠村	40	男	1941 年
韩保民	章丘市文祖镇石斑鸠村	57	男	1941 年
韩延申	章丘市文祖镇石斑鸠村	33	男	1941 年
郭李氏	章丘市文祖镇郭家庄村	38	女	1941 年
郭靖建	章丘市文祖镇郭家庄村	40	男	1941 年
郭张氏	章丘市文祖镇郭家庄村	35	女	1941 年
于书秀	章丘市文祖镇朱公泉村	50	男	1941 年
张宗会	章丘市文祖镇鹁鸽崖村	29	男	1941 年
吴沿申	章丘市垛庄镇十八盘村	8	男	1941 年
邢祖昌	章丘市垛庄镇上芹子村	40	男	1941 年
珥方前	章丘市垛庄镇北垛庄村	23	男	1941 年
李志权	章丘市垛庄镇蒲皇村	23	男	1941 年
王长曾	章丘市垛庄镇蒲皇村	21	男	1941 年
孟宪忠	章丘市垛庄镇蒲皇村	25	男	1941 年
潘作来	章丘市垛庄镇蒲皇村	35	男	1941 年
李贤子	章丘市垛庄镇蒲皇村	37	男	1941 年
李小之	章丘市垛庄镇蒲皇村	30	男	1941 年
夏其发之妻	章丘市宁家埠镇郭码村	—	女	1941 年
张圣文	章丘市宁家埠镇张码村	—	男	1941 年
张玉怀	章丘市宁家埠镇张码村	—	男	1941 年
赵发亭	章丘市宁家埠镇张码村	—	男	1941 年
李胜元	章丘市宁家埠镇徐家村	—	男	1941 年
张龙成	章丘市宁家埠镇徐家村	—	男	1941 年

姓 名	籍 贯	年 龄	性 别	死难时间
王义云	章丘市宁家埠镇王推村	—	男	1941 年
梁书山	章丘市宁家埠镇大桑树村	—	男	1941 年
潘清海	章丘市曹范镇孟张村	30	男	1941 年
李文禄	章丘市曹范镇庙岭村	24	男	1941 年
巩丕英	章丘市官庄乡张庄村	35	男	1941 年
刘德祥	章丘市官庄乡张庄村	50	男	1941 年
王先松	章丘市官庄乡三角湾村	86	男	1941 年
高玉刚	章丘市官庄乡下白秋村	—	男	1941 年
高树永	章丘市官庄乡下白秋村	—	男	1941 年
景维水	章丘市官庄乡石匣村	29	男	1941 年
景奉堂	章丘市官庄乡石匣村	15	男	1941 年
张汝太	章丘市官庄乡法家峪村	—	男	1941 年
翟成奇之妻	章丘市官庄乡法家峪村	—	女	1941 年
张汝太之子	章丘市官庄乡法家峪村	—	男	1941 年
王徐业	章丘市官庄乡王家柳村	87	男	1941 年
王洪林	章丘市官庄乡王家柳村	86	男	1941 年
刘腊子	章丘市绣惠镇石家村	56	男	1941 年
韩延栋	章丘市绣惠镇山东村	35	男	1941 年
卢日孟	章丘市绣惠镇鲁家园村	37	男	1941 年
鲁大林	章丘市绣惠镇鲁家园村	25	男	1941 年
刘培森	章丘市绣惠镇崖南村	30	男	1941 年
高传忠之子	章丘市绣惠镇崖南村	31	男	1941 年
贾凤义	章丘市绣惠镇全福村	30	男	1941 年
贾凤祥	章丘市绣惠镇全福村	40	男	1941 年
孙殿怀	章丘市绣惠镇北套村	38	男	1941 年
韩延生	章丘市辛寨乡颜家村	34	男	1941 年
颜世武	章丘市辛寨乡颜家村	20	男	1941 年
于承铸	章丘市普集镇于家村	41	男	1941 年
张德基	章丘市普集镇石棚村	34	男	1941 年
张继太	章丘市普集镇石棚村	38	男	1941 年
万天旬	章丘市普集镇麻秸村	29	男	1941 年
李忠美	章丘市普集镇大院村	30	男	1941 年
于恩仁	章丘市龙山镇西沟头村	18	男	1941 年
于恩本	章丘市龙山镇西沟头村	16	男	1941 年

姓 名	籍 贯	年 龄	性 别	死难时间
闵凡利	章丘市龙山镇西沟头村	32	男	1941 年
闵凡武	章丘市龙山镇西沟头村	31	男	1941 年
张口西	章丘市龙山镇西沟头村	31	男	1941 年
杜绍训	章丘市龙山镇权西村	30	男	1941 年
邱立海	章丘市龙山镇霍八村	38	男	1941 年
苗茂九	章丘市埠村镇沙湾村	36	男	1941 年
苗万禄	章丘市埠村镇沙湾村	42	男	1941 年
陈宝亭	章丘市埠村镇沙湾村	36	男	1941 年
苗万龙	章丘市埠村镇沙湾村	38	男	1941 年
苗玉营	章丘市埠村镇沙湾村	42	男	1941 年
苗万顺	章丘市埠村镇沙湾村	43	男	1941 年
李家长	章丘市埠村镇沙湾村	39	男	1941 年
韦道英	章丘市埠村镇长寿村	—	男	1941 年
时守新	章丘市相公镇时家村	—	男	1941 年
刘 三	章丘市相公镇丁家村	45	男	1941 年
齐廷杰	章丘市相公镇十九郎村	40	男	1941 年
张 三	章丘市相公镇十九郎村	46	男	1941 年
袁德全	章丘市相公镇袁庄村	41	男	1941 年
袁希禄	章丘市相公镇袁庄村	39	男	1941 年
刘永安	章丘市刁镇时北村	31	男	1941 年
土郭子	章丘市刁镇王四村	21	男	1941 年
齐发德	章丘市刁镇邵庄村	24	男	1942 年 3 月
齐春德	章丘市刁镇邵庄村	24	男	1942 年 3 月
赵伦德	章丘市刁镇邵庄村	16	女	1942 年 3 月
焦念汇	章丘市刁镇邵庄村	22	男	1942 年 3 月
杨印祖	章丘市绣惠镇渔张村	39	男	1942 年
李守约	章丘市普集镇大柏村	42	男	1942 年 6 月 20 日
刘崇尧	章丘市相公镇巡检村	20	男	1942 年 6 月
王教忠	章丘市相公镇房庄村	26	男	1942 年 6 月
大玉子	章丘市相公镇房庄村	28	男	1942 年 6 月
张其平	章丘市双山镇鲍庄村	30	男	1942 年 8 月
孙凝林	章丘市相公镇皋西村	43	男	1942 年 8 月
李维光	章丘市相公镇皋西村	36	男	1942 年 8 月
赵树周	章丘市相公镇皋西村	59	男	1942 年 8 月

姓 名	籍 贯	年 龄	性 别	死难时间
赵希泉	章丘市相公镇皋西村	31	男	1942 年 8 月
冯光珍	章丘市相公镇皋西村	38	男	1942 年 8 月
李 氏	章丘市相公镇皋西村	27	女	1942 年 8 月
赵兰溪	章丘市相公镇皋西村	36	男	1942 年 8 月
小安子	章丘市相公镇皋西村	23	男	1942 年 8 月
旗拉子	章丘市相公镇皋西村	18	男	1942 年 8 月
小伸子	章丘市相公镇皋西村	17	男	1942 年 8 月
张玉金	章丘市刁镇后刘村	23	男	1942 年 9 月
王化贵	章丘市官庄乡毕家柳村	29	男	1942 年 10 月 17 日
杨 氏	章丘市白云湖镇黄家塘村	26	女	1942 年 10 月
王西伦	章丘市黄河乡王圈村	26	男	1942 年
贾春奇	章丘市白云湖镇苏码村	19	男	1942 年
李全禄	章丘市白云湖镇杨南村	31	男	1942 年
李全江	章丘市白云湖镇杨南村	20	男	1942 年
吕方贤之兄	章丘市白云湖镇章历村	22	男	1942 年
李汝训	章丘市明水镇西营村	18	男	1942 年
任 氏	章丘市明水镇宋家磨村	49	女	1942 年
王怀荣	章丘市明水镇吕家村	30	男	1942 年
李新义	章丘市明水镇吕家村	26	男	1942 年
胡其彦	章丘市高官寨镇西胡村	21	男	1942 年
胡乃西	章丘市高官寨镇西胡村	24	男	1942 年
黄好谦	章丘市高官寨镇新黄村	40	男	1942 年
刘春岑	章丘市高官寨镇姜家村	—	男	1942 年
刘清河	章丘市水寨镇水南村	19	男	1942 年
王茂同	章丘市水寨镇苑李村	—	男	1942 年
李延人	章丘市水寨镇苑李村	—	男	1942 年
李广延	章丘市水寨镇苑李村	—	男	1942 年
吴延李	章丘市水寨镇苑李村	—	男	1942 年
朱玉桂	章丘市水寨镇苑李村	—	男	1942 年
秦汝红	章丘市枣园镇庆元村	—	男	1942 年
马厚堂	章丘市文祖镇马家峪村	40	男	1942 年
马厚彬	章丘市文祖镇马家峪村	49	男	1942 年
马秀耕	章丘市文祖镇马家峪村	23	男	1942 年
马玉润	章丘市文祖镇文祖南村	50	男	1942 年

姓 名	籍 贯	年 龄	性 别	死难时间
蒋希华	章丘市文祖镇鸹鸰崖村	34	男	1942 年
赵代国	章丘市垛庄镇团圆沟村	30	男	1942 年
李朝秀	章丘市垛庄镇邵庄村	61	男	1942 年
毕小桦	章丘市垛庄镇黄沙埠村	12	女	1942 年
李兆文	章丘市垛庄镇上芹子村	37	男	1942 年
邢业树	章丘市垛庄镇上芹子村	37	男	1942 年
邢瞎子	章丘市垛庄镇上芹子村	24	男	1942 年
李兆军	章丘市垛庄镇上芹子村	34	男	1942 年
李照秀	章丘市垛庄镇下秋村	30	男	1942 年
于根明	章丘市垛庄镇北明村	26	男	1942 年
齐文元	章丘市宁家埠镇西埠村	—	男	1942 年
袁兴伍	章丘市宁家埠镇西埠村	—	男	1942 年
宁玉森	章丘市宁家埠镇西埠村	—	男	1942 年
郭训师	章丘市曹范镇东横村	32	男	1942 年
孟庆东	章丘市曹范镇孟张村	30	男	1942 年
孟宪龙	章丘市曹范镇孟张村	20	男	1942 年
孟祥阔	章丘市曹范镇孟张村	33	男	1942 年
黄瑞青	章丘市官庄乡张庄村	25	男	1942 年
石奉珂	章丘市官庄乡三名村	32	男	1942 年
高全望	章丘市官庄乡上白村	—	男	1942 年
高奎茂	章丘市官庄乡上白村	—	男	1942 年
高奎民	章丘市官庄乡北王村	24	男	1942 年
逯云祥	章丘市官庄乡常三行村	36	男	1942 年
孙志德	章丘市官庄乡常三行村	30	男	1942 年
张孝恭	章丘市绣惠镇大张村	27	男	1942 年
刘　×	章丘市绣惠镇南关村	21	男	1942 年
张成贵	章丘市绣惠镇沙埠村	21	男	1942 年
张玖子	章丘市绣惠镇沙埠村	32	男	1942 年
李勇子	章丘市绣惠镇沙埠村	32	男	1942 年
韩宪马	章丘市绣惠镇山东村	41	男	1942 年
韩泽庆	章丘市绣惠镇山东村	25	男	1942 年
高建明	章丘市绣惠镇大夫村	42	男	1942 年
高建成	章丘市绣惠镇大夫村	22	男	1942 年
宋兆太	章丘市绣惠镇南套村	23	男	1942 年

姓 名	籍 贯	年 龄	性 别	死难时间
孙庆德	章丘市绣惠镇北套村	37	男	1942 年
王立业	章丘市辛寨乡柳口村	30	男	1942 年
纪正礼	章丘市辛寨乡柳口村	30	男	1942 年
纪荣仁	章丘市辛寨乡柳口村	25	男	1942 年
周 地	章丘市辛寨乡漯河村	—	男	1942 年
批叉子	章丘市辛寨乡漯河村	—	男	1942 年
霍加武	章丘市辛寨乡辛东村	—	男	1942 年
王云山	章丘市辛寨乡辛西村	60	男	1942 年
王 陈	章丘市辛寨乡辛西村	40	男	1942 年
如州子	章丘市辛寨乡辛西村	60	男	1942 年
王广新	章丘市辛寨乡辛西村	—	男	1942 年
泥沟子	章丘市辛寨乡冯家村	—	男	1942 年
纪经武	章丘市辛寨乡泥桥村	—	男	1942 年
王广柱	章丘市辛寨乡逯家村	—	男	1942 年
王恩化	章丘市辛寨乡逯家村	—	男	1942 年
李 煤	章丘市普集镇麻秸村	32	男	1942 年
张甸子	章丘市普集镇麻秸村	29	男	1942 年
张拉子	章丘市普集镇麻秸村	28	男	1942 年
李功锦	章丘市普集镇大院村	51	男	1942 年
刘敬英	章丘市普集镇龙华村	24	女	1942 年
冯志铁	章丘市龙山镇冯家村	16	男	1942 年
杨俊伟	章丘市龙山镇岗子村	33	男	1942 年
郭道明	章丘市龙山镇南小村	18	男	1942 年
郭光元	章丘市龙山镇李官村	36	男	1942 年
魏士信	章丘市龙山镇李官村	16	男	1942 年
党胜之母	章丘市龙山镇党家村	70	女	1942 年
琚振安	章丘市龙山镇西石村	—	男	1942 年
韩彦波	章丘市龙山镇苇陀村	26	男	1942 年
刘继先	章丘市龙山镇便家村	35	男	1942 年
王 翱	章丘市埠村镇埠西村	35	男	1942 年
郭茂长	章丘市埠村镇埠西村	40	男	1942 年
郭平鲁	章丘市埠村镇埠西村	25	男	1942 年
李开治	章丘市相公镇李家村	33	男	1942 年
李庆福	章丘市相公镇李家村	39	男	1942 年

姓　名	籍　贯	年　龄	性　别	死难时间
李中贵	章丘市相公镇李家村	40	男	1942 年
李开泉	章丘市相公镇李家村	42	男	1942 年
林松廷	章丘市相公镇十九郎村	54	男	1942 年
牛长明之妻	章丘市相公镇十九郎村	31	女	1942 年
孟光成之妻	章丘市相公镇十九郎村	52	女	1942 年
尹树彬	章丘市相公镇十九郎村	32	男	1942 年
张冠其	章丘市相公镇周家村	55	男	1942 年
张广德	章丘市相公镇小康村	65	男	1942 年
张广道	章丘市相公镇小康村	63	男	1942 年
李传林	章丘市相公镇小康村	60	男	1942 年
马顺宏	章丘市相公镇小康村	67	男	1942 年
刘洪儒	章丘市相公镇道流村	20	男	1942 年
王开义	章丘市刁镇南芽庄村	—	男	1942 年
胡舟文	章丘市刁镇小辛村	62	男	1942 年
胡金山	章丘市刁镇小辛村	61	男	1942 年
王成宽	章丘市刁镇小辛村	26	男	1942 年
王如意	章丘市刁镇小辛村	24	男	1942 年
马山子	章丘市刁镇小辛村	48	男	1942 年
王兆堂	章丘市刁镇小辛村	53	男	1942 年
王玉章	章丘市刁镇小辛村	61	男	1942 年
王兆金	章丘市刁镇小辛村	35	男	1942 年
王守德	章丘市刁镇小辛村	42	男	1942 年
李绍忠	章丘市刁镇索家村	28	男	1942 年
三柱子	章丘市刁镇田福村	27	男	1942 年
崔成玉之弟	章丘市刁镇崔家村	30	男	1942 年
袁传厚	章丘市刁镇崔家村	—	男	1942 年
豆广福	章丘市刁镇小辛村	—	男	1942 年
豆国华	章丘市刁镇小辛村	—	男	1942 年
孙福友	章丘市刁镇小辛村	—	男	1942 年
胡　航	章丘市刁镇小辛村	62	男	1942 年
焦　广	章丘市刁镇堤张村	28	男	1942 年
张侯氏	章丘市刁镇堤张村	36	女	1942 年
张兆玉	章丘市刁镇堤张村	30	男	1942 年
袁传京	章丘市相公镇蔡庄村	60	男	1943 年 10 月

姓　名	籍　贯	年　龄	性　别	死难时间
刘貌子	章丘市相公镇蔡庄村	66	男	1943 年 10 月
焦其炳	章丘市刁镇刁西村	21	男	1943 年 3 月 18 日
杨连治	章丘市刁镇北芽村	39	男	1943 年 6 月
张司庆	章丘市相公镇寨子村	24	男	1943 年 8 月
杨左章	章丘市相公镇寨子村	25	男	1943 年 8 月
杨绍礼	章丘市相公镇寨子村	—	男	1943 年 8 月
唐作信	章丘市官庄乡冯张宅村	38	男	1943 年 9 月
田继云	章丘市官庄乡冯张宅村	40	男	1943 年 9 月
刘元训	章丘市白云湖镇郑码村	22	男	1943 年
王凤亭	章丘市明水镇钓鱼台村	38	男	1943 年
徐决云	章丘市高官寨镇单家村	48	男	1943 年
冯振多	章丘市高官寨镇单家村	35	男	1943 年
单宝林	章丘市高官寨镇单家村	40	男	1943 年
单鸿烈	章丘市高官寨镇单家村	23	男	1943 年
杜　增	章丘市高官寨镇杜家村	34	男	1943 年
刘建玉	章丘市高官寨镇姜家村	75	男	1943 年
周成让	章丘市高官寨镇姜家村	79	男	1943 年
刘宪武	章丘市水寨镇辛丰村	19	男	1943 年
李士德	章丘市枣园镇辛旺村	30	男	1943 年
鹿明忠	章丘市枣园镇辛旺村	34	男	1943 年
李森杰	章丘市枣园镇辛旺村	27	男	1943 年
李宝珠	章丘市枣园镇辛旺村	31	男	1943 年
鹿瑞吉	章丘市枣园镇辛旺村	22	男	1943 年
张凤茂	章丘市枣园镇胡迪村	48	男	1943 年
李少化	章丘市枣园镇万新村	60	男	1943 年
刘　涛	章丘市枣园镇庆元村	—	男	1943 年
高抚子	章丘市文祖镇三德范北村	18	男	1943 年
王立本	章丘市文祖镇三德范北村	28	男	1943 年
宋连丙之母	章丘市文祖镇西窑头村	54	女	1943 年
宋安天	章丘市文祖镇西窑头村	56	男	1943 年
张兆辛	章丘市文祖镇双龙村	30	男	1943 年
刘云和	章丘市文祖镇东田广村	32	男	1943 年
高兆海	章丘市文祖镇东田广村	23	女	1943 年
王守凤	章丘市文祖镇东田广村	14	女	1943 年

姓 名	籍 贯	年 龄	性 别	死难时间
赵 氏	章丘市垛庄镇团圆沟村	23	女	1943 年
李现贵	章丘市垛庄镇岳滋村	50	男	1943 年
刘殿良	章丘市垛庄镇西立虎村	35	男	1943 年
杨 氏	章丘市垛庄镇下芹子村	32	女	1943 年
王廷禄	章丘市宁家埠镇时码村	—	男	1943 年
孙合亭	章丘市宁家埠镇时码村	—	男	1943 年
王兆广	章丘市宁家埠镇宁一村	—	男	1943 年
宁凡伦	章丘市宁家埠镇宁一村	—	男	1943 年
土岭子	章丘市宁家埠镇宁三村	—	男	1943 年
张荣刚	章丘市宁家埠镇明家村	—	男	1943 年
孟庆树	章丘市曹范镇石旮旯村	22	男	1943 年
郭恒讼	章丘市曹范镇一村	20	男	1943 年
孟凡厚	章丘市曹范镇一村	25	男	1943 年
区延海	章丘市曹范镇马庄小庙村	68	男	1943 年
区代军	章丘市曹范镇马庄小庙村	22	男	1943 年
巩玉生	章丘市官庄乡张庄村	30	男	1943 年
刘传民	章丘市官庄乡三赵村	30	男	1943 年
韩昭森	章丘市官庄乡吴家村	—	男	1943 年
韩坝子	章丘市官庄乡吴家村	15	男	1943 年
高全福	章丘市官庄乡上白村	—	男	1943 年
高全禄	章丘市官庄乡上白村	—	男	1943 年
王东明	章丘市官庄乡三角湾村	79	男	1943 年
孙街子	章丘市官庄乡三角湾村	76	男	1943 年
王永庆	章丘市官庄乡三角湾村	—	男	1943 年
邱昌利	章丘市官庄乡北王村	22	男	1943 年
张永增之叔	章丘市官庄乡马闹坡村	—	男	1943 年
解传良	章丘市官庄乡马闹坡村	—	男	1943 年
刘凤平	章丘市绣惠镇西南关村	45	男	1943 年
王文理	章丘市绣惠镇西关村	21	男	1943 年
李刘氏	章丘市绣惠镇北套村	47	女	1943 年
郑殿韦	章丘市绣惠镇北套村	24	男	1943 年
郑广平	章丘市绣惠镇北套村	52	男	1943 年
孟四子	章丘市绣惠镇北套村	34	男	1943 年
韩纪文	章丘市绣惠镇三星村	41	男	1943 年

姓　名	籍　贯	年　龄	性　别	死难时间
沈云月之父	章丘市绣惠镇三星村	40	男	1943 年
李树英	章丘市绣惠镇三星村	37	女	1943 年
高景洪之祖母	章丘市辛寨乡辛一村	—	女	1943 年
韩玉丰	章丘市辛寨乡辛一村	—	男	1943 年
小房子	章丘市辛寨乡田家村	—	男	1943 年
牛　子	章丘市辛寨乡冯家村	—	男	1943 年
冯田烈之祖母	章丘市辛寨乡冯家村	—	女	1943 年
李遵德	章丘市辛寨乡干刘村	—	男	1943 年
刘长明	章丘市辛寨乡干刘村	—	男	1943 年
刘伦章	章丘市辛寨乡干刘村	—	男	1943 年
刘元圣	章丘市辛寨乡干刘村	—	男	1943 年
刘明章	章丘市辛寨乡干刘村	—	男	1943 年
李仁常	章丘市辛寨乡干刘村	—	男	1943 年
刘沛章	章丘市辛寨乡干刘村	—	男	1943 年
刘铜章	章丘市辛寨乡干刘村	—	男	1943 年
刘怀英	章丘市辛寨乡干刘村	—	男	1943 年
刘印贞	章丘市普集镇龙华村	23	男	1943 年
辛秀今	章丘市龙山镇乐林村	—	男	1943 年
王太元	章丘市龙山镇付家店村	—	男	1943 年
高之武	章丘市龙山镇东曹村	35	男	1943 年
高大成	章丘市龙山镇东曹村	34	男	1943 年
高二成	章丘市龙山镇东曹村	31	男	1943 年
高三成	章丘市龙山镇东曹村	17	男	1943 年
刘顺新	章丘市龙山镇西曹村	25	男	1943 年
于陵拾	章丘市龙山镇西曹村	35	男	1943 年
贾俊德	章丘市龙山镇西王村	28	男	1943 年
谢继江	章丘市圣井镇杜家村	37	男	1943 年
吕广奎	章丘市相公镇河庄村	46	男	1943 年
王全业	章丘市相公镇道流村	20	男	1943 年
杨文圣	章丘市刁镇南芽庄村	28	男	1943 年
杨宗刚	章丘市刁镇北芽村	48	男	1943 年
杨家贞	章丘市刁镇北芽村	38	男	1943 年
杨连鲜	章丘市刁镇北芽村	36	男	1943 年
杨夏氏	章丘市刁镇北芽村	67	女	1943 年

姓 名	籍 贯	年 龄	性 别	死难时间
杨连增	章丘市刁镇北芽村	37	男	1943 年
杨家善	章丘市刁镇北芽村	24	男	1943 年
李炳杰	章丘市刁镇柴家村	22	男	1943 年
柴向鹏	章丘市刁镇柴家村	23	男	1943 年
柴树元	章丘市刁镇柴家村	21	男	1943 年
柴树训	章丘市刁镇柴家村	44	男	1943 年
董玉珍	章丘市刁镇柴家村	22	男	1943 年
李春实	章丘市刁镇柴家村	28	男	1943 年
柴树栋	章丘市刁镇柴家村	25	男	1943 年
田玉林	章丘市刁镇吴家村	36	男	1943 年
孙志邦	章丘市刁镇韩家村	40	男	1943 年
胡传珍	章丘市刁镇韩家村	40	男	1943 年
王传勇	章丘市相公镇房庄村	30	男	1944 年 1 月
韩至一之弟	章丘市白云湖镇齐家村	17	男	1944 年 3 月
李道富	章丘市刁镇李家村	—	男	1944 年 4 月
王志亮	章丘市刁镇后刘村	52	男	1944 年 5 月
张寒食	章丘市刁镇后刘村	54	男	1944 年 5 月
刘传家	章丘市普集镇焦家村	28	男	1944 年 7 月
袁志太	章丘市刁镇张官村	35	男	1944 年 7 月
杨成金	章丘市刁镇白衣村	52	男	1944 年 7 月
李继昌	章丘市刁镇白衣村	20	男	1944 年 7 月
李野猫	章丘市相公镇蔡庄村	40	男	1944 年 12 月
刘庆堂	章丘市白云湖镇郑码村	26	男	1944 年
郑汉林	章丘市白云湖镇郑码村	31	男	1944 年
康殿忠	章丘市白云湖镇郑码村	42	男	1944 年
黄智朋	章丘市白云湖镇黄家塘村	30	男	1944 年
张在成	章丘市白云湖镇高桥村	34	男	1944 年
孟凡军	章丘市明水镇湛汪村	—	男	1944 年
黄好传	章丘市高官寨镇黄家村	28	男	1944 年
李景华之祖父	章丘市高官寨镇黄家村	56	男	1944 年
公臣林	章丘市枣园镇辛旺村	35	男	1944 年
吕继祥	章丘市枣园镇胡迪村	49	男	1944 年
张 起	章丘市枣园镇张辛村	29	男	1944 年
李乃家	章丘市文祖镇东张村	24	男	1944 年

姓 名	籍 贯	年 龄	性 别	死难时间
解家美	章丘市文祖镇东张村	—	男	1944 年
程万厚	章丘市文祖镇甘泉村	41	男	1944 年
张立成	章丘市文祖镇甘泉村	40	男	1944 年
牛 氏	章丘市文祖镇石斑鸠村	62	女	1944 年
张立朝	章丘市文祖镇西窑头村	53	男	1944 年
于继堂	章丘市文祖镇朱公泉村	49	男	1944 年
于挨子	章丘市文祖镇朱公泉村	17	女	1944 年
于世凤	章丘市垛庄镇北明村	32	男	1944 年
张元荣	章丘市垛庄镇南石屋村	25	男	1944 年
王立燕	章丘市垛庄镇南石屋村	30	男	1944 年
张延仁	章丘市垛庄镇南石屋村	28	男	1944 年
张延成	章丘市垛庄镇南石屋村	30	男	1944 年
延 看	章丘市垛庄镇北石屋村	44	男	1944 年
潘 妮	章丘市垛庄镇北石屋村	12	女	1944 年
潘加厚	章丘市垛庄镇北石屋村	40	女	1944 年
王维华	章丘市宁家埠镇小桑村	—	男	1944 年
马兆河	章丘市宁家埠镇小桑村	—	男	1944 年
刘作德	章丘市宁家埠镇小桑村	—	男	1944 年
赵海营	章丘市曹范镇寨山后村	34	男	1944 年
马俊荣	章丘市曹范镇	30	女	1944 年
张尔庭	章丘市曹范镇龙埠村	27	男	1944 年
王风革	章丘市曹范镇马庄小庙村	20	男	1944 年
景圣星	章丘市官庄乡王官村	40	男	1944 年
杨继福	章丘市官庄乡王官村	34	男	1944 年
刘振华	章丘市绣惠镇夏家磨村	25	男	1944 年
李方青	章丘市绣惠镇闫家村	39	男	1944 年
李玉传	章丘市绣惠镇闫家村	44	男	1944 年
史连军	章丘市龙山镇城角头村	18	男	1944 年
铉玉金	章丘市龙山镇城角头村	24	男	1944 年
郭长玉	章丘市龙山镇城角头村	28	男	1944 年
杨成功	章丘市龙山镇城角头村	34	男	1944 年
杨玉庆	章丘市龙山镇贾而村	26	男	1944 年
李殿功	章丘市龙山镇贾而村	38	男	1944 年
李笃才	章丘市龙山镇贾而村	36	男	1944 年

姓　名	籍　贯	年龄	性别	死难时间
李善仁	章丘市龙山镇西党村	28	男	1944 年
宋在俊	章丘市龙山镇宋家埠村	36	男	1944 年
宋在玉	章丘市龙山镇宋家埠村	35	男	1944 年
宋贵心	章丘市龙山镇宋家埠村	18	男	1944 年
宋小枪	章丘市龙山镇宋家埠村	16	男	1944 年
刘玉习	章丘市龙山镇便家村	16	男	1944 年
姜守章	章丘市龙山镇甄家村	—	男	1944 年
王忠星	章丘市龙山镇田家村	30	男	1944 年
王继文之父	章丘市埠村镇沙湾村	43	男	1944 年
王树芽之祖母	章丘市埠村镇沙湾村	50	女	1944 年
苗庆玉之叔	章丘市埠村镇沙湾村	35	男	1944 年
马宗汉	章丘市圣井镇杜家村	50	男	1944 年
蔡承强	章丘市圣井镇小冶村	18	男	1944 年
巩耀林	章丘市相公镇刘井村	38	男	1944 年
潘景收	章丘市刁镇潘家村	—	男	1944 年
潘兴营	章丘市刁镇潘家村	—	男	1944 年
潘云根	章丘市刁镇潘家村	—	男	1944 年
李道岑	章丘市刁镇李家村	—	男	1944 年
李道岩	章丘市刁镇李家村	—	男	1944 年
于衍西	章丘市普集镇于家村	23	男	1945 年 1 月
鹿瑞林	章丘市枣园镇辛旺村	31	男	1945 年
张清林	章丘市文祖镇石斑鸠村	34	男	1945 年
于仁礼	章丘市文祖镇水龙洞村	24	男	1945 年
赵三句之子	章丘市垛庄镇岳滋村	51	男	1945 年
张继才	章丘市垛庄镇岳滋村	23	男	1945 年
刘玉荣	章丘市垛庄镇岳滋村	57	男	1945 年
赵东升	章丘市垛庄镇乔子村	24	男	1945 年
化福顺	章丘市垛庄镇乔子村	51	男	1945 年
刘尖子	章丘市垛庄镇南石屋村	18	男	1945 年
刘红子	章丘市垛庄镇南石屋村	30	男	1945 年
刘绪子	章丘市垛庄镇南石屋村	14	男	1945 年
刘杰子	章丘市垛庄镇南石屋村	16	女	1945 年
张尊生	章丘市宁家埠镇宋码村	—	男	1945 年
会　子	章丘市宁家埠镇宋码村	—	男	1945 年

姓 名	籍 贯	年 龄	性 别	死难时间
姜福泉	章丘市官庄乡王官村	26	男	1945 年
景年林	章丘市官庄乡石屋村	35	男	1945 年
宫代来	章丘市官庄乡青野村	21	男	1945 年
文月行	章丘市官庄乡青野村	50	男	1945 年
王 氏	章丘市普集镇于家村	39	女	1945 年
冯振叶	章丘市龙山镇冯家村	29	男	1945 年
冯思起	章丘市龙山镇冯家村	15	男	1945 年
刘兴诚	章丘市龙山镇西党村	29	男	1945 年
魏元孝	章丘市龙山镇便家村	22	男	1945 年
韩 氏	章丘市龙山镇甄家村	—	女	1945 年
乔文才	章丘市圣井镇南罗村	19	男	1945 年
乔文田	章丘市圣井镇南罗村	25	男	1945 年
杨文成	章丘市圣井镇南罗村	24	男	1945 年
王积乐	章丘市圣井镇南罗村	23	男	1945 年
崔传芳	章丘市相公镇一村	—	男	1945 年
袁守宫	章丘市相公镇袁庄村	40	男	1945 年
刘雨辰	章丘市相公镇梭庄村	—	男	1945 年
崔传方	章丘市相公镇	—	男	1945 年
三 宝	章丘市明水镇太平村	—	男	—
小柯子	章丘市明水镇前营村	—	男	—
高 氏	章丘市明水镇前营村	—	女	—
张玉福	章丘市明水镇后营村	—	男	—
赵振乾	章丘市枣园镇张辛村	32	男	—
景丰田	章丘市官庄乡石屋村	—	男	—
于文平	章丘市官庄乡石屋村	—	男	—
于仁江	章丘市官庄乡石屋村	—	男	—
杨义山	章丘市官庄乡石屋村	—	男	—
杜慎臣	章丘市官庄乡石屋村	—	男	—
李庆顺	章丘市官庄乡中白秋村	30	男	—
朱怀荣	章丘市辛寨乡朱东村	—	男	—
朱兆服	章丘市辛寨乡朱东村	—	男	—
朱福克之父	章丘市辛寨乡朱东村	—	男	—
李维子	章丘市普集镇麻秸村	23	男	—
程斧子	章丘市普集镇麻秸村	12	男	—

姓　名	籍　贯	年　龄	性　别	死难时间
程龙祥	章丘市普集镇麻秸村	22	男	—
程龙祥之嫂	章丘市普集镇麻秸村	25	女	—
万玉章	章丘市普集镇大院村	28	男	—
石申子	章丘市普集镇大院村	22	男	—
赵和柱	章丘市普集镇坦上村	31	男	—
宋明章	章丘市普集镇西珠村	32	男	—
宋袁氏	章丘市普集镇西珠村	73	女	—
乔小平	章丘市龙山镇乔家村	—	男	—
付经发	章丘市龙山镇付家店村	—	男	—
李士坤	章丘市龙山镇贾而村	28	男	—
张振宝	章丘市龙山镇王而村	—	男	—
孙大德	章丘市龙山镇王而村	—	男	—
韩彦山	章丘市龙山镇苇陀村	24	男	—
韩彦喜	章丘市龙山镇苇陀村	23	男	—
黄玉海	章丘市龙山镇黄家村	—	男	—
乔小本	章丘市龙山镇任家村	—	男	—
胡延玉	章丘市埠村镇埠西村	29	男	—
胡安义	章丘市埠村镇埠西村	49	男	—
韦子孝	章丘市埠村镇月宫村	—	男	—
王　氏	章丘市埠村镇月宫村	—	女	—
韦子玉	章丘市埠村镇月宫村	—	男	—
魏汉通	章丘市埠村镇月宫村	—	男	—
李祝春	章丘市相公镇巡检村	—	男	—
魏南子	章丘市相公镇皋东村	30	男	—
苗印子	章丘市相公镇皋东村	25	男	—
苗　氏	章丘市相公镇皋东村	30	女	—
顾克志	章丘市相公镇皋东村	—	男	—
齐　氏	章丘市相公镇皋东村	—	女	—
苗淑元	章丘市相公镇皋东村	40	男	—
刘和祥	章丘市相公镇曹孟村	—	男	—
苗凤元	章丘市相公镇皋东村	41	男	—
巩　氏	章丘市相公镇皋东村	42	女	—
李　×	章丘市相公镇皋东村	—	男	—
顾　氏	章丘市相公镇皋东村	—	女	—

姓　名	籍　贯	年　龄	性　别	死难时间
韩　来	章丘市相公镇曹梦村	32	男	—
韩祖庚	章丘市相公镇核庄村	—	男	—
彭作兴	章丘市相公镇核庄村	—	男	—
韩祖东	章丘市相公镇梭庄村	—	男	—
李文富	章丘市相公镇梭庄村	—	男	—
窦汝泉	章丘市相公镇大夫村	30	男	—
窦方厚	章丘市相公镇梭庄村	30	男	—
李洪发	章丘市刁镇刘官村	30	男	—
刘专浦	章丘市刁镇刘官村	23	男	—
陈爱兰	章丘市刁镇刘官村	15	女	—
时传汝	章丘市刁镇崔高村	31	男	—
高建邦	章丘市刁镇崔高村	40	男	—
牛占甲	章丘市相公镇牛一村	38	男	—
赵彬子	章丘市黄河乡新街村	29	男	1938 年
谢元华	章丘市曹范镇庙岭村	20	男	1938 年
王有金	章丘市黄河乡王圈村	25	男	1938 年
王者库	章丘市黄河乡王圈村	20	男	1938 年
王有良	章丘市黄河乡王圈村	35	男	1938 年
常乃吉	章丘市黄河乡常家村	30	男	1939 年
常俊秀	章丘市黄河乡常家村	20	男	1939 年
于振虎	章丘市黄河乡常家村	18	男	1939 年
常秀春	章丘市黄河乡常家村	20	男	1939 年
刘元河	章丘市枣园镇辛旺村	37	男	1939 年
钱云栋	章丘市黄河乡钱家村	27	男	1939 年
赵延刚	章丘市文组镇大寨村	26	男	1939 年
刘福山	章丘市高官寨镇孙刘李村	84	男	1940 年
李金忠	章丘市官庄乡李家村	36	男	1940 年
王乐义	章丘市绣惠镇小张村	30	男	1940 年
李法曾	章丘市绣惠镇小张村	35	男	1940 年
李福元	章丘市曹范镇小泉村	24	男	1940 年
王春子	章丘市曹范镇小泉村	21	男	1940 年
王舍子	章丘市曹范镇小泉村	21	男	1940 年
王　×	章丘市曹范镇小泉村	22	男	1940 年
田文豆	章丘市绣惠镇东关南村	27	男	1940 年

姓 名	籍 贯	年 龄	性 别	死难时间
苗光坤	章丘市绣惠镇东关南村	29	男	1940 年
行志厅	章丘市绣惠镇东关南村	29	男	1940 年
王 一	章丘市曹范镇小泉村	21	男	1940 年
王在成	章丘市曹范镇小泉村	20	男	1940 年
赵马子	章丘市曹范镇小泉村	20	男	1940 年
王玉海	章丘市曹范镇小泉村	20	男	1940 年
李福成	章丘市曹范镇小泉村	19	男	1940 年
王文巾	章丘市刁镇王四村	20	男	1940 年
李兆荣	章丘市辛寨乡兴刘村	—	男	1941 年 6 月
郭洪珍	章丘市辛寨乡兴刘村	—	男	1941 年 6 月
王长云	章丘市辛寨乡兴刘村	—	男	1941 年 6 月
张 ×	章丘市刁镇后刘村	78	女	1941 年 12 月
王希荼	章丘市刁镇王官村	22	男	1941 年 12 月
土郭子	章丘市刁镇王四村	21	男	1941 年
张秀思之子	章丘市辛寨乡西太平村	49	男	1941 年
李玉福	章丘市枣园镇后斜村	20	男	1941 年
史传新	章丘市黄河乡后营村	28	男	1941 年
张金福	章丘市绣惠镇大张村	40	男	1941 年
张立山	章丘市绣惠镇大张村	38	男	1941 年
刘方云	章丘市刁镇堤张村	13	女	1942 年 10 月
刘殿君	章丘市刁镇堤张村	38	男	1942 年 3 月
张仲场	章丘市刁镇后刘村	32	男	1942 年 4 月
王兆武	章丘市刁镇后刘村	35	男	1942 年 4 月
张志义	章丘市刁镇王福村	30	男	1942 年 7 月
周景文	章丘市刁镇王福村	19	男	1942 年 7 月
张凤美	章丘市刁镇堤张村	20	男	1942 年 7 月
卢武祥	章丘市刁镇炭张村	23	男	1942 年 12 月
赵立中	章丘市绣惠镇东关北村	31	男	1942 年秋
芹 子	章丘市刁镇炭张村	—	女	1942 年
吕祥云	章丘市刁镇茄庄村	88	男	1942 年
张孝顺	章丘市刁镇王福村	40	男	1942 年
王文成	章丘市刁镇王四村	28	男	1942 年
孙贵山	章丘市刁镇小辛村	—	男	1942 年
王建财	章丘市刁镇小辛村	—	男	1942 年

姓　名	籍　贯	年　龄	性　别	死难时间
唐作山	章丘市刁镇小辛村	—	男	1942 年
阎振坤	章丘市刁镇小辛村	—	男	1942 年
孙子修	章丘市刁镇小辛村	62	男	1942 年
纪荣桂	章丘市辛寨乡泥桥村	—	男	1942 年
李玉兰	章丘市文组镇文祖南村	17	男	1942 年
王其文	章丘市文组镇西窑头村	31	男	1942 年
李恒武	章丘市文组镇黄露泉村	19	男	1942 年
王守清	章丘市绣惠镇回二村	42	男	1942 年
姜振华	章丘市黄河乡张古龙村	31	男	1942 年
张广才	章丘市黄河乡张古龙村	28	男	1942 年
姜振山	章丘市黄河乡张古龙村	34	男	1942 年
李彩云	章丘市刁镇尹家村	82	女	1943 年 4 月
王兰尝	章丘市刁镇王福村	60	男	1943 年 6 月
李玉岑	章丘市曹范镇南曹范村	26	男	1943 年
李玉科	章丘市曹范镇南曹范村	23	男	1943 年
李玉有	章丘市曹范镇南曹范村	28	男	1943 年
李家禄	章丘市曹范镇南曹范村	29	男	1943 年
贾延臣	章丘市官庄乡鱼湾村	—	男	1943 年
徐家珍	章丘市官庄乡鱼湾村	—	男	1943 年
贾传尧	章丘市官庄乡鱼湾村	—	男	1943 年
贾顺西	章丘市官庄乡鱼湾村	—	男	1943 年
徐守本	章丘市官庄乡鱼湾村	—	男	1943 年
贾传玫	章丘市官庄乡鱼湾村	—	男	1943 年
徐木臣	章丘市官庄乡鱼湾村	—	男	1943 年
杨文明	章丘市刁镇南芽庄村	—	男	1943 年
王振锋	章丘市刁镇南芽庄村	—	男	1943 年
王开金	章丘市刁镇南芽庄村	—	男	1943 年
张淑臣	章丘市刁镇田福村	36	男	1943 年
王绪业	章丘市刁镇韩家村	33	男	1943 年
鲁殿贵	章丘市水寨镇鲁高村	—	男	1943 年
鲁俊合	章丘市水寨镇鲁高村	21	男	1943 年
鲁京福	章丘市水寨镇鲁高村	—	男	1943 年
鲁焕祥	章丘市水寨镇鲁高村	—	男	1943 年
董加贵	章丘市水寨镇清口村	—	男	1943 年

姓　名	籍　贯	年　龄	性　别	死难时间
郑连祥	章丘市水寨镇狮子口村	21	男	1943 年
郑继禹	章丘市水寨镇狮子口村	23	男	1943 年
潘明锡	章丘市刁镇潘家村	—	男	1944 年 4 月
杨凤生	章丘市刁镇潘家村	31	男	1944 年 4 月
孙学礼	章丘市刁镇董家村	41	男	1944 年 4 月
李法宗	章丘市辛寨乡干刘村	—	男	1944 年 4 月
李令福	章丘市辛寨乡干刘村	—	男	1944 年 4 月
朱怀芳	章丘市辛寨乡朱西村	—	男	1944 年 4 月
潘景富	章丘市刁镇邵家村	46	男	1944 年 5 月
赵胜义	章丘市刁镇邵家村	44	男	1944 年 5 月
崔金仔	章丘市刁镇田官村	46	男	1944 年 7 月
杨玉发	章丘市刁镇白衣村	40	男	1944 年 7 月
李新远	章丘市刁镇白衣村	40	男	1944 年 7 月
李传鲁	章丘市刁镇李家村	—	男	1944 年
翟守忠	章丘市刁镇李家村	—	男	1944 年
翟守信	章丘市刁镇李家村	—	男	1944 年
李丙见	章丘市刁镇李家村	—	男	1944 年
王玉坤	章丘市刁镇小辛村	—	男	1944 年
潘文茂	章丘市刁镇潘家村	—	男	1944 年
潘广书	章丘市刁镇潘家村	—	男	1944 年
潘原章	章丘市刁镇潘家村	—	男	1944 年
杜传华	章丘市枣园镇白塔村	25	男	1944 年
马宗青	章丘市圣井镇杜家村	22	男	1944 年
李洪义	章丘市圣井镇杜家村	22	男	1944 年
李连杰	章丘市水寨镇罗家村	18	男	1944 年
刘继顺	章丘市水寨镇赵百户村	22	男	1944 年
高德胜	章丘市水寨镇马高村	—	男	1944 年
李继增	章丘市曹范镇高家埠村	36	男	1944 年
孟凡坤	章丘市曹范镇南曹范村	23	男	1944 年
刘玉宝	章丘市曹范镇南曹范村	24	男	1944 年
刘恒福	章丘市曹范镇南曹范村	22	男	1944 年
王明祥	章丘市曹范镇南曹范村	26	男	1944 年
隗振锋	章丘市绣惠镇寨子村	20	男	1945 年
王玉泉	章丘市黄河乡店子村	44	男	1945 年

姓 名	籍 贯	年 龄	性 别	死难时间
李家福	章丘市曹范镇南曹范村	—	男	—
安德风	章丘市绣惠镇安家村	40	男	—
王立元	章丘市高官寨镇王家村	83	男	—
刘延福	章丘市高官寨镇王家村	85	男	—
合 计	**1191**			

责任人：柴会明　　　　　　　　核实人：王建新　李淑娟　徐绍杰　　填表人：李淑娟

填报单位（签章）：章丘市委党史研究室　　　　　　　　填报时间：2009 年 4 月 23 日

平阴县抗日战争时期死难者名录

姓名	籍贯	年龄	性别	死难时间
逯登峰	平阴县安城乡大官村	40	男	1938 年 6 月
白 氏	平阴县东阿镇北门村	—	女	1938 年 6 月
刘宝太	平阴县东阿镇北门村	—	男	1938 年 6 月
刘立头	平阴县东阿镇北门村	—	男	1938 年 6 月
王学师	平阴县东阿镇北门村	—	男	1938 年 6 月
刘一贵	平阴县东阿镇东门村	58	男	1938 年 6 月
吴 氏	平阴县东阿镇东门村	52	女	1938 年 6 月
赵传发	平阴县东阿镇东门村	24	男	1938 年 6 月
庄庆×	平阴县东阿镇东门村	28	男	1938 年 6 月
庄庆海之父	平阴县东阿镇东门村	51	男	1938 年 6 月
庄庆海之母	平阴县东阿镇东门村	49	女	1938 年 6 月
齐九江	平阴县东阿镇衙前村	—	—	1938 年 6 月
孙胡民	平阴县济西办事处南土楼村	51	男	1938 年 6 月
丁 氏	平阴县玫瑰镇东站村	32	女	1938 年 6 月
殷 氏	平阴县玫瑰镇东站村	36	女	1938 年 6 月
张 氏	平阴县玫瑰镇东站村	40	女	1938 年 6 月
张兴训	平阴县玫瑰镇东站村	30	男	1938 年 6 月
刘传友	平阴县玫瑰镇李堂村	18	男	1938 年 6 月
刘大成	平阴县玫瑰镇李堂村	17	男	1938 年 6 月
刘大憨	平阴县玫瑰镇李堂村	18	男	1938 年 6 月
刘德存	平阴县玫瑰镇李堂村	18	男	1938 年 6 月
刘德生	平阴县玫瑰镇李堂村	17	男	1938 年 6 月
刘土蛋	平阴县玫瑰镇李堂村	18	男	1938 年 6 月
孙孟尧	平阴县玫瑰镇李堂村	20	男	1938 年 6 月
孙兴阳	平阴县玫瑰镇李堂村	24	男	1938 年 6 月
范廷忍	平阴县东阿镇范庄村	56	男	1938 年 6 月
范延金	平阴县东阿镇范庄村	29	男	1938 年 6 月
范贻韶	平阴县东阿镇范庄村	32	男	1938 年 6 月
范张氏	平阴县东阿镇范庄村	55	女	1938 年 6 月
刘传增	平阴县玫瑰镇刘店村	22	男	1938 年 6 月
李京昆	平阴县玫瑰镇庞口村	54	男	1938 年 6 月

姓 名	籍 贯	年 龄	性 别	死难时间
王德顺	平阴县玫瑰镇王小庄村	30	男	1938 年 6 月
王 氏	平阴县玫瑰镇站西村	38	女	1938 年 6 月
赵庆海	平阴县玫瑰镇站西村	40	男	1938 年 6 月
马云庆	平阴县平阴镇北门村	55	男	1938 年 6 月
赵连亚	平阴县平阴镇北门村	53	男	1938 年 6 月
周正春	平阴县平阴镇北门村	—	男	1938 年 6 月
凌绪荣	平阴县平阴镇凌庄村	23	男	1938 年 6 月
于庆和	平阴县平阴镇凌庄村	25	男	1938 年 6 月
李春茶	平阴县平阴镇龙桥村	45	男	1938 年 6 月
赵××	平阴县东阿镇范庄村	—	男	1938 年 7 月
卖炸鱼之妇女	平阴县东阿镇东门村	—	女	1938 年 7 月
庄承元	平阴县东阿镇东门村	—	男	1938 年 7 月
庄承元之妻	平阴县东阿镇东门村	—	女	1938 年 7 月
丁传泗	平阴县济西办事处北土楼村	—	男	1938 年 7 月
李仁堂	平阴县济西办事处北土楼村	—	男	1938 年 7 月
崔化道	平阴县玫瑰镇崔山头村	27	男	1938 年 7 月
焦广琪	平阴县玫瑰镇李屯村	60	男	1938 年 7 月
焦怀道	平阴县玫瑰镇李屯村	18	男	1938 年 7 月
陈栓柱	平阴县安城乡大官村	20	男	1938 年 7 月
孙大嘴	平阴县安城乡大官村	25	男	1938 年 7 月
孙德玉	平阴县安城乡大官村	18	男	1938 年 7 月
左姬氏	平阴县玫瑰镇西胡庄村	30	女	1938 年 7 月
马传芝	—	—	—	1938 年 7 月
丁金芩	平阴县济西办事处北土楼村	24	男	1938 年夏
房润祥	平阴县东阿镇北门村	—	男	1938 年 8 月
黄庆吉之父	平阴县东阿镇北门村	—	男	1938 年 8 月
李 氏	平阴县东阿镇北门村	—	女	1938 年 8 月
刘正凡	平阴县东阿镇北门村	—	男	1938 年 8 月
门华祥之女	平阴县东阿镇北门村	—	女	1938 年 8 月
孟昭连之弟	平阴县东阿镇北门村	—	男	1938 年 8 月
邢岱江	平阴县东阿镇北门村	—	男	1938 年 8 月
徐 五	平阴县东阿镇北门村	—	男	1938 年 8 月
徐玉可	平阴县东阿镇北门村	—	男	1938 年 8 月
姜 杰	平阴县东阿镇东门村	—	男	1938 年 8 月

姓 名	籍 贯	年 龄	性 别	死难时间
侯延同	平阴县东阿镇庙头村	50	男	1938 年 8 月
马太青	平阴县东阿镇庙头村	40	男	1938 年 8 月
张学恩	平阴县东阿镇庙头村	32	男	1938 年 8 月
张永全	平阴县平阴镇子顺北队	46	男	1938 年 8 月
葛周氏	平阴县东阿镇乔楼村	38	女	1938 年 9 月
刘昭仁	平阴县东阿镇赵庄村	30	男	1938 年 9 月
孙登泽	平阴县平阴镇孙官村	—	男	1938 年 9 月
刘××之表妹	平阴县安城乡东凤凰庄村	—	女	1938 年秋
丁长璞	平阴县玫瑰镇丁口村	50	男	1938 年秋
刘木头	平阴县玫瑰镇李堂村	50	男	1938 年秋
刘文轩	平阴县玫瑰镇李堂村	50	男	1938 年秋
孙登星	平阴县玫瑰镇孙庄村	53	男	1938 年秋
孙吉河	平阴县玫瑰镇李堂村	30	男	1938 年秋
纪丰元	平阴县安城乡西毛铺村	31	男	1938 年 12 月
陈炳船	平阴县安城乡北栾湾村	—	男	1938 年
陈仁玉	平阴县安城乡北栾湾村	40	男	1938 年
王春河	平阴县安城乡北栾湾村	25	男	1938 年
张绪生	平阴县安城乡北栾湾村	37	男	1938 年
张宗贤	平阴县安城乡北栾湾村	—	男	1938 年
王学恩	平阴县东阿镇东门村	41	男	1938 年
韩保贵	平阴县安城乡东凤凰庄村	43	男	1938 年
刘继增	平阴县安城乡东凤凰庄村	—	男	1938 年
范根成	平阴县安城乡东毛铺村	27	男	1938 年
葛正祥	平阴县安城乡东毛铺村	24	男	1938 年
江慎逊	平阴县安城乡东毛铺村	34	男	1938 年
张兴元	平阴县安城乡东毛铺村	36	男	1938 年
郑正吉	平阴县安城乡东毛铺村	26	男	1938 年
周长温	平阴县安城乡东毛铺村	26	男	1938 年
朱家祥	平阴县安城乡东毛铺村	22	男	1938 年
尹承家	平阴县安城乡双井村	—	男	1938 年
朱仁正	平阴县安城乡双井村	—	男	1938 年
姜 三	平阴县东阿镇东门村	26	男	1938 年
侯学志	平阴县东阿镇南门外村	30	男	1938 年
王建德	平阴县东阿镇南门外村	25	男	1938 年

姓　名	籍　贯	年　龄	性　别	死难时间
李化平	平阴县东阿镇庞庄村	35	男	1938 年
良德夫	平阴县东阿镇庞庄村	45	男	1938 年
马庞氏	平阴县东阿镇庞庄村	30	女	1938 年
庞二狗	平阴县东阿镇庞庄村	25	男	1938 年
赵衍泽	平阴县东阿镇小河口村	60	男	1938 年
刘兆江	平阴县洪范池镇刘庙村	32	男	1938 年
杨传顶	平阴县洪范池镇刘庙村	30	男	1938 年
黄××	平阴县洪范池镇南张庄村	25	男	1938 年
张广顺	平阴县洪范池镇南张庄村	25	男	1938 年
张广正	平阴县洪范池镇南张庄村	50	男	1938 年
陶现德	平阴县洪范池镇陶峪村	19	男	1938 年
苏中逢	平阴县洪范池镇周河村	41	男	1938 年
程福河	平阴县孔村镇郭柳沟村	32	男	1938 年
梁广梅	平阴县孔村镇郭柳沟村	75	女	1938 年
朱朝正	平阴县孔村镇郭柳沟村	19	男	1938 年
廉兴昌	平阴县孔村镇前转村	30	男	1938 年
王怀禄	平阴县孔村镇王庄村	30	男	1938 年
马学玉	平阴县玫瑰镇东唐村	12	男	1938 年
刘××	平阴县玫瑰镇郭套村	10	女	1938 年
焦广献之妻	平阴县玫瑰镇焦庄村	30	女	1938 年
焦景业	平阴县玫瑰镇焦庄村	20	男	1938 年
王玉才	平阴县玫瑰镇南台村	18	男	1938 年
管立山	平阴县平阴镇东关	51	男	1938 年
何传耕	平阴县平阴镇东关	74	男	1938 年
何洪吉	平阴县平阴镇东关	16	男	1938 年
李德奎之妻	平阴县平阴镇老博士村	55	女	1938 年
刘　三	平阴县平阴镇刘官村	21	男	1938 年
何风启	平阴县平阴镇南门	53	男	1938 年
丁常氏	平阴县平阴镇前阮二村	20	女	1938 年
丁　晨	平阴县平阴镇前阮二村	8	女	1938 年
丁李氏	平阴县平阴镇前阮二村	28	女	1938 年
丁　六	平阴县平阴镇前阮二村	6	男	1938 年
丁增然	平阴县平阴镇前阮二村	28	男	1938 年
陆根生	平阴县孝直镇泊头村	—	男	1938 年

姓 名	籍 贯	年 龄	性 别	死难时间
王××	平阴县孝直镇泊头村	—	男	1938 年
王长春	平阴县孝直镇刁鹅岭村	—	男	1938 年
王文贞	平阴县孝直镇刁鹅岭村	—	男	1938 年
孙承芳	平阴县孝直镇后洼村	32	男	1938 年
董先柴	平阴县孝直镇柳滩村	21	男	1938 年
吕兴金	平阴县孝直镇龙洼村	15	男	1938 年
孙卓席	平阴县孝直镇前店子村	21	男	1938 年
贾吉存	平阴县孝直镇前科村	—	男	1938 年
刘传君	平阴县孝直镇宋柳沟村	17	男	1938 年
庞桂英	平阴县洪范池镇北崖村	16	女	1939 年 3 月
周庆荣	平阴县洪范池镇北崖村	17	女	1939 年 3 月
杨广禄	平阴县洪范池镇大寨村	21	男	1939 年 5 月
陈广立	—	—	男	1939 年 5 月
王玉堂	—	—	男	1939 年 6 月
王新轩	平阴县孔村镇王楼村	40	男	1939 年 6 月
张树枝	平阴县孔村镇臧庄村	27	男	1939 年 6 月
吴鸿渐	—	24	男	1939 年 6 月
王道传	平阴县济西办事处南土楼村	35	男	1939 年夏
邹东杨	平阴县孔村镇孙庄村	28	男	1939 年 9 月
白玉谣	—	—	—	1939 年
陈兴旺	平阴县安城乡北栾湾村	—	男	1939 年
赵士同	平阴县安城乡双井村	—	男	1939 年
朱名仑	平阴县安城乡双井村	—	男	1939 年
冯学苓	平阴县安城乡望口山村	31	男	1939 年
刘万典	平阴县安城乡望口山村	29	男	1939 年
张彬如	平阴县安城乡望口山村	28	男	1939 年
张金海	平阴县安城乡西毛铺村	37	男	1939 年
姜宝连	平阴县洪范池镇大寨村	20	男	1939 年
李希胜	平阴县洪范池镇丁泉村	24	男	1939 年
李照松	平阴县洪范池镇丁泉村	43	男	1939 年
张贵昌	平阴县洪范池镇南崖村	25	男	1939 年
赵传芹	平阴县洪范池镇陶峪村	18	男	1939 年
张学参	平阴县洪范池镇谢庄村	32	男	1939 年
张宪笃	平阴县孔村镇白云峪村	32	男	1939 年

姓 名	籍 贯	年 龄	性 别	死难时间
张宪新	平阴县孔村镇白云峪村	19	男	1939 年
赵言生	平阴县孔村镇晁峪村	45	男	1939 年
陈召远	平阴县孔村镇陈屯村	20	男	1939 年
张树芝	平阴县孔村镇刘小庄村	27	男	1939 年
尹永令	平阴县平阴镇老博士村	20	男	1939 年
刘道青	平阴县平阴镇南门	52	男	1939 年
辛 瑜	平阴县平阴镇山头村	78	女	1939 年
张守素	平阴县平阴镇西子顺村	—	男	1939 年
苗振武	平阴县孝直镇白庄村	—	男	1939 年
付崇合	平阴县孝直镇泊头村	16	男	1939 年
尹祚其	平阴县孝直镇泊头村	27	男	1939 年
陈北香	平阴县孝直镇陈屯村	20	男	1939 年
郭长岱	平阴县孝直镇东山村	19	男	1939 年
贾文龙	平阴县孝直镇前店子村	25	男	1939 年
贾广明	平阴县孝直镇前科村	—	男	1939 年
贾广玉	平阴县孝直镇前科村	—	男	1939 年
贾吉棒	平阴县孝直镇前科村	—	男	1939 年
贾吉泗	平阴县孝直镇前科村	—	男	1939 年
贾吉新	平阴县孝直镇前科村	—	男	1939 年
贾吉燕	平阴县孝直镇前科村	—	男	1939 年
贾 梅	平阴县孝直镇前科村	—	女	1939 年
秦家连	平阴县孝直镇沙岭村	21	男	1939 年
刘玉鑫	平阴县孝直镇宋柳沟村	18	男	1939 年
徐宝信	—	—	男	1940 年 2 月 14 日
侯××	长清区	—	—	1940 年 2 月
宋德福	长清区	—	男	1940 年 2 月
夏树林	长清区	—	男	1940 年 2 月
孔庆德	平阴县	—	男	1940 年 2 月
赵金香	平阴县	—	男	1940 年 2 月
孟 乾	—	—	男	1940 年 2 月
张兰亭	—	—	男	1940 年 4 月
苏广才	平阴县东阿镇东黑山村	—	男	1940 年 3 月
苏广进	平阴县东阿镇东黑山村	—	男	1940 年 3 月
汪德胜	平阴县安城乡西土寨村	27	男	1940 年 5 月

姓　名	籍　贯	年　龄	性　别	死难时间
尹××	—	—	—	1940 年 7 月
万少东	平阴县洪范池镇南崖村	15	男	1940 年 11 月
尹×祚	肥城市	—	—	1940 年 11 月
冯云壁	—		男	1940 年 11 月
王京夏	平阴县安城乡胜利村	22	男	1940 年 12 月
张学东	平阴县安城乡胜利村	21	男	1940 年 12 月
张学善	平阴县安城乡胜利村	18	男	1940 年 12 月
张霄峰	平阴县安城乡近镇村	19	男	1940 年
陶立和	平阴县安城乡冷饭店村	27	男	1940 年
史启柱	平阴县安城乡南贵平村	27	男	1940 年
朱名元	平阴县安城乡双井村	—	男	1940 年
张煊成	平阴县安城乡望口山村	24	男	1940 年
郭传贵	平阴县安城乡西瓜店村	26	男	1940 年
田振付	平阴县安城乡西毛铺村	22	男	1940 年
张传祥	平阴县安城乡西土寨村	27	男	1940 年
郭宣廷	平阴县安城乡兴隆镇村	32	男	1940 年
王庚太	平阴县洪范池镇丁泉村	20	男	1940 年
黄庆吉	平阴县洪范池镇书院村	17	男	1940 年
黄宜相	平阴县洪范池镇书院村	43	男	1940 年
陶召廷	平阴县洪范池镇陶峪村	—	男	1940 年
赵尚富	平阴县孔村镇晁峪村	34	男	1940 年
尹代承	平阴县孔村镇陈屯村	18	男	1940 年
尹玉怀	平阴县孔村镇陈屯村	18	男	1940 年
王立贵	平阴县孔村镇胡坡村	35	男	1940 年
孔凡旺	平阴县孔村镇前转村	25	男	1940 年
廉兴木	平阴县孔村镇前转村	23	男	1940 年
陈振麓	平阴县玫瑰镇北新村	24	男	1940 年
赵正新	平阴县玫瑰镇夏沟村	27	男	1940 年
孙培寅	平阴县孝直镇后洼村	20	男	1940 年
孔庆余	平阴县孝直镇亓集村	38	男	1940 年
秦怀珠	平阴县孝直镇沙岭村	18	男	1940 年
邓复胜	平阴县东阿镇东黑山村	30	男	1941 年 3 月
陈东亭	—	—	男	1941 年春
李宏业	平阴县安城乡西土寨村	21	男	1941 年 5 月

姓 名	籍 贯	年 龄	性 别	死难时间
谷开宣	平阴县安城乡兴隆镇村	23	男	1941 年 8 月
姬脉岗	平阴县孝直镇野场村	—	男	1941 年 8 月
姜胜利	平阴县安城乡东毛铺村	—	男	1941 年 8 月
王 白	平阴县安城乡东毛铺村	—	男	1941 年 8 月
姜贞连	平阴县洪范池镇大寨村	22	男	1941 年 9 月
王文正	平阴县孝直镇孝直村	—	男	1941 年 9 月
闫合之妻	平阴县孝直镇孝直村	—	女	1941 年 9 月
张召和之大伯	平阴县孝直镇孝直村	—	男	1941 年 9 月
谢学文	—	—	男	1941 年 9 月
石安玉	平阴县平阴镇石庄村	27	男	1941 年秋
刘振东	平阴县安城乡刘庄村	24	男	1941 年 10 月
马景吾	平阴县玫瑰镇南石硖村	25	男	1941 年 10 月
王成志	平阴县安城乡胜利村	17	男	1941 年 12 月
马长六	平阴县玫瑰镇高套村	—	男	1941 年冬
马学柱	平阴县玫瑰镇南石硖村	—	男	1941 年冬
芦开武	平阴县安城乡安城村	22	男	1941 年
曲长会	平阴县安城乡东毛铺村	22	男	1941 年
孙开福	平阴县安城乡东毛铺村	38	男	1941 年
王敦柱	平阴县安城乡东毛铺村	29	男	1941 年
王丕武	平阴县安城乡东毛铺村	20	男	1941 年
王启柱	平阴县安城乡东毛铺村	—	男	1941 年
张建华	平阴县安城乡东毛铺村	32	男	1941 年
赵子宽	平阴县安城乡东平洛村	—	男	1941 年
刘传科	平阴县安城乡东张营村	38	男	1941 年
刘传木	平阴县安城乡东张营村	31	男	1941 年
陶立武	平阴县安城乡冷饭店村	28	男	1941 年
王二成	平阴县安城乡宋庄村	21	男	1941 年
王二香	平阴县安城乡宋庄村	20	男	1941 年
杨茂祥	平阴县安城乡西毛铺村	22	男	1941 年
杨芪芳	平阴县安城乡西毛铺村	22	男	1941 年
张德祥	平阴县安城乡小官村	25	男	1941 年
周 森	平阴县安城乡兴隆镇村	—	男	1941 年
付宗合	平阴县东阿镇庙头村	18	男	1941 年
张子栋	平阴县东阿镇庙头村	—	男	1941 年

姓　名	籍　贯	年龄	性别	死难时间
付现坡	平阴县东阿镇南坦村	55	男	1941年
刘兴东	平阴县东阿镇南坦村	24	男	1941年
尹承祚	肥城市王庄镇尹海子村	—	男	1941年
万黑二	平阴县洪范池镇南崖村	26	男	1941年
王化祖	平阴县洪范池镇王山头村	19	男	1941年
孙连成	平阴县孔村镇半边井村	22	男	1941年
孙明臣	平阴县孔村镇半边井村	27	男	1941年
赵庆喜	平阴县孔村镇半边井村	17	男	1941年
辛士柱	平阴县孔村镇东天宫村	74	男	1941年
李　氏	平阴县孔村镇后转村	48	女	1941年
李××	平阴县孔村镇后转村	12	女	1941年
李金仓	平阴县孔村镇后转村	18	男	1941年
李金良	平阴县孔村镇后转村	16	男	1941年
李兴日	平阴县孔村镇后转村	50	男	1941年
李培玉	平阴县孔村镇孔村	36	男	1941年
张金山	平阴县孔村镇张山头村	37	男	1941年
马景秋	平阴县玫瑰镇南石硖村	40	男	1941年
马占河	平阴县玫瑰镇南石硖村	26	男	1941年
张立鼎	平阴县玫瑰镇庄科村	33	男	1941年
尹祚书	平阴县平阴镇老博士村	—	男	1941年
王长法	平阴县孝直镇刁鹅岭村	—	男	1941年
刘吉忠	平阴县孝直镇黄庄村	—	男	1941年
周庆臣	平阴县孝直镇廉庄村	25	男	1941年
周庄臣	平阴县孝直镇廉庄村	25	男	1941年
辛运和	平阴县孝直镇罗圈崖村	19	男	1941年
孔凡孜	平阴县孝直镇亓集村	32	男	1941年
贾吉冉	平阴县孝直镇前科村	27	男	1941年
展召文	平阴县孝直镇前洼村	18	男	1941年
刘崇兰	平阴县孝直镇孝直村	28	男	1941年
张现亮	平阴县孝直镇孝直村	58	男	1941年
李庆香	—	—	—	1941年
李延吉	—	—	—	1941年
郑金华	—	—	男	1941年
赵庆吉	平阴县洪范池镇小黄村	21	男	1942年1月

姓 名	籍 贯	年 龄	性 别	死难时间
张吉顺	平阴县孔村镇王庄村	48	男	1942 年
陈振寅	平阴县玫瑰镇北新村	28	男	1942 年
王英之母	平阴县玫瑰镇北新村	48	女	1942 年
张吉玉	平阴县玫瑰镇北新村	42	男	1942 年
汤庆海之父	平阴县玫瑰镇外山村	45	男	1942 年
耿绪珠	平阴县玫瑰镇夏沟村	22	男	1942 年
项丰山	平阴县玫瑰镇张庄村	41	男	1942 年
陈兴泉	平阴县玫瑰镇赵台村	26	男	1942 年
张立训	平阴县玫瑰镇庄科村	29	男	1942 年
王廷水	平阴县平阴镇东桥口村	22	男	1942 年
董呈赐	平阴县孝直镇丁屯村	17	男	1942 年
亓明阳	平阴县孝直镇付庄村	—	男	1942 年
何作元	平阴县孝直镇焦柳沟村	—	男	1942 年
黄广胜	平阴县孝直镇马跑泉村	22	男	1942 年
黄振生	平阴县孝直镇马跑泉村	24	男	1942 年
刘玉珠	平阴县孝直镇前洼村	—	男	1942 年
韩献经	平阴县孝直镇沙岭村	25	男	1942 年
尹盛祚	平阴县孝直镇王柳沟村	19	男	1942 年
丁国泉	平阴县孝直镇西山村	40	男	1942 年
黄立寅	平阴县孝直镇西张村	21	男	1942 年
张明宽	平阴县孝直镇西张村	21	男	1942 年
徐丙和	平阴县孝直镇赵桥村	21	男	1942 年
刘子山	—	—	男	1942 年
任光第	—	—	男	1942 年
任玉夫	—	—	男	1942 年
任玉科	—	—	男	1942 年
孙延杰	—	—	男	1942 年
王成安	—	—	男	1942 年
王华轩	—	—	男	1942 年
张茂财	—	—	男	1942 年
姜庄氏	平阴县东阿镇南坦村	59	女	1943 年 1 月
邱仁甫	平阴县孔村镇前大峪	—	男	1943 年 2 月
黄性贤	平阴县洪范池镇大黄村	22	男	1943 年 3 月
毛老三	平阴县洪范池镇谢庄村	76	男	1943 年 5 月

姓 名	籍 贯	年 龄	性 别	死难时间
王学民	平阴县孝直镇贾庄村	28	男	1943 年 6 月
桑张氏	平阴县玫瑰镇张庄村	—	女	1943 年夏
姜木斋	平阴县平阴镇西蛮子村	24	男	1943 年夏
张长庆	平阴县安城乡张天井村	—	男	1943 年夏
孔兆安	平阴县安城乡张天井村	—	男	1943 年夏
张长叶	平阴县安城乡张天井村	—	男	1943 年夏
刘万林	平阴县安城乡东张营村	18	男	1943 年 8 月
常兴庚	平阴县安城乡常天井村	28	男	1943 年 8 月
张传喜	平阴县孝直镇贾庄村	19	男	1943 年 8 月
陈希军	平阴县洪范池镇白雁村	25	男	1943 年 9 月
孔庆华	平阴县平阴镇西关村	—	男	1943 年秋
李柱友	平阴县安城乡北栾湾村	31	男	1943 年
有令山	平阴县安城乡北栾湾村	17	男	1943 年
江慎朴	平阴县安城乡东毛铺村	—	男	1943 年
卢传玉	平阴县安城乡东土寨村	—	男	1943 年
刘传新之子	平阴县安城乡东张营村	—	男	1943 年
翟春水	平阴县安城乡东张营村	37	男	1943 年
董金成	平阴县安城乡董庄村	26	男	1943 年
李宗银	平阴县安城乡让庄铺村	21	男	1943 年
谷吉元	平阴县安城乡三皇殿村	15	男	1943 年
王京夏	平阴县安城乡王营村	20	男	1943 年
陈庆泉	平阴县安城乡西瓜店村	18	男	1943 年
何祚金	平阴县安城乡小官村	23	男	1943 年
高家泉	平阴县安城乡兴隆镇村	25	男	1943 年
赵云祥	平阴县安城乡兴隆镇村	21	男	1943 年
张吉友	平阴县安城乡张天井村	20	男	1943 年
张玉福	平阴县安城乡张天井村	20	男	1943 年
朱传林	平阴县安城乡张天井村	22	男	1943 年
葛庆坦	平阴县东阿镇乔楼村	22	男	1943 年
陈永木	平阴县洪范池镇白雁村	19	男	1943 年
孙广东	平阴县洪范池镇杜庄村	27	男	1943 年
周庆文	平阴县洪范池镇杜庄村	22	男	1943 年
李保水	平阴县洪范池镇南崖村	22	男	1943 年
赵庆才	平阴县洪范池镇小黄村	17	男	1943 年

姓 名	籍 贯	年 龄	性 别	死难时间
张树寅	平阴县济西办事处尹庄村	19	男	1943 年
陈百和	平阴县孔村镇陈屯村	18	男	1943 年
宋吕氏	平阴县孔村镇陈屯村	—	女	1943 年
关玉贞	平阴县孔村镇蒋沟村	—	男	1943 年
于会川	平阴县孔村镇蒋沟村	—	男	1943 年
姬振东	平阴县孔村镇孔子山村	17	男	1943 年
孙玉信	平阴县孔村镇孙庄村	23	男	1943 年
王顺堂	平阴县孔村镇王楼村	32	男	1943 年
王顺堂之妻	平阴县孔村镇王楼村	31	女	1943 年
王培元	平阴县玫瑰镇北新村	43	男	1943 年
江正辰	平阴县玫瑰镇江庄村	—	男	1943 年
梁振芹	平阴县玫瑰镇孔集村	—	—	1943 年
刘玉江	平阴县玫瑰镇南泉村	39	男	1943 年
孙立申	平阴县平阴镇东阮二村	—	男	1943 年
尹逊让	平阴县平阴镇东阮二村	—	男	1943 年
李茂德	平阴县平阴镇老博士村	22	男	1943 年
江跃迁	平阴县平阴镇西蛮子村	22	男	1943 年
翟春堂	平阴县平阴镇翟庄村	18	男	1943 年
牛保安	平阴县孝直镇东湿口山村	24	男	1943 年
刘传斌	平阴县孝直镇东辛庄村	29	男	1943 年
亓兰玉	平阴县孝直镇付庄村	—	男	1943 年
何作锋	平阴县孝直镇焦柳沟村	—	男	1943 年
邵吉德	平阴县孝直镇焦柳沟村	—	男	1943 年
邵吉文	平阴县孝直镇焦柳沟村	—	男	1943 年
董程环	平阴县孝直镇柳滩村	24	男	1943 年
张怀年	平阴县孝直镇龙洼村	18	男	1943 年
王居兰	平阴县孝直镇曲柳沟村	35	男	1943 年
康甲银	平阴县孝直镇宋柳沟村	25	男	1943 年
刘传甲	平阴县孝直镇宋柳沟村	23	男	1943 年
侯庆山	平阴县孝直镇天兴村	—	男	1943 年
王怀禄	平阴县孝直镇王庄村	25	男	1943 年
李玉文	平阴县孝直镇西湿口山村	24	男	1943 年
孔现生	平阴县孝直镇西张村	24	男	1943 年
李保成	平阴县孝直镇孝直村	43	男	1943 年

姓　名	籍　贯	年　龄	性　别	死难时间
王成龄	平阴县孝直镇野场村	—	男	1943 年
王成祥	平阴县孝直镇野场村	—	男	1943 年
于广道	平阴县孝直镇野场村	—	男	1943 年
展庆连	平阴县孝直镇展小庄村	20	男	1943 年
刘　城	—	—	男	1943 年
马洪阁	—	—	男	1943 年
王风坤	—	—	男	1943 年
姚立庚	—	—	男	1943 年
张宪刚	—	—	男	1943 年
史立禄	平阴县孔村镇后转村	25	男	1944 年 1 月
张勇义	平阴县玫瑰镇张庄村	34	男	1944 年 2 月
石下孙	平阴县安城乡三皇殿村	21	男	1944 年 3 月
时正禄	平阴县安城乡三皇殿村	21	男	1944 年 3 月
王仲文	平阴县济西办事处于庄村	27	男	1944 年 4 月
张之学	平阴县玫瑰镇张庄村	23	男	1944 年 4 月
王德元	平阴县安城乡小官村	21	男	1944 年 7 月
李兆盛	平阴县孔村镇后转村	20	男	1944 年 7 月
邓富宽	平阴县东阿镇北市村	28	男	1944 年 8 月
赵吉祥	平阴县平阴镇中桥口村	—	男	1944 年夏
池令回	平阴县平阴镇西关村	—	男	1944 年秋
王文斌	平阴县洪范池镇东池村	39	男	1944 年秋
薛凤友	平阴县孔村镇柿子峪村	27	男	1944 年 10 月
赵衍法之四女	平阴县东阿镇小河口村	10	女	1944 年 11 月
赵衍晋	平阴县东阿镇小河口村	42	男	1944 年 11 月
李延路	平阴县安城乡安城村	41	男	1944 年
尹绪仁	平阴县安城乡北贵平村	19	男	1944 年
路修成	平阴县孝直镇贾庄村	18	男	1944 年
路友生	平阴县安城乡大官村	32	男	1944 年
路夏生	平阴县安城乡东毛铺村	32	男	1944 年
杨学海	平阴县安城乡东毛铺村	22	男	1944 年
李茂功	平阴县安城乡东平洛村	17	男	1944 年
尹作辰	平阴县安城乡东平洛村	34	男	1944 年
刘传良之子	平阴县安城乡东张营村	25	男	1944 年
刘万合	平阴县安城乡东张营村	25	男	1944 年

姓 名	籍 贯	年 龄	性 别	死难时间
刘万清	平阴县安城乡东张营村	19	男	1944 年
刘万水	平阴县安城乡东张营村	26	男	1944 年
刘振督	平阴县安城乡东张营村	28	男	1944 年
张绪言	平阴县安城乡近镇村	16	男	1944 年
刘慎荣	平阴县安城乡南栾湾村	28	男	1944 年
张学东	平阴县安城乡王营村	20	男	1944 年
张泗森	平阴县安城乡望口山村	34	男	1944 年
程长林	平阴县东阿镇龙王峪村	20	男	1944 年
孙玉常	平阴县东阿镇龙王峪村	25	男	1944 年
陈西尧	平阴县东阿镇苏桥村	—	男	1944 年
杨兴芝	平阴县东阿镇邢沟村	—	男	1944 年
黄振栋	平阴县洪范池镇苗海村	44	男	1944 年
黄振华	平阴县洪范池镇苗海村	46	男	1944 年
黄振华之妻	平阴县洪范池镇苗海村	46	女	1944 年
孟昭云	平阴县洪范池镇小黄村	22	男	1944 年
孙书成	平阴县洪范池镇小黄村	24	男	1944 年
孙延同	平阴县洪范池镇小黄村	22	男	1944 年
毛德运	平阴县洪范池镇谢庄村	15	男	1944 年
于昭文	平阴县洪范池镇纸坊村	39	男	1944 年
胡玉峰	平阴县济西办事处尹庄村	—	男	1944 年
张玉怀	平阴县孔村镇陈屯村	23	男	1944 年
李宝胜	平阴县孔村镇后转村	20	男	1944 年
卢传忠	平阴县孔村镇南毛峪村	—	男	1944 年
陈振金	平阴县孔村镇前套村	20	男	1944 年
王新生	平阴县孔村镇王楼村	33	男	1944 年
韩吉为	平阴县玫瑰镇南泉村	38	男	1944 年
罗希顺	平阴县玫瑰镇站东村	21	男	1944 年
靳士贞	平阴县平阴镇后寨村	20	男	1944 年
田长泽	平阴县平阴镇老博士村	24	男	1944 年
赵 廷	平阴县平阴镇老博士村	21	男	1944 年
郭宗水	平阴县平阴镇凌庄村	20	男	1944 年
王庆顺	平阴县孝直镇刁鹅岭村	—	男	1944 年
徐茂达	平阴县孝直镇刁鹅岭村	—	男	1944 年
杨吉汉	平阴县孝直镇刁鹅岭村	16	男	1944 年

姓 名	籍 贯	年 龄	性 别	死难时间
杨序来	平阴县孝直镇刁鹅岭村	—	男	1944 年
桑宪林	平阴县孝直镇东湿口山村	29	男	1944 年
孟凡军	平阴县孝直镇后庄科村	28	男	1944 年
王进庭	平阴县孝直镇后庄科村	25	男	1944 年
孔凡生	平阴县孝直镇孔庄村	26	男	1944 年
尹承才	平阴县孝直镇柳沟村	20	男	1944 年
邹宗道	平阴县孝直镇柳沟村	24	男	1944 年
孔繁生	平阴县孝直镇南孔庄村	28	男	1944 年
乔席金	平阴县孝直镇盛家屯	24	男	1944 年
侯庆方	平阴县孝直镇天兴村	—	男	1944 年
张苦前	平阴县孝直镇王柳沟村	—	男	1944 年
张庆科	平阴县孝直镇张庄村	33	男	1944 年
张树清	平阴县孝直镇赵桥村	28	男	1944 年
展衍福	平阴县孝直镇中洼村	—	男	1944 年
程吉清	—	—	男	1944 年
程兴友	—	—	男	1944 年
丁宗庆	—	—	男	1944 年
孔凡英	—	—	—	1944 年
刘桂卿	—	—	—	1944 年
杨毅卿	—	—	—	1944 年
翟××	—	—	—	1944 年冬
任庚祥	平阴县洪范池镇张海村	20	男	1945 年 2 月
王金奎	平阴县孔村镇前套村	24	男	1945 年 3 月
李宗申	平阴县平阴镇李子顺村	42	男	1945 年 3 月
程张氏	平阴县平阴镇刘官村	43	女	1945 年 4 月
常玉明	平阴县平阴镇翟庄村	30	男	1945 年 4 月
刘孝钦	平阴县孔村镇孙庄村	18	男	1945 年 4 月
王春和	平阴县安城乡北栾湾村	27	男	1945 年 5 月
刘万银	平阴县安城乡三皇殿村	23	男	1945 年 5 月
付朝孟	平阴县孔村镇大荆山村	43	男	1945 年 5 月
苏本龙	平阴县孔村镇大荆山村	50	男	1945 年 5 月
孙吉昌	平阴县玫瑰镇江庄村	18	男	1945 年 5 月
丁王氏	平阴县平阴镇北门村	71	女	1945 年 6 月
丁五臣	平阴县平阴镇北门村	65	男	1945 年 6 月

姓 名	籍 贯	年 龄	性 别	死难时间
冯太运	平阴县平阴镇北门村	67	男	1945 年 6 月
刘潘氏	平阴县平阴镇北门村	69	女	1945 年 6 月
张 氏	平阴县平阴镇北门村	69	女	1945 年 6 月
张随兰	平阴县平阴镇北门村	19	女	1945 年 6 月
江化荣	平阴县平阴镇东子顺村	22	男	1945 年 6 月
陈××	—	—	男	1945 年春
李××	—	—	男	1945 年春
马玉堂	平阴县东阿镇庙头村	46	男	1945 年 6 月
吴荣香	平阴县东阿镇北直沟村	38	男	1945 年 7 月
付从海	平阴县东阿镇西直沟村	38	男	1945 年 7 月
付从江	平阴县东阿镇西直沟村	21	男	1945 年 7 月
陈仁和	平阴县安城乡北栾湾村	19	男	1945 年 8 月
高帮目	平阴县东阿镇南市村	25	男	1945 年 8 月
赵庆禄	平阴县孔村镇半边井村	19	男	1945 年 8 月
肖金淦	—	—	男	1945 年 8 月
王祥德	平阴县玫瑰镇王小庄村	18	男	1945 年秋
陶立山	平阴县安城乡北贵平村	21	男	1945 年
李金全	平阴县安城乡北圣村	25	男	1945 年
雷保贵	平阴县安城乡东凤凰庄村	21	男	1945 年
耿绪法	平阴县安城乡东平洛村	17	男	1945 年
李大红	平阴县安城乡东平洛村	33	男	1945 年
张学柱	平阴县安城乡东张营村	36	男	1945 年
董金利	平阴县安城乡董庄村	18	男	1945 年
万金成	平阴县安城乡董庄村	22	男	1945 年
王传明	平阴县安城乡虎豹川村	33	男	1945 年
卢绪寅	平阴县安城乡林洼村	31	男	1945 年
田仲信	平阴县安城乡林洼村	25	男	1945 年
江玉田	平阴县安城乡南栾湾村	20	男	1945 年
丁宗田	平阴县安城乡南圣村	—	男	1945 年
卢绪臣	平阴县安城乡南圣村	—	男	1945 年
卢绪芝	平阴县安城乡南圣村	—	男	1945 年
戴洛东	平阴县安城乡让庄铺村	27	男	1945 年
戴洛田	平阴县安城乡让庄铺村	30	男	1945 年
王承芬	平阴县安城乡胜利村	21	男	1945 年

姓　名	籍　贯	年　龄	性　别	死难时间
李树范	平阴县孝直镇贾庄村	32	男	1942 年 1 月
李金忠	平阴县安城乡北栾湾村	19	男	1942 年 6 月
杨序常	平阴县安城乡东凤凰庄村	30	男	1942 年 8 月
张承江	平阴县安城乡胜利村	48	男	1942 年 8 月
张承义	平阴县安城乡胜利村	48	男	1942 年 8 月
卢绪汉	平阴县安城乡土寨村	—	男	1942 年 8 月
杨帅子	平阴县安城乡西毛铺村	—	男	1942 年 8 月
冯乐水	平阴县孔村镇孔庄村	—	男	1942 年 9 月
张伯吉	平阴县孔村镇孔庄村	—	男	1942 年 9 月
张其祥	平阴县安城乡兴隆镇村	45	男	1942 年 10 月
邱祚成	平阴县孔村镇胡坡村	21	男	1942 年 10 月
熊善隆	平阴县孔村镇胡坡村	31	男	1942 年 10 月
生聿坤	平阴县安城乡东毛铺村	22	男	1942 年 10 月
朱大全	平阴县安城乡东毛铺村	—	男	1942 年 10 月
卢玉梅	平阴县安城乡安城村	23	男	1942 年 10 月
汝传忠	平阴县玫瑰镇南石硖村	—	男	1942 年 10 月
朱承林	平阴县安城乡北贵平村	23	男	1942 年
王洪道	平阴县安城乡北栾湾村	31	男	1942 年
张传祯	平阴县安城乡北栾湾村	24	男	1942 年
王廷兰	平阴县安城乡北圣村	24	男	1942 年
张立武	平阴县安城乡东毛铺村	39	男	1942 年
朱庆生	平阴县安城乡东毛铺村	29	男	1942 年
刘德江之子	平阴县安城乡东张营村	30	男	1942 年
高东升	平阴县安城乡宋庄村	23	男	1942 年
刘××	平阴县安城乡宋庄村	—	—	1942 年
张方木	平阴县安城乡宋庄村	—	男	1942 年
张××	平阴县安城乡望口山村	—		1942 年
董孟国	平阴县安城乡西瓜店村	30	男	1942 年
王东柱	平阴县东阿镇龙王峪村	29	男	1942 年
杜京山	平阴县洪范池镇杜庄村	35	男	1942 年
黄　武	平阴县洪范池镇南张庄村	25	男	1942 年
陈庆云	平阴县洪范池镇南张庄村	22	男	1942 年
赵光河	平阴县洪范池镇南张庄村	20	男	1942 年
温殿科	平阴县洪范池镇闫庄村	36	男	1942 年

姓 名	籍 贯	年 龄	性 别	死难时间
赵长生	平阴县安城乡双井村	23	男	1945 年
高振海	平阴县安城乡宋庄村	33	男	1945 年
王传朋	平阴县安城乡宋庄村	36	男	1945 年
栾昌言	平阴县安城乡铁山村	20	男	1945 年
张传合	平阴县安城乡望口山村	20	男	1945 年
郭广荣	平阴县安城乡张天井村	19	男	1945 年
张吉理	平阴县安城乡张天井村	27	男	1945 年
邓姬民	平阴县东阿镇北市村	53	男	1945 年
邓忠孝	平阴县东阿镇北市村	54	男	1945 年
吴庆贵	平阴县东阿镇东门村	43	男	1945 年
陈 三	平阴县东阿镇小河口村	1	男	1945 年
陈文坦	平阴县东阿镇小河口村	15	男	1945 年
陈吴氏	平阴县东阿镇小河口村	25	女	1945 年
祁大昌	平阴县洪范池镇白雁村	20	男	1945 年
姜岳坤	平阴县洪范池镇大寨村	27	男	1945 年
李保玉	平阴县洪范池镇南崖村	22	男	1945 年
张玉灿	平阴县洪范池镇张海村	30	男	1945 年
侯连存	平阴县洪范池镇纸坊村	21	男	1945 年
周庆春	平阴县洪范池镇周河村	27	男	1945 年
周庆恩	平阴县洪范池镇周河村	27	男	1945 年
刘西珍	平阴县孔村镇东天宫村	45	男	1945 年
徐付顺	平阴县孔村镇合楼村	19	男	1945 年
姜万仁	平阴县孔村镇合楼村	22	男	1945 年
孙久成	平阴县孔村镇胡坡村	22	男	1945 年
王立秀	平阴县孔村镇胡坡村	23	女	1945 年
徐付顺	平阴县孔村镇尹庄村	22	男	1945 年
张成考	平阴县孔村镇张山头村	40	男	1945 年
陈立坦	平阴县玫瑰镇葛庄村	21	男	1945 年
葛兴荣	平阴县玫瑰镇南台村	31	男	1945 年
魏绪成	平阴县玫瑰镇站西村	23	男	1945 年
魏绪汉	平阴县玫瑰镇站西村	25	男	1945 年
迟会田	平阴县平阴镇上盆王村	42	男	1945 年
何祚法	平阴县平阴镇孙官村	21	男	1945 年
田振兴	平阴县平阴镇田山村	21	男	1945 年

姓 名	籍 贯	年 龄	性 别	死难时间
汪庆芳	平阴县平阴镇翟庄村	30	女	1945 年
王庆贵	平阴县平阴镇翟庄村	—	女	1945 年
翟化俭	平阴县平阴镇翟庄村	31	男	1945 年
翟化连之弟	平阴县平阴镇翟庄村	—	男	1945 年
翟化连之弟媳	平阴县平阴镇翟庄村	—	女	1945 年
杨吉水	平阴县孝直镇刁鹅岭村	—	男	1945 年
李兆胜	平阴县孝直镇后转湾	26	男	1945 年
杨海昌	平阴县孝直镇柳沟村	16	男	1945 年
张着乾	平阴县孝直镇柳沟村	31	男	1945 年
孔繁荣	平阴县孝直镇南孔庄村	30	男	1945 年
孔繁喜	平阴县孝直镇南孔庄村	28	男	1945 年
孔繁月	平阴县孝直镇南孔庄村	25	男	1945 年
孔庆峰	平阴县孝直镇南孔庄村	32	男	1945 年
张兆合	平阴县孝直镇曲柳沟村	27	男	1945 年
韩献盈	平阴县孝直镇沙岭村	28	男	1945 年
袁志轩	平阴县孝直镇商庄村	30	男	1945 年
熊兴水	平阴县孝直镇吴庄村	33	男	1945 年
赵绪洪	平阴县孝直镇西天宫村	22	男	1945 年
徐广芹	平阴县孝直镇野场村	23	男	1945 年
张春付	平阴县孝直镇张山村	20	男	1945 年
张洪元	平阴县孝直镇张屯村	22	男	1945 年
李维汉	—	—	男	1945 年
吕蒲泉	—	—	男	1945 年
张绍司	—	—	男	1945 年
房仲三	肥城市	—	男	1945 年
陈 震	平阴县	—	男	—
王金荣	平阴县安城乡北栾湾村	—	男	—
韩××	平阴县安城乡东凤凰庄村	—	男	—
韩光才	平阴县安城乡东凤凰庄村	—	男	—
刘继贵	平阴县安城乡东凤凰庄村	—	男	—
葛延祥	平阴县安城乡东毛铺村	—	男	—
刘书孔	平阴县安城乡东毛铺村	—	男	—
曲茂会	平阴县安城乡东毛铺村	—	男	—
王长柱	平阴县安城乡东毛铺村	—	男	—

姓　名	籍　贯	年　龄	性　别	死难时间
王培武	平阴县安城乡东毛铺村	—	男	—
段宗仁	平阴县安城乡段天井村	—	男	—
胡来生	平阴县安城乡刘庄村	24	男	—
史德营	平阴县安城乡南栾湾村	—	男	—
何圣连	平阴县安城乡南圣村	—	男	—
赵忠生	平阴县安城乡南圣村	—	男	—
赵忠孝	平阴县安城乡南圣村	—	男	—
王成亮	平阴县安城乡胜利村	—	男	—
王成水	平阴县安城乡胜利村	—	男	—
王凤树	平阴县安城乡宋庄村	—	男	—
王现路	平阴县安城乡宋庄村	—	男	—
王现全	平阴县安城乡宋庄村	—	男	—
赵全甲	平阴县安城乡西平洛村	—	男	—
娄绪安	平阴县安城乡西土寨村	—	男	—
汪德荣	平阴县安城乡西土寨村	—	男	—
何洪彩	平阴县安城乡兴隆镇村	—	男	—
姜会重	平阴县东阿镇东黑山村	—	男	—
贾　氏	平阴县东阿镇东门村	—	女	—
贾氏之女	平阴县东阿镇东门村	—	女	—
高庆喜	平阴县东阿镇龙王峪村	20	男	—
黄清吉之父	平阴县东阿镇南门里村	—	男	—
李赵氏	平阴县东阿镇南门里村	—	女	—
门德祥之母	平阴县东阿镇南门里村	—	女	—
孟召庭之弟	平阴县东阿镇南门里村	—	男	—
周龙其	平阴县东阿镇南门里村	—	男	—
薄长生	平阴县东阿镇乔楼村	15	男	—
邢甲圣	平阴县东阿镇邢沟村	—	男	—
周庆江	平阴县东阿镇窑头村	—	男	—
李兆德	平阴县东阿镇赵庄村	26	男	—
赵大道	平阴县东阿镇赵庄村	28	男	—
张立生	平阴县洪范池镇长尾崖村	—	男	—
郜化兰	平阴县洪范池镇大黄村	30	男	—
郜化池	平阴县洪范池镇大黄村	18	男	—
姜月伦	平阴县洪范池镇大寨村	—	男	—

姓 名	籍 贯	年 龄	性 别	死难时间
门洪良	平阴县洪范池镇大寨村	—	男	—
吴二呆	平阴县洪范池镇大寨村	—	男	—
杨广成	平阴县洪范池镇大寨村	—	男	—
刘华民	平阴县洪范池镇丁泉村	35	男	—
杨继才	平阴县洪范池镇丁泉村	—	男	—
王庆玺	平阴县洪范池镇王山头村	—	男	—
王 氏	平阴县洪范池镇王山头村	—	女	—
王云祥	平阴县洪范池镇王山头村	—	男	—
臧延才	平阴县洪范池镇王山头村	—	男	—
许广振	平阴县洪范池镇辛庄村	—	男	—
张玉军	平阴县洪范池镇闫庄村	24	男	—
王 氏	平阴县洪范池镇臧庄村	20	女	—
杜志泉	平阴县孔村镇东天宫村	—	男	—
徐广田	平阴县孔村镇东天宫村	—	男	—
谢立银	平阴县孔村镇南毛峪村	—	男	—
郭庆林	平阴县孔村镇太平庄村	—	男	—
回庆福	平阴县孔村镇小峪村	—	男	—
高光云	平阴县玫瑰镇吉庄村	—	男	—
李建才	平阴县玫瑰镇江庄村	—	男	—
程绪楹	平阴县玫瑰镇李屯村	—	男	—
马笑叶	平阴县玫瑰镇李屯村	—	男	—
张立更	平阴县玫瑰镇南石硖村	—	男	—
张希×	平阴县玫瑰镇南石硖村	—	男	—
张现登	平阴县玫瑰镇南石硖村	—	男	—
张光木	平阴县玫瑰镇站西村	—	男	—
姬成林	平阴县平阴镇北门村	36	男	—
郎 友	平阴县平阴镇北门村	38	男	—
刘金生	平阴县平阴镇北门村	40	男	—
王绪河	平阴县平阴镇丁山头村	40	男	—
甲衍霖	平阴县平阴镇东关	—	男	—
王廷岳	平阴县平阴镇东桥口村	—	男	—
李保周	平阴县平阴镇胡庄村	—	男	—
王占修	平阴县平阴镇刘官村	—	男	—
赵墩昌	平阴县平阴镇龙桥村	—	男	—

姓 名	籍 贯	年 龄	性 别	死难时间
何振青之母	平阴县平阴镇南门	—	女	—
欧宝元	平阴县平阴镇南门	—	男	—
嗞牙兽	平阴县平阴镇南门	—	男	—
陈元振	平阴县平阴镇南门	—	男	—
朝明辰	平阴县平阴镇孙官村	—	男	—
尹燕香	平阴县平阴镇新博士村	20	男	—
尹中祚	平阴县平阴镇新博士村	—	男	—
尹燕香	平阴县平阴镇翟庄村	—	男	—
赵洪伦	平阴县平阴镇中桥口村	—	男	—
李邦杰	平阴县孝直镇	—	男	—
赵学×	平阴县孝直镇泊头村	—	男	—
陈庆云	平阴县孝直镇东张村	—	男	—
郭长河	平阴县孝直镇东张村	—	男	—
李光木	平阴县孝直镇东张村	—	男	—
展昭荣	平阴县孝直镇东张村	—	男	—
张存一	平阴县孝直镇东张村	—	男	—
陈甲仲	平阴县孝直镇葛楼村	24	男	—
李明典	平阴县孝直镇葛楼村	35	男	—
展广余	平阴县孝直镇葛楼村	32	男	—
展广芝	平阴县孝直镇葛楼村	22	男	—
李茂香	平阴县孝直镇谷楼村	—	男	—
何作新	平阴县孝直镇焦柳沟村	—	男	—
孙绪吉	平阴县孝直镇李庄村	—	男	—
王保柱	平阴县孝直镇罗圈崖村	—	男	—
孔凡荣	平阴县孝直镇南孔庄村	—	男	—
蒋少忠	平阴县孝直镇商庄村	—	男	—
孙梦令	平阴县孝直镇商庄村	—	男	—
尹桂祥	平阴县孝直镇王柳沟村	—	男	—
尹秀堂	平阴县孝直镇王柳沟村	—	男	—
张苦洲	平阴县孝直镇王柳沟村	—	男	—
张云亭	平阴县孝直镇王柳沟村	—	男	—
田庆苓	平阴县孝直镇孝直村	—	男	—
孟信臣	平阴县孝直镇展洼村	—	男	—
何盛义之妻	—	—	女	—

姓 名	籍 贯	年 龄	性 别	死难时间
焦学成之母	—	—	女	—
唐学玉	—	—	男	—
王司务长	—	—	男	—
王永苓	—	—	男	—
于光道	—	—	男	—
于少余	—	—	男	—
张赫泉	—	—	男	—
赵景岩	—	—	男	—
苏学春	平阴县东阿镇东山村	36	男	1938 年 10 月
许士见	平阴县洪范池镇辛庄村	74	男	1938 年
毕德文	平阴县济西办事处大佛寺村	37	男	1938 年
王道安	平阴县济西办事处南土楼村	21	男	1939 年夏
王均清	平阴县济西办事处南土楼村	22	男	1939 年夏
凌德成	平阴县平阴镇凌庄村	—	男	1939 年 12 月
凌德贵	平阴县平阴镇凌庄村	—	男	1939 年 12 月
凌德文	平阴县平阴镇凌庄村	—	男	1939 年 12 月
凌绪超	平阴县平阴镇凌庄村	—	男	1939 年 12 月
凌绪贵	平阴县平阴镇凌庄村	—	男	1939 年 12 月
凌祚富	平阴县平阴镇凌庄村	—	男	1939 年 12 月
于京水	平阴县平阴镇凌庄村	—	男	1939 年 12 月
于庆汉	平阴县平阴镇凌庄村	—	男	1939 年 12 月
于汝山	平阴县平阴镇凌庄村	—	男	1939 年 12 月
张同元	平阴县平阴镇凌庄村	—	男	1939 年 12 月
张广三	平阴县洪范池镇南张村	30	男	1939 年
王召合	平阴县济西办事处大佛寺村	41	男	1939 年
丛支香	平阴县孔村镇臧庄村	36	男	1939 年
董茂扬	平阴县孔村镇臧庄村	39	男	1939 年
杜广言	平阴县孔村镇臧庄村	30	男	1939 年
杜文生	平阴县孔村镇臧庄村	40	男	1939 年
杨云存	平阴县孔村镇臧庄村	32	男	1939 年
王怀爵	平阴县玫瑰镇郭套村	34	男	1939 年
李邦远	平阴县平阴镇子顺北村	36	男	1939 年
李建路	平阴县平阴镇子顺北村	35	男	1939 年
李建友	平阴县平阴镇子顺北村	38	男	1939 年

姓 名	籍 贯	年 龄	性 别	死难时间
李勉余	平阴县平阴镇子顺北村	32	男	1939 年
陈广图	—	—	男	1939 年 5 月
陈广元	—	—	男	1939 年 5 月
陈庆尧	—	—	男	1939 年 5 月
黄书生	平阴县洪范池镇书院村	—	男	1940 年
孙吉召	平阴县玫瑰镇大孙庄村	22	男	1940 年
李风明	平阴县东阿镇西山村	—	男	1941 年冬
高玉兴	平阴县玫瑰镇李庄村	—	男	1941 年
张希亮	平阴县玫瑰镇庄科村	42	男	1941 年
王位经	平阴县孝直镇黄庄村	35	男	1941 年
王洪珍	平阴县孔村镇尹庄村	30	男	1942 年
李庆珠	平阴县玫瑰镇郭套村	22	男	1942 年
宋光田	平阴县平阴镇宋子顺村	27	男	1942 年
陈吉明之兄	平阴县孝直镇宋柳沟村	—	男	1942 年
刘玉丰	平阴县孝直镇宋柳沟村	—	男	1942 年
刘玉堂之四兄	平阴县孝直镇宋柳沟村	—	男	1942 年
刘玉忠	平阴县孝直镇宋柳沟村	38	男	1942 年
宋登宝之妻	平阴县孝直镇宋柳沟村	—	女	1942 年
宋登宝之子	平阴县孝直镇宋柳沟村	—	男	1942 年
宋登法	平阴县孝直镇宋柳沟村	18	男	1942 年
宋登金	平阴县孝直镇宋柳沟村	40	男	1942 年
宋登全	平阴县孝直镇宋柳沟村	34	男	1942 年
宋登全之侄	平阴县孝直镇宋柳沟村	—	男	1942 年
宋义敏	平阴县孝直镇宋柳沟村	22	男	1942 年
宋义生	平阴县孝直镇宋柳沟村	28	男	1942 年
孙 三	平阴县孝直镇宋柳沟村	—	男	1942 年
王金仓	平阴县孝直镇宋柳沟村	—	男	1942 年
武方明	平阴县孝直镇宋柳沟村	28	男	1942 年
杨绪德	平阴县孝直镇宋柳沟村	20	男	1942 年
尹东祚之父	平阴县孝直镇宋柳沟村	—	男	1942 年
尹东祚之兄	平阴县孝直镇宋柳沟村	—	男	1942 年
赵仲庆之兄	平阴县孝直镇宋柳沟村	—	男	1942 年
李召义	—	—	男	1942 年
尹靳卿	—	—	男	1942 年

姓 名	籍 贯	年 龄	性 别	死难时间
张书申	—	—	男	1942 年
朱明合	—	—	男	1942 年
赵荣诗	—	—	—	1943 年
董树木	肥城市石横镇	—	男	1943 年
丛长会	平阴县孔村镇尹庄村	25	男	1943 年
郭长林	平阴县孔村镇尹庄村	45	男	1943 年
郭明增	平阴县孔村镇尹庄村	47	男	1943 年
胡庆斋	平阴县孔村镇尹庄村	61	男	1943 年
胡兴金	平阴县孔村镇尹庄村	22	男	1943 年
胡兴银	平阴县孔村镇尹庄村	25	男	1943 年
廉兴随	平阴县孔村镇尹庄村	61	男	1943 年
马丰乐	平阴县孔村镇尹庄村	61	男	1943 年
王 良	平阴县玫瑰镇北新村	43	男	1943 年
王春山	平阴县玫瑰镇王小庄村	20	男	1943 年
王立让	平阴县玫瑰镇王小庄村	18	男	1943 年
王立文	平阴县玫瑰镇王小庄村	21	男	1943 年
王宝山	平阴县玫瑰镇王小庄村	19	男	1943 年
刘传江	平阴县玫瑰镇新屯村	30	男	1943 年
陈兴增	平阴县玫瑰镇庄科村	24	男	1943 年
张希月	平阴县玫瑰镇庄科村	25	男	1943 年
李五金	平阴县平阴镇老博士村	22	男	1943 年
梁存义	平阴县平阴镇老博士村	45	男	1943 年
尹承阔	平阴县平阴镇老博士村	39	男	1943 年
尹承香	平阴县平阴镇老博士村	52	男	1943 年
尹承义	平阴县平阴镇老博士村	19	男	1943 年
尹方祚	平阴县平阴镇老博士村	46	男	1943 年
尹燕邦	平阴县平阴镇老博士村	27	男	1943 年
尹燕邦之妻	平阴县平阴镇老博士村	24	女	1943 年
尹燕福	平阴县平阴镇老博士村	24	男	1943 年
尹燕福之长子	平阴县平阴镇老博士村	3	男	1943 年
尹燕福之次子	平阴县平阴镇老博士村	1	男	1943 年
张广海	平阴县洪范池镇南张村	30	男	1944 年 7 月
张广苓	平阴县洪范池镇南张村	35	男	1944 年 7 月
张贵江	平阴县洪范池镇南张村	30	男	1944 年 7 月

姓 名	籍 贯	年 龄	性 别	死难时间
张金德	平阴县洪范池镇南张村	45	男	1944 年 7 月
张金行	平阴县洪范池镇南张村	45	男	1944 年 7 月
席余秋	平阴县平阴镇东蛮子村	23	男	1944 年 7 月
姜立存	平阴县孔村镇王楼村	41	男	1944 年
王秀贵	平阴县玫瑰镇北新村	44	男	1944 年
王振成	平阴县玫瑰镇王小庄村	24	男	1944 年
张玉清	平阴县玫瑰镇站西村	26	男	1944 年
李芝轩	平阴县孝直镇商庄村	—	男	1944 年
翟化庚	平阴县平阴镇翟庄村	—	男	1945 年
大翟化水	平阴县平阴镇翟庄村	—	男	1945 年
小翟化水	平阴县平阴镇翟庄村	—	男	1945 年
陶贾妮	平阴县洪范池镇陶峪村	17	男	—
岱山帮	平阴县济西办事处葛庄村	22	男	—
梁吉来	平阴县济西办事处葛庄村	24	男	—
郭明详	平阴县孝直镇南孔庄村	—	男	—
孔大更	平阴县孝直镇南孔庄村	—	男	—
孔二更	平阴县孝直镇南孔庄村	—	男	—
康全海	平阴县孝直镇商庄村	—	男	—
刘子仁	—	—	男	—
合 计	866			

责任人：李秀芝　　　　　　　核实人：张纪福　张　霞　张　红　填表人：张　红

填报单位（签章）：平阴县委党史委　　　　　　　　填报时间：2009 年 4 月 20 日

济阳县抗日战争时期死难者名录

姓　名	籍　贯	年　龄	性　别	死难时间
李云祥	济阳县垛石镇米桥村	21	男	1937 年 10 月
李云芩	济阳县垛石镇米桥村	25	男	1937 年 10 月
张庆凤	济阳县新市镇后寨村	—	男	1937 年 10 月
杨　批	济阳县仁风镇许家村	30	男	1937 年 10 月
霍佩中	济阳县新市镇霍楼村	45	男	1937 年 10 月
霍清臣	济阳县新市镇霍楼村	56	男	1937 年 10 月
霍清占	济阳县新市镇霍楼村	38	男	1937 年 10 月
霍风春之妻	济阳县新市镇霍楼村	36	女	1937 年 10 月
霍和胜	济阳县新市镇霍楼村	60	男	1937 年 10 月
霍远程	济阳县新市镇霍楼村	49	男	1937 年 10 月
李连生	济阳县崔寨镇崔寨村	30	男	1937 年 10 月
程玉田	济阳县崔寨镇崔寨村	20	男	1937 年 10 月
王光跃	济阳县曲堤镇王家村	37	男	1937 年 10 月
杨承宗之妻	济阳县济阳街道南关	32	女	1937 年 10 月
杨承宗之子	济阳县济阳街道南关	1	男	1937 年 10 月
黄汝安之妻	济阳县济阳街道南关	43	女	1937 年 10 月
黄汝安之子	济阳县济阳街道南关	23	男	1937 年 10 月
杨承宗	济阳县济阳街道南关	35	男	1937 年 10 月
王谢氏	济阳县济阳街道南关	35	女	1937 年 10 月
黄　氏	济阳县济阳街道南关	35	女	1937 年 10 月
王　氏	济阳县济阳街道南关	38	女	1937 年 10 月
杨承俊	济阳县济阳街道南关	27	男	1937 年 10 月
楮长生	济阳县济阳街道南关	25	男	1937 年 10 月
楮长生之母	济阳县济阳街道南关	47	女	1937 年 10 月
陈长信	济阳县曲堤镇陈黄村	30	男	1937 年 10 月
张成恩	济阳县垛石镇张村	79	男	1937 年 10 月
李三德	济阳县仁风镇大牛村	52	男	1937 年 10 月
张纯发	济阳县仁风镇张染村	46	男	1937 年 10 月
张化禄	济阳县仁风镇张染村	50	男	1937 年 10 月
张化禄之妻	济阳县仁风镇张染村	50	女	1937 年 10 月
许庆国之伯父	济阳县仁风镇许家村	28	男	1937 年 10 月

姓 名	籍 贯	年 龄	性 别	死难时间
周石氏	济阳县曲堤镇姚集村	60	女	1937 年 10 月
杨修静	济阳县济阳街道窑头村	50	男	1937 年 10 月
邝中跃	济阳县济阳街道窑头村	49	男	1937 年 10 月
潘玉生	济阳县济阳街道窑头村	22	男	1937 年 10 月
潘守房	济阳县济阳街道窑头村	53	男	1937 年 10 月
杨修伦	济阳县济阳街道窑头村	38	男	1937 年 10 月
杨修真	济阳县济阳街道窑头村	39	男	1937 年 10 月
潘善文	济阳县济阳街道窑头村	23	男	1937 年 10 月
何永成	济阳县济阳街道何家村	31	男	1937 年 10 月
王其成	济阳县济阳街道南关	28	男	1937 年 10 月
王其成之妻	济阳县济阳街道南关	27	女	1937 年 10 月
黄继山之妻	济阳县济阳街道南关	50	女	1937 年 10 月
黄汝顺之妻	济阳县济阳街道南关	48	女	1937 年 10 月
黄汝安	济阳县济阳街道南关	45	男	1937 年 10 月
温大荣之妻	济阳县济阳街道南关	55	女	1937 年 10 月
任赵氏	济阳县济阳街道南关	30	女	1937 年 10 月
李自平	济阳县新市镇后寨村	—	男	1937 年 10 月
张连会	济阳县新市镇后寨村	—	男	1937 年 10 月
周继海	济阳县新市镇双柳村	—	男	1937 年 10 月
爱 妮	济阳县新市镇双柳村	15	女	1937 年 10 月
孙丙呢	—	—	男	1937 年 10 月
盛吉平	济阳县新市镇韩家村	—	男	1937 年 10 月
韩振西	济阳县新市镇韩家村	—	男	1937 年 10 月
韩玉金	济阳县新市镇韩家村	—	男	1937 年 10 月
韩玉金之妻	济阳县新市镇韩家村	—	女	1937 年 10 月
韩玉金之子	济阳县新市镇韩家村	—	男	1937 年 10 月
杨延柱	济阳县新市镇韩家村	—	男	1937 年 10 月
杨世湾	济阳县新市镇韩家村	—	男	1937 年 10 月
杨兴娃	济阳县新市镇韩家村	—	女	1937 年 10 月
杨秀花	济阳县新市镇韩家村	—	女	1937 年 10 月
杨廷章	济阳县新市镇韩家村	—	男	1937 年 10 月
杨廷章之妻	济阳县新市镇韩家村	—	女	1937 年 10 月
杨现廷	济阳县新市镇韩家村	—	男	1937 年 10 月
刘孝德	济阳县新市镇雷家村	—	男	1937 年 10 月

姓 名	籍 贯	年 龄	性 别	死难时间
路和美之祖父	济阳县新市镇路桥村	27	男	1937 年 10 月
王成林	济阳县新市镇王洼村	23	男	1937 年 10 月
程吉安	济阳县新市镇程家村	47	男	1937 年 10 月
杜加玉	—	27	男	1937 年 10 月
白苍呢	济阳县垛石镇白圈村	29	男	1937 年 10 月
宋林氏	济阳县垛石镇宋家村	22	女	1937 年 10 月
温朝忠	济阳县垛石镇温桥村	41	男	1937 年 10 月
袁振福	—	32	男	1937 年 10 月
赵五妮	济阳县济阳街道城里	2	女	1937 年 10 月
赵三妮	济阳县济阳街道城里	10	女	1937 年 10 月
赵 专	济阳县济阳街道城里	18	女	1937 年 10 月
赵二妮	济阳县济阳街道城里	12	女	1937 年 10 月
李子云	济阳县济阳街道陈朝村	38	男	1937 年 10 月
李汉亭	济阳县济阳街道陈朝村	37	男	1937 年 10 月
罗成义	济阳县济阳街道城里	31	男	1937 年 10 月
陈永锡	济阳县济阳街道城里	29	男	1937 年 10 月
陈汝俊	济阳县济阳街道城里	27	男	1937 年 10 月
陈汝周	济阳县济阳街道城里	29	男	1937 年 10 月
邝风明	济阳县济阳街道城里	27	男	1937 年 10 月
赵洪氏	济阳县济阳街道城里	34	女	1937 年 10 月
赵洪路	济阳县济阳街道城里	4	男	1937 年 10 月
赵四妮	济阳县济阳街道城里	8	女	1937 年 10 月
张其泰	济阳县济阳街道东关	30	男	1937 年 10 月
张其山	济阳县济阳街道东关	27	男	1937 年 10 月
王恩节之妻	济阳县济阳街道东关	21	女	1937 年 10 月
陈万才	济阳县回河镇东街村	22	男	1937 年 10 月
柏大水	济阳县回河镇东街村	23	男	1937 年 10 月
艾连辛	济阳县孙耿镇西屯村	50	男	1937 年 10 月
艾传亮	济阳县孙耿镇小颜村	50	男	1937 年 10 月
艾传仁	济阳县孙耿镇小颜村	37	男	1937 年 10 月
骆 氏	济阳县曲堤镇新扶店村	33	女	1937 年 10 月
刘丙传	济阳县曲堤镇傅刘村	34	男	1937 年 10 月
苏士清	济阳县曲堤镇三合村	21	男	1937 年 10 月
周甫茂	济阳县曲堤镇三合村	20	男	1937 年 10 月

姓 名	籍 贯	年 龄	性 别	死难时间
尹守照	济阳县曲堤镇尹家村	35	男	1937 年 10 月
张备祥	济阳县曲堤镇张辛村	43	男	1937 年 10 月
张富贵	济阳县曲堤镇张辛村	32	男	1937 年 10 月
刘春河	济阳县曲堤镇张辛村	36	男	1937 年 10 月
刘长友	历城区	30	男	1937 年 10 月
麻袁呢	济阳县崔寨镇孙大村	30	男	1937 年 10 月
胥玉水之母	济阳县崔寨镇徐家村	50	女	1937 年 10 月
许　呢	济阳县回河镇小何村	40	男	1937 年 10 月
根　呢	济阳县回河镇小何村	19	男	1937 年 10 月
程　秀	—	18	女	1937 年 10 月
郭恒木	济阳县回河镇代家村	35	男	1937 年 11 月 11 日
李英奎	济阳县回河镇代家村	40	男	1937 年 11 月 11 日
李英奎之妻	济阳县回河镇代家村	38	女	1937 年 11 月 11 日
张兆泉	济阳县济阳街道八里村	21	男	1937 年 11 月 11 日
宋绍木	济阳县济北街道丁刘村	16	男	1937 年 11 月 11 日
孙王章	—	—	男	1937 年 11 月 29 日
孙光亭	—	—	男	1937 年 11 月 29 日
大务呢	济阳县仁风镇三里村	—	男	1937 年 11 月
翟兆升	济阳县仁风镇翟家村	—	男	1937 年 11 月
王××	济阳县仁风镇翟家村	—	女	1937 年 11 月
王振东	济阳县仁风镇桥南王村	65	男	1937 年 11 月
姚本一	济阳县曲堤镇姚集村	61	男	1937 年 11 月
孙耀宗	济阳县新市镇韩坊村	29	男	1937 年 11 月
王振都	济阳县新市镇韩坊村	28	男	1937 年 11 月
元　秋	济阳县新市镇双柳村	—	男	1937 年 11 月
牛延田	—	—	男	1937 年 11 月
牛灰田	—	—	男	1937 年 11 月
牛老四	—	—	男	1937 年 11 月
牛方田	—	—	男	1937 年 11 月
孙池呢	—	—	男	1937 年 11 月
张列子	—	—	男	1937 年 11 月
孙兴家	—	—	男	1937 年 11 月
盛吉录	—	—	男	1937 年 11 月
孙光汉	—	—	男	1937 年 11 月

姓　名	籍　贯	年　龄	性　别	死难时间
孙光辉	—	—	男	1937 年 11 月
盛吉山	—	—	男	1937 年 11 月
盛金呢	—	—	男	1937 年 11 月
孙兴江	—	—	男	1937 年 11 月
牛翠子	—	—	女	1937 年 11 月
盛吉×	—	—	男	1937 年 11 月
王克明	济阳县新市镇王洼村	70	男	1937 年 11 月
王香林	济阳县新市镇王洼村	50	男	1937 年 11 月
王庚林之妹	济阳县新市镇王洼村	6	女	1937 年 11 月
王克腊	济阳县新市镇王洼村	21	男	1937 年 11 月
张树福	济阳县新市镇王洼村	30	男	1937 年 11 月
刘德云	济阳县垛石镇温桥村	20	男	1937 年 11 月
周登榜	济阳县垛石镇周沙窝村	26	男	1937 年 11 月
王连俊	—	51	男	1937 年 11 月
杜刘氏	济阳县垛石镇东崔村	19	女	1937 年 11 月
杜吉平	济阳县垛石镇垛石街	24	男	1937 年 11 月
宋　氏	济阳县济阳街道城里	27	女	1937 年 11 月
刘金德	济阳县济阳街道城里	40	男	1937 年 11 月
刘金相	济阳县济阳街道城里	42	男	1937 年 11 月
邓奎木	济阳县济阳街道城里	50	男	1937 年 11 月
张兆义	济阳县济阳街道城里	56	男	1937 年 11 月
张兆源	济阳县济阳街道城里	55	男	1937 年 11 月
赵守祥	济阳县济阳街道城里	30	男	1937 年 11 月
刘　希	济阳县济阳街道城里	28	男	1937 年 11 月
王新福	济阳县济阳街道城里	40	男	1937 年 11 月
张庆云	济阳县济阳街道城里	39	男	1937 年 11 月
张庆雨	济阳县济阳街道城里	38	男	1937 年 11 月
张富泉	济阳县济阳街道城里	29	男	1937 年 11 月
王金玉	济阳县济阳街道董家道口村	30	男	1937 年 11 月
刘善绩	济阳县济阳街道城里	30	男	1937 年 11 月
郭兴奎	济阳县济阳街道城里	29	男	1937 年 11 月
王新路	济阳县济阳街道城里	34	男	1937 年 11 月
马淑燕	济阳县济北街道马家村	16	男	1937 年 11 月
孟昭慎	济阳县曲堤镇孟家村	34	男	1937 年 11 月

姓 名	籍 贯	年 龄	性 别	死难时间
杨海元	济阳县孙耿镇堤口村	20	男	1937 年 11 月
刘敬怀	济阳县孙耿镇郑家村	30	男	1937 年 11 月
马振元	济阳县崔寨镇孙大村	40	男	1937 年 11 月
赵里子	济阳县崔寨镇孙大村	25	男	1937 年 11 月
李广坤	济阳县济阳街道窝沟李村	25	男	1937 年 12 月 30 日
张丙堂	济阳县仁风镇南刘村	—	男	1937 年 12 月
董树珍	济阳县仁风镇高家村	—	男	1937 年 12 月
杨春生	济阳县仁风镇高家村	—	男	1937 年 12 月
盛善道	济阳县新市镇皂李村	50	男	1937 年 12 月
王登榜	济阳县垛石镇前肖村	18	男	1937 年 12 月
王 氏	济阳县垛石镇前肖村	40	女	1937 年 12 月
张乐山	济阳县孙耿镇后张村	40	男	1937 年 12 月
陈大孩	济阳县崔寨镇范铺村	20	男	1937 年 12 月
刘化石	济阳县崔寨镇范铺村	30	男	1937 年 12 月
陈兆行	济阳县太平镇二太平村	25	男	1937 年
周克礼	济阳县太平镇周家村	40	男	1937 年
洪修才	济阳县济阳街道前三里村	—	男	1937 年
孟昭花	济阳县曲堤镇孟家村	20	男	1937 年
杜丙章	济阳县垛石镇南街村	19	男	1937 年
温 氏	济阳县垛石镇温桥村	30	女	1937 年
郭玉林	济阳县垛石镇小王村	63	男	1937 年
王继良	济阳县济阳街道马家店村	20	男	1937 年
闫洪斌	济阳县太平镇耀德村	35	男	1937 年
韩日茂	济阳县仁风镇韩纸村	30	男	1937 年
董连美	济阳县济阳街道朝阳村	43	男	1937 年
温大财	济阳县济阳街道朝阳村	42	男	1937 年
温大亭	济阳县济阳街道朝阳村	30	男	1937 年
董修新	济阳县济阳街道朝阳村	31	男	1937 年
董兰起	济阳县济阳街道朝阳村	33	男	1937 年
董兰奎	济阳县济阳街道朝阳村	34	男	1937 年
郭洪庆	济阳县济阳街道东郭村	21	男	1937 年
郭修瑶	济阳县济阳街道东郭村	27	男	1937 年
马笑义	济阳县济阳街道东郭村	46	男	1937 年
郭春善	济阳县济阳街道东郭村	32	男	1937 年

姓 名	籍 贯	年 龄	性 别	死难时间
郭其章	济阳县济阳街道东郭村	62	男	1937 年
郭恒让	济阳县济阳街道东郭村	26	男	1937 年
徐兆祥	济阳县济阳街道东郭村	20	男	1937 年
徐连众	济阳县济阳街道东郭村	16	男	1937 年
李小虎	济阳县济阳街道东郭村	20	男	1937 年
梁温吉	济阳县回河镇梁家村	—	男	1937 年
刘文洲	济阳县新市镇新市村	20	男	1937 年
张洪发	—	—	男	1937 年
苏景喜	—	—	男	1937 年
苏本安	—	—	男	1937 年
盛长安	—	68	男	1937 年
盛 氏	—	—	女	1937 年
苏 氏	—	—	女	1937 年
张送呢	济阳县新市镇姑寺张村	30	男	1937 年
张义旺	济阳县新市镇姑寺张村	40	男	1937 年
朱化县	济阳县新市镇大口村	43	男	1937 年
王本龙	济阳县新市镇红庙村	—	男	1937 年
牛元信	济阳县新市镇红庙村	—	男	1937 年
牛元信之子	济阳县新市镇红庙村	—	男	1937 年
徐德成之母	济阳县新市镇曹家村	—	女	1937 年
朱振东	济阳县垛石镇东太平村	25	—	1937 年
谢洪彬	济阳县垛石镇东太平村	26	—	1937 年
谢洪江	济阳县垛石镇东太平村	23	—	1937 年
刘传昌	济阳县垛石镇东太平村	19	—	1937 年
苗士东	济阳县垛石镇东太平村	19	—	1937 年
陈红彬	济阳县垛石镇东太平村	24	—	1937 年
梁斌庆	济阳县垛石镇东太平村	23	—	1937 年
武家昌	济阳县垛石镇东太平村	21	—	1937 年
赵文止	济阳县垛石镇前赵村	—	男	1937 年
于希窑	济阳县垛石镇杜庙村	50	男	1937 年
于要子	济阳县垛石镇杜庙村	38	男	1937 年
杜 氏	济阳县垛石镇杜庙村	70	女	1937 年
张庆貌	济阳县垛石镇胡贤村	35	男	1937 年
董修明	济阳县济阳街道朝阳村	32	男	1937 年

姓 名	籍 贯	年 龄	性 别	死难时间
刘九岭	济阳县济阳街道囤家村	40	男	1937 年
段洪滨	济阳县济阳街道南郭村	30	男	1937 年
张新福	济阳县济阳街道杨寨村	18	男	1937 年
高西休	—	34	男	1937 年
高天军	—	20	男	1937 年
王泽玉	济阳县济阳街道肖王村	—	男	1937 年
王良君	济阳县济阳街道肖王村	—	男	1937 年
赵富成	济阳县回河镇大常村	—	男	1937 年
菅庆恒	济阳县济北街道菅家村	23	男	1937 年
张成礼	济阳县曲堤镇老鸦张村	26	男	1937 年
董树俄	济阳县曲堤镇董家村	26	男	1937 年
董九止	济阳县曲堤镇董家村	50	男	1937 年
周建银	济阳县曲堤镇周家村	25	男	1937 年
张风海	济阳县崔寨镇蔡马村	30	男	1937 年
张 氏	济阳县仁风镇四合村	—	女	1937 年
张务同	济阳县仁风镇四合村	—	男	1937 年
鲁思明	济阳县仁风镇谷家村	—	男	1937 年
刘法起	—	24	男	1937 年
齐俊生	济阳县垛石镇桥杨村	30	男	1937 年
齐兰亭	济阳县垛石镇桥杨村	72	男	1937 年
齐书堂	济阳县垛石镇桥杨村	70	男	1937 年
丁维森	济阳县崔寨镇邓官村	25	男	1937 年
胥子云	济阳县崔寨镇史坞村	30	男	1937 年
路连奎	济阳县崔寨镇路寨村	19	男	1937 年
孙业仁	济阳县崔寨镇西孙村	70	男	1937 年
张志福	济阳县崔寨镇小贾村	40	男	1937 年
崔洪温	济阳县崔寨镇范铺村	28	男	1937 年
刘玉生	—	18	男	1938 年 3 月
马明威之兄	济阳县仁风镇马圈村	—	男	1938 年 3 月
高庆江	济阳县垛石镇柳家村	25	男	1938 年 3 月
艾庆陈	济阳县孙耿镇西屯村	20	男	1938 年 3 月
艾修年	济阳县孙耿镇西屯村	21	男	1938 年 3 月
艾兆五	济阳县孙耿镇西屯村	22	男	1938 年 3 月
艾修北	济阳县孙耿镇西屯村	19	男	1938 年 3 月

姓 名	籍 贯	年 龄	性 别	死难时间
艾连湖	济阳县孙耿镇西屯村	54	男	1938 年 3 月
李电奎	济阳县孙耿镇西屯村	20	男	1938 年 3 月
艾连旺	济阳县孙耿镇西屯村	25	男	1938 年 3 月
李兴二	济阳县孙耿镇西屯村	33	男	1938 年 3 月
李伙计	济阳县孙耿镇新庄村	19	男	1938 年 3 月
辛书炳	济阳县孙耿镇时家村	25	男	1938 年 3 月
薄春茂	济阳县孙耿镇辛集村	16	男	1938 年 3 月
曹经福	济阳县太平镇曹家村	21	男	1938 年 5 月
李好良	济阳县曲堤镇新扶店村	40	男	1938 年 5 月
陈洪吉	济阳县曲堤镇新扶店村	31	男	1938 年 5 月
尹守瑾	济阳县曲堤镇新扶店村	30	男	1938 年 5 月
周维贤	济阳县太平镇周家村	25	男	1938 年 8 月
吴乐芳	济阳县太平镇小栏村	35	男	1938 年 8 月
李冠三	济阳县垛石镇大庙李村	22	男	1938 年 9 月 7 日
李门氏	济阳县垛石镇大庙李村	75	女	1938 年 9 月 7 日
仝玉山	济阳县济北街道于谦村	14	男	1938 年 10 月 11 日
俎 氏	济阳县垛石镇小齐村	19	女	1938 年 10 月 23 日
齐光庄	济阳县垛石镇小齐村	21	男	1938 年 10 月 23 日
燕贵路	济阳县新市镇段家村	62	男	1938 年 10 月
张召峰	济阳县新市镇段家村	63	男	1938 年 10 月
张文喜	济阳县新市镇段家村	64	男	1938 年 10 月
燕文德之弟	济阳县新市镇段家村	15	男	1938 年 10 月
张文华之妹	济阳县新市镇段家村	—	女	1938 年 10 月
李德忠	济阳县新市镇王楼村	28	男	1938 年 10 月
万龙吉	—	29	男	1938 年 10 月
高化福	济阳县垛石镇苴家村	30	男	1938 年 10 月
王协城	济阳县济阳街道李官村	37	男	1938 年 10 月
张俊林	济阳县济阳街道李官村	25	男	1938 年 10 月
刘同利	济阳县济阳街道李官村	23	男	1938 年 10 月
张善金	济阳县回河镇张庙村	—	男	1938 年 10 月
张连柱	济阳县回河镇张庙村	—	男	1938 年 10 月
肖乐海	济阳县孙耿镇西肖村	19	男	1938 年 10 月
吴长祥	济阳县新市镇艾小庄村	—	男	1938 年 11 月
李德胜	济阳县新市镇段家村	65	男	1938 年 11 月

姓　名	籍　贯	年龄	性别	死难时间
张召现之祖母	济阳县新市镇段家村	72	女	1938 年 11 月
周登里	济阳县垛石镇周沙窝村	39	男	1938 年 11 月
周法仁	济阳县垛石镇周沙窝村	50	男	1938 年 11 月
周永禄	济阳县垛石镇周沙窝村	30	男	1938 年 11 月
周风潮	济阳县垛石镇周沙窝村	40	男	1938 年 11 月
周登英	济阳县垛石镇周沙窝村	32	男	1938 年 11 月
周登营	济阳县垛石镇周沙窝村	30	男	1938 年 11 月
王兴龙	济阳县孙耿镇新庄村	20	男	1938 年 11 月
陈延功	济阳县崔寨镇太平村	30	男	1938 年 11 月
朱化福	济阳县太平镇河头村	27	男	1938 年
朱金盛	济阳县太平镇河头村	24	男	1938 年
朱金诚	济阳县太平镇河头村	23	男	1938 年
朱化俭	济阳县太平镇河头村	21	男	1938 年
朱清洋	济阳县太平镇河头村	20	男	1938 年
宋勒德	济阳县太平镇河头村	18	男	1938 年
赵存仁	济阳县仁风镇四合村	—	男	1938 年
赵福勇	济阳县仁风镇四合村	—	男	1938 年
保　呢	济阳县仁风镇后岳村	—	男	1938 年
贤　呢	济阳县仁风镇后岳村	—	男	1938 年
于宗伦	济阳县仁风镇南霍村	—	男	1938 年
王元章	济阳县仁风镇王让村	—	男	1938 年
姜乃吉	济阳县仁风镇王让村	—	男	1938 年
张宗胜	济阳县曲堤镇贾家村	25	男	1938 年
王壮子	济阳县济阳街道尹家村	20	男	1938 年
张其韩	济阳县新市镇薛坊村	27	男	1938 年
苏召芬	—	—	男	1938 年
苏乃章	—	—	男	1938 年
苏乃震	—	—	男	1938 年
张　顺	济阳县新市镇小圈村	27	男	1938 年
张顺之伯父	济阳县新市镇小圈村	54	男	1938 年
张国法	—	38	男	1938 年
朱炳灿	济阳县垛石镇东太平村	22	男	1938 年
刘德亮	济阳县垛石镇东太平村	26	男	1938 年
张发康	济阳县济阳街道董家村	22	男	1938 年

姓 名	籍 贯	年 龄	性 别	死难时间
高举杰	济阳县济阳街道三官庙村	—	男	1938 年
高天桥	济阳县济阳街道三官庙村	—	男	1938 年
高天忠	济阳县济阳街道三官庙村	—	男	1938 年
高 玉	济阳县济阳街道三官庙村	—	男	1938 年
高延礼	济阳县济阳街道三官庙村	—	男	1938 年
王云兴	济阳县济阳街道葛店村	30	男	1938 年
任修唐	济阳县济北街道尚家村	30	男	1938 年
王茂岭	济阳县济北街道尚家村	31	男	1938 年
王国恩	济阳县济北街道尚家村	37	男	1938 年
陈宝良	济阳县济北街道尚家村	14	男	1938 年
冷建志	济阳县济北街道尚家村	15	男	1938 年
张连斗	济阳县济北街道徐家村	20	男	1938 年
程兴花	济阳县崔寨镇花二村	15	女	1938 年
张立堂	济阳县太平镇东梁村	30	男	1938 年
张辞山	济阳县太平镇东梁村	28	男	1938 年
朱化平	济阳县太平镇东梁村	26	男	1938 年
杨 福	济阳县太平镇东梁村	24	男	1938 年
俎长生	济阳县曲堤镇俎家村	62	男	1938 年
俎大耀	济阳县曲堤镇俎家村	47	男	1938 年
俎大俊	济阳县曲堤镇俎家村	37	男	1938 年
俎大雨	济阳县曲堤镇俎家村	39	男	1938 年
李长恩	济阳县垛石镇小开河村	30	男	1938 年
张培勤	济阳县济阳街道武家村	20	男	1938 年
俎庆路	济阳县曲堤镇俎家村	31	男	1938 年
俎长亭	济阳县曲堤镇俎家村	60	男	1938 年
万长江	济阳县崔寨镇西万村	20	男	1938 年
刘西圣	济阳县济阳街道苇园村	28	男	1939 年 1 月
房玉祥	济阳县太平镇曹家村	20	男	1939 年 2 月
许连雨	济阳县垛石镇柳家村	24	男	1939 年 3 月
艾庆委	济阳县孙耿镇西屯村	23	男	1939 年 4 月
刘玉行	济阳县孙耿镇郑家村	21	男	1939 年 7 月
孙腊子	济阳县回河镇西街村	20	男	1939 年 9 月
苏兴良	济阳县崔寨镇前街村	20	男	1939 年 10 月
马苏氏	济阳县崔寨镇前街村	60	女	1939 年 10 月

姓 名	籍 贯	年 龄	性 别	死难时间
王道全	济阳县垛石镇后王村	20	男	1939 年 11 月
卞风先	济阳县孙耿镇卞家村	32	男	1939 年 11 月
卞 小	济阳县孙耿镇卞家村	22	男	1939 年 11 月
王文辉	济阳县孙耿镇朱家村	20	男	1939 年 11 月
王吉义	济阳县孙耿镇朱家村	19	男	1939 年 11 月
刘兴田	—	—	男	1939 年 12 月 17 日
刘锡盛	—	—	男	1939 年 12 月 17 日
高延绪	—	—	男	1939 年 12 月 17 日
王昭忠	—	—	男	1939 年 12 月 17 日
徐振茂	—	—	男	1939 年 12 月 17 日
赵文汉	济阳县太平镇东侯市村	28	男	1939 年
赵文治	济阳县太平镇东侯市村	29	男	1939 年
鲁开明	济阳县仁风镇谷家村	—	男	1939 年
时佃花	济阳县仁风镇时圈村	—	男	1939 年
付绍文	济阳县仁风镇付家村	—	男	1939 年
王安华	济阳县新市镇李也村	39	男	1939 年
严长工	济阳县新市镇李也村	28	男	1939 年
许冠水	济阳县垛石镇里仁村	—	男	1939 年
高荣秀	济阳县济阳街道三官庙村	—	男	1939 年
王尔才	—	27	男	1939 年
孟照来	—	25	男	1939 年
刘天成	济阳县济北街道马家村	15	男	1939 年
安光玉	济阳县回河镇北街村	37	男	1939 年
宋绍温	济阳县曲堤镇后宋村	38	男	1940 年 1 月 21 日
杨小武	济阳县孙耿镇代屯村	20	男	1940 年 1 月
卢连珠	济阳县仁风镇卢家村	—	男	1940 年 3 月
杨振水	济阳县垛石镇坡杨村	35	男	1940 年 3 月
周学唐	济阳县太平镇周家村	37	男	1940 年 7 月
田 池	济阳县新市镇周家村	40	男	1940 年 9 月
尹守训	济阳县曲堤镇尹家村	34	男	1940 年 9 月
尹绍文	济阳县曲堤镇尹家村	33	男	1940 年 9 月
尹守贵	济阳县曲堤镇尹家村	33	男	1940 年 9 月
王福星	济阳县曲堤镇王家村	20	男	1940 年 10 月 2 日
栗光华	济阳县垛石镇垛石街	23	男	1940 年 10 月

姓 名	籍 贯	年 龄	性 别	死难时间
李永合	—	21	男	1940 年 10 月
郭万邦	—	27	男	1940 年 10 月
肖××	—	—	男	1940 年 11 月
刘保珍	济阳县崔寨镇太平村	38	男	1940 年 11 月
董发燕	济阳县仁风镇高家村	—	男	1940 年 12 月
董树芹	济阳县仁风镇高家村	—	男	1940 年 12 月
马全寿	济阳县太平镇北刘桥村	60	男	1940 年
张法才	济阳县太平镇西三教村	20	男	1940 年
张万氏	济阳县垛石镇小张村	23	女	1940 年
刘吉胜	济阳县回河镇大王村	—	男	1940 年
周东盛	济阳县崔寨镇东万村	30	男	1940 年
程子让	济阳县崔寨镇花二村	27	男	1940 年
韩宗城	济阳县崔寨镇韩家村	32	男	1940 年
李士清	济阳县仁风镇谈家村	18	男	1940 年
梁吉尧	济阳县济阳街道榆梁村	33	男	1941 年 3 月
朱普永	济阳县新市镇王楼村	40	男	1941 年 7 月
尹守训	济阳县新市镇王楼村	33	男	1941 年 7 月
尹四秀	济阳县新市镇王楼村	31	男	1941 年 7 月
张友廉	济阳县太平镇庙南村	17	男	1941 年 11 月
贺吉义	济阳县新市镇贺家村	41	男	1941 年 11 月
贺云灯	济阳县新市镇贺家村	27	男	1941 年 11 月
贺云辉	济阳县新市镇贺家村	35	男	1941 年 11 月
贺云栓	济阳县新市镇贺家村	25	男	1941 年 11 月
贺云力	济阳县新市镇贺家村	23	男	1941 年 11 月
韩有荣	济阳县孙耿镇小杜村	25	男	1941 年 12 月
王张氏	济阳县孙耿镇高屯村	21	女	1941 年 12 月
高洪芳	济阳县孙耿镇高屯村	24	男	1941 年 12 月
夏闲子	济阳县孙耿镇高屯村	22	男	1941 年 12 月
张友军	济阳县孙耿镇高屯村	20	男	1941 年 12 月
王圣温	济阳县崔寨镇太平村	30	男	1941 年 12 月
侯万合	济阳县太平镇东侯市村	29	男	1941 年
赵连荣	济阳县垛石镇白圈村	30	男	1941 年
任宗成	济阳县济阳街道董家村	21	男	1941 年
安光常	济阳县回河镇北街村	30	男	1941 年

姓　名	籍　贯	年　龄	性　别	死难时间
姜墨林	济阳县仁风镇前乔村	—	男	1942 年 3 月
周传军	济阳县垛石镇前楼村	20	男	1942 年 3 月
姚明秋	济阳县曲堤镇柳家村	26	男	1942 年 4 月
周师昆	济阳县垛石镇前楼村	25	男	1942 年 5 月
董庆江	济阳县孙耿镇郑家村	18	男	1942 年 5 月
杨孝志	济阳县新市镇雷家村	—	男	1942 年 6 月
王春明	济阳县太平镇西太平村	—	男	1942 年 7 月
王道连	济阳县垛石镇后王村	22	男	1942 年 8 月
徐希明	济阳县垛石镇小杨村	32	男	1942 年 9 月
郭其风	—	25	男	1942 年 10 月
郭万吉	—	25	男	1942 年 10 月
郭连忠	—	32	男	1942 年 10 月
张福风	济阳县孙耿镇东郎村	40	男	1942 年 11 月
刘二马	济阳县曲堤镇柳家村	45	男	1942 年 11 月
王希文	济阳县太平镇于井村	38	男	1942 年
李振才	济阳县太平镇庙三村	20	男	1942 年
秦在田	济阳县太平镇来佛寺村	26	男	1942 年
秦伍田	济阳县太平镇来佛寺村	26	男	1942 年
时敬湖	济阳县仁风镇时圈村	—	男	1942 年
时佃桐	济阳县仁风镇时圈村	—	男	1942 年
时相桐	济阳县仁风镇时圈村	—	男	1942 年
徐本臣	济阳县新市镇曹家村	—	男	1942 年
刘玉珍	济阳县垛石镇刘台村	20	男	1942 年
刘大利	济阳县垛石镇刘台村	18	男	1942 年
刘玉理	济阳县垛石镇刘台村	14	男	1942 年
刘吉玉	济阳县垛石镇支家村	—	男	1942 年
张继荣	济阳县回河镇淮里庄	—	男	1942 年
黎永林	济阳县济阳街道黎家村	20	男	1942 年
杜年呢	济阳县垛石镇白杨店村	—	男	1942 年
姚付祯	济阳县崔寨镇路寨村	23	男	1942 年
张明岐	济阳县新市镇张家沙窝村	—	男	1943 年 2 月
周建东	济阳县垛石镇前楼村	23	男	1943 年 2 月
刘振功	济阳县回河镇后刘村	41	男	1943 年 2 月
周传义	济阳县垛石镇前楼村	21	男	1943 年 3 月

姓 名	籍 贯	年 龄	性 别	死难时间
柳天明	济阳县曲堤镇柳家村	22	男	1943 年 5 月
刘继善	济阳县曲堤镇柳家村	23	男	1943 年 5 月
胡开明	—	26	男	1943 年 6 月
柏永林	济阳县回河镇西街村	23	男	1943 年 6 月
王敬林	济阳县新市镇王洼村	25	男	1943 年 7 月
张庆泽	济阳县垛石镇马浪头村	56	男	1943 年 8 月 8 日
张印美	济阳县垛石镇马浪头村	54	男	1943 年 8 月 8 日
张尔芬	济阳县垛石镇马浪头村	57	男	1943 年 8 月 8 日
张华德	济阳县垛石镇马浪头村	55	男	1943 年 8 月 8 日
范 氏	济阳县垛石镇马浪头村	58	女	1943 年 8 月 8 日
张陈秀	济阳县垛石镇马浪头村	60	男	1943 年 8 月 8 日
周安贵	济阳县太平镇周家村	40	男	1943 年 8 月
王乃义	济阳县回河镇淮里庄	—	男	1943 年 8 月
李元福	济阳县回河镇小李村	22	男	1943 年 8 月
徐玉灿	济阳县济阳街道店子村	29	男	1943 年 8 月
王昭更	济阳县济阳街道店子村	31	男	1943 年 8 月
尹文德	济阳县新市镇王楼村	30	男	1943 年 10 月
徐玉参	济阳县济阳街道店子村	30	男	1943 年 11 月 5 日
张善普	济阳县回河镇淮里庄	29	男	1943 年 11 月 5 日
王土壮	济阳县济阳街道董家村	38	男	1943 年 11 月 5 日
刘孝增	济阳县新市镇雷家村	—	男	1943 年 11 月
于观福	济阳县孙耿镇洪屯村	30	男	1943 年 11 月
张本祥	济阳县崔寨镇太平村	20	男	1943 年 11 月
卞洪志	济阳县孙耿镇卞家村	41	男	1943 年 12 月
李子青	济阳县太平镇李坊村	25	男	1943 年
刘宗盛	济阳县太平镇西三教村	26	男	1943 年
李希孟	济阳县太平镇于井村	28	男	1943 年
秦玉香	济阳县太平镇来佛寺村	27	男	1943 年
王伟刚	—	18	男	1943 年
李上兰	济阳县太平镇李坊村	40	男	1943 年
路丰刚	济阳县太平镇路桥村	47	男	1943 年
路传书	济阳县太平镇路桥村	48	男	1943 年
路兆林	济阳县太平镇路桥村	47	男	1943 年
路传吉	—	20	男	1943 年

姓　名	籍　贯	年　龄	性　别	死难时间
徐立伦	济阳县新市镇曹家村	—	女	1943 年
杨加林	济阳县垛石镇王道口村	29	男	1943 年
刘吉增	济阳县垛石镇王道口村	27	男	1943 年
单利增	济阳县回河镇单家村	18	男	1943 年
刘士才	济阳县回河镇寺前刘村	27	男	1943 年
杨松录	济阳县回河镇大营村	38	男	1943 年
毕师文	济阳县曲堤镇周家村	26	男	1943 年
谢良富	济阳县太平镇谢家村	37	男	1943 年
刘其告	济阳县崔寨镇南郭村	50	男	1943 年
张务才	济阳县回河镇张庙村	—	男	1944 年 2 月
朱元文	济阳县新市镇大朱村	24	男	1944 年 2 月
张善交	济阳县回河镇淮里庄	—	男	1944 年 3 月
郭森林	济阳县太平镇前石村	26	男	1944 年 4 月
李仁德	济阳县济阳街道店子村	25	男	1944 年 4 月
李凤才	济阳县孙耿镇西郎村	21	男	1944 年 4 月
张善富	济阳县回河镇淮里庄	—	男	1944 年 5 月
郑光财	济阳县回河镇郑大箔村	16	男	1944 年 7 月
冯玉亭	—	—	男	1944 年 7 月
郭荣富	济阳县孙耿镇霍家村	23	男	1944 年 7 月
胡兆厚	济阳县太平镇胡家村	20	男	1944 年 9 月
胡兆念	济阳县太平镇胡家村	20	男	1944 年 9 月
张金菊	济阳县太平镇张少杨村	35	男	1944 年 10 月 5 日
张金栋	济阳县太平镇张少杨村	35	男	1944 年 10 月 5 日
张金水	济阳县太平镇张少杨村	28	男	1944 年 10 月 5 日
张科堂	济阳县太平镇张少杨村	34	男	1944 年 10 月 5 日
张元胜	济阳县太平镇张少杨村	30	男	1944 年 10 月 5 日
马训圣	济阳县太平镇郝家宅村	42	男	1944 年 10 月
贺凤齐	济阳县新市镇贺家村	32	男	1944 年 10 月
王中贵	济阳县新市镇王洼村	24	男	1944 年 10 月
张树才	济阳县新市镇王洼村	20	男	1944 年 10 月
冯茂堂	济阳县回河镇小冯村	—	男	1944 年 10 月
华乐水	济阳县孙耿镇西郎村	28	男	1944 年 10 月
李佐枢	济阳县孙耿镇西肖村	22	男	1944 年 12 月
刘方友	济阳县孙耿镇西肖村	20	男	1944 年 12 月

姓 名	籍 贯	年 龄	性 别	死难时间
李兆汉	济阳县太平镇李坊村	37	男	1944 年
李云臣	济阳县太平镇李坊村	35	男	1944 年
李上中	济阳县太平镇李坊村	40	男	1944 年
李兆贞	济阳县太平镇李坊村	27	男	1944 年
李兆祥	济阳县太平镇李坊村	32	男	1944 年
李上恩	济阳县太平镇李坊村	30	男	1944 年
李永泉	济阳县太平镇李坊村	35	男	1944 年
李兆恩	济阳县太平镇李坊村	29	男	1944 年
艾名德	济阳县太平镇庙三村	27	男	1944 年
王庆云	济阳县太平镇前冯村	58	男	1944 年
王道书	—	18	男	1944 年
张积海	济阳县济阳街道张辛村	—	男	1944 年
高继功	济阳县济阳街道官王堂村	18	男	1944 年
刘天增	济阳县回河镇寺前刘村	21	男	1944 年
潘吉福	—	—	男	1944 年
王荣玉	济阳县济阳街道西药王庙村	22	男	1944 年
韩京德	济阳县新市镇董家村	—	男	1944 年
韩佃英	济阳县新市镇董家村	—	男	1944 年
韩京明	济阳县新市镇董家村	—	男	1944 年
韩效文	济阳县新市镇董家村	—	男	1944 年
陈 氏	济阳县新市镇赵家村	—	女	1944 年
孔现德	济阳县回河镇后刘村	20	男	1944 年
李上辉	济阳县太平镇李坊村	26	男	1945 年 1 月
侯振生	—	40	男	1945 年 2 月
席继白	济阳县回河镇席闫村	25	男	1945 年 2 月
闫圣文	济阳县回河镇席闫村	24	男	1945 年 2 月
洪修爱	济阳县济阳街道前三里村	—	男	1945 年 2 月
孙金昇	济阳县垛石镇西宋屯村	25	男	1945 年 3 月 14 日
马 氏	济阳县垛石镇西宋屯村	60	女	1945 年 3 月 14 日
孙光祯	济阳县垛石镇西宋屯村	60	男	1945 年 3 月 14 日
张玉珍	济阳县回河镇冉家村	20	男	1945 年 3 月
徐玉明	济阳县回河镇徐家村	—	男	1945 年 3 月
李京二	济阳县孙耿镇西郎村	19	男	1945 年 4 月
李红昌	济阳县孙耿镇逯家村	29	男	1945 年 4 月

姓　名	籍　贯	年　龄	性　别	死难时间
王建芳	济阳县垛石镇白杨店村	—	男	1945 年 6 月 1 日
周学高	济阳县太平镇周家村	35	男	1945 年 6 月
张庆先	济阳县回河镇淮里庄	—	男	1945 年 6 月
王晋亭	济阳县太平镇庙西村	18	男	1945 年 8 月
杨克连	济阳县垛石镇东宋屯村	78	男	1945 年 9 月
洪乃同	济阳县济阳街道前三里村	—	男	1945 年
郑吉星	济阳县太平镇北刘桥村	21	男	1945 年
刘克山	济阳县太平镇北刘桥村	22	男	1945 年
郑广田	济阳县太平镇北刘桥村	23	男	1945 年
尚光明	济阳县太平镇小李村	22	男	1945 年
李吉成	济阳县太平镇小李村	22	男	1945 年
李上伦	济阳县太平镇李坊村	27	男	1945 年
李上玉	济阳县太平镇李坊村	21	男	1945 年
李廷年	济阳县太平镇李坊村	29	男	1945 年
王庆善	济阳县太平镇庙四村	19	男	1945 年
刘克礼	济阳县太平镇西三教村	25	男	1945 年
李光河	济阳县太平镇庙三村	25	男	1945 年
王光明	济阳县垛石镇王道口村	26	男	1945 年
王殿奎	济阳县垛石镇老杨沟村	61	男	1945 年
王化邦	济阳县垛石镇老杨沟村	63	男	1945 年
陈延福	济阳县济阳街道董家村	53	男	1945 年
王玉阵	济阳县济阳街道董家村	19	男	1945 年
郭继孔	济阳县太平镇谢家村	27	男	—
郭继禹	济阳县太平镇谢家村	26	男	—
蔡润生	济阳县仁风镇蔡家村	—	男	—
张佃用	济阳县仁风镇蔡家村	—	男	—
张化义	济阳县仁风镇蔡家村	—	男	—
张务成	济阳县仁风镇蔡家村	—	男	—
张化明	济阳县仁风镇蔡家村	—	男	—
蔡洪胜	济阳县仁风镇蔡家村	—	男	—
蔡润泽	济阳县仁风镇蔡家村	—	男	—
单立范	济阳县新市镇雷家村	—	男	—
张朝明之父	济阳县新市镇东油村	—	男	—
梁朝忠	济阳县垛石镇支家村	—	男	—

姓　名	籍　贯	年　龄	性　别	死难时间
支成森	济阳县垛石镇支家村	—	男	—
范光义	济阳县垛石镇范家村	—	男	—
王李氏	—	17	女	—
王友水	—	38	男	—
朱德杨	—	36	男	—
张文汉	济阳县垛石镇道口村	—	男	—
卢士探	济阳县垛石镇道口村	—	男	—
卢吉宝	济阳县垛石镇道口村	—	男	—
卢长信	济阳县垛石镇道口村	—	男	—
靳道明	济阳县垛石镇道口村	—	男	—
卢士路	济阳县垛石镇道口村	—	男	—
张兆锡	济阳县济阳街道张沟村	—	男	—
张兆香	济阳县济阳街道张沟村	—	男	—
王光文	济阳县济阳街道东老实王村	24	男	—
杨见义	济阳县回河镇小淮里村	18	男	—
孙长俊	济阳县曲堤镇大奎村	42	男	—
王仲道	济阳县曲堤镇前宋村	—	男	—
王进昇	济阳县曲堤镇前宋村	—	男	—
王进美	济阳县曲堤镇前宋村	—	男	—
王梦宴	济阳县曲堤镇王辛村	—	男	—
王保川	济阳县崔寨镇马店村	40	男	—
李洪建	济阳县崔寨镇李善仁村	—	男	1937 年 10 月 13 日
张传茂	济阳县新市镇后寨村	—	男	1937 年 10 月
周建礼	济阳县垛石镇后楼村	—	男	1937 年 11 月
周建昌	济阳县垛石镇后楼村	—	男	1937 年
周传元	济阳县垛石镇后楼村	—	男	1937 年
李光稳	济阳县垛石镇小开河村	28	男	1938 年
褚长海	济阳县新市镇褚家村	38	男	1940 年 7 月
纪庆祥	—	40	男	1940 年 8 月
褚秀峰	济阳县新市镇褚家村	35	男	1940 年 10 月
王德石	济阳县垛石镇胡贤村	19	男	1940 年
高其福之叔	济阳县孙耿镇高屯村	21	男	1941 年 12 月
邢传正	—	—	男	1941 年
邢传秀	—	—	男	1941 年

姓 名	籍 贯	年 龄	性 别	死难时间
邱元亮	济阳县新市镇褚家村	21	男	1943 年 2 月
褚玉懒	济阳县新市镇褚家村	15	男	1944 年 6 月
王良德	济阳县新市镇王碱场村	21	男	1944 年 7 月
王泽轮	济阳县新市镇王碱场村	22	男	1944 年 7 月
王泽青	济阳县新市镇王碱场村	30	男	1944 年 7 月
肖吉禄	济阳县回河镇冉家村	—	男	1944 年 10 月 5 日
褚秀俊	济阳县新市镇褚家村	28	男	1945 年 2 月
卞允吉	济阳县孙耿镇卞家村	27	男	1945 年 3 月
邢近芳	—	—	男	1945 年
陈京尧	济阳县崔寨镇谢家村	—	男	—
张近福	济阳县崔寨镇谢家村	—	男	—
李十五	济阳县新市镇段家村	—	男	—
燕涛呢	济阳县新市镇段家村	—	男	—
崔稳呢	济阳县新市镇段家村	—	男	—
合 计	**657**			

责任人：张善柱　姚君明　　　　　　核实人：罗珊珊　　　　　　填表人：褚乃贵

填报单位（签章）：济阳县委党史研究室　　　　　　　　填报时间：2009 年 4 月 22 日

商河县抗日战争时期死难者名录

姓　名	籍　贯	年　龄	性　别	死难时间
王德义	商河县张坊乡王洪九村	29	男	1937 年 11 月
孙富吉	商河县玉皇庙街道前孙家村	—	男	1937 年 11 月
孙奉龙之母	商河县玉皇庙街道前孙家村	—	女	1937 年 11 月
张士儒	商河县玉皇庙街道后孙村	—	男	1937 年 11 月
王　兰	商河县龙桑寺镇王太开村	20	男	1937 年
路昌胜	商河县玉皇庙街道东温家桥村	—	男	1937 年
温兴华之亲戚	商河县玉皇庙街道李家庵村	—	男	1937 年
李尚安	商河县玉皇庙街道西温家桥村	—	男	1937 年
姜轩华	商河县贾庄镇沙河董村	29	男	1937 年
姜汝林	商河县贾庄镇沙河董村	19	男	1937 年
姜亮华	商河县贾庄镇沙河董村	29	男	1937 年
刘庆怀	商河县玉皇庙街道安子东村	—	男	1937 年
胡振元	商河县玉皇庙街道安子东村	—	男	1937 年
王德胜	商河县玉皇庙街道鞋里坞村	—	男	1937 年
吕金禾之父	商河县玉皇庙街道后孙村	—	男	1937 年
王云旭	商河县贾庄镇小孙家村	23	男	1937 年
储国人	商河县贾庄镇王丰告村	26	男	1937 年
王云密	商河县贾庄镇王丰告村	29	男	1937 年
刘玉新	商河县贾庄镇王丰告村	32	男	1937 年
贾祥仙	商河县贾庄镇后贾村	28	男	1937 年
王仁员	商河县贾庄镇东王村	40	男	1937 年
吴　秀	商河县贾庄镇东王村	32	男	1937 年
张延仁	商河县许商街道汤家村	22	男	1937 年
张　氏	商河县许商街道汤家村	16	女	1937 年
侯立堂	商河县龙桑寺镇候马村	90	男	1937 年
汤　氏	商河县许商街道汤家村	43	女	1937 年
萧长荣	商河县许商街道前垤道村	18	男	1937 年
张兴同	商河县许商街道前邵村	18	男	1937 年
李绪池	商河县许商街道西小李村	40	男	1937 年
李连发	商河县许商街道双庙村	34	男	1937 年
李万周	商河县许商街道双庙村	27	男	1937 年

姓 名	籍 贯	年龄	性别	死难时间
韩立升	商河县许商街道后十亩村	33	男	1937 年
张孟氏	商河县许商街道西八里村	31	女	1937 年
张延南	商河县许商街道西八里村	21	男	1937 年
卢弟河	商河县孙集乡后四羊	27	男	1937 年
卢兆武	商河县郑路镇张王村	29	男	1937 年
吕树弟	商河县郑路镇武集村	20	男	1937 年
孙明强	商河县龙桑寺镇孙家村	20	男	1937 年
成玉芬	商河县龙桑寺镇道门村	—	男	1937 年
张存兰	商河县龙桑寺镇碱场村	35	男	1937 年
徐孝义	商河县龙桑寺镇东高村	33	男	1937 年
徐吉武	商河县龙桑寺镇东高村	15	男	1937 年
王富山	商河县孙集乡园里村	23	男	1938 年 1 月
田明江	商河县龙桑寺镇东田村	19	男	1938 年 2 月
张守财	商河县龙桑寺镇张旺芝村	21	男	1938 年 2 月
王杰喜	商河县龙桑寺镇王太开村	19	男	1938 年 4 月
张韩清	商河县龙桑寺镇张佑村	30	男	1938 年 4 月
孟 氏	商河县贾庄镇孟东村	37	女	1938 年 6 月
张思潘	商河县殷巷镇张家村	—	男	1938 年 7 月
王明修	商河县郑路镇褚集村	40	男	1938 年 7 月
伦青云	商河县郑路镇褚集村	34	男	1938 年 7 月
伦风成	商河县郑路镇褚集村	32	男	1938 年 7 月
傻 女	商河县郑路镇褚集村	32	女	1938 年 7 月
董付连	商河县贾庄镇马家集村	35	男	1938 年 9 月 10 日
董刘氏	商河县贾庄镇马家集村	60	女	1938 年 9 月 10 日
陈庆玉	商河县贾庄镇马家集村	42	男	1938 年 9 月 10 日
陈清杰	商河县贾庄镇马家集村	37	男	1938 年 9 月 10 日
陈焕章	商河县贾庄镇马家集村	25	男	1938 年 9 月 10 日
陈清西	商河县贾庄镇马家集村	40	男	1938 年 9 月 10 日
福 林	商河县贾庄镇马家集村	39	男	1938 年 9 月 10 日
丑 子	商河县贾庄镇马家集村	19	男	1938 年 9 月 10 日
刘玉新之子	商河县贾庄镇马家集村	29	男	1938 年 9 月 10 日
宋恒文	商河县贾庄镇马家集村	42	男	1938 年 9 月 10 日
舍 子	商河县贾庄镇马家集村	23	男	1938 年 9 月 10 日
八 子	商河县贾庄镇马家集村	18	男	1938 年 9 月 10 日

姓 名	籍 贯	年 龄	性 别	死难时间
董张氏	商河县贾庄镇马家集村	45	女	1938 年 9 月 10 日
赖 子	商河县贾庄镇马家集村	23	男	1938 年 9 月 10 日
董付泉	商河县贾庄镇马家集村	60	男	1938 年 9 月 10 日
董徐氏	商河县贾庄镇马家集村	58	女	1938 年 9 月 10 日
房 子	商河县贾庄镇马家集村	30	男	1938 年 9 月 10 日
董付明	商河县贾庄镇马家集村	35	男	1938 年 9 月 10 日
董丰金	商河县贾庄镇马家集村	37	男	1938 年 9 月 10 日
坤 子	商河县贾庄镇马家集村	18	男	1938 年 9 月 10 日
达 子	商河县贾庄镇马家集村	19	男	1938 年 9 月 10 日
董佃明	商河县贾庄镇马家集村	45	男	1938 年 9 月 10 日
董 春	商河县贾庄镇马家集村	40	男	1938 年 9 月 10 日
董 丰	商河县贾庄镇马家集村	38	男	1938 年 9 月 10 日
董付元	商河县贾庄镇马家集村	37	男	1938 年 9 月 10 日
董付武	商河县贾庄镇马家集村	20	男	1938 年 9 月 10 日
陈清顺	商河县贾庄镇马家集村	25	男	1938 年 9 月 10 日
陈焕长	商河县贾庄镇马家集村	20	男	1938 年 9 月 10 日
刘元明	商河县贾庄镇马家集村	38	男	1938 年 9 月 10 日
刘元金	商河县贾庄镇马家集村	32	男	1938 年 9 月 10 日
张付祥	商河县贾庄镇马家集村	35	男	1938 年 9 月 10 日
大八子	商河县贾庄镇马家集村	19	男	1938 年 9 月 10 日
董大忠	商河县贾庄镇马家集村	49	男	1938 年 9 月 10 日
董大忠之子	商河县贾庄镇马家集村	20	男	1938 年 9 月 10 日
宽 子	商河县贾庄镇马家集村	39	男	1938 年 9 月 10 日
董万祥之父	商河县贾庄镇马家集村	67	男	1938 年 9 月 10 日
董付来	商河县贾庄镇马家集村	43	男	1938 年 9 月 10 日
老 八	商河县贾庄镇马家集村	37	男	1938 年 9 月 10 日
姜连新之母	商河县贾庄镇马家集村	67	女	1938 年 9 月 10 日
张亮之妻	商河县贾庄镇马家集村	68	女	1938 年 9 月 10 日
董 汉	商河县贾庄镇马家集村	39	男	1938 年 9 月 10 日
董高氏	商河县贾庄镇马家集村	58	女	1938 年 9 月 10 日
陈光玉	商河县贾庄镇马家集村	42	男	1938 年 9 月 10 日
徐珍玉	商河县贾庄镇马家集村	25	男	1938 年 9 月 10 日
陈行玉	商河县贾庄镇马家集村	23	男	1938 年 9 月 10 日
陈清彬	商河县贾庄镇马家集村	21	男	1938 年 9 月 10 日

姓　名	籍　贯	年　龄	性　别	死难时间
陈清信	商河县贾庄镇马家集村	24	男	1938 年 9 月 10 日
董玉章	商河县贾庄镇马家集村	70	男	1938 年 9 月 10 日
坎　子	商河县郑路镇展家村	27	男	1938 年 9 月
靖王备	商河县郑路镇靖家村	—	男	1938 年 9 月
彭光泽	商河县贾庄镇栾洼村	22	男	1938 年 10 月
郭连元	商河县贾庄镇栾洼村	33	男	1938 年 10 月
高连斗	商河县贾庄镇栾洼村	30	男	1938 年 10 月
高连都	商河县贾庄镇栾洼村	40	男	1938 年 10 月
杜进喜	商河县孙集乡大杜家村	25	男	1938 年
张文彩	商河县孙集乡西张村	30	男	1938 年
闫丙玉	商河县郑路镇西庄科村	—	男	1938 年
卢兆宝	商河县郑路镇张王庄村	24	男	1938 年
崔法海	商河县郑路镇前进东村	—	男	1938 年
刘克树	商河县郑路镇前进东村	29	男	1938 年
路俊兴之姐	商河县郑路镇李家坊村	13	女	1938 年
骆祥生	商河县郑路镇后张村	32	男	1938 年
路致鹏	商河县郑路镇路家村	30	男	1938 年
路训良之母	商河县郑路镇路家村	38	女	1938 年
路致信	商河县郑路镇路家村	38	男	1938 年
黄春胜	商河县郑路镇黄家岭村	18	男	1938 年
訾长岭	商河县郑路镇小石家村	55	男	1938 年
任永庆	商河县郑路镇西任村	30	男	1938 年
高东山	商河县龙桑寺镇西高村	50	男	1938 年
张丰阁	商河县龙桑寺镇四门张村	54	男	1938 年
周观文	商河县龙桑寺镇常庄村	—	男	1938 年
刘振常	商河县龙桑寺镇常庄村	—	男	1938 年
周清祥	商河县龙桑寺镇常庄村	—	男	1938 年
于志原	商河县龙桑寺镇徐太院村	—	男	1938 年
徐连科	商河县龙桑寺镇东高村	27	男	1938 年
刘振山	商河县龙桑寺镇西刘木村	31	男	1938 年
赵习圣	商河县龙桑寺镇小黎村	95	男	1938 年
于洪升	商河县贾庄镇杜集村	40	男	1938 年
于虞吉	商河县贾庄镇杜集村	42	男	1938 年
苏平山	商河县贾庄镇苏家村	—	男	1938 年

姓　名	籍　贯	年　龄	性　别	死难时间
苏兰山	商河县贾庄镇苏家村	—	男	1938 年
苏　灿	商河县贾庄镇苏家村	—	男	1938 年
路金峰	商河县贾庄镇苏家村	—	男	1938 年
吕荣方之弟	商河县贾庄镇小庄村	28	男	1938 年
刘传业	商河县贾庄镇王治田村	—	男	1938 年
聂立和	商河县贾庄镇王治田村	—	男	1938 年
高继东	商河县玉皇庙街道河西高村	—	男	1938 年
林风池	商河县玉皇庙街道林桥东村	26	男	1938 年
林福和	商河县玉皇庙街道林桥东村	23	男	1938 年
张兴交	商河县许商街道幸福湖	30	男	1938 年
张兴瑞	商河县许商街道幸福湖	22	男	1938 年
张龙江	商河县许商街道幸福湖	24	男	1938 年
张龙英	商河县许商街道幸福湖	21	男	1938 年
王世富	商河县许商街道柳行	23	男	1938 年
王永兴	商河县许商街道柳行	24	男	1938 年
田武奇	商河县许商街道柳行	31	男	1938 年
李　树	商河县玉皇庙街道刘西村	25	男	1939 年 1 月
赵玉芹	商河县张坊乡北赵村	46	男	1939 年 4 月
赵玉芹之妻	商河县张坊乡北赵村	49	女	1939 年 4 月
赵曾柱	商河县张坊乡北赵村	25	男	1939 年 4 月
陈怀义	商河县孙集乡黄家村	28	男	1939 年 4 月
邱郎子	商河县龙桑寺镇邱家村	21	男	1939 年 6 月
曲连云	商河县玉皇庙街道玉西村	—	男	1939 年 9 月 5 日
刘开仁	商河县玉皇庙街道玉西村	—	男	1939 年 9 月 5 日
刘忠禄	商河县玉皇庙街道玉西村	—	男	1939 年 9 月 5 日
刘忠德	商河县玉皇庙街道玉西村	—	男	1939 年 9 月 5 日
李燕三之外祖父	商河县玉皇庙街道玉西村	—	男	1939 年 9 月 5 日
李燕三之外祖母	商河县玉皇庙街道玉西村	—	女	1939 年 9 月 5 日
刘钉子	商河县玉皇庙街道玉西村	—	男	1939 年 9 月 5 日
曲老八	商河县玉皇庙街道玉西村	—	男	1939 年 9 月 5 日
李德子	商河县玉皇庙街道玉西村	—	男	1939 年 9 月 5 日
曲兴信之伯父	商河县玉皇庙街道玉西村	—	男	1939 年 9 月 5 日
曲兴信之祖父	商河县玉皇庙街道玉西村	—	男	1939 年 9 月 5 日
李尚宽	商河县玉皇庙街道玉西村	—	男	1939 年 9 月 5 日

姓 名	籍 贯	年 龄	性 别	死难时间
郭麻子	商河县玉皇庙街道玉西村	—	男	1939 年 9 月 5 日
苏 才	商河县玉皇庙街道玉西村	—	男	1939 年 9 月 5 日
张魁节	商河县玉皇庙街道玉西村	—	男	1939 年 9 月 5 日
郭振江	商河县玉皇庙街道玉东村	—	男	1939 年 9 月 5 日
赵富庆	商河县玉皇庙街道玉东村	—	男	1939 年 9 月 5 日
刘海峰	商河县玉皇庙街道玉东村	—	男	1939 年 9 月 5 日
甄秀华	商河县玉皇庙街道玉东村	—	男	1939 年 9 月 5 日
甄秀华之父	商河县玉皇庙街道玉东村	—	男	1939 年 9 月 5 日
孙连福之父	商河县玉皇庙街道玉东村	—	男	1939 年 9 月 5 日
周学名之祖父	商河县玉皇庙街道玉东村	—	男	1939 年 9 月 5 日
周学名之叔祖父	商河县玉皇庙街道玉东村	—	男	1939 年 9 月 5 日
杨克水	商河县玉皇庙街道玉东村	—	男	1939 年 9 月 5 日
杨克理	商河县玉皇庙街道玉东村	—	男	1939 年 9 月 5 日
张立功	商河县玉皇庙街道玉东村	—	男	1939 年 9 月 5 日
刘敖子	商河县玉皇庙街道朱洼村	27	男	1939 年 9 月
刘二子	商河县玉皇庙街道朱洼村	25	男	1939 年 9 月
庞新林	商河县郑路镇邹庞村	20	男	1939 年 12 月
张继海之祖父	商河县郑路镇靖家村	—	男	1939 年 12 月
李清池	商河县殷巷镇于斜庄村	28	男	1939 年
李广田	商河县张坊乡李金香村	18	男	1939 年
李仁书	商河县张坊乡李金香村	39	男	1939 年
苏振武	商河县贾庄镇刘志石村	19	男	1939 年
王吉福	商河县贾庄镇小孙家村	17	男	1939 年
姜学功	商河县贾庄镇小孙家村	29	男	1939 年
姜万城	商河县贾庄镇小孙家村	49	男	1939 年
张海子	商河县贾庄镇甜水井村	20	男	1939 年
王传江	商河县贾庄镇小孙家村	20	男	1939 年
王吉军	商河县贾庄镇小孙家村	19	男	1939 年
宁结宗	商河县玉皇庙街道塔坡村	—	男	1939 年
董玉河	商河县玉皇庙街道纪家村	31	男	1939 年
纪连河	商河县玉皇庙街道纪家村	—	男	1939 年
牛发顺	商河县玉皇庙街道齐家村	—	男	1939 年
史沛显	商河县玉皇庙街道赵美雨村	—	男	1939 年
陈云义	商河县玉皇庙街道赵美雨村	—	男	1939 年

姓　名	籍　贯	年　龄	性　别	死难时间
常付顺之祖父	商河县玉皇庙街道富常村	—	男	1939 年
刘立原之妹	商河县玉皇庙街道罗家村	—	女	1939 年
刘锁子	商河县玉皇庙街道罗家村	—	男	1939 年
李　贵	商河县玉皇庙街道东大岭村	—	男	1939 年
甄和尚	商河县玉皇庙街道东甄家村	—	男	1939 年
王庆玉	商河县玉皇庙街道西石桥村	—	男	1939 年
李荣花	商河县孙集乡李家村	13	女	1939 年
李荣亮	商河县孙集乡李家村	21	男	1939 年
李玉明	商河县孙集乡李家村	14	男	1939 年
李荣炳	商河县孙集乡李家村	14	男	1939 年
李玉翠	商河县孙集乡李家村	15	男	1939 年
李志友	商河县孙集乡李家村	—	男	1939 年
李传后	商河县怀仁镇怀仁村	28	男	1939 年
张元彬	商河县怀仁镇怀仁村	24	男	1939 年
李家房	商河县怀仁镇全家村	29	男	1939 年
骆太祥	商河县郑路镇小贾家村	40	男	1939 年
牛安福	商河县郑路镇小贾家村	41	男	1939 年
梁孟华	商河县郑路镇小贾家村	40	男	1939 年
张万仲	商河县郑路镇前张家村	27	男	1939 年
张万臣	商河县郑路镇兴隆镇村	—	男	1939 年
乔宝旺	商河县郑路镇乔李石村	—	男	1939 年
侯万福	商河县郑路镇陈侯村	32	男	1939 年
李乃清	商河县郑路镇陈侯村	35	男	1939 年
孙立田	商河县郑路镇东黄桥村	—	男	1939 年
高东岐	商河县龙桑寺镇西高村	36	男	1939 年
高东昌	商河县龙桑寺镇西高村	48	男	1939 年
李连甲	商河县龙桑寺镇四门张村	47	男	1939 年
刘佃杨	商河县龙桑寺镇四门张村	28	男	1939 年
周日彬	商河县龙桑寺镇常庄村	—	男	1939 年
赵春来	商河县龙桑寺镇小黎村	—	男	1939 年
李学伍	商河县韩庙乡大官庄村	33	男	1939 年
王连重	商河县韩庙乡大官庄村	36	男	1939 年
李篮子	商河县韩庙乡大官庄村	35	男	1939 年
李占友	商河县韩庙乡红庙村	40	男	1939 年

姓　名	籍　贯	年龄	性别	死难时间
小　翠	商河县韩庙乡周家村	25	女	1939 年
季学武	商河县郑路镇季家村	16	男	1940 年 3 月
史忠瑞	商河县龙桑寺镇史家庙村	20	男	1940 年 3 月
韩新成	商河县怀仁镇西韩村	62	男	1940 年春
福　子	商河县贾庄镇郭安村	—	男	1940 年春
赵曾杰	商河县张坊乡北赵村	57	男	1940 年 4 月
六　子	商河县张坊乡北赵村	39	男	1940 年 4 月
张丰齐	商河县张坊乡苟家村	32	男	1940 年 4 月
齐六子	商河县张坊乡苟家村	20	男	1940 年 4 月
王建美	商河县张坊乡东张村	41	男	1940 年 4 月
赵元龙	商河县张坊乡丰盛集村	12	男	1940 年 4 月
李希荣	商河县张坊乡丰盛集村	21	男	1940 年 4 月
高思孔	商河县郑路镇高家村	—	男	1940 年 4 月
高风岭	商河县郑路镇高家村	—	男	1940 年 4 月
孔　金	商河县郑路镇高家村	—	男	1940 年 4 月
张士花之嫂	商河县郑路镇张坡村	60	女	1940 年 7 月
张敦俭之母	商河县郑路镇张坡村	70	女	1940 年 7 月
张士新	商河县郑路镇侯家村	17	男	1940 年 7 月
运　子	商河县郑路镇侯家村	21	男	1940 年 7 月
王功明	商河县龙桑寺镇王太开村	30	男	1940 年 8 月
李光波	商河县白桥乡蒿子孙村	39	男	1940 年 9 月
范元庆	商河县郑路镇范王村	—	男	1940 年 10 月
刘四子	商河县贾庄镇栾洼村	26	男	1940 年 11 月
王树深	商河县殷巷镇花元马村	—	男	1940 年
徐秀峰	商河县沙河乡新徐村	32	男	1940 年
徐　布	商河县沙河乡新徐村	17	男	1940 年
徐隋子	商河县沙河乡新徐村	22	男	1940 年
周保三	商河县沙河乡周李村	20	男	1940 年
朱连明	商河县沙河乡琵琶张村	24	男	1940 年
朱丰兴	商河县沙河乡琵琶张村	29	男	1940 年
张香河	商河县沙河乡琵琶张村	28	男	1940 年
刘德贵	商河县沙河乡东邸村	17	男	1940 年
任松林	商河县沙河乡西邸村	18	男	1940 年
亓振西	商河县沙河乡南范村	22	男	1940 年

姓　名	籍　贯	年　龄	性　别	死难时间
王建彬	商河县沙河乡燕家村	31	男	1940 年
翟天然	商河县沙河乡东排村	22	男	1940 年
马香怀	商河县沙河乡东前邸村	23	男	1940 年
杨克方	商河县沙河乡小胡村	22	男	1940 年
霍风征	商河县沙河乡大胡村	20	男	1940 年
庞柱泉	商河县沙河乡烟墩村	—	男	1940 年
刘风玉	商河县沙河乡新庄村	—	男	1940 年
刘希年	商河县贾庄镇城西燕村	—	男	1940 年
送　子	商河县贾庄镇郭庵村	—	男	1940 年
潘兴孝	商河县贾庄镇郭庵村	—	男	1940 年
潘庆学	商河县贾庄镇郭庵村	—	男	1940 年
库　子	商河县贾庄镇郭庵村	—	男	1940 年
马新田	商河县贾庄镇万坊村	25	男	1940 年
马云升	商河县贾庄镇万坊村	28	男	1940 年
林玉海之妻	商河县玉皇庙街道林东村	23	女	1940 年
张德木	商河县许商街道明辉居委会	17	男	1940 年
宁传宝	商河县许商街道明辉居委会	21	男	1940 年
陈广仁	商河县许商街道明辉居委会	33	男	1940 年
夏法亭	商河县许商街道后邵村	35	男	1940 年
刘吉忠	商河县孙集乡大刘家村	42	男	1940 年
刘学义	商河县孙集乡大刘家村	22	男	1940 年
李家善	商河县怀仁镇全家村	26	男	1940 年
刘郑氏	商河县郑路镇河西刘村	23	女	1940 年
赵汉良	商河县郑路镇东庄科村	—	男	1940 年
赵登明	商河县郑路镇东庄科村	—	男	1940 年
陈玉贞	商河县郑路镇西庄科村	—	男	1940 年
张笑成	商河县郑路镇张墨林村	—	男	1940 年
张朝元	商河县郑路镇张墨林村	—	男	1940 年
四　泥	商河县郑路镇张墨林村	—	男	1940 年
郭士贤	商河县郑路镇兴隆镇村	—	男	1940 年
孙立常	商河县郑路镇东黄桥村	—	男	1940 年
邱之秀	商河县郑路镇左家村	60	男	1940 年
左兴之	商河县郑路镇左家村	30	男	1940 年
任克智	商河县郑路镇西任村	23	男	1940 年

姓 名	籍 贯	年 龄	性 别	死难时间
赵春山	商河县郑路镇赵家村	18	男	1940 年
曹登发	商河县龙桑寺镇三官庙村	37	男	1940 年
曹登富	商河县龙桑寺镇三官庙村	35	男	1940 年
毕贞吉	商河县龙桑寺镇三官庙村	38	男	1940 年
高连华	商河县龙桑寺镇西高村	47	男	1940 年
孙振辉	商河县龙桑寺镇孙扒牯村	84	男	1940 年
曹登堂	商河县龙桑寺镇师曹村	28	男	1940 年
杨亭木	商河县龙桑寺镇任家村	45	男	1940 年
冯惠元	商河县龙桑寺镇冯集村	30	男	1940 年
李占义	商河县韩庙乡张寨村	37	男	1940 年
李桂之	商河县韩庙乡张寨村	40	男	1940 年
于洪河	商河县韩庙乡于寨村	50	男	1940 年
陈怀治	商河县孙集乡黄家村	24	男	1941 年 3 月
刚传英	商河县怀仁镇刚家村	40	男	1941 年 3 月
赵永德	商河县怀仁镇刚家村	30	男	1941 年 3 月
邢武太	商河县殷巷镇邢家村	21	男	1941 年春
潘兴历	商河县贾庄镇郭安村	—	男	1941 年春
潘兴道	商河县贾庄镇郭安村	—	男	1941 年春
刚传现	商河县怀仁镇刚家村	62	男	1941 年 4 月
陈光辉	商河县孙集乡黄家村	39	男	1941 年 5 月
郭连玉	商河县贾庄镇栾洼村	23	男	1941 年 10 月
路连柱	商河县郑路镇赵西村	20	男	1941 年 10 月
路来福	商河县郑路镇范王村	—	男	1941 年 11 月
胡振平	商河县龙桑寺镇胡家村	—	男	1941 年冬
魏丙莲	商河县殷巷镇魏家村	—	男	1941 年
王叶良	商河县殷巷镇郑家村	—	男	1941 年
石明森	商河县殷巷镇帽杨村	—	男	1941 年
石吉禹	商河县殷巷镇帽石村	—	男	1941 年
姬万祥	商河县贾庄镇史家村	29	男	1941 年
程 氏	商河县贾庄镇小张家村	—	女	1941 年
张振元	商河县贾庄镇郭庵村	—	男	1941 年
张立贵	商河县贾庄镇万坊村	20	男	1941 年
张光亮	商河县玉皇庙街道大张家村	—	男	1941 年
张光前	商河县玉皇庙街道大张家村	—	男	1941 年

姓 名	籍 贯	年 龄	性 别	死难时间
张 斗	商河县玉皇庙街道大张家村	—	男	1941 年
张光明	商河县玉皇庙街道大张家村	25	男	1941 年
孙士先	商河县玉皇庙街道大张家村	—	男	1941 年
王友圣	商河县玉皇庙街道王天币村	—	男	1941 年
孙风荣	商河县玉皇庙街道王天币村	—	男	1941 年
王友义	商河县玉皇庙街道王天币村	—	男	1941 年
王大荣	商河县玉皇庙街道王天币村	—	男	1941 年
王本强	商河县玉皇庙街道王天币村	—	男	1941 年
闫守祥	商河县玉皇庙街道李保恒村	—	男	1941 年
张元池	商河县玉皇庙街道魏家村	—	男	1941 年
王振周	商河县玉皇庙街道王尔玉村	—	男	1941 年
王洪杰	商河县玉皇庙街道王尔玉村	—	男	1941 年
邢万福	商河县许商街道前邵村	21	男	1941 年
孙兴福	商河县孙集乡园里村	22	男	1941 年
张 氏	商河县怀仁镇古城村	40	女	1941 年
庞立荣	商河县怀仁镇古城村	35	男	1941 年
晋延治	商河县怀仁镇古城村	38	男	1941 年
庞淑治	商河县怀仁镇古城村	38	男	1941 年
徐有圣	商河县怀仁镇全家村	32	男	1941 年
郭 氏	商河县怀仁镇耿家村	—	女	1941 年
文常德	商河县郑路镇文家村	—	男	1941 年
文 位	商河县郑路镇文家村	—	男	1941 年
吕振美	商河县郑路镇武集村	35	男	1941 年
黄克生	商河县郑路镇黄岭村	25	男	1941 年
任永申	商河县郑路镇西任村	55	男	1941 年
徐佃林	商河县龙桑寺镇骆家村	—	男	1941 年
刘玉丙	商河县龙桑寺镇常庄村	—	男	1941 年
崔传更之弟	商河县龙桑寺镇崔家村	25	男	1941 年
张相从	商河县龙桑寺镇张老庄村	23	男	1941 年
张相森	商河县龙桑寺镇李官村	16	男	1941 年
徐连成	商河县龙桑寺镇徐家村	37	男	1941 年
谢龙袍	商河县韩庙乡刘庙村	40	男	1941 年
谢报田	商河县韩庙乡刘庙村	31	男	1941 年
丙 子	商河县韩庙乡刘庙村	50	男	1941 年

姓 名	籍 贯	年 龄	性 别	死难时间
孙宅玉	商河乡韩庙乡孙营村	37	男	1941 年
付 子	商河乡韩庙乡孙营村	28	男	1941 年
蔡香峰	商河县韩庙乡刘庙村	38	男	1941 年
谢路兰	商河县韩庙乡刘庙村	40	男	1941 年
孙吉路	商河县韩庙乡东孙村	27	男	1941 年
孙朝刚	商河县韩庙乡东孙村	24	男	1941 年
田玉克	商河县韩庙乡店子街村	61	男	1941 年
杨孟子	商河县韩庙乡黄屯村	40	男	1941 年
黑 子	商河县韩庙乡孙营村	35	男	1941 年
李玉芝	商河县韩庙乡张寨村	40	男	1941 年
李勤芝	商河县韩庙乡张寨村	38	男	1941 年
齐美云	商河县韩庙乡齐寨村	61	男	1941 年
李晓银	商河县贾庄镇周家村	28	男	1942 年 2 月
王洪波	商河县龙桑寺镇王太开村	21	男	1942 年 2 月
李合士	商河县郑路镇常王村	—	男	1942 年 3 月
王心功	商河县贾庄镇周家村	26	男	1942 年 4 月
刘长东	商河县贾庄镇刘染坊村	22	男	1942 年 4 月
刘培成	商河县贾庄镇刘染坊村	38	男	1942 年 5 月
李玉河	商河县贾庄镇台子刘村	17	男	1942 年 6 月
坏 子	商河县贾庄镇台子刘村	17	男	1942 年 6 月
邢连德	商河县殷巷镇邢家村	24	男	1942 年夏
孙同班	商河县孙集乡孙集村	37	男	1942 年 9 月 8 日
孙售如	商河县孙集乡孙集村	42	男	1942 年 9 月 8 日
孙新广	商河县孙集乡车庙村	47	男	1942 年 9 月 8 日
孙新义	商河县孙集乡车庙村	50	男	1942 年 9 月 8 日
刘传士	商河县孙集乡车庙村	41	男	1942 年 9 月 8 日
刘元信	商河县贾庄镇北谢村	54	男	1942 年 9 月
王玉臣	商河县孙集乡相家村	30	男	1942 年 9 月
刘云龙	商河县贾庄镇燕家村	—	男	1942 年秋
刘培礼	商河县贾庄镇燕家村	—	男	1942 年秋
刘丙海	商河县张坊乡穆家村	30	男	1942 年
孙吉贵	商河县张坊乡南赵村	—	男	1942 年
马有道	商河县张坊乡马家村	—	男	1942 年
靳明荣	商河县张坊乡马家村	—	男	1942 年

姓 名	籍 贯	年 龄	性 别	死难时间
姜长瑞	商河县张坊乡大姜村	40	男	1942 年
温福亭	商河县沙河乡北周村	30	男	1942 年
张明海	商河县贾庄镇聂家村	34	男	1942 年
杜秀怀	商河县贾庄镇刘志石村	—	男	1942 年
李晓东	商河县贾庄镇周家村	22	男	1942 年
王学贤	商河县贾庄镇街西王村	—	男	1942 年
符 子	商河县贾庄镇小庄村	25	男	1942 年
李传章	商河县贾庄镇小庄村	50	男	1942 年
寇传祯	商河县贾庄镇寇家村	32	男	1942 年
寇守德	商河县贾庄镇寇家村	35	男	1942 年
寇 秀	商河县贾庄镇寇家村	28	男	1942 年
任永良	商河县贾庄镇东马村	20	男	1942 年
田福禄	商河县贾庄镇万坊村	27	男	1942 年
李玉金	商河县玉皇庙街道付家村	25	男	1942 年
段尚彬	商河县玉皇庙街道段家村	38	男	1942 年
段京沿	商河县玉皇庙街道段家村	20	男	1942 年
段京杰	商河县玉皇庙街道段家村	20	男	1942 年
魏晓龙	商河县玉皇庙街道魏集村	—	男	1942 年
方德中	商河县玉皇庙街道魏集村	—	男	1942 年
邢怀德	商河县孙集乡邢家村	21	男	1942 年
党建赵	商河县孙集乡史家村	27	男	1942 年
陈玉坤	商河县孙集乡周陈村	21	男	1942 年
张富江	商河县孙集乡韩牟村	—	男	1942 年
李家文	商河县怀仁镇全家村	28	男	1942 年
季成宝	商河县郑路镇季家村	42	男	1942 年
张成福	商河县郑路镇光明村	48	男	1942 年
路光明	商河县郑路镇路家村	30	男	1942 年
任克登	商河县郑路镇西任村	30	男	1942 年
张清元	商河县龙桑寺镇小张村	23	男	1942 年
张登元	商河县龙桑寺镇小张村	39	男	1942 年
张吉孔	商河县龙桑寺镇小张村	27	男	1942 年
张吉然	商河县龙桑寺镇小张村	35	男	1942 年
张吉聪	商河县龙桑寺镇小张村	37	男	1942 年
冯江元	商河县龙桑寺镇冯集村	19	男	1942 年

姓　名	籍　贯	年　龄	性　别	死难时间
冯光平	商河县龙桑寺镇冯集村	26	男	1942 年
亭　子	商河县龙桑寺镇冯集村	27	男	1942 年
冯清荼	商河县龙桑寺镇冯集村	22	男	1942 年
田××	商河县韩庙乡东杨村	36	男	1942 年
杨玉新	商河县韩庙乡东杨村	38	男	1942 年
杨少云之伯父	商河县韩庙乡东杨村	—	男	1942 年
壮　子	商河县韩庙乡孙营村	39	男	1942 年
杨登然	商河县韩庙乡东杨村	21	男	1942 年
杨玉奎	商河县韩庙乡东杨村	14	男	1942 年
孙本枝	商河县白桥乡蒿子孙村	49	男	1943 年 2 月
杨万元	商河县白桥乡蒿子孙村	63	男	1943 年 2 月
杨万香	商河县白桥乡蒿子孙村	65	男	1943 年 2 月
杨万平	商河县白桥乡蒿子孙村	67	男	1943 年 2 月
杨协胜	商河县白桥乡蒿子孙村	69	男	1943 年 2 月
刘造子	商河县贾庄镇北谢村	19	男	1943 年 2 月
刘玉宪	商河县贾庄镇北谢村	30	男	1943 年 2 月
柳永富	商河县孙集乡柳家村	20	男	1943 年 3 月
季连贵	商河县郑路镇季家村	19	男	1943 年 3 月
袁京让	商河县孙集乡袁窦村	24	男	1943 年 8 月
李　氏	商河县郑路镇赵西村	32	女	1943 年 8 月
杨金子	商河县白桥乡白桥村	32	男	1943 年 9 月
麻　子	商河县贾庄镇台子刘村	23	男	1943 年 9 月
李本祖	商河县怀仁镇东李隆堂村	60	男	1943 年 9 月
李本戴	商河县怀仁镇东李隆堂村	31	男	1943 年 9 月
李本朝	商河县怀仁镇东李隆堂村	33	男	1943 年 9 月
李本举	商河县怀仁镇东李隆堂村	32	男	1943 年 9 月
李本亭	商河县怀仁镇东李隆堂村	35	男	1943 年 9 月
潘兴洁	商河县贾庄镇郭庵村	—	男	1943 年秋
潘兴波	商河县贾庄镇郭庵村	—	男	1943 年秋
李光志	商河县贾庄镇台子刘村	27	男	1943 年 10 月
倪　氏	商河县张坊乡潘庙村	60	女	1943 年
卢成子	商河县贾庄镇王洼村	—	男	1943 年
米吉水	商河县贾庄镇王洼村	—	男	1943 年
李王氏	商河县贾庄镇李天随村	30	女	1943 年

姓 名	籍 贯	年 龄	性 别	死难时间
吕恩山	商河县贾庄镇白佛院村	—	男	1943 年
吕双山	商河县贾庄镇白佛院村	—	男	1943 年
陈广修	商河县贾庄镇白佛院村	—	男	1943 年
宋李氏	商河县玉皇庙街道宋家村	62	女	1943 年
陈兴甲	商河县玉皇庙街道林桥西村	41	男	1943 年
付德明	商河县玉皇庙街道林桥西村	43	男	1943 年
王承章	商河县孙集乡松林村	35	男	1943 年
董 祥	商河县孙集乡松林村	28	男	1943 年
王安喜	商河县孙集乡辛庄村	22	男	1943 年
蒙佃才	商河县怀仁镇芦沟庄村	49	男	1943 年
蒙佃贞	商河县怀仁镇芦沟庄村	34	男	1943 年
王令海	商河县怀仁镇芦沟庄村	17	男	1943 年
刘化怀	商河县怀仁镇芦沟庄村	53	男	1943 年
郑发胜	商河县郑路镇季家村	13	男	1943 年
黄乐友	商河县郑路镇高邱站村	60	男	1943 年
黄彦喜	商河县郑路镇高邱站村	27	男	1943 年
韩德兴	商河县郑路镇光明村	40	男	1943 年
王保田	商河县郑路镇营子村	23	男	1943 年
陈玉荣	商河县郑路镇营子村	23	男	1943 年
王马子	商河县郑路镇营子村	25	男	1943 年
王 海	商河县郑路镇营子村	21	男	1943 年
王希胜	商河县郑路镇营子村	28	男	1943 年
王步云	商河县郑路镇营子村	41	男	1943 年
陈火子	商河县郑路镇营子村	22	男	1943 年
郑晓德	商河县龙桑寺镇大毕家村	99	男	1943 年
尼 深	商河县龙桑寺镇前翟村	30	男	1943 年
刘凤仁	商河县龙桑寺镇西刘木村	23	男	1943 年
窦之木	商河县龙桑寺镇窦家村	27	男	1943 年
刘玉林	商河县韩庙乡后洼埃村	23	男	1943 年
樊 氏	商河县韩庙乡前洼埃村	52	女	1943 年
杨明义	商河县韩庙乡西杨村	30	男	1943 年
薛永贵	商河县韩庙乡大屯村	28	男	1943 年
李红岐	商河县韩庙乡李集村	33	男	1943 年
杨银子	商河县白桥乡白桥村	29	男	1944 年 2 月

姓 名	籍 贯	年 龄	性 别	死难时间
刘 彪	商河县白桥乡白桥村	25	男	1944 年 2 月
刘传文	商河县贾庄镇台子刘村	46	男	1944 年 6 月
孙大子	商河县白桥乡白桥村	26	男	1944 年 7 月
杨二月	商河县白桥乡白桥村	25	男	1944 年 7 月
吕忠厚	商河县白桥乡白桥村	30	男	1944 年 7 月
李晓揣	商河县贾庄镇台子刘村	48	男	1944 年 9 月
李光武	商河县贾庄镇台子刘村	45	男	1944 年 9 月
邢见真	商河县殷巷镇邢家村	32	男	1944 年 10 月
张校一	商河县龙桑寺镇高明吴村	52	男	1944 年冬
刘玉水	商河县殷巷镇东长王村	31	男	1944 年
麻 子	商河县贾庄镇小张家村	22	男	1944 年
谢圣先	商河县贾庄镇北谢村	35	男	1944 年
陈德庆	商河县玉皇庙街道林桥西村	20	男	1944 年
陈德温	商河县玉皇庙街道林桥西村	44	男	1944 年
许井龙	商河县玉皇庙街道林桥东村	20	男	1944 年
林玉海	商河县玉皇庙街道林桥东村	25	男	1944 年
张兴金	商河县许商街道幸福湖	15	男	1944 年
王培森	商河县孙集乡刘庵村	23	男	1944 年
王安禄	商河县孙集乡辛庄村	20	男	1944 年
刘怀礼	商河县怀仁镇芦沟庄村	51	男	1944 年
王令山	商河县怀仁镇芦沟庄村	46	男	1944 年
王欠树	商河县郑路镇解家村	35	男	1944 年
张仲山	商河县郑路镇小贾村	18	男	1944 年
刘成思	商河县郑路镇兴隆镇村	—	男	1944 年
王仕田	商河县郑路镇营子村	22	男	1944 年
王银子	商河县郑路镇营子村	16	男	1944 年
秦同林	商河县郑路镇秦家村	—	男	1944 年
于泮俭	商河县郑路镇于屯村	—	男	1944 年
张传董	商河县郑路镇前张村	25	男	1944 年
陈潭清	商河县郑路镇后张村	23	男	1944 年
赵景忠	商河县龙桑寺镇赵官店村	79	男	1944 年
韩美章	商河县龙桑寺镇常庄村	—	男	1944 年
李希信	商河县龙桑寺镇杨茂村	19	男	1944 年
王登汉	商河县龙桑寺镇温王村	56	男	1944 年

姓　名	籍　贯	年　龄	性　别	死难时间
李进峰	商河县韩庙乡西烟村	24	男	1944 年
李东恩	商河县韩庙乡西烟村	40	男	1944 年
黄玉章之母	商河县韩庙乡黄家村	64	女	1944 年
李河山	商河县韩庙乡红庙村	34	男	1944 年
杨登选	商河县韩庙乡孙胡同村	43	男	1944 年
刘天友	商河县韩庙乡黄屯村	33	男	1944 年
印　子	商河县韩庙乡打狗店村	45	男	1944 年
刘永章	商河县韩庙乡乐义口村	25	男	1944 年
赵恩洪	商河县韩庙乡赵寨村	52	男	1944 年
春　明	商河县韩庙乡赵寨村	43	男	1944 年
赵千功	商河县韩庙乡赵寨村	42	男	1944 年
赵千元	商河县韩庙乡赵寨村	41	男	1944 年
杨丙亚	商河县韩庙乡站南村	25	男	1944 年
田连贵	商河县龙桑寺镇东田村	18	男	1945 年 1 月
季学文	商河县郑路镇季家村	23	男	1945 年 2 月
若永福	商河县殷巷镇夏家村	20	男	1945 年 3 月
若玉青	商河县殷巷镇夏家村	24	男	1945 年 6 月
常延胜	商河县龙桑寺镇油坊张村	20	男	1945 年 8 月
董玉亭	商河县贾庄镇栾洼村	29	男	1945 年 10 月
董黑林	商河县贾庄镇栾洼村	34	男	1945 年 10 月
刘佃洋	商河县殷巷镇绳西村	—	男	1945 年
刘佃青	商河县殷巷镇绳西村	—	男	1945 年
刘吉孟	商河县殷巷镇绳西村	—	男	1945 年
刘岳山	商河县殷巷镇绳西村	—	男	1945 年
张存志	商河县殷巷镇绳西村	—	男	1945 年
吕宗哲	商河县贾庄镇小庄村	22	男	1945 年
张永圣	商河县许商街道马官寨村	88	男	1945 年
王龙奎	商河县孙集乡前街村	55	男	1945 年
翟吉福	商河县龙桑寺镇前翟村	19	男	1945 年
张南岭	商河县玉皇庙街道鞋里坞村	—	男	1937 年
张好福	商河县玉皇庙街道鞋里坞村	—	男	1937 年
宋恒善	商河县贾庄镇周家村	48	男	1937 年
邵瑞信	商河县许商街道前邵村	18	男	1937 年
邵登河	商河县许商街道前邵村	20	男	1937 年

姓 名	籍 贯	年龄	性别	死难时间
刘友吉	商河县龙桑寺镇东刘木村	45	男	1937 年
刘发屋	商河县龙桑寺镇西刘木村	17	男	1937 年
吕兰芳	商河县龙桑寺镇小吕村	28	男	1937 年
吕文富	商河县龙桑寺镇小吕村	51	男	1937 年
杨玉石	商河县许商街道杨家村	—	男	1938 年
刘朝阳	商河县龙桑寺镇东刘木村	27	男	1938 年
刘东阳	商河县龙桑寺镇东刘木村	30	男	1938 年
刘洪选	商河县龙桑寺镇东刘木村	47	男	1938 年
刘丙会	商河县龙桑寺镇东刘木村	49	男	1938 年
刘福礼	商河县龙桑寺镇东刘木村	25	男	1938 年
王官山	商河县张坊乡王洪九村	35	男	1939 年 9 月
钉 子	商河县张坊乡王洪九村	22	男	1939 年 9 月
兵 子	商河县张坊乡王洪九村	20	男	1939 年 9 月
张成一	商河县贾庄镇万坊村	36	男	1939 年 9 月
王传正	商河县张坊乡东张村	39	男	1939 年 10 月
王元功	商河县张坊乡东张村	21	男	1939 年 10 月
李汉信	商河县张坊乡丰盛集村	31	男	1939 年 10 月
王慧生	商河县张坊乡东张村	20	男	1939 年 12 月
王仁茂	商河县许商街道薛元村	67	男	1939 年
李玉林	商河县孙集乡李家村	24	男	1939 年
李志富	商河县孙集乡李家村	19	男	1939 年
丁宝珠	商河县韩庙乡周家村	22	男	1939 年
李本文	商河县张坊乡苟家村	46	男	1940 年 4 月
李本祥	商河县张坊乡苟家村	—	男	1940 年 4 月
任永汉	商河县郑路镇西任村	25	男	1940 年
任克道	商河县郑路镇西任村	17	男	1940 年
李振龙	商河县张坊乡王辛村	40	男	1940 年
官 子	商河县张坊乡王辛村	20	男	1940 年
杨秀水	商河县张坊乡王辛村	40	男	1940 年
王德明之兄	商河县张坊乡王辛村	40	男	1940 年
王树深	商河县殷巷镇花元马村	85	男	1940 年
王佃甲	商河县孙集乡双庙村	35	男	1940 年
孙丕成	商河县孙集乡双庙村	35	男	1940 年
陈玉坤之女	商河县孙集乡周陈村	—	女	1942 年

姓 名	籍 贯	年 龄	性 别	死难时间
刘树轩	商河县龙桑寺镇东刘木村	37	男	1942 年
杨成然	商河县韩庙乡东杨村	23	男	1942 年
刘爱臣	商河县殷巷镇东长王村	—	男	1944 年
张开腾	商河县许商街道西铺村	77	男	1945 年
合 计	**613**			

责任人：陈丽梅　　　　　核实人：杨守涛　李增花　于进东　填表人：李增花　宋　静
填报单位（签章）：商河县党史县志办公室　　　　　　　填报时间：2009 年 4 月 20 日

青岛市城阳区抗日战争时期死难者名录

姓 名	籍 贯	年 龄	性 别	死难时间
黄刘氏	城阳区流亭街道东流亭社区	—	女	1938 年 1 月 9 日
龙王氏	城阳区棘洪滩街道张家庄社区	24	女	1938 年 1 月 27 日
王 氏	城阳区棘洪滩街道港北社区	19	女	1938 年 1 月 27 日
栾吉岩之子	城阳区夏庄街道夏庄村	—	男	1938 年 2 月 3 日
王维堂	城阳区棘洪滩街道西毛家庄社区	56	男	1938 年 3 月 19 日
秦法本	城阳区夏庄街道秦家小水社区	—	男	1938 年 4 月 13 日
郭思文	城阳区城阳街道沟岔社区	55	男	1938 年 5 月
赵丕书	城阳区惜福镇街道棉花社区	42	男	1938 年 5 月
刘丕林	城阳区夏庄街道南屋石社区	70	男	1938 年 6 月 16 日
刘丕希	城阳区夏庄街道南屋石社区	72	男	1938 年 6 月 16 日
刘王氏	城阳区夏庄街道南屋石社区	73	女	1938 年 6 月 16 日
宫张氏	城阳区夏庄街道南屋石社区	50	女	1938 年 6 月 16 日
宫 双	城阳区夏庄街道南屋石社区	5	男	1938 年 6 月 16 日
王桂珍	诸城市	21	女	1938 年 7 月 10 日
王思森之祖父	城阳区夏庄街道贾家营社区	—	男	1938 年 7 月 18 日
唐道人	城阳区流亭街道东山社区	60	男	1938 年 7 月
黄相智	城阳区惜福镇街道棉花社区	39	男	1938 年 8 月
王玉珍	城阳区惜福镇街道科埠社区	27	男	1938 年 8 月
仇润贤	城阳区城阳街道沟岔社区	50	男	1938 年 8 月
栾守善	城阳区流亭街道杨埠寨社区	35	男	1938 年 8 月
曹丰浦之母	城阳区城阳街道前旺疃社区	35	女	1938 年 10 月
吴永雨之妻	城阳区河套街道西河套社区	—	女	1938 年秋
张克浩之母	城阳区城阳街道前旺疃社区	38	女	1938 年 10 月
魏徐氏	城阳区棘洪滩街道魏家庄社区	34	女	1938 年 12 月
矫 双	城阳区棘洪滩街道前海西社区	31	男	1938 年冬
纪家洪	城阳区城阳街道仲村社区	26	男	1938 年
刘清山	城阳区夏庄街道太和社区	—	男	1938 年
刘光合之妻	城阳区夏庄街道太和社区	—	女	1938 年
刘光合之外甥	城阳区夏庄街道太和社区	—	男	1938 年
刘印布	城阳区夏庄街道刘家营社区	28	男	1938 年
刘本旭	城阳区河套街道大涧社区	50	男	1938 年

姓　名	籍　贯	年　龄	性　别	死难时间
于宗省	城阳区红岛街道沟角社区	40	男	1938 年
刘霸石	城阳区红岛街道沟角社区	43	男	1938 年
孙振纯	城阳区红岛街道沟角社区	42	男	1938 年
于洪栋	城阳区红岛街道沟角社区	46	男	1938 年
楚英令	城阳区棘洪滩街道棘洪滩村社区	40	男	1938 年
高吉臻	城阳区流亭街道高家台社区	47	男	1939 年 3 月
王文义	城阳区城阳街道皂户社区	23	男	1939 年春
袁小丰	城阳区城阳街道皂户社区	22	男	1939 年春
王云七	城阳区城阳街道皂户社区	23	男	1939 年春
林　锁	城阳区棘洪滩街道河南头社区	36	男	1939 年春
万合升	城阳区棘洪滩街道南万社区	37	男	1939 年 6 月
矫恒达	城阳区棘洪滩街道前海西社区	19	男	1939 年 6 月
于尧光	城阳区流亭街道于家社区	17	男	1939 年 7 月
于平光	城阳区流亭街道于家社区	27	男	1939 年 7 月
于坛光	城阳区流亭街道于家社区	19	男	1939 年 7 月
孙志备	城阳区棘洪滩街道下崖社区	33	男	1939 年秋
孙朋正	城阳区棘洪滩街道下崖社区	34	男	1939 年秋
王思森之弟	城阳区夏庄街道贾营家社区	—	男	1939 年 10 月
辛兆财	城阳区夏庄街道杏杭社区	26	男	1939 年 11 月
马永展	城阳区夏庄街道马家台社区	24	男	1939 年 11 月
刘景新	城阳区棘洪滩街道上崖社区	31	男	1939 年 11 月
孙胶世	城阳区夏庄街道西石沟社区	25	男	1939 年 11 月
王书俭	城阳区夏庄街道罗圈涧社区	24	男	1939 年 12 月
张仕根	城阳区棘洪滩街道上崖社区	23	男	1939 年冬
王相成之三弟	城阳区夏庄街道华阴社区	—	男	1939 年
徐谟吉	城阳区惜福镇街道惜福镇社区	45	男	1939 年
王义魁	城阳区惜福镇街道王家村社区	40	男	1939 年
张　省	城阳区惜福镇街道南寨社区	23	男	1939 年
王世义	城阳区惜福镇街道南寨社区	28	男	1939 年
宋良玉	城阳区惜福镇街道李辛社区	—	男	1939 年
李吉仁	城阳区惜福镇街道李辛社区	—	男	1939 年
刘广尊	城阳区红岛街道后韩社区	27	男	1939 年
韩明章	城阳区红岛街道前韩社区	37	男	1939 年
田世昌	城阳区城阳街道西城汇社区	18	男	1939 年

姓 名	籍 贯	年 龄	性 别	死难时间
魏殿光	城阳区棘洪滩街道韩洼社区	70	男	1939 年
孙思珉	城阳区棘洪滩街道韩洼社区	56	男	1939 年
陈 福	城阳区棘洪滩街道古岛社区	23	男	1939 年
宋庆暖	城阳区棘洪滩街道古岛社区	30	男	1939 年
王风尊	城阳区惜福镇街道后金社区	21	男	1940 年 1 月
于 氏	城阳区棘洪滩街道北万社区	26	女	1940 年 3 月
王锡喜	城阳区城阳街道皂户社区	40	男	1940 年春
吕兆连	城阳区河套街道东河套社区	28	男	1940 年春
吕兆珍	城阳区河套街道东河套社区	25	男	1940 年春
宁红英	城阳区红岛街道小庄社区	36	男	1940 年 4 月
崔明利	城阳区河套街道上疃社区	34	男	1940 年 5 月 20 日
孙丕丛	城阳区棘洪滩街道韩洼社区	50	男	1940 年 6 月
孙绪烟	城阳区棘洪滩街道韩洼社区	30	男	1940 年 6 月
孙绪祜	城阳区棘洪滩街道韩洼社区	28	男	1940 年 6 月
季宗禄	城阳区河套街道孟家社区	—	男	1940 年 8 月 25 日
杨硕德	城阳区惜福镇街道杨家村社区	31	男	1940 年 8 月
崔本质	城阳区河套街道下疃社区	42	男	1940 年秋
李维榆	城阳区棘洪滩街道东毛家庄社区	28	男	1940 年秋
李维明	城阳区棘洪滩街道东毛家庄社区	29	男	1940 年秋
盛 随	城阳区城阳街道京口社区	18	男	1940 年
任 发	城阳区城阳街道京口社区	24	男	1940 年
纪家山	城阳区城阳街道北曲前社区	40	男	1940 年
黄象禄	城阳区城阳街道仲村社区	25	男	1940 年
黄象湖	城阳区城阳街道仲村社区	28	男	1940 年
隋明文	城阳区流亭街道南城阳社区	35	男	1940 年
隋成文	城阳区流亭街道南城阳社区	33	男	1940 年
李喜信	城阳区流亭街道南城阳社区	38	男	1940 年
刘延永	城阳区流亭街道苇山社区	16	男	1940 年
刘成方	城阳区夏庄街道刘营社区	42	男	1940 年
刘显丞	城阳区河套街道尚家沟社区	42	男	1940 年
宫垂江	城阳区惜福镇街道宫家村社区	32	男	1940 年
宋兆炼	城阳区惜福镇街道李辛社区	—	男	1940 年
宋月平	城阳区惜福镇街道李辛社区	—	男	1940 年
江汉食	—	—	男	1940 年

姓　名	籍　贯	年　龄	性　别	死难时间
赵玉山	城阳区上马街道东程社区	—	男	1940 年
孙志恒	城阳区棘洪滩街道上崖社区	16	男	1940 年
刘永显	城阳区棘洪滩街道下崖社区	—	男	1940 年
孙立勉	城阳区棘洪滩街道下崖社区	—	男	1940 年
萧继栾	城阳区红岛街道肖家社区	41	男	1941 年 1 月 20 日
萧某桢	城阳区红岛街道肖家社区	60	男	1941 年 1 月 20 日
韩高昌	城阳区红岛街道韩家	36	男	1941 年 1 月 28 日
韩高早	城阳区红岛街道韩家	37	男	1941 年 2 月 28 日
庞元明	城阳区棘洪滩街道北万社区	73	男	1941 年 2 月
胡连绪	城阳区流亭街道东流亭社区	—	男	1941 年春
宋兆宏	城阳区城阳街道西郭庄社区	35	男	1941 年春
江敦明	城阳区城阳街道西郭庄社区	32	男	1941 年春
郭义宗之五婶	城阳区上马街道郭家社区	—	女	1941 年春
郭德羲	城阳区上马街道王林庄社区	—	男	1941 年春
王本体	城阳区棘洪滩街道中华埠社区	25	男	1941 年春
王　嫚	城阳区棘洪滩街道中华埠社区	2	女	1941 年春
孙克论	城阳区夏庄街道西石沟社区	38	男	1941 年 4 月
万锡岷	城阳区棘洪滩街道南万社区	36	男	1941 年 4 月
王六八	城阳区城阳街道百埠社区	25	男	1941 年 4 月
李世材	城阳区上马街道朝阳社区	28	男	1941 年 5 月
杨全论	城阳区上马街道朝阳社区	19	男	1941 年 5 月
宫垂山	城阳区夏庄街道南屋石社区	22	男	1941 年 6 月 4 日
任全琇	城阳区城阳街道京口社区	25	男	1941 年 6 月
任潘生	城阳区城阳街道京口社区	21	男	1941 年 6 月
任知秀	城阳区城阳街道京口社区	23	男	1941 年 6 月
李德胜	—	—	男	1941 年 9 月 1 日
韩文德	城阳区红岛街道韩家	35	男	1941 年 9 月 4 日
韩明渭	城阳区红岛街道韩家	44	男	1941 年 9 月 4 日
纪小林	城阳区城阳街道北曲前社区	24	男	1941 年秋
赵元金之母	城阳区上马街道西张哥庄社区	—	女	1941 年秋
迟仁远	城阳区城阳街道西旺疃社区	21	男	1941 年 12 月
焦泽美	城阳区城阳街道西旺疃社区	20	女	1941 年 12 月
王侯极	城阳区城阳街道城子社区	30	男	1941 年
高方河	城阳区夏庄街道马家台社区	—	男	1941 年

姓 名	籍 贯	年龄	性别	死难时间
杨 才	城阳区惜福镇街道杨家村社区	18	男	1941 年
韩 马	城阳区红岛街道后韩社区	24	男	1941 年
郭义宗	城阳区上马街道郭家庄社区	—	男	1941 年
蔺文智	城阳区棘洪滩街道前海西社区	46	男	1941 年
于仲虎	城阳区城阳街道后桃林社区	62	男	1942 年 1 月 11 日
徐立涛	城阳区红岛街道观涛社区	33	男	1942 年 2 月 4 日
王庆云	城阳区夏庄街道下山色峪社区	33	男	1942 年 2 月 16 日
刘敦正	城阳区河套街道大涧社区	33	男	1942 年 3 月 10 日
刘桂参	城阳区城阳街道西城汇社区	40	男	1942 年 3 月
杨 平	城阳区流亭街道东山社区	15	男	1942 年 3 月
李柏先	城阳区城阳街道后田社区	19	男	1942 年春
江敦友	城阳区城阳街道西郭庄社区	30	男	1942 年春
张式文之母	城阳区城阳街道小寨子社区	38	女	1942 年春
赵元乾	城阳区上马街道西张社区	—	男	1942 年 4 月
陈学宽	城阳区河套街道潮海西社区	18	男	1942 年 5 月 20 日
罗长生	城阳区河套街道罗家营社区	40	男	1942 年 5 月 20 日
崔明泽	城阳区河套街道下疃社区	36	男	1942 年 5 月 20 日
李国梁	—	—	男	1942 年 5 月 20 日
苗宗会	—	—	男	1942 年 5 月 20 日
王中鑫	城阳区夏庄街道王家泊子社区	28	男	1942 年 6 月
刘兆祥	城阳区城阳街道古庙头社区	62	男	1942 年 7 月
赵振缙	城阳区城阳街道古庙头社区	35	男	1942 年 7 月
孙张氏	城阳区夏庄街道张家沙沟社区	23	女	1942 年 7 月
庄元吉	城阳区流亭街道港东社区	24	男	1942 年 8 月
演学贵	城阳区夏庄街道王家泊子社区	30	男	1942 年 8 月
张以辉	城阳区城阳街道小寨子社区	25	男	1942 年秋
李 本	城阳区城阳街道后田社区	23	男	1942 年秋
张开东	城阳区城阳街道前旺疃社区	61	男	1942 年秋
李修路	城阳区城阳街道前旺疃社区	32	男	1942 年秋
任坦年	城阳区城阳街道皂户社区	51	男	1942 年秋
张悦晓	城阳区城阳街道小寨子社区	38	男	1942 年秋
张斌之祖母	城阳区城阳街道小寨子社区	60	女	1942 年秋
于曾先	城阳区红岛街道东大洋社区	57	男	1942 年 8 月 14 日
刘瑞枕	城阳区河套街道胡庆社区	33	男	1942 年 9 月 24 日

姓 名	籍 贯	年 龄	性 别	死难时间
孙黄世	城阳区夏庄街道西石沟社区	40	男	1942 年 9 月
王崇德	城阳区夏庄街道西石沟社区	30	男	1942 年 10 月
孙克图	城阳区红岛街道小庄社区	37	男	1942 年 10 月
刘勋臣	城阳区河套街道山角社区	31	男	1942 年 10 月
贾德祥	城阳区城阳街道前旺疃社区	40	男	1942 年冬
张开东之妻	城阳区城阳街道前旺疃社区	41	女	1942 年冬
曹丰诺之母	城阳区城阳街道前旺疃社区	36	女	1942 年冬
吴孝顺	城阳区惜福镇街道吴贾村社区	—	男	1942 年
王文岩	城阳区城阳街道皂户社区	22	男	1942 年
张维木	城阳区城阳街道小寨子社区	20	男	1942 年
张以工	城阳区城阳街道小寨子社区	24	男	1942 年
张以昌	城阳区城阳街道小寨子社区	23	男	1942 年
张小七	城阳区城阳街道小寨子社区	18	男	1942 年
张小相	城阳区城阳街道小寨子社区	18	男	1942 年
孙炳纯	城阳区棘洪滩街道韩洼社区	25	男	1942 年
张小锁	城阳区城阳街道小寨子社区	18	男	1942 年
张竹泉	城阳区上马街道王林庄社区	23	男	1942 年
孙绪先	城阳区上马街道王林庄社区	23	男	1942 年
张克盛之母	城阳区城阳街道前旺疃社区	58	女	1942 年
曹福才之母	城阳区城阳街道前旺疃社区	39	女	1942 年
田世磊	城阳区城阳街道西城汇社区	28	男	1942 年
焦泽先	城阳区城阳街道西旺疃社区	19	男	1942 年
赵成缄	城阳区流亭街道苇山社区	50	男	1942 年
赵立敏	城阳区流亭街道苇山社区	35	男	1942 年
赵立政	城阳区流亭街道苇山社区	30	男	1942 年
赵成照	城阳区流亭街道苇山社区	19	男	1942 年
张世云	城阳区惜福镇街道松树庄社区	27	男	1942 年
张世宅	城阳区惜福镇街道松树庄社区	26	男	1942 年
韩军地	城阳区红岛街道后韩社区	26	男	1942 年
刘宗仁	城阳区红岛街道后韩社区	27	男	1942 年
贾专嫚	城阳区红岛街道萧家社区	35	女	1942 年
蔄七一	城阳区棘洪滩街道前海西社区	7	男	1942 年
郝令峨	城阳区夏庄街道郝家营社区	48	男	1942 年
孙书田	城阳区夏庄街道上蜜蜂社区	16	男	1943 年 1 月 26 日

姓 名	籍 贯	年 龄	性 别	死难时间
孙森世	城阳区夏庄街道上蜜蜂社区	60	男	1943 年 1 月 26 日
李田中	城阳区河套街道西河套社区	24	男	1943 年 3 月 12 日
张中祥	城阳区城阳街道东田社区	24	男	1943 年 3 月
孙淑明	城阳区夏庄街道上山色峪社区	12	男	1943 年 3 月
孙王氏	城阳区夏庄街道上山色峪社区	63	女	1943 年 3 月
孙淑明之祖母	城阳区夏庄街道上山色峪社区	—	女	1943 年 3 月
纪家珉	城阳区城阳街道大北曲前社区	25	男	1943 年春
纪杰传之子	城阳区城阳街道仲村社区	6	男	1943 年春
万合迟	城阳区棘洪滩街道铁家庄社区	42	男	1943 年春
王学均	城阳区棘洪滩街道段家庄社区	28	男	1943 年 4 月
杨贵永	城阳区城阳街道东田社区	45	男	1943 年 4 月
杨贵论	城阳区城阳街道东田社区	42	男	1943 年 4 月
杨孝先	城阳区城阳街道东田社区	21	男	1943 年 4 月
杨李氏	城阳区城阳街道东田社区	20	女	1943 年 4 月
王元梅	城阳区惜福镇街道纸房社区	30	男	1943 年 4 月
赵士美	城阳区河套街道赵家岭社区	50	男	1943 年 4 月 5 日
赵竹祥	城阳区红岛街道西大洋社区	42	男	1943 年 4 月 12 日
赵显本	城阳区红岛街道西大洋社区	18	男	1943 年 4 月 12 日
王作文	城阳区棘洪滩街道东毛家庄社区	46	男	1943 年 6 月 7 日
王金玉	城阳区棘洪滩街道东毛家庄社区	24	男	1943 年 6 月 7 日
毛瑞可	城阳区棘洪滩街道东毛家庄社区	32	男	1943 年 6 月 7 日
曲文才	城阳区棘洪滩街道东毛家庄社区	30	男	1943 年 6 月 7 日
黄克勤	城阳区棘洪滩街道东毛家庄社区	32	男	1943 年 6 月 7 日
李 丑	城阳区棘洪滩街道东毛家庄社区	31	男	1943 年 6 月 7 日
刘贤河	城阳区河套街道山角社区	28	男	1943 年 6 月
张维晓	城阳区城阳街道小寨子社区	22	男	1943 年 6 月
万锡连	城阳区棘洪滩街道南万社区	30	男	1943 年 6 月
葛仁显	城阳区城阳街道皂户社区	24	男	1943 年夏
张以耿	—	—	男	1943 年 7 月 5 日
赵成戴	—	—	男	1943 年 7 月 5 日
秦丕江	—	—	男	1943 年 7 月 5 日
宫垂华	—	—	男	1943 年 7 月 6 日
吴张氏	城阳区河套街道西河套社区	36	女	1943 年 7 月 22 日
纪连琛	城阳区城阳街道南疃社区	21	男	1943 年 7 月

姓 名	籍 贯	年 龄	性 别	死难时间
纪礼传	城阳区城阳街道南疃社区	22	男	1943 年 7 月
曹 队	城阳区城阳街道南疃社区	16	男	1943 年 7 月
牟凯智	城阳区惜福镇街道牟家村社区	33	男	1943 年 7 月
纪 京	城阳区城阳街道南疃社区	18	男	1943 年 7 月
牟杰智	城阳区惜福镇街道牟家村社区	31	男	1943 年 7 月
曲新先	城阳区惜福镇街道惜福镇社区	27	男	1943 年 8 月
王成田	城阳区惜福镇街道演礼社区	25	男	1943 年 8 月
万德茂	城阳区棘洪滩街道南万社区	17	男	1943 年 8 月
崔某明	城阳区河套街道下疃社区	52	男	1943 年 8 月
张世滨	城阳区惜福镇街道松树庄社区	37	男	1943 年 8 月
赵瑞密	城阳区红岛街道西大洋社区	35	男	1943 年 9 月 9 日
杨友芳	城阳区流亭街道东山社区	46	男	1943 年 9 月
赵希昭	城阳区流亭街道苇山社区	22	男	1943 年 9 月
赵希琚	城阳区流亭街道苇山社区	28	男	1943 年 9 月
杨成贤	城阳区夏庄街道丹山社区	25	男	1943 年 9 月
毛加初	城阳区棘洪滩街道西毛家庄社区	21	男	1943 年 9 月
曲 邦	城阳区棘洪滩街道西毛家庄社区	21	男	1943 年 9 月
矫泽法	城阳区棘洪滩街道前海西社区	21	男	1943 年 9 月
蔺相义	城阳区棘洪滩街道前海西社区	21	男	1943 年 9 月
矫新法	城阳区棘洪滩街道铁家庄社区	40	男	1943 年 9 月
万茂宝	城阳区棘洪滩街道铁家庄社区	17	男	1943 年 9 月
龙喜岱	城阳区棘洪滩街道张家庄社区	27	男	1943 年 9 月
纪玉栾	城阳区城阳街道南疃社区	32	男	1943 年秋
纪玉祥	城阳区城阳街道南疃社区	34	男	1943 年秋
纪美传	城阳区城阳街道北曲前社区	22	男	1943 年秋
李启君	城阳区城阳街道后田社区	18	男	1943 年秋
李殿军	城阳区城阳街道后田社区	26	男	1943 年秋
曹十五	城阳区城阳街道前旺疃社区	22	男	1943 年秋
栾安成	城阳区夏庄街道夏庄村	—	男	1943 年秋
栾心忠	城阳区夏庄街道夏庄村	—	男	1943 年秋
曹正财之母	城阳区城阳街道前旺疃社区	37	女	1943 年 10 月
陈吉占	城阳区城阳街道寺西社区	18	男	1943 年 11 月
孙崇世	城阳区夏庄街道西石沟社区	28	男	1943 年 12 月 19 日
纪习源	城阳区夏庄街道西石沟社区	35	男	1943 年 12 月 19 日

姓 名	籍 贯	年 龄	性 别	死难时间
王克高	城阳区城阳街道城子社区	30	男	1943 年
张维辉	城阳区城阳街道小寨子社区	24	男	1943 年
张以祥之妻	城阳区城阳街道小寨子社区	36	女	1943 年
张维队之母	城阳区城阳街道小寨子社区	52	女	1943 年
纪家师	城阳区城阳街道南疃社区	20	男	1943 年
纪 月	城阳区城阳街道南疃社区	17	男	1943 年
王立棕	城阳区流亭街道双埠社区	29	男	1943 年
于振法	城阳区流亭街道红埠社区	23	男	1943 年
夏台河	城阳区流亭街道红埠社区	22	男	1943 年
王友江	城阳区流亭街道红埠社区	22	男	1943 年
王永成之二弟	城阳区夏庄街道华阴社区	10	男	1943 年
高方复	城阳区夏庄街道马家台社区	—	男	1943 年
郝志宋	城阳区夏庄街道郝营社区	18	男	1943 年
王玉成之妻	城阳区夏庄街道华阴社区	—	女	1943 年
张成杰	城阳区河套街道尚家沟社区	23	男	1943 年
于东胜	城阳区河套街道尚家沟社区	24	男	1943 年
叶万年	城阳区河套街道尚家沟社区	42	男	1943 年
刘显勤	城阳区河套街道尚家沟社区	24	男	1943 年
董申方	城阳区惜福镇街道宫家村社区	28	男	1943 年
王立福	城阳区惜福镇街道东葛社区	18	男	1943 年
张承立	城阳区惜福镇街道松树庄社区	32	男	1943 年
周承森	城阳区惜福镇街道院后社区	32	男	1943 年
李奎业	城阳区惜福镇街道院后社区	32	男	1943 年
牟全智	城阳区惜福镇街道牟家村社区	20	男	1943 年
付廷训	城阳区惜福镇街道傅家埠社区	42	男	1943 年
高思义	城阳区惜福镇街道惜福镇社区	37	男	1943 年
韩明池	城阳区红岛街道后南社区	26	男	1943 年
苗增洧	城阳区上马街道邱家社区	—	男	1943 年
万永棣	城阳区棘洪滩街道南万社区	22	男	1943 年
万合训	城阳区棘洪滩街道南万社区	28	男	1943 年
孙珍正	城阳区棘洪滩街道下崖社区	21	男	1943 年
孙玉德	城阳区棘洪滩街道下崖社区	35	男	1943 年
王云光	城阳区红岛街道高家社区	—	男	1944 年 2 月 8 日
黄 所	城阳区城阳街道仲村社区	22	男	1944 年 2 月

姓 名	籍 贯	年 龄	性 别	死难时间
孙智功	城阳区夏庄街道上山色峪社区	19	男	1944 年 5 月
陈桂花之夫	城阳区夏庄街道秦家小水社区	—	男	1944 年 5 月
李守华	城阳区城阳街道前田社区	16	男	1944 年 6 月
崔世勤	城阳区城阳街道前田社区	18	男	1944 年 6 月
杨秀峰	—	—	男	1944 年 6 月
张尚武	—	—	男	1944 年 6 月
纪家桃	城阳区城阳街道南疃社区	17	男	1944 年 7 月
王学君	城阳区棘洪滩街道魏家庄社区	38	男	1944 年 7 月
王泽彬	城阳区红岛街道东大洋社区	25	男	1944 年 7 月
孙绪杰	城阳区棘洪滩街道韩洼社区	20	男	1944 年 8 月
孙娇氏	城阳区棘洪滩街道韩洼社区	20	女	1944 年 8 月
孙丕薮	城阳区棘洪滩街道韩洼社区	38	男	1944 年 8 月
孙徐氏	城阳区棘洪滩街道韩洼社区	39	女	1944 年 8 月
孙金嫚	城阳区棘洪滩街道韩洼社区	—	女	1944 年 8 月
孙丕白	城阳区棘洪滩街道韩洼社区	75	男	1944 年 8
孙金氏	城阳区棘洪滩街道韩洼社区	73	女	1944 年 8 月
孙丕择	城阳区棘洪滩街道韩洼社区	75	男	1944 年 8 月
孙金氏	城阳区棘洪滩街道韩洼社区	70	女	1944 年 8 月
孙邢氏	城阳区棘洪滩街道韩洼社区	30	女	1944 年 8 月
孙袁氏	城阳区棘洪滩街道韩洼社区	70	女	1944 年 8 月
孙小根	城阳区棘洪滩街道韩洼社区	5	男	1944 年 8 月
孙万氏	城阳区棘洪滩街道韩洼社区	42	女	1944 年 8 月
纪 成	城阳区城阳街道南疃社区	18	男	1944 年 9 月
纪小和	城阳区城阳街道南疃社区	20	男	1944 年 9 月
金显昌	城阳区红岛街道韩家	35	男	1944 年 9 月 27 日
于万春	城阳区红岛街道韩家	50	男	1944 年 10 月 2 日
赵宗莆	城阳区红岛街道西大洋社区	20	男	1944 年 10 月 7 日
赵宗暖	城阳区红岛街道西大洋社区	29	男	1944 年 10 月 7 日
赵宗珉	城阳区红岛街道西大洋社区	26	男	1944 年 10 月 7 日
赵宇茂	城阳区红岛街道西大洋社区	38	男	1944 年 10 月 7 日
张志俭	—	—	男	1944 年 11 月 2 日
徐学平	—	—	男	1944 年 11 月 2 日
王树匡	城阳区夏庄街道中曹村社区	—	男	1944 年 11 月 2 日
袁可秋	城阳区棘洪滩街道院后庄社区	56	男	1944 年 12 月 11 日

姓　名	籍　贯	年　龄	性　别	死难时间
管风浩	城阳区红岛街道东大洋社区	35	男	1944 年 12 月
张维良	城阳区城阳街道小寨子社区	20	男	1944 年
张式培之父	城阳区城阳街道小寨子社区	46	男	1944 年
张建正	城阳区城阳街道小寨子社区	25	男	1944 年
候文风	城阳区上马街道候家社区	31	男	1944 年
纪家廷	城阳区城阳街道南疃社区	25	男	1944 年
苏延卓	城阳区城阳街道南疃社区	21	男	1944 年
王友增	城阳区流亭街道红埠社区	18	男	1944 年
方修贞	城阳区夏庄街道秦小水社区	—	男	1944 年
秦林本	城阳区夏庄街道秦小水社区	—	男	1944 年
付兴灿	城阳区惜福镇街道傅家埠社区	33	男	1944 年
于可庭之女	城阳区红岛街道东大洋社区	12	女	1944 年
于可章之女	城阳区红岛街道东大洋社区	7	女	1944 年
管风顺之母	城阳区红岛街道东大洋社区	45	女	1944 年
于蒲先之妻	城阳区红岛街道东大洋社区	42	女	1944 年
管风成之女	城阳区红岛街道东大洋社区	17	女	1944 年
孙玉珠	城阳区棘洪滩街道下崖社区	37	男	1944 年
李赛嫚	城阳区城阳街道东旺疃社区	19	女	1945 年 1 月
纪家政	城阳区城阳街道南疃社区	21	男	1945 年 6 月
侯文金	城阳区棘洪滩街道中华埠社区	25	男	1945 年 6 月
徐小瑞	城阳区河套街道孙哥庄东社区	16	男	1945 年夏
吴经连之妻	城阳区夏庄街道安乐社区	27	女	1945 年 7 月 13 日
魏六田	城阳区棘洪滩街道魏家庄社区	12	男	1945 年 7 月 26 日
姜变嫚	城阳区流亭街道双埠社区	16	女	1945 年 8 月
辛兆纪	城阳区棘洪滩街道中华埠社区	47	男	1945 年 8 月
辛　五	城阳区棘洪滩街道中华埠社区	24	男	1945 年 8 月
王敦信	城阳区棘洪滩街道棘洪滩村社区	32	男	1945 年 8 月
田有悦	城阳区城阳街道西城汇社区	32	男	1945 年 8 月
刘丕汉之妻	城阳区夏庄街道南屋石社区	58	女	1945 年
郭刘氏	城阳区棘洪滩街道港北社区	54	女	1945 年
郭丰富	城阳区棘洪滩街道港北社区	15	男	1945 年
赵成钜	城阳区流亭街道苇山社区	29	男	1945 年
袁秩寂	城阳区流亭街道双埠社区	25	男	1945 年
栾振山	城阳区夏庄街道夏庄村	—	男	1945 年

姓 名	籍 贯	年 龄	性 别	死难时间
王丰尊	城阳区惜福镇街道后金社区	—	男	1945 年
孙宝山	城阳区城阳街道东旺疃社区		男	1945 年
曹秀礼	城阳区城阳街道北疃社区	23	男	1945 年
王至春	城阳区夏庄街道华阴社区	—	男	1937—1939 年
王可成	城阳区夏庄街道华阴社区	—	男	1937—1939 年
胡正瑞	城阳区夏庄街道云头崮社区	62	男	1938—1945 年
刘印白	城阳区夏庄街道刘营社区	27	男	1938—1945 年
肖永尧	城阳区夏庄街道西宅子头社区	—	男	1938—1945 年
潘圣成	城阳区夏庄街道西宅子头社区	—	男	1938—1945 年
刘印敬	城阳区夏庄街道刘营社区	22	男	1938—1945 年
刘孙氏	—	35	女	—
牟胜先	城阳区棘洪滩街道中华埠社区	6	男	—
李日兆	城阳区夏庄街道李家女姑社区	—	男	—
王维堂	城阳区棘洪滩街道西毛家庄社区	56	男	1938 年 3 月 15 日
矫爱法	城阳区棘洪滩街道前海西社区	40	男	1939 年秋
矫诺德	城阳区棘洪滩街道前海西社区	37	男	1939 年秋
矫明淑	城阳区棘洪滩街道前海西社区	35	男	1939 年秋
胡 坤	城阳区夏庄街道云头崮社区	23	男	1939 年
胡正盛	城阳区夏庄街道云头崮社区	22	男	1939 年
王至钊	城阳区夏庄街道华阴社区	—	男	1939 年
王至丰	城阳区夏庄街道华阴社区	—	男	1939 年
王 华	城阳区夏庄街道华阴社区	—	男	1939 年
刘培俊	城阳区惜福镇街道李辛社区	—	男	1939 年
冷论绪	城阳区夏庄街道冷家沙沟社区	37	男	1940 年春
孙佳胥	城阳区棘洪滩街道小胡埠社区	34	男	1940 年秋
刘 邦	城阳区棘洪滩街道黄家庄社区	20	男	1940 年秋
刘世云	城阳区棘洪滩街道黄家庄社区	26	男	1940 年秋
牛德澡	城阳区流亭街道西果园社区	23	男	1940 年
范正山	城阳区惜福镇街道东葛家社区	—	男	1940 年
范正俊	城阳区惜福镇街道东葛家社区	—	男	1940 年
范正民	城阳区惜福镇街道东葛家社区	—	男	1940 年
范正志	城阳区惜福镇街道东葛家社区	—	男	1940 年
范德喜	城阳区惜福镇街道东葛家社区	—	男	1940 年
矫扶司	城阳区棘洪滩街道前海西社区	45	男	1941 年春

姓 名	籍 贯	年 龄	性 别	死难时间
孙可财	城阳区棘洪滩街道西毛家庄社区	49	男	1941 年春
刘思清	城阳区棘洪滩街道中华埠社区	45	男	1941 年 4 月
张玉海	城阳区棘洪滩街道小胡埠社区	45	男	1941 年
矫铜法	城阳区棘洪滩街道后海西社区	49	男	1941 年
矫扶美	城阳区棘洪滩街道前海西社区	36	男	1942 年春
邵成伦	城阳区棘洪滩街道前海西社区	25	男	1942 年春
曲 华	—	—	男	1942 年夏
赵连长	城阳区河套街道赵家岭社区	24	男	1942 年
于连芳	城阳区惜福镇街道吴贾村社区	38	男	1942 年
孙丕象	城阳区惜福镇街道宫家村社区	—	男	1942 年
王存熙	城阳区惜福镇街道东葛社区	19	男	1942 年
韩高肖	城阳区红岛街道后韩社区	35	男	1942 年
韩 潘	城阳区红岛街道后韩社区	36	男	1942 年
韩高亲之弟	城阳区红岛街道后韩社区	34	男	1942 年
韩××	城阳区红岛街道后韩社区	36	男	1942 年
陈忠本	城阳区夏庄街道丹山社区	28	男	1943 年 3 月
任 月	城阳区棘洪滩街道后海西社区	17	男	1943 年春
姜进文	城阳区夏庄街道华阴社区	—	男	1943 年 8 月
卜庆风	城阳区惜福镇街道惜福镇社区	28	男	1943 年 8 月
矫恒光	城阳区棘洪滩街道前海西社区	39	男	1943 年 9 月
韩以谦	城阳区上马街道北张哥庄社区	43	男	1943 年
郝令迅	城阳区夏庄街道郝营社区	21	男	1943 年
郝 诺	城阳区夏庄街道郝营社区	—	男	1943 年
郝 倜	城阳区夏庄街道郝营社区	19	男	1943 年
张文桃	城阳区流亭街道双埠社区	40	男	1943 年
栾世章	城阳区夏庄街道夏庄社区	—	男	1943 年
张承堂	城阳区惜福镇街道松树庄社区	32	男	1943 年
付锡功	城阳区惜福镇街道傅家埠社区	24	男	1943 年
孙振斋	城阳区红岛街道晓阳社区	42	男	1943 年
矫恒正	城阳区棘洪滩街道后海西社区	33	男	1943 年
矫元法	城阳区棘洪滩街道后海西社区	52	男	1943 年
周忠德	城阳区夏庄街道丹山社区	—	男	1944 年 3 月
矫恒太	城阳区棘洪滩街道后海西社区	21	男	1944 年春
矫玉栾	城阳区棘洪滩街道后海西社区	42	男	1944 年春

姓 名	籍 贯	年 龄	性 别	死难时间
矫恒美	城阳区棘洪滩街道后海西社区	30	男	1944年春
矫玉良	城阳区棘洪滩街道后海西社区	50	男	1944年春
矫 承	城阳区棘洪滩街道后海西社区	18	男	1944年春
李延胜	城阳区惜福镇街道李辛社区	—	男	1944年
李延永	城阳区惜福镇街道李辛社区	—	男	1944年
付帅功	城阳区惜福镇街道傅家埠社区	26	男	1944年
卜徐氏	城阳区惜福镇街道惜福镇社区	—	女	1944年
杨希恩	城阳区惜福镇街道杨家村社区	26	男	1945年8月26日
王至松	城阳区夏庄街道华阴社区	—	男	1937—1939年
王立先	城阳区红岛街道	22	男	—
合 计	**449**			

责任人：于元斌　王　健　　　　　核实人：兰孝鹏　李　天　　　　填表人：张明东

填报单位（签章）：青岛市城阳区委党史研究室　　　　　　　填报时间：2009年5月11日

即墨市抗日战争时期死难者名录

姓 名	籍 贯	年龄	性别	死难时间
尹笃坤	即墨市鳌山卫镇大任村	37	男	1938年1月20日
刘子洲	即墨市北安街道营东村	21	男	1938年1月
时景俊	即墨市丰城镇芝坊村	21	男	1938年1月
刘 丁	即墨市通济街道东元庄村	—	男	1938年2月
胡明可	即墨市北安街道下疃村	—	男	1938年2月
马 文	即墨市七级镇西龙湾头村	23	男	1938年初
孙举锡	即墨市田横镇沟里村	23	男	1938年春
孙 生	即墨市田横镇沟里村	24	男	1938年春
辛兆思	即墨市七级镇泉庄村	24	男	1938年春
仇雏先	即墨市通济街道仇家沟岔村	32	男	1938年3月1日
孙连嫚	即墨市通济街道楼子疃村	31	女	1938年3月4日
胡 祝	即墨市北安街道下疃村	8	男	1938年3月9日
刘洋业	即墨市灵山镇刘家旺疃村	62	男	1938年3月18日
刘开泰	即墨市灵山镇刘家旺疃村	31	男	1938年3月18日
刘 成	即墨市灵山镇刘家旺疃村	5	女	1938年3月18日
解家全	即墨市灵山镇刘家旺疃村	72	男	1938年3月18日
孙中顺	即墨市灵山镇刘家旺疃村	42	男	1938年3月18日
王思高	即墨市灵山镇刘家旺疃村	33	男	1938年3月18日
刘开寿之母	即墨市灵山镇刘家旺疃村	51	女	1938年3月18日
刘开寿之祖母	即墨市灵山镇刘家旺疃村	74	女	1938年3月18日
王思文之伯父	即墨市灵山镇集旺疃村	43	男	1938年3月18日
刘开正	即墨市灵山镇集旺疃村	49	男	1938年3月18日
王锡月之岳父	即墨市灵山镇集旺疃村	63	男	1938年3月18日
范刘氏	即墨市龙泉镇汪汪泊村	59	女	1938年3月20日
武可家	即墨市温泉镇东四舍村	48	男	1938年3月27日
徐宝先	即墨市普东镇王家村	30	男	1938年3月
王成镐	即墨市移风店镇堤前村	20	男	1938年3月
宁全德	即墨市华山镇泉庄村	34	男	1938年3月
王知升	即墨市华山镇泉庄村	24	男	1938年3月
仇 才	即墨市大信镇大信村	20	男	1938年3月
仇方照	即墨市通济街道仇家沟岔村	21	男	1938年4月12日

姓　名	籍　贯	年　龄	性　别	死难时间
朱敬伦	即墨市北安街道朱家后村	50	男	1938 年 4 月 14 日
朱黄氏	即墨市北安街道朱家后村	43	女	1938 年 4 月 14 日
朱双杰	即墨市北安街道朱家后村	7	男	1938 年 4 月 14 日
朱焕嫚	即墨市北安街道朱家后村	10	女	1938 年 4 月 14 日
刘正典	即墨市鳌山卫镇院上村	63	男	1938 年 4 月
刘正典之孙	即墨市鳌山卫镇院上村	1	男	1938 年 4 月
刘文桂	即墨市鳌山卫镇院上村	60	男	1938 年 4 月
刘文林	即墨市鳌山卫镇院上村	65	男	1938 年 4 月
刘文林之妻	即墨市鳌山卫镇院上村	62	女	1938 年 4 月
刘文山	即墨市鳌山卫镇院上村	38	男	1938 年 4 月
刘元坤之母	即墨市鳌山卫镇院上村	50	女	1938 年 4 月
刘正典之妻	即墨市鳌山卫镇院上村	61	女	1938 年 4 月
胡德本	即墨市环秀街道西兴村	44	男	1938 年 4 月
韩丰伦	即墨市丰城镇北所村	18	男	1938 年 4 月
仇立瑞	即墨市通济街道八里庄村	53	男	1938 年 5 月 1 日
仇宗德	即墨市通济街道八里庄村	58	男	1938 年 5 月 1 日
赵春夏	即墨市通济街道圈子村	5	男	1938 年 5 月 1 日
何应厚	即墨市鳌山卫镇院上村	27	男	1938 年 5 月 4 日
王孙氏	即墨市七级镇毛子埠村	57	女	1938 年 5 月 7—8 日
王李氏	即墨市七级镇毛子埠村	49	女	1938 年 5 月 7—8 日
李德常之父	即墨市七级镇毛子埠村	47	男	1938 年 5 月 7—8 日
李德常之祖母	即墨市七级镇毛子埠村	69	女	1938 年 5 月 7—8 日
李德朋之母	即墨市七级镇毛子埠村	36	女	1938 年 5 月 7—8 日
李德常之母	即墨市七级镇毛子埠村	32	女	1938 年 5 月 7—8 日
兰　嫚	即墨市七级镇毛子埠村	27	女	1938 年 5 月 7—8 日
赵玉忠之母	即墨市七级镇毛子埠村	47	女	1938 年 5 月 7—8 日
郭春光之父	即墨市七级镇毛子埠村	24	男	1938 年 5 月 7—8 日
郭相孝之祖父	即墨市七级镇毛子埠村	39	男	1938 年 5 月 7—8 日
王德玉之母	即墨市七级镇毛子埠村	23	女	1938 年 5 月 7—8 日
郭立旧	即墨市七级镇毛子埠村	33	男	1938 年 5 月 7—8 日
郭法光	即墨市七级镇毛子埠村	45	男	1938 年 5 月 7—8 日
王丰考	即墨市七级镇毛子埠村	28	男	1938 年 5 月 7—8 日
李德生	即墨市七级镇毛子埠村	35	男	1938 年 5 月 7—8 日
李秀堂之父	即墨市七级镇毛子埠村	37	男	1938 年 5 月 7—8 日

姓 名	籍 贯	年 龄	性 别	死难时间
乔连按	即墨市七级镇毛子埠村	26	男	1938 年 5 月 7—8 日
李绍训之伯父	即墨市七级镇毛子埠村	29	男	1938 年 5 月 7—8 日
郭志礼之母	即墨市七级镇毛子埠村	60	女	1938 年 5 月 7—8 日
杨有喜之二伯父	即墨市七级镇毛子埠村	38	男	1938 年 5 月 7—8 日
郭相爱之祖父	即墨市七级镇毛子埠村	43	男	1938 年 5 月 7—8 日
郭相斌之父	即墨市七级镇毛子埠村	26	男	1938 年 5 月 7—8 日
朱允美	即墨市七级镇毛子埠村	—	男	1938 年 5 月 7—8 日
朱振合	即墨市七级镇毛子埠村	—	男	1938 年 5 月 7—8 日
王寿香	即墨市七级镇毛子埠村	69	女	1938 年 5 月 7—8 日
李德明	即墨市七级镇毛子埠村	72	男	1938 年 5 月 7—8 日
王丙宽	即墨市七级镇毛子埠村	46	男	1938 年 5 月 8 日
赵管花	即墨市七级镇毛子埠村	29	女	1938 年 5 月 8 日
赵复军之祖父	即墨市七级镇毛子埠村	61	男	1938 年 5 月 8 日
赵复军之伯父	即墨市七级镇毛子埠村	37	男	1938 年 5 月 8 日
赵 帮	即墨市七级镇毛子埠村	42	男	1938 年 5 月 8 日
赵永丰	即墨市七级镇毛子埠村	38	男	1938 年 5 月 8 日
赵 本	即墨市七级镇毛子埠村	40	男	1938 年 5 月 8 日
赵本之姑母	即墨市七级镇毛子埠村	59	女	1938 年 5 月 8 日
赵王氏	即墨市七级镇毛子埠村	61	女	1938 年 5 月 8 日
郭××	即墨市七级镇毛子埠村	39	男	1938 年 5 月 8 日
赵付豆	即墨市七级镇毛子埠村	32	男	1938 年 5 月 8 日
赵付瑞	即墨市七级镇毛子埠村	27	男	1938 年 5 月 8 日
赵永条之父	即墨市七级镇毛子埠村	48	男	1938 年 5 月 8 日
赵永条	即墨市七级镇毛子埠村	24	男	1938 年 5 月 8 日
赵永希	即墨市七级镇毛子埠村	22	男	1938 年 5 月 8 日
赵付初	即墨市七级镇毛子埠村	30	男	1938 年 5 月 8 日
赵 孟	即墨市七级镇毛子埠村	26	男	1938 年 5 月 8 日
李赵氏	即墨市七级镇毛子埠村	36	女	1938 年 5 月 8 日
李德朋之叔	即墨市七级镇毛子埠村	28	男	1938 年 5 月 8 日
赵玉江	即墨市七级镇毛子埠村	21	男	1938 年 5 月 8 日
赵玉江之弟	即墨市七级镇毛子埠村	19	男	1938 年 5 月 8 日
赵朱氏	即墨市七级镇毛子埠村	21	女	1938 年 5 月 8 日
赵玉初	即墨市七级镇毛子埠村	5	男	1938 年 5 月 8 日
赵玉开	即墨市七级镇毛子埠村	3	男	1938 年 5 月 8 日

姓　名	籍　贯	年　龄	性　别	死难时间
李德先	即墨市七级镇毛子埠村	23	男	1938 年 5 月 8 日
李赵氏	即墨市七级镇毛子埠村	27	女	1938 年 5 月 8 日
赵付风	即墨市七级镇毛子埠村	29	男	1938 年 5 月 8 日
赵付喜	即墨市七级镇毛子埠村	26	男	1938 年 5 月 8 日
郭立泮	即墨市七级镇毛子埠村	24	男	1938 年 5 月 8 日
李德长之母	即墨市七级镇毛子埠村	32	女	1938 年 5 月 8 日
李玉先	即墨市七级镇毛子埠村	34	女	1938 年 5 月 8 日
赵玉淑	即墨市七级镇毛子埠村	38	女	1938 年 5 月 8 日
赵宪亭	即墨市七级镇毛子埠村	38	男	1938 年 5 月 8 日
赵姜氏	即墨市七级镇毛子埠村	42	女	1938 年 5 月 8 日
赵玉忠之姐夫	即墨市七级镇毛子埠村	28	男	1938 年 5 月 8 日
赵三嫂	即墨市七级镇毛子埠村	27	女	1938 年 5 月 8 日
赵朱氏	即墨市七级镇毛子埠村	49	女	1938 年 5 月 8 日
赵　合	即墨市七级镇毛子埠村	36	男	1938 年 5 月 8 日
赵绍训之祖父	即墨市七级镇毛子埠村	49	男	1938 年 5 月 8 日
郭相如之祖父	即墨市七级镇毛子埠村	38	男	1938 年 5 月 8 日
郭春先之父	即墨市七级镇毛子埠村	28	男	1938 年 5 月 8 日
王德选	即墨市七级镇毛子埠村	29	男	1938 年 5 月 8 日
李绍民之祖父	即墨市七级镇毛子埠村	36	男	1938 年 5 月 8 日
李德禄	即墨市七级镇毛子埠村	28	男	1938 年 5 月 8 日
徐方义之兄	即墨市七级镇毛子埠村	20	男	1938 年 5 月 8 日
徐方义之四兄	即墨市七级镇毛子埠村	18	男	1938 年 5 月 8 日
李　行	即墨市七级镇毛子埠村	25	男	1938 年 5 月 8 日
李克臻	即墨市七级镇毛子埠村	27	男	1938 年 5 月 8 日
李　常	即墨市七级镇毛子埠村	24	男	1938 年 5 月 8 日
李丁氏	即墨市七级镇毛子埠村	29	女	1938 年 5 月 8 日
李　翠	即墨市七级镇毛子埠村	27	男	1938 年 5 月 8 日
李德明之祖父	即墨市七级镇毛子埠村	38	男	1938 年 5 月 8 日
李德明之伯父	即墨市七级镇毛子埠村	17	男	1938 年 5 月 8 日
李　兴	即墨市七级镇毛子埠村	21	男	1938 年 5 月 8 日
李　深	即墨市七级镇毛子埠村	23	男	1938 年 5 月 8 日
徐方义	即墨市七级镇毛子埠村	24	男	1938 年 5 月 8 日
徐方义之二弟	即墨市七级镇毛子埠村	20	男	1938 年 5 月 8 日
李　桂	即墨市七级镇毛子埠村	39	男	1938 年 5 月 8 日

姓　名	籍　贯	年龄	性别	死难时间
李　丕	即墨市七级镇毛子埠村	35	男	1938 年 5 月 8 日
郭相知之伯父	即墨市七级镇毛子埠村	42	男	1938 年 5 月 8 日
赵复初	即墨市七级镇毛子埠村	35	男	1938 年 5 月 8 日
赵玉良	即墨市七级镇毛子埠村	43	男	1938 年 5 月 8 日
赵玉喜之姐	即墨市七级镇毛子埠村	11	女	1938 年 5 月 8 日
李十月	即墨市七级镇毛子埠村	19	男	1938 年 5 月 8 日
李朱氏	即墨市七级镇毛子埠村	30	女	1938 年 5 月 8 日
王兆明	即墨市七级镇毛子埠村	57	男	1938 年 5 月 8 日
王春先	即墨市七级镇毛子埠村	55	男	1938 年 5 月 8 日
王会杰	即墨市七级镇毛子埠村	47	男	1938 年 5 月 8 日
李赵氏	即墨市七级镇毛子埠村	23	女	1938 年 5 月 8 日
郭相知之父	即墨市七级镇毛子埠村	27	男	1938 年 5 月 8 日
郭相明之父	即墨市七级镇毛子埠村	38	男	1938 年 5 月 8 日
郭李氏	即墨市七级镇毛子埠村	56	女	1938 年 5 月 8 日
赵月娥之父	即墨市七级镇毛子埠村	37	男	1938 年 5 月 8 日
李可方	即墨市七级镇毛子埠村	42	男	1938 年 5 月 8 日
赵有禄之祖父	即墨市七级镇毛子埠村	38	男	1938 年 5 月 8 日
管义庭	即墨市七级镇毛子埠村	25	男	1938 年 5 月 8 日
朱丕华之兄	即墨市七级镇毛子埠村	29	男	1938 年 5 月 8 日
朱丕华之弟	即墨市七级镇毛子埠村	24	男	1938 年 5 月 8 日
郭王氏	即墨市七级镇毛子埠村	47	女	1938 年 5 月 8 日
郭法尚	即墨市七级镇毛子埠村	19	男	1938 年 5 月 8 日
郭法岗	即墨市七级镇毛子埠村	17	男	1938 年 5 月 8 日
李德金	即墨市七级镇毛子埠村	50	男	1938 年 5 月 8 日
李朱氏	即墨市七级镇毛子埠村	49	女	1938 年 5 月 8 日
郭立俊	即墨市七级镇毛子埠村	35	男	1938 年 5 月 8 日
郭李氏	即墨市七级镇毛子埠村	37	女	1938 年 5 月 8 日
郭孙氏	即墨市七级镇毛子埠村	14	女	1938 年 5 月 8 日
郭小宗	即墨市七级镇毛子埠村	11	男	1938 年 5 月 8 日
赵学雨	即墨市七级镇毛子埠村	57	男	1938 年 5 月 8 日
赵学雨之弟	即墨市七级镇毛子埠村	49	男	1938 年 5 月 8 日
赵学雨之弟	即墨市七级镇毛子埠村	46	男	1938 年 5 月 8 日
赵学雨之弟	即墨市七级镇毛子埠村	40	男	1938 年 5 月 8 日
赵复军之祖父	即墨市七级镇毛子埠村	58	男	1938 年 5 月 8 日

姓 名	籍 贯	年 龄	性 别	死难时间
李德福之父	即墨市七级镇毛子埠村	49	男	1938 年 5 月 8 日
李克华	即墨市七级镇毛子埠村	37	男	1938 年 5 月 8 日
李朱氏	即墨市七级镇毛子埠村	38	女	1938 年 5 月 8 日
郭立田	即墨市七级镇毛子埠村	33	男	1938 年 5 月 8 日
郭法先	即墨市七级镇毛子埠村	45	男	1938 年 5 月 8 日
郭立堂	即墨市七级镇毛子埠村	47	男	1938 年 5 月 8 日
王丰孝之父	即墨市七级镇毛子埠村	—	男	1938 年 5 月 8 日
赵复合	即墨市七级镇毛子埠村	20	男	1938 年 5 月 8 日
李克方	即墨市七级镇毛子埠村	40	男	1938 年 5 月 8 日
李王氏	即墨市七级镇毛子埠村	40	女	1938 年 5 月 8 日
李方堂之父	即墨市七级镇毛子埠村	38	男	1938 年 5 月 8 日
赵 灵	即墨市七级镇毛子埠村	43	男	1938 年 5 月 8 日
李雪之父	即墨市七级镇毛子埠村	31	男	1938 年 5 月 8 日
王秉宽	即墨市七级镇毛子埠村	33	男	1938 年 5 月 8 日
郭相文之伯父	即墨市七级镇毛子埠村	27	男	1938 年 5 月 8 日
郭相瑞之祖父	即墨市七级镇毛子埠村	40	男	1938 年 5 月 8 日
郭××	即墨市七级镇毛子埠村	43	男	1938 年 5 月 8 日
郭王氏	即墨市七级镇毛子埠村	40	女	1938 年 5 月 8 日
郭立福	即墨市七级镇毛子埠村	31	男	1938 年 5 月 8 日
赵复述	即墨市七级镇毛子埠村	—	男	1938 年 5 月 8 日
赵复成	即墨市七级镇毛子埠村	—	男	1938 年 5 月 8 日
赵复堂	即墨市七级镇毛子埠村	—	男	1938 年 5 月 8 日
赵永丛	即墨市七级镇毛子埠村	—	男	1938 年 5 月 8 日
郭洪忠	即墨市七级镇毛子埠村	—	男	1938 年 5 月 8 日
朱福堂	即墨市七级镇中张院村	19	男	1938 年 5 月 8 日
朱洪春	即墨市七级镇中张院村	27	男	1938 年 5 月 8 日
李奎信	即墨市七级镇大欧戈庄村	—	男	1938 年 5 月 8 日
乔连接	即墨市七级镇北岔河村	26	男	1938 年 5 月 8 日
张寿志	即墨市七级镇康家庄村	40	男	1938 年 5 月 8 日
张美文	即墨市七级镇康家庄村	70	男	1938 年 5 月 8 日
吕崇宝	即墨市环秀街道后东城村	65	男	1938 年 5 月 29 日
吕崇平	即墨市环秀街道后东城村	63	男	1938 年 5 月 29 日
孙心日	即墨市蓝村镇六里村	34	男	1938 年 5 月
谭德贵	即墨市移风店镇移风店村	26	男	1938 年 5 月

姓　名	籍　贯	年龄	性　别	死难时间
谭祖刚	即墨市移风店镇移风店村	30	男	1938 年 5 月
宋中润	即墨市环秀街道庙头村	51	男	1938 年 6 月 9 日
宋乐道	即墨市环秀街道庙头村	32	男	1938 年 6 月 9 日
姜修都	即墨市环秀街道庙头村	35	男	1938 年 6 月 9 日
宋中达	即墨市环秀街道庙头村	50	男	1938 年 6 月 9 日
姜世泽之母	即墨市环秀街道庙头村	55	女	1938 年 6 月 9 日
宋中泽	即墨市环秀街道庙头村	48	男	1938 年 6 月 9 日
董于氏	即墨市华山镇西牛齐埠村	42	女	1938 年 6 月 20 日
闫刘氏	即墨市华山镇西牛齐埠村	39	女	1938 年 6 月 20 日
胡进德之祖母	即墨市七级镇西七级东村	80	女	1938 年 6 月初
梁　邦	即墨市大信镇大信村	22	男	1938 年 6 月
刘郭云	即墨市华山镇泉庄村	34	男	1938 年 6 月
李元珍	即墨市普东镇草场村	46	男	1938 年 6 月
孙丕栋之女	即墨市通济街道楼子疃村	18	女	1938 年 7 月 7 日
孙乃贡之女	即墨市通济街道楼子疃村	6	女	1938 年 7 月 7 日
孙丕林	即墨市通济街道楼子疃村	55	男	1938 年 7 月 7 日
孙丕林之女	即墨市通济街道楼子疃村	18	女	1938 年 7 月 7 日
孙世池	即墨市通济街道楼子疃村	63	男	1938 年 7 月 7 日
孙陈氏	即墨市通济街道楼子疃村	51	女	1938 年 7 月 7 日
吴振令	即墨市七级镇大欧戈庄村	50	男	1938 年 7 月 15 日
李作嫚	即墨市七级镇大欧戈庄村	40	女	1938 年 7 月 15 日
吴德战	即墨市七级镇大欧戈庄村	25	男	1938 年 7 月 15 日
姜洪泽之岳母	即墨市七级镇大欧戈庄村	46	女	1938 年 7 月 15 日
姜　嫚	即墨市七级镇大欧戈庄村	3	女	1938 年 7 月 15 日
吴成福之妻	即墨市七级镇大欧戈庄村	28	女	1938 年 7 月 15 日
吴成宗	即墨市七级镇大欧戈庄村	49	男	1938 年 7 月 15 日
吴学远	即墨市七级镇大欧戈庄村	58	男	1938 年 7 月 15 日
吴学元	即墨市七级镇大欧戈庄村	55	男	1938 年 7 月 15 日
刘萍业	即墨市鳌山卫镇大任村	20	男	1938 年 7 月 27 日
万新卓之女	即墨市店集镇万家瓦子埠村	10	女	1938 年 7 月
刘××	即墨市店集镇中芉莽村	8	男	1938 年 7 月
冯克全	即墨市蓝村镇桥西头村	30	男	1938 年 8 月 19 日
赵日祥	即墨市北安街道下疃村	52	男	1938 年 8 月
刘元恒	即墨市华山镇东牛齐埠村	28	男	1938 年 8 月

姓　名	籍　贯	年龄	性别	死难时间
刘元清	即墨市华山镇兴隆庄村	28	男	1938 年秋
隋　元	即墨市段泊岚镇段泊岚二村	18	男	1938 年秋
隋开元	即墨市段泊岚镇段泊岚二村	20	男	1938 年秋
宋显辉	即墨市店集镇万家瓦子埠村	20	男	1938 年 10 月
王理京	即墨市龙泉镇大埠村	35	男	1938 年 10 月 20 日
曹宋氏	即墨市环秀街道东柞树庄村	57	女	1938 年 10 月 11 日
赵韩氏	即墨市北安街道营东村	63	女	1938 年 11 月
王德崇	即墨市移风店镇家西村	35	男	1938 年 12 月
王承章	即墨市移风店镇家西村	23	男	1938 年 12 月
刘元澄	即墨市鳌山卫镇西绕山河村	35	男	1938 年
陈泽正	即墨市龙泉镇俞家屯村	45	男	1938 年
陈克功	即墨市龙泉镇俞家屯村	27	男	1938 年
陈泽海	即墨市龙泉镇俞家屯村	24	男	1938 年
吴显诰	即墨市龙泉镇俞家屯村	41	男	1938 年
朱培章	即墨市龙泉镇俞家屯村	42	男	1938 年
邹菖泰	即墨市环秀街道小韩村	25	男	1938 年
胡瑞本	即墨市环秀街道小韩村	28	男	1938 年
毛宗德	即墨市南泉镇王演庄北村	—	男	1938 年
胡玉良	即墨市南镇镇王演庄北村	—	男	1938 年
刘堤嫚	即墨市移风店镇吴家屯村	13	女	1938 年
吴蝶嫚	即墨市移风店镇吴家屯村	4	女	1938 年
刘志杰之父	即墨市通济街道南山东村	—	男	1938 年
范臣法	即墨市大信镇小范家村	10	男	1938 年
姜克俊	即墨市龙山街道大村	52	男	1938 年
王洪军	即墨市龙山街道大村	50	男	1938 年
李科板	即墨市龙山街道大村	60	男	1938 年
常显升之母	即墨市通济街道常黄村	—	女	1938 年
张孝先之父	即墨市通济街道夏堤河村	27	男	1938 年
李兆先	即墨市北安街道刘家演泉村	28	男	1938 年
孙进悟	即墨县丰城镇东百里村	25	男	1938 年
王立训	即墨市丰城镇东百里村	—	男	1938 年
孙思成	即墨市环秀街道小韩村	52	男	1938 年
王刘氏	即墨市七级镇淄湾西北村	—	女	1938 年
王玉尧	即墨市蓝村镇王家屋子村	58	男	1938 年

姓 名	籍 贯	年 龄	性 别	死难时间
刘召海	即墨市蓝村镇稻香村	16	男	1938 年
姜赵氏	即墨市蓝村镇前白塔村	32	女	1938 年
王云太	即墨市蓝村镇古城村	28	男	1938 年
王杰运	即墨市蓝村镇古城村	28	男	1938 年
韩知德之妻	即墨市刘家庄镇刘家庄三村	—	女	1938 年
韩知德之女	即墨市刘家庄镇刘家庄三村	—	女	1938 年
韩于氏	即墨市刘家庄镇刘家庄五村	—	女	1938 年
李正义	即墨市龙山街道大村	20	男	1938 年
辛建林	即墨市通济街道辛家庄村	—	男	1938 年
赵希有	即墨市通济街道黄丹岘村	22	男	1938 年
张义成	即墨市普东镇八宝庄村	40	男	1939 年 1 月
王珍会	即墨市普东镇张戈里四里村	48	男	1939 年 2 月
李旦世	即墨市大信镇乔家村	33	男	1939 年 2 月
王玉国	即墨市普东镇普西村	47	男	1939 年 3 月 5 日
刘云熙	即墨市鳌山卫镇院上村	23	男	1939 年 3 月
张俊德	即墨市移风店镇东朱家庄村	25	男	1939 年 4 月
尹修吉	即墨市鳌山卫镇大任村	33	男	1939 年 4 月
仇立柱	即墨市通济街道云桥村	53	男	1939 年 6 月 3 日
仇立契	即墨市通济街道云桥村	65	男	1939 年 6 月 3 日
董王氏	即墨市华山镇东牛齐埠村	31	女	1939 年 6 月 13 日
修敬岳	即墨市北安街道肖家疃村	55	男	1939 年 6 月 28 日
张立寨	即墨市丰城镇西百村	30	男	1939 年 6 月
范希山	即墨市龙泉镇汪汪泊村	24	男	1939 年 7 月 6 日
孙玉才	即墨市蓝村镇	—	男	1939 年 7 月 7 日
范广太	即墨市蓝村镇	—	男	1939 年 7 月 7 日
徐兆坤	即墨市蓝村镇	—	男	1939 年 7 月 7 日
王义俊	即墨市蓝村镇	—	男	1939 年 7 月 7 日
张中杰	即墨市蓝村镇	—	男	1939 年 7 月 7 日
王福安	即墨市蓝村镇	—	男	1939 年 7 月 7 日
刘志坪	即墨市蓝村镇	—	男	1939 年 7 月 7 日
杨小双	即墨市北安街道南林村	20	男	1939 年 7 月 20 日
于宗恕	即墨市丰城镇里疃村	55	男	1939 年 8 月
刘仁举	即墨市大信镇郝家庄村	19	男	1939 年 8 月
韩俊庆	即墨市刘家庄镇	41	男	1939 年 8 月

姓 名	籍 贯	年龄	性别	死难时间
李作山	即墨市店集镇北官庄村	33	男	1939 年 9 月 4 日
宋立典	即墨市店集镇兰家荒村	27	男	1939 年 9 月 25 日
董吴氏	即墨市华山镇东牛齐埠村	61	女	1939 年 10 月 1 日
刘 林	即墨市店集镇西里镇村	21	男	1939 年 10 月 1 日
刘仁根	即墨市店集镇西里镇村	20	男	1939 年 10 月 1 日
徐正棋	即墨市温泉镇盐店村	22	男	1939 年 10 月 6 日
佟永增	即墨市店集镇北官庄村	54	男	1939 年 10 月 14 日
姜正云	即墨市蓝村镇四里村	39	男	1939 年 10 月 21 日
孙玉升	即墨市王村镇南坦村	28	男	1939 年 10 月 25 日
宋立典	即墨市店集镇店东屯村	27	男	1939 年 9 月
王云河	即墨市店集镇店东屯村	25	男	1939 年 10 月
刘义俊	即墨市华山镇泉庄村	32	男	1939 年 10 月
王其升	即墨市华山镇泉庄村	43	男	1939 年 10 月
华泽元	即墨市店集镇山队村	30	男	1939 年 11 月 12 日
范希池	即墨市龙泉镇汪汪泊村	29	男	1939 年 11 月 16 日
乔绪欠	即墨市七级镇青中埠村	16	男	1939 年 11 月 27 日
孙友夏	即墨市普东镇袁家屯村	38	男	1939 年 11 月
宋廷森	即墨市田横镇洼里村	39	男	1939 年 12 月 30 日
江崇全	即墨经济开发区东关村	17	男	1939 年 12 月
朱典初	即墨市南泉镇朱家官庄村	—	男	1939 年
辛垂泰	即墨市移风店镇南埠村	30	男	1939 年
辛如之弟	即墨市移风店镇南埠村	25	男	1939 年
栾威不	即墨市移风店镇南埠村	52	男	1939 年
毛思玉	即墨市龙山街道西九六夼村	32	男	1939 年
王延俊	即墨市龙山街道西九六夼村	29	男	1939 年
王敦艾	即墨市龙山街道水蛟村	22	男	1939 年
刘世规	即墨市龙山街道前东葛村	20	男	1939 年
杨立宅	即墨市丰城镇外疃村	19	男	1939 年
黄 庄	即墨市环秀街道大韩村	—	男	1939 年
黄顺嫚	即墨市大信镇小信村	17	女	1939 年
李知恩	即墨市通济街道西城北村	28	男	1939 年
张起先	即墨市通济街道西城北村	27	男	1939 年
韩相忠	即墨市丰城镇福台岭村	19	男	1939 年
王早清	即墨市丰城镇里栲栳村	—	男	1939 年

姓 名	籍 贯	年 龄	性 别	死难时间
孙立森	即墨市温泉镇北小峨村	31	男	1940 年 1 月 3 日
吕方德	即墨市七级镇北张院村	23	男	1940 年 1 月 15 日
江敦仪	即墨经济开发区江家西流村	57	男	1940 年 1 月 16 日
鞠昆云	即墨市大信镇大信村	26	男	1940 年 1 月
仇立琴	即墨市通济街道云桥村	46	男	1940 年 2 月 1 日
仇宗仪	即墨市通济街道云桥村	38	男	1940 年 2 月 1 日
谭长德	即墨市北安街道程家疃村	53	男	1940 年 2 月 16 日
刘关福	即墨市移风店镇马军寨村	30	男	1940 年 2 月
程石远	即墨市移风店镇马军寨村	27	男	1940 年 2 月
程显贵	即墨市移风店镇马军寨村	18	男	1940 年 2 月
刘新君	即墨市移风店镇马军寨村	20	男	1940 年 2 月
李建智	即墨市田横镇崔诏村	21	男	1940 年 3 月
梁泽美	即墨市鳌山卫镇马山前村	20	男	1940 年 4 月 5 日
祝彭氏	即墨市王村镇小丈村	24	女	1940 年 4 月 16 日
邢礼智	即墨市普东镇抬头一村	40	男	1940 年 4 月 24 日
刘宏昌	即墨市大信镇郝家庄村	22	男	1940 年 4 月
于正荣	即墨市店集镇池戈庄村	20	男	1940 年 3 月
鲁好章	即墨市蓝村镇鲁家埠村	27	男	1940 年 4 月
鲁成恭	即墨市蓝村镇鲁家埠村	17	男	1940 年 4 月
于忠杰	即墨市田横镇于家屯村	37	男	1940 年 5 月
张树基	即墨市灵山镇河南一村	40	男	1940 年 7 月 13 日
王清先	即墨市南泉镇庆余屯村	20	男	1940 年 7 月 29 日
王和尚	即墨市温泉镇前集村	24	男	1940 年 7 月
姜善正	即墨市移风店镇后古村	24	男	1940 年 7 月
国正存	即墨市环秀街道泊子村	65	男	1940 年 8 月
殷生福	即墨市大信镇李家疃村	30	男	1940 年 8 月
吕 满	即墨市大信镇大信村	32	男	1940 年 8 月
于马氏	即墨市普东镇孙唐庄村	45	女	1940 年 8 月
郭兆财	即墨市华山镇小埠村	19	男	1940 年 9 月 12 日
李连奎	即墨市大信镇乔家村	22	男	1940 年 9 月
李云忠	即墨市鳌山卫镇鳌角石村	32	男	1940 年 10 月 22 日
王正礼	即墨市移风店镇西太祉庄村	39	男	1940 年 10 月
王淑本	即墨市移风店镇西太祉庄村	50	男	1940 年 10 月
王或本	即墨市移风店镇西太祉庄村	46	男	1940 年 10 月

姓 名	籍 贯	年 龄	性 别	死难时间
王和客	即墨市温泉镇前集村	21	男	1940 年 10 月
国常善	即墨市环秀街道泊子村	32	男	1940 年 10 月
赵言慎之妹	即墨市店集镇北泉村	12	女	1940 年 10 月
宁孝居	即墨市华山镇龙泉庄村	20	男	1940 年 11 月
宁孝文	即墨市华山镇龙泉庄村	24	男	1940 年 11 月
邢文清	即墨市店集镇垒里村	57	男	1940 年 12 月 11 日
刘云龙	即墨市店集镇前街村	68	男	1940 年 12 月 11 日
邵守枝	即墨市店集镇前街村	39	男	1940 年 12 月 11 日
李金芳	即墨市华山镇埠西村	27	男	1940 年
黄佳功	即墨市环秀镇石棚村	26	男	1940 年
黄方显	即墨市环秀街道大韩村	27	男	1940 年
金吉苏	即墨市大信镇小金家村	48	男	1940 年
金克竹	即墨市大信镇小金家村	28	男	1940 年
金吉春	即墨市大信镇小金家村	26	男	1940 年
金文亭	即墨市大信镇小金家村	20	男	1940 年
王 亭	即墨市大信镇小金家村	24	男	1940 年
徐宝元	即墨市大信镇小金家村	23	男	1940 年
徐宝元之母	即墨市大信镇小金家村	45	女	1940 年
王文奎	即墨市大信镇小金家村	48	男	1940 年
迟吉典	即墨市金口镇迟家店子村	51	男	1940 年
姜邱氏	即墨市龙山街道上夼村	30	女	1940 年
宋道连	即墨市龙山街道羊山夼村	31	男	1940 年
朱德胜	即墨市龙山街道羊山夼村	20	男	1940 年
江敦一	即墨市通济街道西北关村	—	男	1940 年
刘兆礼	即墨市通济街道西北关村		男	1940 年
崔吉才	即墨市通济镇窑头村	—	男	1940 年
张冒先之父	即墨市通济街道夏堤河村	28	男	1940 年
江敦武	即墨市通济街道西北关村	—	男	1940 年
王龙昌	即墨市温泉镇前集村	30	男	1940 年
曲靖忠	即墨市温泉镇披杖村	35	男	1940 年
华福统	即墨市温泉镇北黄埠村	35	男	1940 年
王云知	即墨市温泉镇社生村	43	男	1940 年
朱念全	即墨市北安街道朱家后戈庄村	21	男	1940 年
刘 方	即墨市段泊岚镇官路埠村	20	男	1940 年

姓 名	籍 贯	年 龄	性 别	死难时间
袁淑芝	即墨市普东镇袁家屯村	50	女	1940 年
范希庆	即墨市华山镇东河流庄村	17	男	1940 年
姜天铎	即墨经济开发区中障村	19	男	1940 年
于灼文	即墨市华山镇弯庄村	39	男	1941 年 1 月 3 日
于启臣	即墨市华山镇弯庄村	49	男	1941 年 1 月 3 日
乔德先	即墨市七级镇北岔河村	30	男	1941 年 1 月 3 日
姜平戴	即墨市店集镇东马村	29	男	1941 年 1 月 20 日
梁玉宝	即墨市鳌山卫镇高袁庄村	21	男	1941 年 1 月
史传河	即墨市段泊岚镇三甲村	21	男	1941 年 1 月
史传信	即墨市段泊岚镇三甲村	25	男	1941 年 1 月
任衍和	即墨市丰城镇任家丰城村	31	男	1941 年 1 月
江 涛	即墨经济开发区江家西流村	21	男	1941 年 1 月
江崇岱	即墨经济开发区江家西流村	19	男	1941 年 1 月
陈为信	即墨市普东镇抬头一村	61	男	1941 年 2 月 11 日
姜宿先	即墨市龙山街道上夼村	22	男	1941 年 2 月 12 日
范祚纪	即墨市龙泉镇河南村	45	男	1941 年 2 月 13 日
邱 寇	即墨市大信镇大信村	30	男	1941 年 2 月
鞠昆玉	即墨市大信镇大信村	20	男	1941 年 2 月
李正积	即墨市龙山镇大村村	22	男	1941 年 3 月 8 日
周丕涵	即墨市华山镇泊东村	42	男	1941 年 3 月 15 日
华启云	即墨市华山镇小埠村	65	男	1941 年 3 月 25 日
乔吉忠	即墨市七级镇北岔河村	27	男	1941 年 3 月
徐战嫚	即墨市移风店镇甄家庄村	10	女	1941 年 3 月
张开道	即墨市移风店镇甄家庄村	18	男	1941 年 3 月
张洪道	即墨市移风店镇甄家庄村	20	男	1941 年 3 月
于丰祥	即墨市温泉镇披杖村	24	男	1941 年 3 月
周尊基	即墨市华山镇泊东村	25	男	1941 年 3 月
迟焕德	即墨市环秀街道石棚村	25	男	1941 年 3 月
刘甲坤	即墨市段泊岚镇岭后村	16	男	1941 年 3 月
辛来瑞	即墨市段泊岚镇东瓦戈庄一村	25	男	1941 年春
冷相竹	即墨市七级镇张李庄村	25	男	1941 年春
徐延方	即墨市七级镇张李庄村	22	男	1941 年春
赵以同	即墨市通济街道圈子村	48	男	1941 年 4 月 9 日
任徐氏	即墨市刘家庄镇泉庄村	72	女	1941 年 4 月

姓 名	籍 贯	年 龄	性 别	死难时间
姜志尧	即墨市大信镇小信村	24	男	1941年4月
于永昌	即墨县丰城乡里疃村	50	男	1941年4月
张士吕	即墨市龙泉镇小寨村	50	男	1941年5月5日
袁淑英	即墨市普东镇袁家屯村	26	女	1941年5月
江敦奎	即墨市段泊岚镇槐树沟村	—	男	1941年5月
江敦明	即墨市段泊岚镇槐树沟村	—	男	1941年5月
李传仕	即墨市段泊岚镇岚西头村	21	男	1941年5月
周居业	即墨市段泊岚镇孟戈庄村	22	男	1941年5月
于修宫	即墨市龙泉镇解哥庄村	42	男	1941年6月3日
刘国乐	即墨市龙泉镇窑上村	44	男	1941年6月11日
王方顺	即墨市普东镇抬头一村	44	男	1941年6月21日
孙立温	即墨市温泉镇石棚村	29	男	1941年6月
王光平	即墨市环秀街道西柞村	37	男	1941年6月
郭礼先	即墨市七级镇北张院村	19	男	1941年7月
潘心集	即墨市龙泉镇吴家庄村	31	男	1941年7月8日
耿泽礼	即墨市王村镇西坦村	26	男	1941年8月6日
张振乾	即墨市温泉镇麻戈庄村	45	男	1941年8月13日
曲振志	即墨市温泉镇麻戈庄村	27	男	1941年8月13日
姜治正	即墨市店集镇姜马村	31	男	1941年8月13日
刘宋可	即墨市龙泉镇满贡村	57	男	1941年8月18日
金显仁	即墨市大信镇大信村	30	男	1941年8月
赵世昌	即墨市通济街道圈子村	69	男	1941年9月8日
孙金尧	即墨市王村镇中王村	47	男	1941年9月12日
徐立养	即墨市温泉镇北小峨村	25	男	1941年9月16日
于永正	即墨市店集镇池哥庄村	44	男	1941年9月21日
于明正	即墨市店集镇池哥庄村	41	男	1941年9月21日
孙克伦	即墨市通济街道八里庄村	64	男	1941年10月8日
张山贵	即墨市刘家庄镇天宫院村	36	男	1941年11月9日
于启含	即墨市华山镇鸢庄村	20	男	1941年11月13日
于启课	即墨市华山镇鸢庄村	35	男	1941年11月13日
周作森	即墨市龙泉镇窝洛子村	39	男	1941年11月15日
华刘氏	即墨市温泉镇北黄埠村	40	女	1941年11月18日
华二嫂	即墨市温泉镇北黄埠村	11	女	1941年11月18日
刘东宋	即墨市龙泉镇窑上村	27	男	1941年11月25日

姓 名	籍 贯	年 龄	性 别	死难时间
陆仁方	即墨市北安街道宋化泉村	29	男	1941 年 11 月 25 日
宋堂先	即墨市段泊岚镇岚西头村	15	男	1941 年 12 月
王家丰	即墨市南泉镇南泉村	—	男	1941 年
同 玉	即墨市环秀街道大韩村	16	男	1941 年
国思官	即墨市环秀街道泊子村	52	男	1941 年
孙玉财	即墨市段泊岚镇东瓦戈庄一村	30	男	1941 年
于论初	即墨市段泊岚镇东瓦戈庄一村	30	男	1941 年
杨淑伦	即墨市丰城镇里栲栳村	39	男	1941 年
杨 儒	即墨市丰城镇里栲栳村	35	男	1941 年
姜志正	即墨市北安街道吕家演泉村	23	男	1941 年
金太景	即墨市大信镇小金家村	30	男	1941 年
金克海	即墨市大信镇小金家村	23	男	1941 年
何应欣	即墨市鳌山卫镇南选村	40	男	1941 年
庞永安	即墨市鳌山卫镇南选村	32	男	1941 年
何文欣	即墨市鳌山卫镇南选村	30	男	1941 年
袁保伦	即墨市刘家庄镇袁家庄村	20	男	1941 年
袁耀陛	即墨市刘家庄镇袁家庄村	60	男	1941 年
徐贵洪	即墨市龙山街道前北葛村	25	男	1941 年
张远文	即墨市通济街道南龙湾村	—	男	1941 年
柳正理	即墨市通济街道南龙湾村	—	男	1941 年
王××	即墨市通济街道南龙湾村	—	男	1941 年
李明化之父	即墨市通济街道南龙湾村	—	男	1941 年
梁安福	即墨市通济街道南龙湾村	—	男	1941 年
张中贵	即墨市七级镇张王庄村	21	男	1942 年 1 月 2 日
韩凤和	即墨市鳌山卫镇大任村	25	男	1942 年 1 月 6 日
邵立初	即墨市环秀街道孙家官庄村	37	男	1942 年 1 月 17 日
高思威	即墨市通济街道枣杭村	57	男	1942 年 1 月 29 日
高正和	即墨市通济街道枣杭村	43	男	1942 年 1 月 29 日
王典宗	即墨市蓝村镇六里村	26	男	1942 年 1 月
李聚世	即墨市华山镇于家辛庄村	33	男	1945 年 8 月
于正良	即墨市华山镇于家辛庄村	33	男	1945 年
张中太	即墨市七级镇桑家埠村	51	男	1942 年 2 月 2 日
赵 平	即墨市龙泉镇东杨头村	38	男	1942 年 2 月 2 日
黄 蝉	即墨市通济街道黄家埠南村	17	男	1942 年 2 月 26 日

姓 名	籍 贯	年 龄	性 别	死难时间
王晓先	即墨市移风店镇堤前村	23	男	1942 年 2 月
陈希清	即墨市七级镇桑家埠村	41	男	1942 年 3 月 8 日
李仁福	即墨市店集镇垒里村	59	女	1942 年 3 月 10 日
姜治德	即墨市店集镇姜家马坪村	31	男	1942 年 3 月 12 日
孙立崇	即墨市龙泉镇窝洛子村	66	男	1942 年 3 月 28 日
黄孝全	即墨市北安街道兰东村	18	男	1942 年 3 月
王福山	即墨市北安街道兰东村	40	男	1942 年 3 月
周展业	即墨市刘家庄镇	31	男	1942 年 3 月
李宗榛	即墨市移风店镇黄家庄村	29	男	1942 年 3 月
李中俊	即墨市移风店镇前古城村	24	男	1942 年春
高继宗	即墨经济开发区东关村	—	男	1942 年春
曹小岭	即墨市灵山镇河南三村	—	男	1942 年春
迟克勤	即墨市王村镇迟家村	42	男	1942 年 4 月 6 日
迟鲁氏	即墨市王村镇迟家村	31	女	1942 年 4 月 6 日
孙进玉	即墨市温泉镇西夼村	30	男	1942 年 4 月 10 日
张小芳	即墨市刘家庄镇天宫院村	8	女	1942 年 4 月 12 日
殷吉聪	即墨市华山镇殷家辛庄村	44	男	1941 年 4 月
林庆龙	即墨市华山镇乔家屯村	22	男	1944 年 12 月
唐明松	即墨市华山镇孙家辛庄村	24	男	1942 年 4 月
房金廷	即墨市金口镇房家庄村	19	男	1942 年 4 月
张成德	即墨市龙泉镇小寨村	40	男	1942 年 5 月 19 日
于德连	即墨市通济街道云桥村	35	男	1942 年 5 月 20 日
孙克诺	即墨市北安街道宋化泉村	40	男	1942 年 6 月 1 日
宋廷春	即墨市北安街道辛庄村	30	男	1942 年 6 月
邱贝宗	即墨市鳌山卫镇南邱家白庙村	43	男	1942 年 6 月
蓝方礼	即墨市南泉镇庆余屯村	41	男	1942 年 7 月 3 日
刘仕德	即墨市华山镇小埠村	41	男	1942 年 7 月 12 日
王作升	即墨市普东镇普西村	50	男	1942 年 7 月 15 日
刘同复	即墨市环秀街道孙家官庄村	27	男	1942 年 7 月 19 日
乔绪玉	即墨市七级镇北岔河村	35	男	1942 年 7 月
万清岐	即墨市田横镇南营子村	35	男	1942 年 7 月
孙克圣	即墨市普东镇袁家屯村	24	男	1942 年 7 月
康学文	即墨市华山镇康家辛庄村	22	男	1942 年 8 月 1 日
姚正华	即墨市华山镇埠后村	25	男	1942 年 8 月 1 日

姓　名	籍　贯	年 龄	性 别	死难时间
万瑞卓	即墨市华山镇大河套村	53	男	1942 年 8 月 1 日
万太知	即墨市华山镇大河套村	16	男	1942 年 8 月 1 日
高洪海	即墨市华山镇大河套村	23	男	1942 年 8 月 1 日
王万祥	即墨市华山镇大河套村	19	男	1942 年 8 月 1 日
郑志成	即墨市华山镇大河套村	20	男	1942 年 8 月 1 日
刘好业	即墨市鳌山卫镇大任村	16	男	1942 年 8 月 8 日
金清奎	即墨市华山镇后港洪水村	48	男	1942 年 8 月 8 日
徐立拍	即墨市温泉镇北小峨村	44	男	1942 年 8 月 12 日
邵立义	即墨市店集镇青山前村	25	男	1942 年 8 月 16 日
邹崇显	即墨市北安街道邹家疃村	35	男	1942 年 8 月 20 日
仇承弟	即墨市通济街道仇家沟岔村	34	男	1942 年 8 月 30 日
周欣先	即墨市王村镇周家村	22	男	1942 年 9 月 15 日
刘正常	即墨市店集镇神山埠村	22	男	1942 年 9 月
迟孟子	即墨市七级镇北张院村	22	男	1942 年 9 月
孙友升	即墨市普东镇袁家屯村	30	男	1942 年 9 月
孙友珍	即墨市普东镇袁家屯村	21	男	1942 年 9 月
纪丰珍	即墨市温泉镇唐家庄村	20	男	1942 年 9 月
纪徐氏	即墨市温泉镇唐家庄村	21	女	1942 年 9 月
孙方业	即墨市温泉镇东夼村	37	男	1942 年 9 月
孙立文	即墨市温泉镇东夼村	32	男	1942 年 9 月
孙须业	即墨市温泉镇东夼村	23	男	1942 年 9 月
孙立久	即墨市温泉镇东夼村	27	男	1942 年 9 月
孙升业	即墨市温泉镇东夼村	30	男	1942 年 9 月
于文浦	即墨市温泉镇披杖村	30	男	1942 年 9 月
曲清敏	即墨市温泉镇披杖村	22	男	1942 年 9 月
王珍昌	即墨市温泉镇南小峨村	38	男	1942 年 9 月
杨德仁	即墨市温泉镇南小峨村	18	男	1942 年 9 月
王云训	即墨市温泉镇南小峨村	16	男	1942 年 9 月
王露庆	即墨市环秀街道王家庄村	47	男	1942 年秋
齐来调	即墨市七级镇青中埠村	36	男	1942 年 10 月 2 日
王李氏	即墨市通济街道孙家沟岔村	32	女	1942 年 10 月 13 日
张伦如	即墨市七级镇桑家埠村	27	男	1942 年 10 月 16 日
王明信	即墨市灵山镇段埠庄村	22	男	1942 年 10 月 23 日
黄克珍	即墨市通济街道黄家埠南村	23	男	1942 年 10 月 25 日

姓　名	籍　贯	年　龄	性　别	死难时间
张存诺	即墨市北安街道大北岭村	58	男	1942 年 10 月 25 日
董诰先	即墨市田横镇董家寨村	24	男	1942 年 10 月
苏名禄	即墨市田横镇苏家寨村	35	男	1942 年 10 月
周一山	即墨市鳌山卫镇公母石村	24	男	1942 年 10 月
周一岩	即墨市鳌山卫镇公母石村	21	男	1942 年 10 月
荣彩文	即墨市南泉镇赵家屯村	34	男	1942 年 10 月
黄仁谦	即墨市通济街道常黄沟岔村	44	男	1942 年 11 月 4 日
吕锡仁	即墨市环秀街道后东城村	26	男	1942 年 11 月 15 日
李世令	即墨市北安街道大北岭村	19	男	1942 年 11 月 19 日
陈士华	即墨市普东镇抬头一村	25	男	1942 年 11 月 21 日
陈士聚	即墨市普东镇抬头一村	35	男	1942 年 11 月 21 日
孙兴举	即墨市龙泉镇窝洛子村	58	男	1942 年 11 月 30 日
孙兆珍	即墨市龙泉镇窝洛子村	27	男	1942 年 11 月 30 日
孙洪江	即墨市龙泉镇窝洛子村	41	男	1942 年 11 月 30 日
孙丕生	即墨市龙泉镇窝洛子村	24	男	1942 年 11 月 30 日
孙克英	即墨市普东镇袁家屯村	32	男	1942 年 11 月
孙友正	即墨市普东镇袁家屯村	32	男	1942 年 11 月
谭德桂	即墨市移风店镇前店村	31	男	1942 年 11 月
牛德江	即墨市通济街道云桥村	26	男	1942 年 12 月 5 日
于正才	即墨市环秀街道塔元村	58	男	1942 年 12 月 12 日
孙平章	即墨市王村镇西王村村	42	男	1942 年 12 月 24 日
王绍壮	即墨市北安街道兰东村	17	男	1942 年 12 月
孙光许	即墨市蓝村镇二里村	39	男	1942 年 12 月
殷吉圣	即墨市华山镇殷家辛庄村	57	男	1942 年 12 月
姜正云	即墨市蓝村镇四里村	32	男	1942 年 12 月
张克忠	即墨市鳌山卫镇南选村	18	男	1942 年
何永深	即墨市鳌山卫镇南选村	20	男	1942 年
唐明仁	即墨市鳌山卫镇新民村	19	男	1942 年
孙公京	即墨市鳌山卫镇孙家白庙村	23	男	1942 年
孙仁宗	即墨市鳌山卫镇孙家白庙村	17	男	1942 年
于仕强	即墨市鳌山卫镇场元村	40	男	1942 年
于仕凯	即墨市鳌山卫镇场元村	42	男	1942 年
邱　书	即墨市鳌山卫镇南邱家白庙村	21	男	1942 年
邱由宗	即墨市鳌山卫镇南邱家白庙村	20	男	1942 年

姓 名	籍 贯	年 龄	性 别	死难时间
鞠仁清	即墨市鳌山卫镇南邱家白庙村	26	男	1942 年
刘仁佳	即墨市北安街道吕家演泉村	22	男	1942 年
吕崇璋	即墨市北安街道吕家演泉村	28	男	1942 年
吕崇和	即墨市北安街道吕家演泉村	37	男	1942 年
姜法知	即墨市段泊岚镇东瓦戈庄一村	25	男	1942 年
于永会	即墨市丰城镇南芦村	20	男	1942 年
孙于氏	即墨市环秀街道林家土桥头村	38	女	1942 年
刘心东	即墨市龙泉镇满贡一村	33	男	1942 年
刘敬方	即墨市龙泉镇满贡一村	21	男	1942 年
兰德三	即墨市龙泉镇满贡一村	22	男	1942 年
江宗伟	即墨市南泉镇东辛城村	25	男	1942 年
王老七	即墨市南泉镇东辛城村	30	男	1942 年
李大伏	即墨市南泉镇前埠头村	17	男	1942 年
钟应节	即墨市南泉镇东辛城村	25	男	1942 年
王维桃	即墨市南泉镇栾埠村	24	男	1942 年
王本近	即墨市南泉镇栾埠村	18	男	1942 年
王守桓	即墨市七级镇湍湾石硼村	22	男	1942 年
迟尚进	即墨市金口镇迟家店子村	22	男	1942 年
金克成	即墨市蓝村镇新立村	—	男	1942 年
鲁显左	即墨市蓝村镇鲁家埠村	—	男	1942 年
李存忠	即墨市蓝村镇五里村	24	男	1942 年
泮日久	即墨市蓝村镇五里村	24	男	1942 年
孙金集	即墨市蓝村镇五里村	30	男	1942 年
肖思生	即墨市蓝村镇肖家泊子村	19	男	1942 年
王希全	即墨市灵山镇河南一村	36	男	1942 年
张崇坦	即墨市灵山镇泉上村	—	男	1942 年
张伦坡	即墨市灵山镇泉上村	—	男	1942 年
姜根先	即墨市刘家庄镇薛家泉庄村	—	男	1942 年
姜法浩	即墨市刘家庄镇薛家泉庄村	—	男	1942 年
任全禄	即墨市刘家庄镇薛家泉庄村	—	男	1942 年
隋质嫚	即墨市龙山街道团彪村	18	女	1942 年
姜景选	即墨市龙山街道前留村	20	男	1942 年
姜学阳	即墨市龙山街道前留村	20	男	1942 年
姜吉法	即墨市龙山街道前留村	19	男	1942 年

姓 名	籍 贯	年 龄	性 别	死难时间
郑立财	即墨市龙山街道羊山夼村	25	男	1942 年
王洪训	即墨市龙山街道石龙庄村	65	男	1942 年
姜克杰	即墨市龙山街道石龙庄村	52	男	1942 年
刘志智之兄	即墨市通济街道东山东村	—	男	1942 年
孙淑贞之父	即墨市通济街道八里二村	—	男	1942 年
于 丰	即墨市温泉镇掖杖村	21	男	1942 年
孙春暖	即墨市温泉镇南小峨村	33	男	1942 年
周家典	即墨市段泊岚镇东章嘉埠村	18	男	1942 年
罗焕春	即墨市段泊岚镇东章嘉埠村	37	男	1945 年
周干臣	即墨市段泊岚镇东瓦戈庄二村	37	男	1942 年
孙丕寿	即墨市环秀街道后东城村	24	男	1945 年
吕锡昌	即墨市环秀街道后东城村	41	男	1945 年
黄佳宫	即墨市环秀街道石棚子村	32	男	1943 年
周丕涵	即墨市华山镇泊东村	42	男	1941 年
周尊基	即墨市华山镇泊东村	25	男	1941 年
陈球本	即墨市华山镇泊东村	25	男	1942 年
王丕娥	即墨市华山镇夸庄村	30	女	1942 年
沃清初	即墨市华山镇沃家泊子村	21	男	1943 年
吴丕胜	即墨市华山镇东桥头村	20	男	1945 年
闫方乾	即墨市华山镇闫家辛庄村	40	男	1941 年
闫恒盼	即墨市华山镇闫家辛庄村	40	男	1941 年
周丕家	即墨市华山镇泊东村	30	男	1943 年
胡书程	即墨市灵山镇泉上村	—	男	1943 年 1 月 8 日
胡茨本	即墨市灵山镇泉上村	—	男	1943 年 1 月 8 日
胡柱本	即墨市灵山镇泉上村	—	男	1943 年 1 月 8 日
梁友玉	即墨市七级镇中间埠村	20	男	1943 年 1 月 9 日
江崇杰	即墨经济开发区江家西流村	30	男	1943 年 1 月 20 日
范希浪	即墨市龙泉镇汪汪泊村	21	男	1943 年 1 月 30 日
孙友政	即墨市普东镇袁家屯村	30	男	1942 年
孙克军	即墨市普东镇袁家屯村	26	男	1942 年
袁玉佳	即墨市普东镇袁家屯村	23	男	1941 年
袁玉兆	即墨市普东镇袁家屯村	25	男	1945 年
孙友寿	即墨市普东镇袁家屯村	26	男	1942 年
徐兴华	即墨市普东镇袁家屯村	31	男	1943 年

姓 名	籍 贯	年 龄	性 别	死难时间
卢常全	即墨市龙泉镇东杨头村	42	男	1943 年 2 月 2 日
姜希高	即墨市龙山街道上夼村	54	男	1943 年 2 月 9 日
刘德明	即墨市通济街道枣杭村	68	男	1943 年 2 月 14 日
王金得	即墨市七级镇青中埠村	62	男	1942 年 2 月 14 日
王禹方	即墨市王村镇迟家村	61	男	1942 年 2 月 15 日
陈吉庆	即墨市温泉镇前集村	42	男	1943 年 2 月 26 日
孙佳会	即墨市大信镇李家疃村	63	男	1943 年 2 月
李成义	即墨市普东镇抬头村	22	男	1944 年 7 月
周丕洪	即墨市华山镇泊东村	34	男	1943 年 3 月 2 日
徐立暖	即墨市温泉镇北小峨村	30	男	1943 年 3 月 3 日
徐延永	即墨市温泉镇北小峨村	22	男	1943 年 3 月 3 日
徐军辛	即墨市温泉镇北小峨村	66	男	1943 年 3 月 3 日
张天友	即墨市灵山镇河南二村	17	男	1943 年 3 月 3 日
董会先	即墨市田横镇西陆戈庄村	22	男	1943 年 3 月 3 日
梁士谦	即墨市七级镇中间埠村	35	男	1943 年 3 月 5 日
王灵照	即墨市灵山镇河南二村	18	男	1943 年 3 月 28 日
刘西瑞	即墨市蓝村镇四里村	43	男	1943 年 3 月
香 宗	即墨市北安街道兰东村	35	男	1943 年 3 月
杜世校	即墨市普东镇前进村	38	男	1943 年 3 月
邵守军	即墨市普东镇抬头村	33	男	1943 年 3 月
祝正谋	即墨市普东镇桃杭村	24	男	1945 年 1 月
马崇林	即墨市移风店镇毛公泊村	24	男	1943 年春
宋祖龙	即墨市移风店镇毛公泊村	36	男	1943 年春
王充山	即墨市七级镇青中埠村	49	男	1943 年 4 月 3 日
吴同全	即墨市七级镇北住村	—	男	1943 年 4 月 7 日
安成理	即墨市七级镇青中埠村	48	男	1943 年 4 月 12 日
王接善	即墨市灵山镇韩流庄村	67	男	1943 年 4 月 24 日
徐立民	即墨市北安街道下疃村	23	男	1943 年 4 月
杨 丑	即墨市北安街道营东村	18	男	1943 年 4 月
孙兆文	即墨市移风店镇黄家庄村	16	女	1943 年 4 月
于傅氏	即墨市华山镇弯庄村	68	女	1943 年 4 月
韩庆坡	即墨市店集镇西枣行村	28	男	1943 年 4 月
杨乃渚	即墨市灵山镇河南二村	27	男	1943 年 4 月
袁玉和	即墨市普东镇袁家屯村	26	男	1943 年 4 月

姓 名	籍 贯	年 龄	性 别	死难时间
孙光许	即墨市蓝村镇二里村	33	男	1943 年 4 月
徐殿候	即墨市龙山街道上夼村	42	男	1943 年 5 月 9 日
刘照福	即墨市蓝村镇姜家庄村	18	男	1943 年 5 月 12 日
陈李氏	即墨市店集镇北官庄村	51	女	1943 年 5 月 24 日
李克仁	即墨市店集镇北官庄村	51	男	1943 年 5 月 24 日
刘维本	即墨市鳌山卫镇大任村	23	男	1943 年 5 月 27 日
黄 菊	即墨市鳌山卫镇东里村	30	男	1943 年 5 月 27 日
李善修	即墨市鳌山卫镇东里村	37	男	1943 年 5 月 27 日
何京恕	即墨市鳌山卫镇东里村	15	男	1943 年 5 月 27 日
孙敬玉	即墨市鳌山卫镇孙家白庙村	32	男	1943 年 5 月 27 日
宋泽温	即墨市段泊岚镇岚西头村	—	男	1943 年 5 月
潘述庆	即墨市蓝村镇五里村	24	男	1943 年 5 月
于成东	即墨市田横镇于家屯村	36	男	1943 年 5 月
张文臣	即墨经济开发区石河头村	27	男	1943 年 6 月 8 日
徐辛宽	即墨市温泉镇北小峨村	—	男	1943 年 6 月 10 日
邹克进	即墨市店集镇南里村	39	男	1943 年 6 月 16 日
王云知	即墨市店集镇南里村	49	男	1943 年 6 月 16 日
王成叔	即墨市店集镇南里村	42	男	1943 年 6 月 16 日
王守康	即墨市店集镇东里村	31	男	1943 年 6 月 21 日
王玉聪	即墨市店集镇东里村	47	男	1943 年 6 月 21 日
王守分	即墨市店集镇东里村	21	男	1943 年 6 月 21 日
张文同	即墨经济开发区辛戈庄村	24	男	1943 年 6 月
郑希光	即墨市刘家庄镇孙家屯村	28	男	1943 年 6 月
鲁同管	即墨市蓝村镇鲁家埠村	26	男	1943 年 6 月
徐中友	即墨市鳌山卫镇高戈庄村	25	男	1943 年 6 月
姜小三	即墨市鳌山卫镇高戈庄村	12	男	1943 年 6 月
宋永月	即墨市南泉镇挪城宋村	22	男	1943 年 6 月
孙殿科	即墨市蓝村镇五里	42	男	1943 年 6 月
潘信才	即墨市店集镇北官庄村	51	男	1943 年 7 月 9 日
姜国成	即墨市通济街道朱家埠南村	37	男	1943 年 7 月 10 日
于永木	即墨市田横镇现子埠村	24	男	1943 年 7 月 16 日
宋汀光	即墨市刘家庄镇起戈庄村	30	男	1943 年 7 月
高兴东	即墨市刘家庄镇起戈庄村	41	男	1943 年 7 月
袁玉美	即墨市普东镇袁家屯	9	女	1943 年 7 月

姓 名	籍 贯	年龄	性别	死难时间
周明科	即墨市南泉镇庆于屯村	36	男	1943 年 7 月
于吉泽	即墨市华山镇皋埠村	38	男	1943 年 8 月 8 日
于吉化	即墨市华山镇皋埠村	35	男	1943 年 8 月 8 日
于大兰	即墨市华山镇皋埠村	22	男	1943 年 8 月 8 日
金清安	即墨市华山镇后港洪水村	53	男	1943 年 8 月 8 日
刘义伦	即墨市华山镇龙泉庄村	40	男	1943 年 8 月 8 日
姚正条	即墨市华山镇埠后村	24	男	1943 年 8 月 8 日
吴光惠	即墨市七级镇小殴戈村	50	男	1943 年 8 月 12 日
王永宏	即墨市七级镇小殴戈村	28	男	1943 年 8 月 12 日
武 宗	即墨市温泉镇掖杖村	23	男	1943 年 8 月 15 日
于丰明	即墨市温泉镇掖杖村	26	男	1943 年 8 月 15 日
孙董氏	即墨市店集镇于家马坪村	63	女	1943 年 8 月 25 日
韩广太	即墨市刘家庄镇孙家屯村	—	男	1943 年 8 月
韩基文	即墨市刘家庄镇孙家屯村	—	男	1943 年 8 月
孙正牟	即墨市刘家庄镇孙家屯村	—	男	1943 年 8 月
杨传楷	即墨市北安街道营东村	18	男	1943 年 8 月
房书明	即墨市店集镇万家瓦子埠村	34	男	1943 年 8 月
万瑞忠	即墨市店集镇万家瓦子埠村	27	男	1943 年 8 月
韩连子	即墨市店集镇西枣行村	25	男	1943 年 8 月
周丕宗	即墨市华山镇泊东村	34	男	1943 年 8 月
周丕峰	即墨市华山镇泊东村	28	男	1943 年 8 月
孙佳珍	即墨市大信镇李家疃村	33	男	1943 年 8 月
宋永寿	即墨市大信镇新胜村	19	男	1943 年 8 月
李可爽	即墨市段泊岚镇段泊岚一村	—	男	1943 年 8 月
于田聚	即墨市华山镇弯庄村	17	男	1943 年 8 月
于奎文	即墨市华山镇弯庄村	18	男	1943 年 8 月
乔绪商	即墨市七级镇北岔河村	35	男	1943 年 8 月
李书选	即墨市移风店镇后古城村	32	男	1943 年 8 月
张方瑶	即墨市田横镇大山前村	28	男	1943 年 11 月
王承钊	即墨市移风店镇堤前村	25	男	1943 年 8 月
程石元	即墨市移风店镇马军寨村	26	男	1945 年
刘心君	即墨市移风店镇马军寨村	21	男	1943 年 8 月
薛元四	即墨市蓝村镇姜家庄村	40	男	1943 年 9 月 5 日
丁振海	即墨市温泉镇石棚村	19	男	1943 年 9 月

姓　名	籍　贯	年 龄	性 别	死难时间
李德喜	即墨市段泊岚镇毛家岭二村	23	男	1943 年秋
孙崇桂	即墨市华山镇洽泊村	48	男	1943 年 10 月 5 日
韩立元	即墨市温泉镇南行村	55	男	1943 年 10 月 5 日
王立方	即墨市南泉镇赵家屯村	70	男	1943 年 10 月 8 日
王文大	即墨市南泉镇赵家屯村	50	男	1943 年 10 月 8 日
胡文赞	即墨市鳌山卫镇大龙嘴村	61	男	1943 年 10 月 9 日
黄克光	即墨市通济街道黄家埠南村	33	男	1943 年 10 月 28 日
赵玉雷	即墨市南泉镇赵家屯村	54	男	1943 年 10 月 28 日
荣聚文	即墨市南泉镇赵家屯村	50	男	1943 年 10 月 28 日
李间满	即墨市移风店镇女儿村	34	女	1943 年 10 月
蓝仁管	即墨市普东镇袁家屯村	63	男	1943 年 10 月
于朋正	即墨市店集镇池戈庄村	26	男	1943 年 10 月
吴同民	即墨市七级镇青中埠村	15	男	1943 年 11 月 2 日
蓝先令	即墨市龙泉镇满贡村	22	男	1943 年 11 月 6 日
姜凤禄	即墨市北安街道泥洼村	40	男	1943 年 11 月 16 日
宋述相	即墨市普东镇宋家庄村	28	男	1943 年 11 月
陈显栋	即墨市田横镇黑子村	30	男	1943 年 11 月
王方民	即墨市普东镇抬头一村	30	男	1942 年
赵信河	即墨市普东镇抬头一村	19	男	1944 年
姜孝典	即墨市蓝村镇前白塔村	21	男	1943 年 11 月
姜成仁	即墨市蓝村镇前白塔村	18	男	1943 年 11 月
袁淑明	即墨市普东镇袁家屯村	43	男	1941 年 3 月
王圣铿	即墨市七级镇湍湾石硼村	20	男	1943 年 12 月 2 日
秦正绪	即墨市北安街道辛庄村	29	男	1943 年 12 月 10 日
姜侯香	即墨市北安街道泥洼村	42	男	1943 年 12 月 5 日
王玉池	即墨市店集镇胡家庄村	32	男	1943 年 12 月 24 日
杨乃良	即墨市普东镇杨家庄村	24	男	1943 年 12 月
袁淑芝	即墨市普东镇袁家屯村	45	男	1943 年 12 月
王成堂	即墨市普东镇抬头一村	42	男	1942 年
乔　远	即墨市七级镇青中埠村	17	男	1943 年冬至
吴学迪	即墨市七级镇青中埠村	17	男	1943 年冬至
蓝姜氏	即墨市龙山街道西九六夼村	42	女	1943 年
王　福	即墨市龙山街道羊山夼村	20	男	1943 年
周丕蒿	即墨市龙山街道大留村	38	男	1943 年

姓 名	籍 贯	年 龄	性 别	死难时间
刘德昌	即墨市段泊岚镇孙家后寨村	20	男	1943 年
杨显彩之岳母	即墨市丰城镇外栲栳村	—	女	1943 年
宫德岳	即墨市丰城乡宫家村	45	男	1943 年
孙可沛	即墨市丰城镇东百里村	—	男	1943 年
宋玉山	即墨市丰城镇东百里村	—	男	1943 年
孙盛聚	即墨市丰城镇东百里村	—	男	1943 年
王占锡	即墨市丰城镇里栲栳村	52	男	1943 年
杨理泽	即墨市丰城镇外栲栳村	20	男	1943 年
毛兆灼	即墨市南泉镇王演庄北村	—	男	1943 年
侯成举	即墨市南泉镇东时于庄村	14	男	1943 年
李德音	即墨市南泉镇前埠头村	50	男	1943 年
纪考文	即墨市南泉镇前埠头村	50	男	1943 年
国宗昌	即墨市南泉镇南泉村	—	男	1943 年
周世孛	即墨市环秀街道林家土桥头村	40	男	1943 年
孙振乾	即墨市南泉镇王演庄北村	—	男	1943 年
郭元秀	即墨市南泉镇王演庄北村	—	男	1943 年
牟永磊	即墨市移风店镇林家疃村	33	男	1945 年
林千绍	即墨市移风店镇林家疃村	15	男	1943 年
房庭美	即墨市金口镇凤凰村	19	男	1943 年
于世清	即墨经济开发区东关村	—	男	1943 年
江希正之父	即墨市龙山街道大留村	56	男	1943 年
周豫渥	即墨市龙山街道大留村	42	男	1943 年
柳世才	即墨市通济街道泊子村	—	男	1943 年
陈崇连	即墨市龙山街道羊山夼村	22	男	1943 年
赵世进	即墨市龙山街道窝洛子村	43	男	1943 年
孙为书	即墨市龙山街道窝洛子村	17	男	1943 年
郭克佳	即墨市蓝村镇郭家庄村	30	男	1943 年
孙殿科	即墨市蓝村镇五里村	33	男	1943 年
孙振佳	即墨市蓝村镇五里村	31	男	1943 年
韩永春	即墨市温泉镇刘家山村	28	男	1943 年
王聪嫚	即墨市温泉镇西石桥村	18	女	1943 年
张元礼	即墨市蓝村镇二里村	35	男	1943 年
孙友文	即墨市灵山镇西三泉庄村	46	男	1942 年
马延青	即墨市七级镇西龙湾头村	25	男	1943 年

姓名	籍贯	年龄	性别	死难时间
张迟氏	即墨市温泉镇西扭河头村	21	女	1943 年
于修兆	即墨市普东镇洪沟村	16	男	1937 年
王吉林	即墨市普东镇任家屯村	21	男	1945 年
王廷先	即墨市普东镇任家屯村	23	男	1945 年
杨升令	即墨市普东镇葛埠村	28	男	1943 年
王宝庭	即墨市普东镇葛埠村	25	男	1943 年
周世坤	即墨市普东镇葛埠村	27	男	1944 年
赵艳书	即墨市普东镇衣家屯村	23	男	1944 年
孙克升	即墨市普东镇袁家屯村	19	男	1944 年
郭克聪	即墨市蓝村镇郭家庄村	39	男	1943 年
王兴增	即墨市蓝村镇六里村	20	男	1943 年
周明可	即墨市南泉镇庆余屯村	37	男	1943 年
袁孝清	即墨市普东镇袁家屯村	45	男	1944 年
赵世勤	即墨市通济街道圈子村	24	男	1944 年 1 月 6 日
高守福	即墨市	33	男	1944 年 1 月
李风前	即墨市	24	男	1944 年 1 月
范光春	即墨市店集镇东流河庄村	24	男	1944 年 1 月
范光玉	即墨市店集镇东流河庄村	23	男	1944 年 1 月
徐守盛	即墨市移风店镇冷家埠村	26	男	1944 年 1 月
李 初	即墨市龙山街道石龙庄村	12	男	1944 年 2 月 1 日
吴来先	即墨市华山镇前港洪水村	54	男	1944 年 2 月 2 日
宋大禹	即墨市北安街道	35	男	1944 年 2 月 7 日
王会真	即墨市温泉镇西石桥村	19	男	1944 年 2 月 9 日
刘永珍	即墨市温泉镇石棚村	35	男	1944 年 2 月 12 日
孙乃清	即墨市通济街道楼子疃村	46	男	1944 年 2 月 14 日
田启云	即墨市龙泉镇东杨头村	24	男	1944 年 2 月 14 日
王程宗	即墨市移风店镇堤前村	46	男	1944 年 2 月
吴法山	即墨市移风店镇黄戈庄村	20	男	1944 年 2 月
郭有思	即墨市蓝村镇三里村	45	男	1944 年 2 月
张明正	即墨市移风店镇大坝村	26	男	1944 年 2 月
姜丕教之女	即墨市鳌山卫镇高戈庄村	21	女	1944 年 3 月 5 日
宋张氏	即墨市温泉镇西温泉村	35	女	1945 年 5 月
潘发山	即墨市店集镇北官庄村	54	男	1944 年 3 月 10 日
由振祥	即墨市蓝村镇城后村	42	男	1944 年 3 月 19 日

姓 名	籍 贯	年 龄	性 别	死难时间
由振羊	即墨市蓝村镇城后村	35	男	1944 年 3 月 19 日
齐显库	即墨市七级镇青中埠村	21	男	1944 年 3 月 20 日
蓝印虎	即墨市龙泉镇笏立头村	38	男	1944 年 3 月 14 日
慈正文	即墨市北安街道辛庄村	47	男	1944 年 3 月 22 日
綦长法	即墨市移风店镇黑家屯村	27	男	1944 年 3 月
吴克崔	即墨市刘家庄镇麦戈庄村	24	男	1944 年 3 月
孙李氏	即墨市普东镇袁家屯村	62	女	1944 年 3 月
孙象经	即墨市普东镇袁家屯村	38	男	1944 年 3 月
孙克松	即墨市普东镇袁家屯村	16	男	1944 年 3 月
曹 伶	即墨市灵山镇河南二村	16	女	1944 年 3 月
王云典	即墨市温泉镇社生村	32	男	1944 年 3 月
刘永训	即墨市华山镇前港洪水村	53	男	1944 年 3 月
王永春	即墨市田横镇山东头村	29	男	1944 年 4 月 19 日
李中海	即墨市移风店镇孙家村	40	男	1944 年 4 月
黄克居	即墨市移风店镇毛公泊村	24	男	1944 年 4 月
栾心希	即墨市移风店镇三湾庄村	18	男	1944 年 4 月
栾可一	即墨市移风店镇三湾庄村	24	男	1944 年 4 月
迟成杰	即墨市移风店镇三湾庄村	23	男	1944 年 4 月
栾心豪	即墨市移风店镇南埠村	25	男	1944 年 4 月
李克华	即墨市蓝村镇古城村	26	男	1944 年 4 月
董锡训	即墨市华山镇家后村	28	男	1944 年 5 月 29 日
吴环子	即墨市七级镇大欧戈庄村	22	男	1944 年 5 月
乔绪同	即墨市七级镇北岔河村	33	男	1944 年 5 月
周丙公	即墨市鳌山卫镇金家旺村	31	男	1944 年 5 月
于兰言	即墨市店集镇官庄村	26	男	1944 年 5 月
李中书	即墨市移风店镇前古城村	30	男	1942 年
王西章	即墨市北安街道王家后村	26	男	1944 年 6 月 14 日
王正进	即墨市店集镇胡家庄村	24	男	1944 年 6 月 16 日
衣秀珍	即墨市蓝村镇后古城村	48	男	1944 年 6 月
宋祚修	即墨市移风店镇毛公泊村	40	男	1944 年 6 月
吴同月	即墨市七级镇大欧村	20	男	1944 年 6 月
乔立春	即墨市七级镇北岔河村	36	男	1944 年 6 月
刘关喜	即墨市移风店镇马军寨村	21	男	1940 年 2 月
刘松世	即墨市华山镇泊子村	23	男	1944 年 9 月 19 日

姓 名	籍 贯	年 龄	性 别	死难时间
孙维章	即墨市普东镇袁家屯村	33	男	1944 年 7 月 6 日
梁解氏	即墨市普东镇八宝庄村	34	女	1944 年 7 月 6 日
韩锤云	即墨市七级镇七级东南村	24	男	1944 年 7 月 10 日
徐小佔	即墨市移风店镇徐家沟村	16	女	1944 年 7 月
韩贻永	即墨市店集镇西枣行村	29	男	1944 年 7 月
程论义	即墨市移风店镇马军寨村	22	男	1944 年 7 月
王三成	即墨市移风店镇家西村	19	男	1943 年 8 月
王成公	即墨市移风店镇家西村	21	男	1944 年 2 月
王成宝	即墨市移风店镇家西村	29	男	1944 年 7 月
国玉昌	即墨市普东镇张戈庄六里村	38	男	1944 年 8 月 9 日
刘思化	即墨市通济街道吴家沟岔村	39	男	1944 年 8 月 12 日
姜振远	即墨市店集镇姜家马坪村	25	男	1944 年 8 月 21 日
傅里君	即墨市通济街道小李村	44	男	1944 年 8 月 22 日
黄佳森	即墨市通济街道黄家埠南村	37	女	1944 年 8 月
苏克剑	即墨市田横镇苏家寨村	38	男	1944 年 8 月
董宗海	即墨市通济街道小李村	24	男	1944 年 8 月
曹付正	即墨市移风店镇甄家庄村	30	男	1944 年 8 月
仇吉宗	即墨市通济街道仇家沟岔村	28	男	1944 年 9 月 3 日
于杨氏	即墨市龙泉镇果园村	32	女	1944 年 9 月 5 日
张秀孟	即墨市温泉镇山里村	22	男	1944 年 9 月 8 日
李炳文	即墨市华山镇后拓家庄村	45	男	1944 年 9 月 8 日
高升金	即墨市华山镇后拓家庄村	19	男	1944 年 9 月 8 日
蓝从恩	即墨市龙泉镇笏立头村	45	男	1944 年 9 月 10 日
张德先	即墨市七级镇七级东南村	27	男	1944 年 9 月 15 日
刘徐氏	即墨市龙泉镇东杨头村	20	女	1944 年 9 月 29 日
胡清本	即墨市环秀街道石泉村	57	男	1944 年 9 月 30 日
胡敦玉	即墨市环秀街道石泉村	32	男	1944 年 9 月 30 日
王方准	即墨市刘家庄镇东尖庄村	24	男	1944 年 9 月
于成检	即墨市田横镇于家屯村	33	男	1944 年 9 月
甄成瑞	即墨市移风店镇甄家庄村	19	男	1944 年 9 月
黄人相	即墨市七级镇青中埠村	20	男	1944 年秋
吴洪锡	即墨市七级镇青中埠村	20	男	1944 年 10 月
隋永浩	即墨市龙山街道团彪村	25	男	1944 年 10 月
徐吉成	即墨市田横镇大山前村	29	男	1944 年 10 月

姓 名	籍 贯	年 龄	性 别	死难时间
万瑞爱	即墨市田横镇大山前村	23	男	1944 年 10 月
曹元信	即墨市北安街道宋化泉村	61	男	1944 年 10 月 16 日
孙玉民	即墨市温泉镇东夼村	43	男	1944 年 11 月 2 日
车俊在	即墨市丰城乡西百村	52	男	1944 年 11 月
袁中海	即墨市金口镇三里村	20	男	1944 年 11 月
周午世	即墨市店集镇西河流庄村	20	男	1944 年 11 月
周顺世	即墨市店集镇西河流庄村	23	男	1944 年 11 月
付作栋	即墨市移风店镇付家村	26	男	1944 年 11 月
乔吉勤	即墨市移风店镇付家村	24	男	1944 年 11 月
芦丕深	即墨市七级镇张王庄村	57	男	1944 年 12 月 27 日
孙述松	即墨市龙泉镇东杨头村	20	男	1944 年 12 月 23 日
张居扬	即墨市移风店镇洼里村	26	男	1944 年 12 月
张居伟	即墨市移风店镇洼里村	29	男	1944 年 12 月
黄相福	即墨市段泊岚镇三甲村	18	男	1944 年 12 月
付志胜	即墨市移风店镇付家村	39	男	1944 年 12 月
付志鑫	即墨市移风店镇付家村	25	男	1945 年
于京海	即墨市移风店镇西桥村	40	男	1943 年
张子河	即墨市移风店镇大坝村	26	男	1943 年 7 月
张知风	即墨市移风店镇大坝村	31	男	1942 年
张玉显	即墨市移风店镇大坝村	23	男	1942 年
蓝仁才	即墨市通济街道蓝家庄村	18	男	1944 年 12 月
肖思生	即墨市蓝村镇肖家泊子村	19	男	1942 年
李显旭	即墨市北安街道何家演泉村	27	男	1944 年
刘成功	即墨市北安街道何家演泉村	25	男	1944 年
李崇宅	即墨市北安街道吕家演泉村	19	男	1944 年
张徒林	即墨市丰城镇西百里村	51	男	1944 年
李思盛	即墨市丰城镇绿豆圈村	26	男	1944 年
谢均德	即墨市王村镇谢家埠后村	—	男	1944 年
王绪美	即墨市七级镇西龙湾头村	32	男	1944 年
万会信	即墨市七级镇张王庄村	24	男	1944 年
韩光泰	即墨市刘家庄镇	—	男	1944 年
杨为邦	即墨市刘家庄镇大吕戈庄一村	29	男	1944 年
黄儒臣之父	即墨经济开发区北阁村	—	男	1944 年
周世宾	即墨经济开发区考院村	—	男	1944 年

姓 名	籍 贯	年 龄	性 别	死难时间
张××	—	—	男	1944 年
万升君	即墨市金口镇南阡二里村	35	男	1944 年
于群中	即墨市金口镇于家屯村	45	男	1944 年
戴徐氏	即墨市金口镇山东村	46	女	1944 年
张正春	即墨市移风店镇东马龙疃村	35	男	1944 年
周遵章	即墨市龙山街道大留村	30	男	1944 年
周显金	即墨市龙山街道后北葛村	31	男	1944 年
周显昌	即墨市龙山街道后北葛村	27	男	1944 年
许法悦	即墨市龙山街道后北葛村	22	男	1944 年
孙友训	即墨市普东镇袁家屯村	25	男	1944 年
张中远	即墨市七级镇七级东北村	42	男	1944 年
王维平	即墨市移风店镇官庄村	20	男	1944 年
王孝崇	即墨市移风店镇沙埠村	20	男	1945 年
苗有银	即墨市移风店镇李家庄村	22	男	1942 年
毛成章	即墨市移风店镇李家庄村	22	男	1945 年
王成章	即墨市移风店镇家西村	22	男	1944 年
李中权	即墨市移风店镇前古城村	25	男	1945 年
黄君敏	即墨市移风店镇店东村	35	男	1945 年
衣文海	即墨市移风店镇后古城村	23	男	1944 年
牟永垒	即墨市移风店镇林家疃村	32	男	1943 年
袁发珠	即墨市移风店镇沙埠村	28	男	1944 年
王显用	即墨市移风店镇王家村	25	男	1945 年
张相杰	即墨市移风店镇李家庄村	24	男	1945 年
王维孝	即墨市移风店镇官庄村	42	男	1944 年
孙居华	即墨市移风店镇大兰家庄村	20	男	1944 年
肖永会	即墨市移风店镇曹家屯村	26	男	1943 年
王方训	即墨市移风店镇曹家屯村	20	男	1943 年
甄方智	即墨市移风店镇朱家庄村	24	男	1945 年
吕成聚	即墨市刘家庄镇小吕戈庄村	29	男	1944 年
刘惠民	即墨市南泉镇挪城刘村	19	男	1944 年
董存书	即墨市通济街道小李村	28	男	1944 年
仇言宗	即墨市通济街道仇家沟岔村	32	男	1944 年
谭德恩	即墨市移风店镇林家疃村	22	女	1943 年
王孝泮	即墨市鳌山卫镇东上庄村	27	男	1945 年 1 月 26 日

姓　名	籍　贯	年龄	性别	死难时间
林和立	即墨市鳌山卫镇北泊子村	19	男	1945 年 1 月
贾延仲	即墨市龙山街道拖车夼村	36	男	1945 年 1 月
孙先斗	即墨市大信镇大信村	29	男	1944 年
周遵坤	即墨市龙山街道大留村	22	男	1945 年 1 月
李经森	即墨市温泉镇南北行村	45	男	1945 年 2 月 2 日
张中学	即墨市七级镇张王庄村	—	男	1945 年 2 月 14 日
顾德友	即墨市鳌山卫镇凤凰岭村	48	男	1945 年 2 月 15 日
刘金元	即墨市温泉镇七沟村	21	男	1945 年 2 月 18 日
张成鹅	即墨市七级镇张王庄村	41	男	1945 年 2 月 19 日
李德轲	即墨市环秀街道窑上村	35	男	1945 年 2 月 19 日
王宋氏	即墨市环秀街道石泉村	62	女	1945 年 2 月 20 日
杨友志	即墨市鳌山卫镇杨家岭村	35	男	1945 年 2 月 25 日
赵韩氏	即墨市环秀街道石泉村	43	女	1945 年 2 月 26 日
丁修超	即墨市七级镇西北村	34	男	1945 年 2 月
逄思坤	即墨市七级镇西南村	18	男	1945 年 2 月
王德亮	即墨市移风店镇西马龙疃村	25	男	1945 年 2 月
褚建功	即墨市移风店镇西马龙疃村	50	男	1945 年 2 月
姜培礼	即墨市移风店镇西马龙疃村	68	男	1945 年 2 月
孙良玉	即墨市移风店镇西马龙疃村	50	男	1945 年 2 月
褚小地	即墨市移风店镇西马龙疃村	6	男	1945 年 2 月
徐京进	即墨市移风店镇徐家沟村	35	男	1945 年 2 月
徐京暖	即墨市移风店镇徐家沟村	32	男	1945 年 2 月
高元信	即墨经济开发区刘家西流村	39	男	1945 年 2 月
黄远来	即墨经济开发区黄家西流村	7	男	1945 年 2 月
宋成五	即墨市蓝村镇桥西头村	39	男	1945 年 3 月 1 日
鲁传会	即墨市鳌山卫镇大任观村	25	男	1945 年 3 月 2 日
吕锡伦	即墨市普东镇张戈庄一里村	35	男	1945 年 3 月 25 日
姜公梅之女	即墨市鳌山卫镇高戈庄村	58	女	1945 年 3 月 25 日
肖思桂	即墨市蓝村镇泊子村	33	男	1945 年 3 月 27 日
吴长春	即墨市七级镇大欧戈庄村	23	男	1945 年 3 月
李宗钱	即墨市移风店镇黄家庄村	18	男	1945 年 3 月
匡永知	即墨市七级镇西南村	26	男	1945 年 3 月
刘玉仁	即墨市七级镇西南村	20	男	1945 年 3 月
匡永德	即墨市七级镇西南村	25	男	1945 年 3 月

姓　名	籍　贯	年　龄	性　别	死难时间
李恩厚	即墨市七级镇西南村	45	男	1945 年 3 月
方启亭	即墨市通济街道柘车河村	17	男	1945 年 3 月
江德逮	即墨市环秀街道王家官庄村	24	男	1945 年 4 月 4 日
孙立剡	即墨市龙泉镇窝洛子村	64	男	1945 年 4 月 5 日
范兆化	即墨市龙泉镇河南村	28	男	1945 年 4 月 12 日
范兆纪	即墨市龙泉镇河南村	43	男	1945 年 4 月 12 日
张沛仲	即墨市龙泉镇小庄村	27	男	1945 年 4 月 12 日
姜思奎	即墨市蓝村镇前白塔村	21	男	1945 年 4 月 25 日
李经江	即墨市温泉镇南北行村	44	男	1945 年 4 月 25 日
李升哲	即墨市七级镇西南村	37	男	1945 年 4 月
张文明	即墨市七级镇张李庄村	23	男	1945 年 4 月
沙云寿	即墨市温泉镇丁戈庄村	73	男	1945 年 4 月
潘丰臣	即墨市温泉镇丁戈庄村	38	男	1945 年 4 月
沙云蝉	即墨市温泉镇丁戈庄村	65	男	1945 年 4 月
江崇义	即墨经济开发区江家西流村	32	男	1945 年 5 月 4 日
吕锡玉	即墨市普东镇张戈庄一里村	22	男	1945 年 5 月 4 日
刘习寿	即墨市温泉镇七沟村	42	男	1945 年 5 月 11 日
刘德产	即墨市温泉镇七沟村	59	男	1945 年 5 月 11 日
于仕治	即墨市鳌山卫镇七沟村	36	男	1945 年 5 月 15 日
周家庄	即墨市金口镇周家屯村	38	男	1945 年 5 月 22 日
李淑先	即墨市温泉镇荆疃村	11	女	1945 年 5 月 24 日
李爱玉	即墨市温泉镇荆疃村	8	女	1945 年 5 月 24 日
李爱莲	即墨市温泉镇荆疃村	2	女	1945 年 5 月 24 日
李王氏	即墨市温泉镇荆疃村	32	女	1945 年 5 月 24 日
张心高	即墨市温泉镇麻戈庄村	64	男	1945 年 5 月 24 日
李清科	即墨市温泉镇荆疃村	—	男	1945 年 5 月 24 日
李明喜	即墨市温泉镇荆疃村	9	男	1945 年 5 月 24 日
倪美英	即墨市北安街道泥洼村	16	女	1945 年 5 月 28 日
王仁成	即墨市七级镇张李庄村	25	男	1945 年 5 月
吴成泽	即墨市七级镇	21	男	1945 年 5 月
吴同传	即墨市七级镇	34	男	1945 年 5 月
綦彩令	即墨市七级镇西七级	30	男	1945 年 5 月
徐继深	即墨市移风店镇徐家沟村	29	男	1945 年 5 月
王承其	即墨市移风店镇家西村	28	男	1945 年 5 月

姓 名	籍 贯	年 龄	性 别	死难时间
江欠佳	即墨市普东镇张戈庄六里村	68	男	1945 年 5 月
江友升	即墨市普东镇张戈庄六里村	25	男	1945 年 5 月
吕秀香	即墨市温泉镇西皋虞村	14	女	1945 年 5 月
沙可宣	即墨市温泉镇丁戈庄村	28	男	1945 年 5 月
衣张氏	即墨市温泉镇西温泉村	35	女	1945 年 5 月
沙可福	即墨市温泉镇丁戈庄村	32	男	1945 年 5 月
潘和徐	即墨市温泉镇丁戈庄村	18	男	1945 年 5 月
潘丰咸	即墨市温泉镇丁戈庄村	48	男	1945 年 5 月
李张氏	即墨市温泉镇荆疃村	26	女	1945 年 5 月
李明乾	即墨市温泉镇荆疃村	65	男	1945 年 5 月
李崔氏	即墨市温泉镇荆疃村	50	女	1945 年 5 月
李清芬	即墨市温泉镇荆疃村	19	女	1945 年 5 月
李文蒲	即墨市温泉镇荆疃村	57	男	1945 年 5 月
李明慎	即墨市温泉镇荆疃村	19	男	1945 年 5 月
迟锡河	即墨市王村镇小桥村	35	男	1945 年 6 月 3 日
迟锡泽	即墨市王村镇小桥村	28	男	1945 年 6 月 3 日
迟功勋	即墨市王村镇小桥村	20	男	1945 年 6 月 3 日
姜孙氏	即墨市店集镇姜家马坪村	31	女	1945 年 6 月 13 日
姜清东	即墨市店集镇姜家马坪村	46	男	1945 年 6 月 13 日
董元庆	即墨市华山镇家后村	30	男	1945 年 6 月 13 日
乔顺德	即墨市七级镇张王庄村	57	男	1945 年 6 月 14 日
董锡诵	即墨市华山镇家后村	30	男	1945 年 6 月 15 日
张正理	即墨市温泉镇西扭河头村	49	男	1945 年 6 月 29 日
张正芳	即墨市温泉镇西扭河头村	27	男	1945 年 6 月 29 日
张店珍	即墨市温泉镇西扭河头村	35	男	1945 年 6 月 29 日
张方丕	即墨市七级镇西七级西村	19	男	1945 年 6 月
隋士宝	即墨市七级镇后吕戈庄村	36	男	1945 年 6 月
隋光斗	即墨市七级镇后吕戈庄村	23	男	1945 年 6 月
吕守伯	即墨市七级镇后吕戈庄村	21	男	1945 年 6 月
王孝臣	即墨市龙泉镇前麦泊村	18	男	1945 年 6 月
王子先	即墨市龙泉镇大村	36	男	1945 年 7 月 1 日
仇方永	即墨市通济街道仇家沟岔村	5	女	1945 年 7 月 5 日
刘宗江	即墨市龙泉镇大寨村	29	男	1945 年 7 月 7 日
王明宽	即墨市南泉镇午山村	38	男	1945 年 7 月 9 日

姓　名	籍　贯	年 龄	性 别	死难时间
梁正美	即墨市通济街道小李村	49	男	1945 年 7 月 15 日
金山谟	即墨市七级镇前吕戈庄村	23	男	1945 年 7 月
乔吉勤	即墨市七级镇北岔河村	41	男	1945 年 7 月
乔华志	即墨市七级镇北岔河村	20	男	1945 年 7 月
乔文先	即墨市七级镇北岔河村	27	男	1945 年 7 月
邹立海	即墨市普东镇草场村	58	男	1945 年 8 月 4 日
刘仕京	即墨市华山镇洽泊村	30	男	1945 年 8 月 8 日
于风秀	即墨市温泉镇掖杖村	39	男	1945 年 8 月 9 日
乔绪正	即墨市七级镇北岔河村	37	男	1945 年 8 月
唐明森	即墨市通济街道龙湾头村	20	男	1945 年 8 月
迟宗先	即墨市通济街龙湾头村	19	男	1945 年 8 月
马延伦	即墨市通济街龙湾头村	25	男	1945 年 8 月
马延省	即墨市通济街龙湾头村	21	男	1945 年 8 月
马延知	即墨市通济街龙湾头村	31	男	1945 年 8 月
单清兰	即墨市龙泉镇玉石头村	18	男	1945 年 8 月
刘思先	即墨市通济街道常黄村	—	男	1938 年 10 月
隋安明	即墨经济开发区解家营村	25	男	1938 年
陆道真	即墨经济开发区解家营村	26	男	1938 年
刘 三	即墨经济开发区解家营村	23	男	1938 年
于学德	即墨市王村镇迟家高戈庄村	32	男	1939 年 5 月 15 日
刘显礼	即墨市南泉镇官庄村	14	男	1939 年
马克德之祖父	即墨市通济街道南龙湾村	—	男	1939 年
马总先之父	即墨市通济街道南龙湾村	—	男	1939 年
陈松深	即墨市七级镇八里庄村	20	男	1940 年 5 月
陈秀聚	即墨市七级镇八里庄村	22	男	1940 年 5 月
姜存洪	即墨市七级镇八里庄村	22	男	1940 年 5 月
姜永节	即墨市七级镇八里庄村	19	男	1940 年 5 月
邵邢先	即墨市店集镇青山西村	34	男	1940 年 11 月
邵万章	即墨市店集镇青山西村	38	男	1940 年 11 月
江敦瑾	即墨经济开发区江家西流村	—	男	1940 年
栾顺邦	即墨市通济街道西北关村	—	男	1940 年
林德海	即墨市通济街道西北关村	—	男	1940 年
栾正河	即墨市通济街道西北关村	—	男	1940 年
王书训	即墨市蓝村镇古城村	20	男	1940 年

姓 名	籍 贯	年 龄	性 别	死难时间
孙加奎	即墨市鳌山卫镇孙家白庙村	32	男	1940 年
孙友耀	即墨市普东镇袁家屯村	25	男	1941 年 1 月
房启太	即墨市金口镇西店子村	22	男	1941 年 5 月
周家恂	即墨市金口镇周家屯村	24	男	1941 年 7 月
于顺中	即墨市金口镇于家屯村	30	男	1941 年
于欣中	即墨市金口镇于家屯村	32	男	1941 年
于定金	即墨市金口镇于家屯村	31	男	1941 年
万升甫	即墨市通济街道柘车河村	—	男	1941 年
李兆平	即墨市通济街道柘车河村	—	男	1941 年
万会清	即墨市通济街道柘车河村	—	男	1941 年
梁日深	即墨市鳌山卫镇高袁庄村	—	男	1941 年
袁丕当	即墨市普东镇袁家屯村	24	男	1942 年 2 月
于永涛	即墨市段泊岚镇东瓦戈庄三村	—	男	1942 年 3 月
于 永	即墨市段泊岚镇东瓦戈庄三村	—	男	1942 年 3 月
于明正	即墨市店集镇池戈庄村	41	男	1941 年 9 月
吴洪章	即墨市七级镇大欧戈庄村	43	男	1942 年 4 月
李成山	即墨市七级镇大欧戈庄村	48	男	1942 年 4 月
王广平	即墨市田横镇东孟戈庄村	29	男	1942 年春
王保善	即墨市田横镇东孟戈庄村	17	男	1942 年春
周承荣	即墨市金口镇周家屯村	27	男	1942 年 6 月
周承夏	即墨市金口镇周家屯村	23	男	1942 年 6 月
周承锡	即墨市金口镇周家屯村	26	男	1941 年 6 月
周开文	即墨市金口镇周家屯村	23	男	1942 年 7 月
陈爱深	即墨市七级镇八里庄村	17	男	1942 年 7 月
乔吉金	即墨市七级镇青中埠村	29	男	1942 年秋天
王启洋	即墨市七级镇青中埠村	24	男	1942 年秋天
徐太成	即墨市七级镇青中埠村	28	男	1942 年秋天
吴泰钟	即墨市华山镇吴家岭村	37	男	1942 年 10 月 30 日
吴福钟	即墨市华山镇吴家岭村	38	男	1942 年 10 月 30 日
吴汇泽	即墨市华山镇吴家岭村	21	男	1942 年 10 月 30 日
吴培禄	即墨市华山镇吴家岭村	28	男	1942 年 10 月 30 日
吴温本	即墨市华山镇吴家岭村	30	男	1942 年 10 月 30 日
房新忠	即墨市金口镇北阡村	48	男	1942 年
房文勤	即墨市金口镇北阡村	18	男	1942 年

姓 名	籍 贯	年 龄	性 别	死难时间
房文亮	即墨市金口镇北阡村	40	男	1942 年
房延章	即墨市金口镇北阡村	45	男	1942 年
房新明	即墨市金口镇北阡村	48	男	1942 年
李房氏	即墨市金口镇北阡村	36	女	1942 年
康显铸	即墨市七级镇西龙湾头村	38	男	1942 年
江崇杰	即墨经济开发区江家西流村	30	男	1943 年 1 月
孙文臣	即墨经济开发区石河头村	27	男	1943 年 6 月
李振温	即墨市店集镇东里村	24	男	1943 年 8 月
毛承松	即墨市段泊岚镇毛家岭二村	23	男	1943 年秋
刘文进	即墨市金口镇西店子村	24	男	1943 年 12 月
陈永进	即墨市田横镇黑子村	24	男	1943 年冬
江敦滋	即墨经济开发区江家西流村	40	男	1944 年 9 月
史宗礼	即墨市七级镇湍湾东街村	28	男	1944 年 12 月
江志杰	即墨经济开发区江家西流村	—	男	1944 年
长 显	即墨市北安街道兰东村	16	男	1945 年 6 月
王存河	即墨市鳌山卫镇青岗岭村	26	男	1945 年
孙相义	即墨市金口镇庙东三村	29	男	1945 年
郭信常	即墨市龙山街道前北葛村	26	男	1945 年
郭信密	即墨市龙山街道前北葛村	25	男	1945 年
郭守先	即墨市龙山街道前北葛村	25	男	1945 年
合 计	**1207**			

责任人：黄祖林　张公体　　　核实人：徐立明　于大超　袁玉坤　填表人：张潇玲

填报单位（签章）：即墨市委党史研究室　　　　　　　　填报时间：2009 年 12 月 14 日

胶州市抗日战争时期死难者名录

姓 名	籍 贯	年 龄	性 别	死难时间
匡 循	胶州市南关街道尹家店村	51	男	1938 年
郭愉荣	胶州市阜安街道	32	男	1938 年 1 月
于姜氏	胶州市胶东镇大西庄村	—	女	1938 年
李相光	胶州市李哥庄镇矫戈庄村	—	男	1938 年
李仙云	胶州市胶莱镇后韩村	41	男	1938 年 1 月 10 日
李顺山	胶州市胶莱镇后韩村	2	男	1938 年 1 月 10 日
李王氏	胶州市胶莱镇后韩村	18	女	1938 年 1 月 10 日
赵风岗	胶州市阜安街道	40	男	1938 年 1 月 24 日
郭大痴吧	胶州市阜安街道	—	男	1938 年 1 月
戚张氏	胶州市胶莱镇小高戚家村	39	女	1938 年 2 月 12 日
张王氏	胶州市胶莱镇小高于家村	33	女	1938 年 2 月 12 日
胡明玉	胶州市胶东镇店口村	—	男	1938 年 3 月 1 日
韩霞月	胶州市胶东镇店口村	—	男	1938 年 3 月 1 日
黑斤甫	胶州市胶东镇店口村	—	男	1938 年 3 月 1 日
高××	胶州市胶东镇丰隆屯村	—	男	1938 年 3 月 20 日
高振贤	胶州市马店镇官路村	—	男	1938 年 3 月
陈胜武	胶州市洋河镇艾山	—	男	1938 年 3 月 1 日
盛文斋	胶州市洋河镇艾山	—	男	1938 年 3 月 1 日
高 金	胶州市南关街道庄里头村	18	女	1938 年 4 月 7 日
丁振礼	胶州市李哥庄镇前辛疃村	39	男	1938 年 4 月 21 日
赵希功之曾祖父	胶州市里岔镇前沟村	18	男	1938 年 4 月
张朱氏	胶州市铺集镇邢家岭村	70	女	1938 年 4 月
王酸嫚	胶州市铺集镇邢家岭村	16	女	1938 年 4 月
王小子	胶州市铺集镇邢家岭村	35	男	1938 年 4 月
王金勋	胶州市铺集镇邢家岭村	36	男	1938 年 4 月
王金福之父	胶州市铺集镇邢家岭村	60	男	1938 年 4 月
王金宝之弟	胶州市铺集镇邢家岭村	38	男	1938 年 4 月
徐之照	胶州市胶东镇前店口村	—	男	1938 年 5 月 30 日
于学倍之姐	胶州市里岔镇前沟村	15	女	1938 年 5 月
姜以富	胶州市胶东镇大店村	28	男	1938 年 6 月 7 日
王文考	胶州市胶东镇韩信沟村	—	男	1938 年 6 月 12 日

姓 名	籍 贯	年 龄	性 别	死难时间
丁凤文	胶州市胶东镇高家庄村	28	男	1938 年 6 月 14 日
刘 三	胶州市胶东镇小姜戈庄村	49	男	1938 年 6 月 16 日
刘于氏	胶州市胶东镇小姜戈庄村	27	女	1938 年 6 月 16 日
郭绪忠	胶州市胶东镇二堡村	26	男	1938 年 6 月 18 日
壮	胶州市胶东镇二堡村	23	男	1938 年 6 月 18 日
王兆文	胶州市胶莱镇王疃王家村	25	男	1938 年 6 月
乔绪文	胶州市胶莱镇沙梁一村	42	男	1938 年 6 月
乔绪河	胶州市胶莱镇沙梁一村	50	男	1938 年 6 月
乔瑞先	胶州市胶莱镇沙梁一村	36	男	1938 年 6 月
曹立亭之母	胶州市胶莱镇沙梁一村	—	女	1938 年 6 月
曹友坎之父	胶州市胶莱镇沙梁一村	—	男	1938 年 6 月
曹友信	胶州市胶莱镇沙梁一村	—	男	1938 年 6 月
曹友珍之母	胶州市胶莱镇沙梁一村	—	女	1938 年 6 月
潘德宝之父	胶州市胶莱镇沙梁一村	—	男	1938 年 6 月
纪宗遂	胶州市胶莱镇沙梁一村	—	男	1938 年 6 月
潘修进之叔	胶州市胶莱镇沙梁一村	—	男	1938 年 6 月
潘德国之母	胶州市胶莱镇沙梁一村	—	女	1938 年 6 月
姜立邦	胶州市胶东镇大店村	—	男	1938 年 7 月 18 日
丁兆祥	胶州市胶东镇高家庄村	—	男	1938 年 7 月 20 日
杨传统	胶州市马店镇大杜戈庄村	—	男	1938 年 7 月
李维芳	胶州市胶莱镇王疃庙西村	—	男	1938 年 7 月
张明青之父	胶州市里岔镇黄家阿洛村	62	男	1938 年 7 月
安久禄	胶州市张应镇东安家沟村	47	男	1938 年 7 月
孙云吉	胶州市胶东镇麻湾一村	—	男	1938 年 8 月 3 日
王学俭	胶州市胶东镇麻湾一村	41	男	1938 年 8 月 3 日
姚立敬	胶州市北关街道西庸村	—	男	1938 年 8 月
田 三	胶州市洋河镇山寺村	22	男	1938 年 8 月
赵增歧	胶州市洋河镇芍药洼村	64	男	1938 年 8 月
张百令	胶州市杜村镇大邹家沟村	31	男	1938 年 9 月
陈培瑜	胶州市胶东镇南堤子村	—	男	1938 年 10 月 5 日
张刘氏	胶州市南关街道庄里头村	23	女	1938 年 10 月 6 日
戚重先之祖母	胶州市胶莱镇小高张家村	—	女	1938 年秋
李顺高	胶州市洋河镇仇官寨村	28	男	1938 年 11 月 13 日
管振平	胶州市胶西镇大行村	18	男	1938 年 11 月 18 日

姓 名	籍 贯	年 龄	性 别	死难时间
张李氏	胶州市南关街道庄里头村	25	女	1938 年 12 月 4 日
赵凤昊	胶州市杜村镇大邹家沟村	36	男	1938 年 12 月
尤洪刚	胶州市胶西镇尹家店一村	21	男	1938 年
匡 德	胶州市胶西镇尹家店一村	38	男	1938 年
李凤池	胶州市九龙镇瓦屋庄村	32	男	1938 年
李汝贵	胶州市李哥庄镇小辛疃村	—	男	1938 年
徐林仁	胶州市李哥庄镇后石龙村	—	男	1938 年
孙令见	胶州市李哥庄镇孙家村	50	男	1938 年
王文好	胶州市胶东镇韩信沟村	—	男	1938 年
孙令乾	胶州市李哥庄镇孙家村	—	男	1938 年
刘玉得	胶州市张应镇大河流村	31	男	1939 年 1 月 8 日
刘小强	胶州市张应镇大河流村	21	男	1939 年 1 月 8 日
宋庆林	胶州市北关街道砚里庄村	33	男	1939 年 1 月 10 日
陈立参	胶州市胶莱镇徐家闸子村	35	男	1939 年 1 月
彭志成	胶州市胶东镇周家屯村	41	男	1939 年 2 月 2 日
孙学政之子	胶州市胶东镇麻湾二村	1	男	1939 年 2 月 5 日
郑玉金	胶州市张应镇张应村	55	男	1939 年 2 月 6 日
李兰张	胶州市张应镇张应村	31	男	1939 年 2 月 6 日
张松林	胶州市张应镇张应村	52	男	1939 年 2 月 6 日
张德顺	胶州市张应镇张应村	28	男	1939 年 2 月 6 日
孙小凤	胶州市张应镇张应村	3	男	1939 年 2 月 6 日
高文绪	胶州市胶东镇高家庄村	31	男	1939 年 2 月 15 日
张聚海	胶州市张应镇大朱戈村	—	男	1939 年 2 月 24 日
王廷奎	胶州市洋河镇大王家村	51	男	1939 年 2 月 26 日
张连勤	胶州市胶东镇前店口村	34	男	1939 年 3 月 1 日
王合理	胶州市铺集镇后岳家庄村	26	男	1939 年 3 月 5 日
鹿相耀	胶州市铺集镇鹿家村	40	男	1939 年 3 月
王文忠	胶州市铺集镇鹿家村	42	男	1939 年 3 月
鹿钜钦	胶州市铺集镇鹿家村	19	男	1939 年 3 月
孟 小	胶州市铺集镇鹿家村	5	男	1939 年 3 月
孟小二	胶州市铺集镇鹿家村	3	男	1939 年 3 月
王天明	胶州市铺集镇鹿家村	38	男	1939 年 3 月
李笃生	胶州市杜村镇南杜村	25	男	1939 年 3 月
赵增柱	胶州市洋河镇芍药洼村	75	男	1939 年 3 月

姓　名	籍　贯	年龄	性别	死难时间
赵增富	胶州市洋河镇芍药洼村	73	男	1939 年 3 月
姜小山	胶州市里岔镇良乡村	20	男	1939 年 4 月
周茂得	胶州市里岔镇后观音堂村	59	男	1939 年 5 月 4 日
周茂盛	胶州市里岔镇前观音堂村	60	男	1939 年 5 月 4 日
赵桂芸	胶州市杜村镇城献村	50	男	1939 年 5 月 6 日
王金伦之父	胶州市铺集镇邢家岭村	45	男	1939 年 5 月
纪孝友	胶州市胶东镇朱家庄村	—	男	1939 年 6 月 3 日
姜立瑶	胶州市胶东镇大店村	10	女	1939 年 6 月 9 日
张加善	胶州市李哥庄镇魏家屯村	51	男	1939 年 7 月 3 日
彭均全	胶州市李哥庄镇毛家庄村	—	男	1939 年 7 月 3 日
于令德	胶州市胶东镇温家庄村	—	男	1939 年 7 月 10 日
于文溪	胶州市胶东镇温家庄村	—	男	1939 年 7 月 10 日
李坤金	胶州市胶东镇大半窑村	—	男	1939 年 7 月 10 日
张成玉	胶州市胶东镇大半窑村	—	男	1939 年 7 月 10 日
邓持禄	胶州市胶东镇大半窑村	—	男	1939 年 7 月 10 日
李　庄	胶州市胶东镇二铺村	17	男	1939 年 8 月 2 日
许丰芳	胶州市胶东镇河西屯村	—	男	1939 年 8 月 7 日
韩以海	胶州市胶东镇河西屯村	—	男	1939 年 8 月 7 日
韩连生	胶州市胶东镇河西屯村	—	男	1939 年 8 月 7 日
杜守申	胶州市张应镇洋河崖村	35	男	1939 年 8 月 12 日
任智有	胶州市马店镇东王延庄村	38	男	1939 年 8 月 29 日
王锡海	胶州市胶东镇小半窑村	22	男	1939 年 9 月 13 日
张孝恕	胶州市胶东镇大麻湾一村	38	男	1939 年 9 月 15 日
刘松章	胶州市洋河镇刀山子沟村	62	男	1939 年 9 月
刘云洪	胶州市洋河镇刀山子沟村	40	男	1939 年 9 月
刘云峰	胶州市洋河镇刀山子沟村	24	男	1939 年 9 月
姜云吉	胶州市里岔镇良乡村	50	男	1939 年 10 月 5 日
张志超	胶州市里岔镇后良乡二村	65	男	1939 年 10 月 5 日
丁泽泮	胶州市胶东镇高家庄村	45	男	1939 年 10 月 6 日
张立干	胶州市胶东镇前店口村	—	男	1939 年 10 月 10 日
张连文	胶州市胶东镇前店口村	—	男	1939 年 10 月 10 日
闫锡山	胶州市洋河镇相沟村	53	男	1939 年 10 月 23 日
刘正祥	胶州市铺集镇孙家牛沟村	31	男	1939 年 11 月 11 日
邱方圆	胶州市胶北镇刁家屯村	50	男	1939 年

姓　名	籍　贯	年　龄	性　别	死难时间
夏吉俊	胶州市胶莱镇北店子村	32	男	1939 年
魏宝三	胶州市李哥庄镇前辛疃村	—	男	1939 年
乔绪珍	胶州市胶莱镇南沙岭一村	18	男	1939 年
宋德盛	胶州市阜安街道大同村	42	男	1939 年
高祀友	胶州市杜村镇南杜村	—	男	1939 年
赵桂斋	胶州市杜村镇城献村	22	男	1940 年 1 月 8 日
谈 建	胶州市胶东镇谈家庄村	42	男	1940 年 1 月 10 日
毛吕氏	胶州市杜村镇城献村	66	女	1940 年 1 月 12 日
王文志	胶州市胶东镇韩信沟村	45	男	1940 年 1 月 13 日
张观涛	胶州市李哥庄镇张家庄村	22	男	1940 年 1 月 27 日
刘敦彩	胶州市张应镇大河流村	30	男	1940 年 1 月
姜 宿	胶州市胶东镇北堤子村	—	男	1940 年 2 月 5 日
姜以怀	胶州市胶东镇大店村	—	男	1940 年 2 月 7 日
薛溪全	胶州市胶西镇西祝村	22	男	1940 年 2 月 14 日
吕 怀	胶州市杜村镇东王家庄村	71	男	1940 年 2 月 16 日
李先云	胶州市胶莱镇后韩村	45	男	1940 年 2 月
李先云之弟媳	胶州市胶莱镇后韩村	20	女	1940 年 2 月
李先云之侄	胶州市胶莱镇后韩村	1	男	1940 年 2 月
姜进清之母	胶州市张应镇前小河崖村	62	女	1940 年 3 月 8 日
李文良之父	胶州市张应镇后小河崖村	71	男	1940 年 3 月 8 日
王学武之父	胶州市张应镇后小河崖村	45	男	1940 年 3 月 8 日
刘汝林	胶州市张应镇寺前村	26	男	1940 年 3 月 12 日
张延奎	胶州市张应镇大朱戈村	53	男	1940 年 3 月 15 日
张刘氏	胶州市张应镇大朱戈村	48	女	1940 年 3 月 15 日
张聚法	胶州市张应镇大朱戈村	34	男	1940 年 3 月 15 日
张道先	胶州市张应镇大朱戈村	35	男	1940 年 3 月 15 日
张童嫚	胶州市张应镇大朱戈村	13	女	1940 年 3 月 15 日
王间长	胶州市张应镇仁家庄村	42	男	1940 年 3 月 15 日
赵金可	胶州市杜村镇城献村	11	男	1940 年 3 月 16 日
廉炳东	胶州市胶东镇后辛庄村	30	男	1940 年 3 月 17 日
赵长龙	胶州市洋河镇孤山泊村	40	男	1940 年 3 月
赵 彩	胶州市张应镇西张应村	55	男	1940 年 4 月 4 日
宋兰润	胶州市张应镇西张应村	18	男	1940 年 4 月 4 日
宋刘氏	胶州市张应镇西张应村	50	女	1940 年 4 月 4 日

姓 名	籍 贯	年龄	性别	死难时间
宋成连	胶州市张应镇西张应村	3	男	1940 年 4 月 4 日
韩振明	胶州市张应镇西张应村	38	男	1940 年 4 月 4 日
刘西谦	胶州市张应镇西张应村	23	男	1940 年 4 月 4 日
姜卫从	胶州市胶东镇石家庄村	—	男	1940 年 4 月 13 日
范茂林	胶州市胶东镇大半窑村	—	男	1940 年 4 月 15 日
范吉京	胶州市胶东镇大半窑村	—	男	1940 年 4 月 15 日
张 楷	胶州市铺集镇后岳家庄村	40	男	1940 年 4 月 21 日
张汝春	胶州市铺集镇巩家庄村	—	男	1940 年春
张桥宾	胶州市铺集镇巩家庄村	—	男	1940 年春
战振华	胶州市胶西镇雅会村	38	男	1940 年 5 月 1 日
战洪臣	胶州市李哥庄镇河荣二村	—	男	1940 年 5 月 26 日
刘作庆	胶州市马店镇杨家屯村	46	男	1940 年 6 月 8 日
刘化清	胶州市马店镇杨家屯村	26	男	1940 年 6 月 8 日
刘作昌	胶州市马店镇杨家屯村	59	男	1940 年 6 月 8 日
刘魏氏	胶州市马店镇杨家屯村	58	女	1940 年 6 月 8 日
张×金	胶州市铺集镇逢家沟村	41	男	1940 年 6 月 12 日
袁金胜之妻	胶州市胶东镇大姜戈庄村	—	女	1940 年 6 月 13 日
袁金胜之子	胶州市胶东镇大姜戈庄村	—	男	1940 年 6 月 13 日
刘在功	胶州市张应镇前小河崖村	15	女	1940 年 7 月 4 日
赵万法	胶州市里岔镇后良乡二村	30	男	1940 年 7 月 5 日
王庆信	胶州市胶东镇周家屯村	41	男	1940 年 7 月 12 日
马 云	胶州市九龙镇挪庄村	49	男	1940 年 7 月 15 日
马同烈	胶州市九龙镇挪庄村	31	男	1940 年 7 月 15 日
张祝亭	胶州市九龙镇挪庄村	18	男	1940 年 7 月 15 日
孙东云	胶州市胶西镇苑家会村	55	男	1940 年 7 月 24 日
战守智	胶州市南关街道崔家夼村	25	男	1940 年 7 月 25 日
战守仁	胶州市南关街道崔家夼村	31	男	1940 年 7 月 25 日
宋玉田	胶州市南关街道崔家夼村	24	男	1940 年 7 月 25 日
范洪亭	胶州市胶北镇南疃村	19	男	1940 年 7 月
周辉明	胶州市张应镇周家小庄村	48	男	1940 年 7 月
周辉启	胶州市张应镇周家小庄村	43	男	1940 年 7 月
周启平	胶州市张应镇周家小庄村	69	男	1940 年 7 月
周茂金	胶州市张应镇周家小庄村	31	男	1940 年 7 月
周茂庆	胶州市张应镇周家小庄村	21	男	1940 年 7 月

姓 名	籍 贯	年 龄	性 别	死难时间
周辉焕	胶州市张应镇周家小庄村	45	男	1940 年 7 月
刘全荣之妻	胶州市张应镇前小河崖村	47	女	1940 年 8 月 3 日
冷银嫚	胶州市张应镇石青沟村	18	女	1940 年 8 月 3 日
刘于氏	胶州市胶东镇小姜戈庄村	27	女	1940 年 8 月 15 日
张炳阳	胶州市铺集镇巩家庄村	28	男	1940 年 8 月 25 日
王金亭	胶州市马店镇石门子口村	—	男	1940 年 8 月
刘德富	胶州市洋河镇宋家屯村	62	男	1940 年 9 月 3 日
匡绍良之妻	胶州市胶东镇十里铺村	—	女	1940 年 9 月 20 日
贾秀云	胶州市胶西镇隋家庄村	20	女	1940 年 10 月
冷薛氏	胶州市杜村镇大邵家沟村	45	女	1940 年 10 月
冷延中	胶州市杜村镇大邵家沟村	24	男	1940 年 10 月
宋兆基之子	胶州市洋河镇王家庄村	39	男	1940 年 10 月
隋邦元	胶州市胶莱镇五里堠村	30	男	1940 年秋
傅洪恩	胶州市南关街道崔家夼村	18	男	1940 年 12 月 18 日
冷锡池	胶州市洋河镇冷家村	25	男	1940 年 12 月
相修堂	胶州市洋河镇大相家村	31	男	1940 年 12 月
王兆瑞	胶州市洋河镇河西郭村	22	男	1940 年 12 月
孙先锡	胶州市李哥庄镇孙家村	—	男	1940 年
孙功成	胶州市李哥庄镇孙家村	—	男	1940 年
张本鸿	胶州市马店镇阎家屯村	25	男	1940 年
刘尚坡	胶州市南关街道三官庙村	50	男	1940 年
管清兰	胶州市铺集镇杨家庄村	—	男	1940 年
尤述孝	胶州市张应镇尤家屯村	54	男	1940 年
孙殿聚	胶州市洋河镇宾贤二村	50	男	1940 年
赵明林	胶州市里岔镇远家阿洛村	40	男	1941 年 1 月 5 日
赵明俊	胶州市里岔镇远家阿洛村	45	男	1941 年 1 月 5 日
刘崔氏	胶州市洋河镇大庄村	24	女	1941 年 1 月 9 日
刘玉得	胶州市张应镇朱戈刘村	31	男	1941 年 1 月 20 日
姜宝行	胶州市胶东镇大店村	31	男	1941 年 1 月
姜 福	胶州市胶东镇大店村	10	男	1941 年 2 月 15 日
韩敬友	胶州市胶莱镇前韩村	75	男	1941 年 2 月 15 日
韩明金	胶州市胶莱镇前韩村	48	男	1941 年 2 月 15 日
栾胜元	胶州市九龙镇北夼村	42	男	1941 年 2 月
张玉春	胶州市铺集镇巩家庄村	56	男	1941 年 2 月

姓 名	籍 贯	年 龄	性 别	死难时间
李成才	胶州市胶东镇韩信沟村	47	男	1941 年 3 月 16 日
刘永璋	胶州市张应镇大河流村	69	男	1941 年 3 月 16 日
刘李氏	胶州市里岔镇沙南庄村	24	女	1941 年 3 月 16 日
赵立乾	胶州市里岔镇良乡一村	48	男	1941 年 3 月 17 日
崔张氏	胶州市胶莱镇西岭村	32	女	1941 年 3 月 20 日
崔小蒲	胶州市胶莱镇西岭村	10	男	1941 年 3 月 20 日
宋刘氏	胶州市里岔镇谭家村	32	女	1941 年 3 月 21 日
荣贵祥	胶州市里岔镇谭家村	34	男	1941 年 3 月 21 日
马 居	胶州市里岔镇谭家村	42	男	1941 年 3 月 21 日
曾兆龙	胶州市北关街道曾家庄村	—	男	1941 年 3 月
崔 万	胶州市北关街道中庸村	—	男	1941 年 3 月
刘青海	胶州市张应镇朱戈刘村	40	男	1941 年 3 月
吕熙菊	胶州市杜村镇寺前村	30	男	1941 年 4 月 4 日
崔 石	胶州市杜村镇寺前村	16	男	1941 年 4 月 4 日
栾善继	胶州市杜村镇寺前村	18	男	1941 年 4 月 4 日
吕希高	胶州市杜村镇寺前村	30	男	1941 年 4 月 4 日
李红早	胶州市里岔镇后良乡二村	41	男	1941 年 4 月 5 日
王书臣	胶州市铺集镇河北村	39	男	1941 年 4 月 21 日
冯 氏	胶州市铺集镇邢家岭村	65	女	1941 年 4 月 21 日
王宣嫚	胶州市铺集镇邢家岭村	15	女	1941 年 4 月 21 日
王金莲	胶州市铺集镇邢家岭村	18	女	1941 年 4 月 21 日
王金柱	胶州市铺集镇邢家岭村	22	男	1941 年 4 月 21 日
王举明	胶州市铺集镇邢家岭村	55	男	1941 年 4 月 21 日
鹿合攻	胶州市铺集镇苗家庄村	53	男	1941 年 4 月 24 日
姜春成	胶州市里岔镇良乡村	47	男	1941 年 4 月 24 日
薛 乙	胶州市胶东镇前辛庄村	40	男	1941 年 4 月 27 日
周思明	胶州市胶东镇前辛庄村	51	男	1941 年 4 月 27 日
叶再之	胶州市李哥庄镇冷家庄村	42	男	1941 年 4 月 29 日
王玉首	胶州市杜村镇王家屯村	18	女	1941 年 4 月
栾作礼	胶州市张应镇西安家沟村	71	男	1941 年 4 月
张彦魁	胶州市张应镇大朱戈村	54	男	1941 年春
姜本山	胶州市胶东镇南庄二村	25	男	1941 年 5 月 7 日
姜延祥	胶州市李哥庄镇矫哥庄村	54	男	1941 年 5 月 7 日
姜延瑞	胶州市李哥庄镇矫哥庄村	26	男	1941 年 5 月 9 日

姓 名	籍 贯	年 龄	性 别	死难时间
王克文	胶州市李哥庄镇矫哥庄村	38	男	1941 年 5 月 9 日
邓风瑞	胶州市胶东镇朱家庄村	31	男	1941 年 5 月 10 日
杜朱氏	胶州市张应镇洋河崖村	53	女	1941 年 5 月 11 日
杜义永	胶州市洋河镇横沟村	61	男	1941 年 5 月 12 日
杜文林	胶州市洋河镇横沟村	62	男	1941 年 5 月 12 日
杜中礼	胶州市洋河镇横沟村	36	男	1941 年 5 月 12 日
杜克功	胶州市洋河镇横沟村	54	男	1941 年 5 月 12 日
杜希秋	胶州市洋河镇横沟村	43	男	1941 年 5 月 12 日
李舟荣	胶州市铺集镇新屯村	60	男	1941 年 5 月 15 日
刘成宾	胶州市胶东镇韩信沟村	42	男	1941 年 5 月 17 日
刘同仁	胶州市胶东镇韩信沟村	61	男	1941 年 5 月 17 日
刘同良	胶州市胶东镇韩信沟村	40	男	1941 年 5 月 17 日
谢家武	胶州市胶东镇韩信沟村	29	男	1941 年 5 月 17 日
韩明道	胶州市李哥庄镇前辛疃村	22	男	1941 年 5 月 20 日
张××	胶州市张应镇大朱戈村	—	男	1941 年 5 月
时宝贵	胶州市胶西镇二里河子村	22	男	1941 年 6 月 4 日
王风义	胶州市胶西镇二里河子村	24	男	1941 年 6 月 4 日
刘 治	胶州市铺集镇于家庄村	29	男	1941 年 6 月 17 日
刘永收	胶州市铺集镇于家庄村	26	男	1941 年 6 月 17 日
黑 柱	胶州市胶东镇后店口村	—	男	1941 年 6 月 20 日
鲁维福	胶州市洋河镇裴家村	36	男	1941 年 7 月 3 日
刘在礼	胶州市张应镇前小河崖村	32	男	1941 年 7 月 5 日
高二黄	胶州市胶西镇茔子村	42	男	1941 年 7 月 5 日
谢增武	胶州市胶东镇韩信沟村	—	男	1941 年 7 月 10 日
刘同亮	胶州市胶东镇韩信沟村	—	男	1941 年 7 月 10 日
刘成彬	胶州市胶东镇韩信沟村	—	男	1941 年 7 月 10 日
王会见	胶州市里岔镇良乡一村	23	男	1941 年 7 月 10 日
赵 见	胶州市里岔镇良乡一村	20	男	1941 年 7 月 10 日
刘永京	胶州市铺集镇于家庄村	42	男	1941 年 7 月 15 日
宋起男	胶州市南关街道崔家夼村	29	男	1941 年 7 月 25 日
冯玉京	胶州市铺集镇逄家沟村	24	男	1941 年 7 月 29 日
鹿加全	胶州市铺集镇逄家沟村	48	男	1941 年 7 月 29 日
王 秀	胶州市铺集镇逄家沟村	36	男	1941 年 7 月 29 日
李四良	胶州市铺集镇逄家沟村	41	男	1941 年 7 月 29 日

姓　名	籍　贯	年　龄	性　别	死难时间
李廷桂	胶州市铺集镇逄家沟村	25	男	1941 年 7 月 29 日
冯玉化	胶州市铺集镇逄家沟村	27	男	1941 年 7 月 29 日
李金法	胶州市铺集镇团埠子村	58	男	1941 年 7 月 29 日
冷相斋	胶州市杜村镇史家店子村	52	男	1941 年 7 月
王　庆	胶州市洋河镇宋家屯村	8	男	1941 年 8 月 4 日
刘敏基	胶州市洋河镇宾贤村	44	男	1941 年 8 月 4 日
刘喜金	胶州市铺集镇后朱陈沟村	60	男	1941 年 8 月 15 日
宋连森	胶州市胶西镇苑戈庄村	28	男	1941 年 8 月
陈宗福	胶州市胶东镇三官庙村	—	男	1941 年 9 月 20 日
李财祥	胶州市胶东镇三官庙村	—	男	1941 年 9 月 20 日
姜仕洪	胶州市胶东镇南庄四村	—	男	1941 年 9 月 20 日
王兆和	胶州市胶东镇南庄二村	—	男	1941 年 9 月 20 日
程文法	胶州市营海镇小滩子村	40	男	1941 年 9 月 24 日
宋承禄	胶州市中云街道东宋戈庄村	45	男	1941 年 9 月
杜守阁	胶州市杜村镇小邹家沟村	27	男	1941 年 9 月
姜子正	胶州市胶东镇大店村	—	男	1941 年 10 月 20 日
纪长公	胶州市北关街道砚里庄村	26	男	1941 年 10 月
王义福	胶州市北关街道砚里庄村	30	男	1941 年 10 月
姜秀俊	胶州市胶东镇大店村	—	男	1941 年 11 月 11 日
王学连	胶州市铺集镇殷家庄村	23	男	1941 年 11 月
张香荣	胶州市李哥庄镇南张家庄村	19	男	1941 年 12 月
郭振松	胶州市马店镇马店东村	27	男	1941 年 12 月
王　浩	胶州市胶北镇王家庄村	—	男	1941 年
王　小	胶州市胶北镇王家庄村	—	男	1941 年
陈立兰	胶州市胶莱镇陈家闸子村	—	男	1941 年
韩在恭	胶州市胶莱镇后韩村	28	男	1941 年
朱成绿	胶州市李哥庄镇李哥庄村	52	男	1941 年
李同文	胶州市李哥庄镇孙家村	—	男	1941 年
王合青	胶州市铺集镇后岳家庄村	—	男	1941 年
张　全	胶州市铺集镇后岳家庄村	—	男	1941 年
李化亭	胶州市胶莱镇小高戚家村	44	男	1941 年
林殿福	胶州市营海镇码头村	60	男	1941 年
孙宝森	胶州市营海镇码头村	32	男	1941 年
刘茂会	胶州市营海镇码头村	79	男	1941 年

姓　名	籍　贯	年龄	性别	死难时间
闫绩起	胶州市营海镇大荒村	34	男	1941 年
王思洪	胶州市李哥庄镇矫哥庄村	39	男	1941 年
王维清	胶州市李哥庄镇矫哥庄村	30	男	1941 年
李文许	胶州市胶西镇宋家庄村	—	男	1941 年
于成林	胶州市杜村镇高家河崖村	28	男	1941 年
谈在源	胶州市胶北镇小沟底村	32	男	1942 年 1 月
刘邦君	胶州市里岔镇辛庄村	57	男	1942 年 1 月
徐宝仁	胶州市洋河镇临洋村	73	男	1942 年 1 月
张风和	胶州市洋河镇临洋村	74	男	1942 年 1 月
张清元	胶州市城里	65	男	1942 年 2 月 1 日
张　柱	胶州市洋河镇山寺村	46	男	1942 年 2 月
赵积文	胶州市胶东镇大西庄村	—	男	1942 年 3 月 5 日
孟鹿氏	胶州市铺集镇苗家庄村	34	女	1942 年 3 月 12 日
孟大嫚	胶州市铺集镇苗家庄村	5	女	1942 年 3 月 12 日
孟小嫚	胶州市铺集镇苗家庄村	2	女	1942 年 3 月 12 日
曲纪业	胶州市张应镇大草泊村	22	男	1942 年 3 月 13 日
许开芳	胶州市胶东镇河西屯村	—	男	1942 年 3 月 15 日
韩明义	胶州市胶东镇河西屯村	—	男	1942 年 3 月 15 日
姜展先	胶州市胶东镇大店村	—	男	1942 年 3 月 15 日
刘正裕	胶州市张应镇朱戈刘村	50	男	1942 年 3 月 15 日
王家刘	胶州市张应镇朱戈刘村	47	男	1942 年 3 月 15 日
苗　德	胶州市张应镇朱戈刘村	59	男	1942 年 3 月 15 日
刘正汝	胶州市张应镇朱戈刘村	40	男	1942 年 3 月 15 日
苗德智	胶州市张应镇朱戈刘村	52	男	1942 年 3 月 15 日
苗从云	胶州市张应镇朱戈刘村	41	男	1942 年 3 月 15 日
庄培增	胶州市铺集镇牛沟一村	48	男	1942 年 3 月 16 日
刘秀章	胶州市张应镇大河流村	69	男	1942 年 3 月 17 日
迟庆福	胶州市铺集镇孙家村	37	男	1942 年 3 月 19 日
孙立埠	胶州市铺集镇孙家村	34	男	1942 年 3 月 19 日
台秀金	胶州市铺集镇孙家村	—	男	1942 年 3 月 19 日
三麻子	胶州市铺集镇孙家村	43	男	1942 年 3 月 19 日
田　卫	胶州市铺集镇孙家村	40	男	1942 年 3 月 19 日
孙立部	胶州市铺集镇孙家牛沟村	36	男	1942 年 3 月 19 日
迟庆田	胶州市铺集镇孙家牛沟村	38	男	1942 年 3 月 19 日

姓　名	籍　贯	年　龄	性　别	死难时间
王　有	胶州市铺集镇鹿家牛沟村	28	男	1942 年 3 月 19 日
王　氏	胶州市铺集镇鹿家牛沟村	50	女	1942 年 3 月 19 日
鹿张氏	胶州市铺集镇鹿家牛沟村	28	女	1942 年 3 月 19 日
鹿王氏	胶州市铺集镇鹿家沟村	27	女	1942 年 3 月 19 日
鹿　道	胶州市铺集镇鹿家沟村	70	男	1942 年 3 月 19 日
鹿孟氏	胶州市铺集镇鹿家沟村	30	女	1942 年 3 月 19 日
小　嫚	胶州市铺集镇鹿家沟村	20	女	1942 年 3 月 19 日
王文中	胶州市铺集镇鹿家沟村	38	男	1942 年 3 月 19 日
崔智三	胶州市洋河镇崔家小庄村	63	男	1942 年 3 月 19 日
姜严传	胶州市胶东镇大店村	—	男	1942 年 3 月 20 日
隋学周	胶州市胶东镇温家庄村	—	男	1942 年 3 月 20 日
迟贵中	胶州市铺集镇黔陬一村	25	男	1942 年 3 月 23 日
王成树	胶州市铺集镇黔陬四村	26	男	1942 年 3 月 23 日
迟贵蕉	胶州市铺集镇黔陬一村	23	男	1942 年 3 月 23 日
王大庆	胶州市胶东镇三官庙村	22	男	1942 年 4 月 3 日
颜京志	胶州市张应镇东青杨杭村	27	男	1942 年 4 月 14 日
王友福	胶州市北关街道砚里庄村	27	男	1942 年 4 月 15 日
纪长功	胶州市北关街道砚里庄村	28	男	1942 年 4 月 15 日
王孝伍	胶州市张应镇东青杨杭村	48	男	1942 年 4 月 29 日
宋　强	胶州市胶西镇行上店村	25	男	1942 年 4 月
王清贵	胶州市营海镇东匡村	24	男	1942 年 4 月
姚易善	胶州市胶东镇周家庄村	28	男	1942 年 4 月
纪克宽	胶州市胶东镇葛家庄村	—	男	1942 年 5 月 9 日
孟现花	胶州市铺集镇苗家庄村	64	女	1942 年 5 月 26 日
王世民	胶州市李哥庄镇毛家庄村	31	男	1942 年 6 月 17 日
宋振清	胶州市胶西镇叶家庄村	21	男	1942 年 6 月 27 日
吕×之子	胶州市北关街道胡家庄村	14	男	1942 年 6 月
王守焕	胶州市铺集镇盛家庄村	30	男	1942 年 7 月 7 日
王石民	胶州市胶东镇葛家庄村	31	男	1942 年 7 月 18 日
孙云清	胶州市胶莱镇北王珠村	50	男	1942 年 7 月
徐凤武	胶州市九龙镇柏果树村	28	男	1942 年 8 月 17 日
万宝聚	胶州市九龙镇柏果树村	20	男	1942 年 8 月 17 日
毛瑞祥	胶州市李哥庄镇毛家村	24	男	1942 年 8 月
宋廷森	胶州市胶西镇苑戈庄村	32	男	1942 年 8 月

姓 名	籍 贯	年 龄	性 别	死难时间
初玉李	胶州市胶西镇苑戈庄村	28	男	1942 年 8 月
刘贵欣	胶州市张应镇宋家庄村	70	男	1942 年 10 月
毛德忠	胶州市李哥庄镇毛家村	31	男	1942 年 10 月
殷成有	胶州市洋河镇山子村	41	男	1942 年 10 月
牟中文	胶州市胶莱镇南顶子村	31	男	1942 年 11 月
赵　喜	胶州市胶莱镇赵家大高村	23	男	1942 年秋
吴宗远	胶州市胶莱镇五里堠子村	28	男	1942 年秋
李双喜	胶州市胶莱镇小高戚家村	21	男	1942 年 12 月 30 日
刘德瑞	胶州市胶莱镇王疃庙西村	—	男	1942 年 12 月
汪子道	胶州市胶莱镇小高于家村	23	男	1942 年 12 月
姜学孔	胶州市胶莱镇姜家村	25	男	1942 年 12 月
相锡军	胶州市洋河镇大相家村	42	男	1942 年 12 月
刘宗玉	胶州市胶莱镇闸子集村	—	男	1942 年
吕凤盛	胶州市杜村镇寺前村	30	男	1942 年
薛天星	胶州市杜村镇久安屯村	—	男	1942 年
薛瑞福之父	胶州市杜村镇久安屯村	—	男	1942 年
杨茂有	胶州市胶北镇梁戈庄村	21	男	1942 年
王如成	胶州市胶北镇王家庄村	—	男	1942 年
张同志	胶州市胶北镇东蔡家寺村	—	男	1942 年
张同友	胶州市胶北镇东蔡家寺村	—	男	1942 年
蔡坤大	胶州市胶北镇东蔡家寺村	—	男	1942 年
姜义俊	胶州市胶北镇东蔡家寺村	—	男	1942 年
张昌元	胶州市胶西镇尹家店二村	17	男	1942 年
李化彦	胶州市李哥庄镇后辛疃村	—	男	1942 年
李化美	胶州市李哥庄镇后辛疃村	—	男	1942 年
张炳翼	胶州市李哥庄镇周家村	—	男	1942 年
刘张氏	胶州市李哥庄镇周家村	—	女	1942 年
赵时亮	胶州市李哥庄镇王新村	—	男	1942 年
杨家仁	胶州市马店镇宋家屯村	21	男	1942 年
宋丕显	胶州市马店镇宋家屯村	25	男	1942 年
白文三	胶州市马店镇白家屯村	40	男	1942 年
李汝太	胶州市南关街道城子村	19	男	1942 年
李天云	胶州市铺集镇松园村	46	男	1942 年
李天云之母	胶州市铺集镇松园村	76	女	1942 年

姓 名	籍 贯	年 龄	性 别	死难时间
宋吉发	胶州市北关街道西庸村	19	男	1942 年
纪克生	胶州市胶东镇葛家庄村	21	男	1942 年
姜致和	胶州市胶东镇河西店村	32	男	1942 年
李化令	胶州市胶莱镇小高戚家村	23	男	1942 年
李 长	胶州市胶莱镇小高于家村	22	男	1942 年
姜学书	胶州市胶莱镇大回村	37	男	1942 年
高祀正	胶州市马店镇曹戈庄村	27	男	1942 年
金在致	胶州市胶北镇后屯村	23	男	1942 年
王义福	胶州市营海镇码头村	43	男	1942 年
刘正文	胶州市张应镇朱戈刘村	48	男	1943 年 1 月
刘全修	胶州市张应镇朱戈刘村	45	男	1943 年 1 月
刘文礼	胶州市张应镇朱戈刘村	43	男	1943 年 1 月
刘居修	胶州市张应镇朱戈刘村	45	男	1943 年 1 月
徐金玉	胶州市胶北镇于家村	27	男	1943 年 1 月
赵瀛州	胶州市南关街道赵家小庄村	45	男	1943 年 2 月
赵祥洲	胶州市南关街道赵家小庄村	35	男	1943 年 2 月
彭喜禄	胶州市胶东镇周家庄村	25	男	1943 年 2 月
谈绍伦	胶州市胶东镇谈家庄村	—	男	1943 年 3 月 1 日
张培志	胶州市胶东镇谈家庄村	—	男	1943 年 3 月 1 日
颜刘氏	胶州市张应镇东青杨杭村	35	女	1943 年 3 月 15 日
颜刘氏	胶州市张应镇东青杨杭村	18	女	1943 年 3 月 15 日
颜项臣	胶州市张应镇东青杨杭村	25	男	1943 年 3 月 22 日
王孝武	胶州市张应镇东青杨杭村	35	男	1943 年 3 月 22 日
刘西斌	胶州市张应镇前小河崖村	29	男	1943 年 3 月
李守义	胶州市北关街道东松园村	—	男	1943 年 3 月
蔡大顺	胶州市北关街道东松园村	—	男	1943 年 3 月
陈宝友	胶州市洋河镇河西郭村	30	男	1943 年 3 月
刘 修	胶州市张应镇朱戈刘村	55	男	1943 年 3 月
祁论典	胶州市洋河镇山子村	38	男	1943 年 3 月
王玉泉	胶州市杜村镇王家屯村	31	男	1943 年 4 月
周仁三	胶州市杜村镇姚家屯村	51	男	1943 年 4 月
赵桂欣	胶州市杜村镇城献村	23	男	1943 年春
赵振清	胶州市胶莱镇赵家大高村	19	男	1943 年春
张王氏	胶州市九龙镇盛家庄村	18	女	1943 年春

姓 名	籍 贯	年 龄	性 别	死难时间
张立仁	胶州市胶东镇前店口村	46	男	1943 年 5 月 6 日
李祥义	胶州市胶东镇前店口村	49	男	1943 年 5 月 6 日
韩陈氏	胶州市胶东镇前店口村	54	女	1943 年 5 月 6 日
魏姜氏	胶州市胶东镇前店口村	30	女	1943 年 5 月 6 日
李徐氏	胶州市胶东镇前店口村	30	女	1943 年 5 月 6 日
李长元	胶州市胶东镇前店口村	39	男	1943 年 5 月 6 日
徐姜氏	胶州市胶东镇前店口村	71	女	1943 年 5 月 6 日
孙林祥	胶州市胶东镇前店口村	48	男	1943 年 5 月 6 日
张立昌	胶州市胶东镇前店口村	60	男	1943 年 5 月 6 日
张小嫚	胶州市胶东镇前店口村	8	女	1943 年 5 月 6 日
张二嫚	胶州市胶东镇前店口村	6	女	1943 年 5 月 6 日
徐小栓	胶州市胶东镇前店口村	12	男	1943 年 5 月 6 日
张韩氏	胶州市胶东镇前店口村	61	女	1943 年 5 月 6 日
张陈氏	胶州市胶东镇前店口村	51	女	1943 年 5 月 6 日
王 马	胶州市胶东镇前店口村	38	男	1943 年 5 月 6 日
张启顺	胶州市张应镇大朱戈村	—	男	1943 年 5 月
刘福堂	胶州市马店镇葛戈庄村	17	男	1943 年 5 月
况进业	胶州市李哥庄镇毛家庄村	—	男	1943 年 6 月 10 日
张瑞五	胶州市李哥庄镇	35	男	1943 年 6 月 17 日
陈立发	胶州市北王珠镇姜家村	30	男	1943 年 6 月
洪英亭	胶州市胶北镇柏芸集村	62	男	1943 年 6 月
韩开善	胶州市胶东镇大麻湾三村	20	男	1943 年 7 月 8 日
徐法礼	胶州市胶东镇后店口村	—	男	1943 年 7 月 8 日
黑建义	胶州市胶东镇后店口村	—	男	1943 年 7 月 8 日
孙 家	胶州市胶东镇后店口村	—	男	1943 年 7 月 8 日
黑廷成	胶州市胶东镇后店口村	—	男	1943 年 7 月 8 日
黑清明	胶州市胶东镇后店口村	—	男	1943 年 7 月 8 日
范学秋	胶州市胶东镇大麻湾二村	24	男	1943 年 7 月 8 日
姜效仟	胶州市胶东镇大店村	—	男	1943 年 7 月 8 日
姜 彻	胶州市胶东镇大店村	—	男	1943 年 7 月 8 日
姜瑞亭	胶州市胶东镇大店村	—	男	1943 年 7 月 8 日
王学伦	胶州市胶东镇大麻湾一村	60	男	1943 年 7 月 10 日
姜进顺	胶州市胶东镇南庄二村	14	男	1943 年 7 月 12 日
姜天喜	胶州市李哥庄镇后辛疃村	53	男	1943 年 7 月 15 日

姓 名	籍 贯	年 龄	性 别	死难时间
刘长盛	胶州市胶东镇大西庄村	—	男	1943 年 7 月 25 日
王洪仁	胶州市胶东镇圈子村	—	男	1943 年 7 月 28 日
刘小刘	胶州市胶东镇大麻湾一村	16	男	1943 年 7 月 28 日
吴勇津	胶州市胶东镇小西庄村	25	男	1943 年 7 月 28 日
吴加相	胶州市胶东镇小西庄村	—	男	1943 年 7 月 28 日
管锡昌	胶州市胶东镇前辛庄村	—	男	1943 年 7 月 28 日
谈绍江之弟	胶州市胶东镇谈家庄村	—	男	1943 年 7 月 28 日
李习成	胶州市胶东镇谈家庄村	—	男	1943 年 7 月 28 日
刘十五	胶州市胶东镇大麻湾三村	—	男	1943 年 7 月 29 日
衣清法	胶州市马店镇白家屯村		男	1943 年 7 月
刘述林	胶州市胶莱镇刘家闸子村	23	男	1943 年 7 月
张天起	胶州市阜安街道	17	男	1943 年 7 月
王丕成	胶州市里岔镇刘节村	27	男	1943 年 7 月
林殿祥	胶州市营海镇塔埠头村	60	男	1943 年 8 月 4 日
孙强丁	胶州市杜村镇大邹家沟村	—	男	1943 年 8 月
常胜德	胶州市杜村镇涝洼村		男	1943 年 8 月
常字德	胶州市杜村镇涝洼村		男	1943 年 8 月
吕 义	胶州市杜村镇寺前村	—	男	1943 年 8 月
庄华增	胶州市铺集镇牛沟一村	13	男	1943 年 8 月
于相洪	胶州市马店镇曹戈庄村	25	男	1943 年 8 月
于 仓	胶州市南关街道池子崖村	21	男	1943 年 8 月
姜太伦	胶州市胶东镇河西店村	53	男	1943 年 8 月
范继盛	胶州市铺集镇苏家泊村	33	男	1943 年 8 月
朱见得	胶州市铺集镇苏家泊村	54	男	1943 年 8 月
李光海	胶州市胶西镇聂庄村	53	男	1943 年 8 月
尹四礼	胶州市胶西镇西祝村	63	男	1943 年 9 月 10 日
姜允礼	胶州市胶莱镇小高李家村	40	男	1943 年 9 月 13 日
宋吉农	胶州市营海镇马庄南村	33	男	1943 年 9 月 16 日
李长启	胶州市胶东镇大西庄村	—	男	1943 年 9 月 20 日
郭志道	胶州市胶北镇南梁家屯村	—	男	1943 年 9 月
姜太和	胶州市胶东镇河西店村	39	男	1943 年 9 月
隋云太	胶州市胶东镇小西庄村	—	男	1943 年 10 月 18 日
姜学海	胶州市胶莱镇姜家村	25	男	1943 年 10 月
吴宗员	胶州市胶莱镇五里堠子村	26	男	1943 年 10 月

姓 名	籍 贯	年 龄	性 别	死难时间
崔乐亭	胶州市洋河镇山子村	28	男	1943 年 10 月
祁论升	胶州市洋河镇山子村	47	男	1943 年 10 月
赵 苟	胶州市杜村镇城献村	15	男	1943 年秋
吕 槐	胶州市杜村镇东王家庄村	—	男	1943 年秋
王义岐	胶州市杜村镇宋家屯村	—	男	1943 年秋
小 科	胶州市杜村镇城献村	29	男	1943 年秋
刘述店	胶州市胶莱镇王瞳刘家村	23	男	1943 年秋
张乐山之子	胶州市北关街道东松园村	4	男	1943 年
隋邦德	胶州市胶莱镇五里堠子村	27	男	1943 年秋
战守伦	胶州市南关街道崔家夼村	35	男	1943 年 11 月 16 日
李树中	胶州市胶莱镇小高李村	30	男	1943 年 11 月
谢维和	胶州市胶北镇辛屯村	28	男	1943 年 11 月
乔继成	胶州市胶北镇玉皇庙村	18	男	1943 年 11 月
韩锡禄	胶州市胶北镇辛屯村	44	男	1943 年 12 月
王邦进	胶州市胶北镇李家河头村	20	男	1943 年 12 月
孙绪征	胶州市杜村镇匡家庄村	18	男	1943 年
朱四温	胶州市杜村镇匡家庄村	25	男	1943 年
朱四公	胶州市杜村镇匡家庄村	20	男	1943 年
杨永高	胶州市胶北镇梁戈庄村	22	男	1943 年
袁同兰	胶州市胶北镇袁家村	—	男	1943 年
张学智	胶州市胶北镇杏果庄村	—	男	1943 年
赵丕松	胶州市胶莱镇赵家大高村	40	男	1943 年
王贵五	胶州市李哥庄镇姜新村	—	男	1943 年
李汝遂	胶州市李哥庄镇小辛瞳村	—	男	1943 年
李显黄	胶州市李哥庄镇小辛瞳村	—	男	1943 年
曲忠德	胶州市马店镇阎家屯村	26	男	1943 年
小兰二	胶州市南关街道城子村	20	男	1943 年
纪克君	胶州市胶东镇葛家庄村	27	男	1943 年
姜效涛	胶州市胶东镇大店村	20	男	1943 年
姜北海	胶州市胶东镇河西店村	49	男	1943 年
王义普	胶州市李哥庄镇河荣一村	25	男	1943 年
况鸿章	胶州市李哥庄镇毛家庄村	32	男	1943 年
戚绪堂	胶州市胶莱镇小高戚家村	22	男	1943 年
王小茂	胶州市胶莱镇南沙岭三村	15	男	1943 年

姓 名	籍 贯	年 龄	性 别	死难时间
于相义	胶州市马店镇韩家一村	27	男	1943 年
韩胜利	胶州市马店镇韩家二村	20	男	1943 年
范盛信	胶州市胶北镇南疃村	43	男	1943 年
张锡筋	胶州市胶北镇东赵家村	46	男	1943 年
王启兴	胶州市胶北镇后七城村	18	男	1943 年
张炳年	胶州市杜村镇孝源店子村	56	男	1943 年
王张氏	胶州市杜村镇孝源店子村	50	女	1943 年
王 氏	胶州市杜村镇孝源店子村	52	女	1943 年
宋守方	胶州市杜村镇丰华屯村	22	男	1943 年
李迟均	胶州市杜村镇丰华屯村	35	男	1943 年
宋宝祥	胶州市杜村镇丰华屯村	38	男	1943 年
宋宝义	胶州市杜村镇丰华屯村	28	男	1943 年
张亮亭	胶州市胶莱镇小王疃村	21	男	1944 年 1 月
王花亭	胶州市胶莱镇王疃庙西村	20	男	1944 年 1 月
张象训	胶州市胶北镇前屯村	40	男	1944 年 1 月
姜谭生	胶州市胶东镇大店村	33	男	1944 年 2 月 1 日
赵辉业	胶州市马店镇马店东村	20	男	1944 年 2 月
丁宋氏	胶州市南关街道逯家沟村	32	女	1944 年 2 月
孙守贵	胶州市南关街道王小庄村	52	男	1944 年 2 月
姜 岗	胶州市胶东镇南庄二村	25	男	1944 年 3 月 3 日
周甸圣	胶州市张应镇林家庄村	—	男	1944 年 3 月 4 日
纪克荀	胶州市胶东镇葛家庄村	36	男	1944 年 3 月 14 日
姜效连	胶州市胶东镇大店村	—	男	1944 年 3 月 14 日
刘正秀	胶州市胶东镇圈子村	—	男	1944 年 3 月 14 日
李希升	胶州市胶东镇圈子村	—	男	1944 年 3 月 14 日
刘厚恩	胶州市胶东镇圈子村	—	男	1944 年 3 月 14 日
刘廷恩	胶州市胶东镇圈子村	—	男	1944 年 3 月 14 日
张振山	胶州市马店镇小杜戈庄村	36	男	1944 年 3 月
韩××	胶州市马店镇小杜戈庄村	38	男	1944 年 3 月
毛瑞礼	胶州市李哥庄镇毛家庄村	24	男	1944 年 3 月
纪合祥	胶州市张应镇孟慈东村	50	男	1944 年 4 月
周茂韵	胶州市张应镇孟慈东村	30	男	1944 年 4 月
周茂常	胶州市张应镇孟慈西村	41	女	1944 年 4 月
刘玉清	胶州市铺集镇张家屯村	34	男	1944 年 4 月

姓　名	籍　贯	年　龄	性　别	死难时间
王善忠	胶州市胶莱镇王疃庙西村	—	男	1944 年 4 月
孙克信	胶州市李哥庄镇孙家村	24	男	1944 年 4 月
王连聚	胶州市李哥庄镇北王家村	25	男	1944 年 4 月
张学孝	胶州市胶莱镇小高于家村	28	男	1944 年春
隋尧东	胶州市九龙镇张家艾泊村	28	男	1944 年春
尤鸿禄	胶州市营海镇匙家庄村	50	男	1944 年 5 月 10 日
李××	胶州市胶东镇安家村	37	男	1944 年 5 月 26 日
陈祖法	胶州市胶北镇南梁家屯村	—	男	1944 年 5 月
王清君	胶州市胶北镇前屯村	24	男	1944 年 5 月
荆在贵	胶州市胶北镇小屯村	27	男	1944 年 5 月
姜代利	胶州市胶北镇小屯村	24	男	1944 年 5 月
隋耀东	胶州市九龙镇张家艾泊村	24	男	1944 年 5 月
管福祥	胶州市阜安街道大同村	46	男	1944 年 5 月
刘　高	胶州市胶西镇聂庄村	32	男	1944 年 5 月
邱连壁	胶州市铺集镇小寺村	18	男	1944 年 6 月 10 日
李振堂	胶州市铺集镇西黄姑庵村	73	男	1944 年 6 月 10 日
李振松	胶州市铺集镇西黄姑庵村	61	男	1944 年 6 月 10 日
于　松	胶州市马店镇韩家一村	19	男	1944 年 6 月
王吉秀	胶州市马店镇小后屯村	16	男	1944 年 6 月
廖文强	胶州市胶北镇玉皇庙村	26	男	1944 年 6 月
王志敏	胶州市铺集镇殷家庄村	18	男	1944 年 6 月
王玉林	胶州市杜村镇王家屯村	25	男	1944 年 6 月
吴张氏	胶州市马店镇官路村	51	女	1944 年 7 月 6 日
衣清涛	胶州市马店镇万家屯村	45	男	1944 年 7 月 7 日
魏秀彦	胶州市李哥庄镇前辛疃村	39	男	1944 年 7 月 8 日
马佐仕	胶州市胶西镇马家村	27	男	1944 年 7 月 23 日
田德立	胶州市胶莱镇麦丘村	38	男	1944 年 7 月
杨汝堂	胶州市马店镇宋家屯村	49	男	1944 年 7 月
律怀金	胶州市九龙镇南匡家茔村	20	男	1944 年 7 月
傅洪喜	胶州市南关街道崔家夼村	25	男	1944 年 7 月
牟宗起	胶州市南关街道南辛置村	26	男	1944 年 8 月 10 日
高田义之弟	胶州市胶西镇茔子村	55	男	1944 年 8 月 10 日
王敬积	胶州市胶西镇邸家庄村	32	男	1944 年 8 月 11 日
王敬业	胶州市胶西镇邸家庄村	50	男	1944 年 8 月 11 日

姓 名	籍 贯	年 龄	性 别	死难时间
王亦成	胶州市胶西镇邰家庄村	21	男	1944 年 8 月 11 日
王敬学	胶州市胶西镇邰家庄村	46	男	1944 年 8 月 11 日
门 二	胶州市胶西镇邰家庄村	50	男	1944 年 8 月 11 日
雒振家	胶州市胶西镇苑家会村	62	男	1944 年 8 月 24 日
雒义春	胶州市胶西镇苑家会村	27	男	1944 年 8 月 24 日
苟连贵之妻	胶州市北关街道砚里庄村	37	女	1944 年 8 月
韩大秋	胶州市胶东镇大麻湾三村	19	男	1944 年 8 月
杨汝新	胶州市马店镇阎家屯村	18	男	1944 年 8 月
孙行先	胶州市胶北镇于家村	18	男	1944 年 8 月
高公义	胶州市九龙镇高家洼村	18	男	1944 年 8 月
孙先义	胶州市胶北镇于家村	32	男	1944 年 8 月
刘作恩	胶州市里岔镇辛庄村	62	男	1944 年 8 月
徐为宝	胶州市洋河镇临洋村	59	男	1944 年 8 月
王清岗	胶州市洋河镇裴家村	50	男	1944 年 8 月
王大刘	胶州市洋河镇裴家村	16	男	1944 年 8 月
赵振平	胶州市胶莱镇大赵家村	41	男	1944 年 9 月
杜宝田	胶州市阜安街道	39	男	1944 年 10 月 2 日
朱恩升	胶州市李哥庄镇河荣二村	—	男	1944 年 10 月 7 日
朱玫先	胶州市李哥庄镇河荣二村	—	男	1944 年 10 月 7 日
张德全	胶州市李哥庄镇河荣二村	—	男	1944 年 10 月 7 日
孙传义	胶州市胶北镇西蔡家寺村	17	男	1944 年 10 月 13 日
姜立祥	胶州市胶东镇大店村	—	男	1944 年 10 月 18 日
姜 桃	胶州市胶东镇大店村	—	男	1944 年 10 月 18 日
姜麻子	胶州市胶东镇大店村	—	男	1944 年 10 月 18 日
姜子建	胶州市胶东镇大店村	—	男	1944 年 10 月 18 日
高振山	胶州市北关街道西松园村	—	男	1944 年 10 月
张福荣	胶州市北关街道西庸村	—	男	1944 年 10 月
范学胜	胶州市胶东镇大麻湾二村	22	男	1944 年 10 月
张文奎	胶州市胶莱镇小高于家村	38	男	1944 年 10 月
张锡吉	胶州市马店镇	—	男	1944 年 10 月
陈 田	胶州市胶西镇尹家店村	23	男	1944 年 10 月
张兴元	胶州市胶西镇尹家店村	22	男	1944 年 10 月
汪学全	胶州市胶莱镇古兰村	—	男	1944 年秋
路墩海	胶州市九龙镇北匡家茔村	27	男	1944 年秋

续表

姓 名	籍 贯	年 龄	性 别	死难时间
邱星海	胶州市九龙镇北匡家茔村	41	男	1944 年秋
匡学德	胶州市九龙镇北匡家茔村	36	男	1944 年秋
姜相竹	胶州市胶东镇大店村	—	男	1944 年 11 月 16 日
宁岐昌	胶州市胶莱镇麦丘村	46	男	1944 年 11 月 30 日
宁泰昌	胶州市胶莱镇麦丘村	18	男	1944 年 11 月 30 日
姜云礼	胶州市胶莱镇小高李家村	39	男	1944 年 11 月
王景财	胶州市李哥庄镇纪家庄村	29	男	1944 年 11 月
陈洪开	胶州市胶莱镇十五亩地村	25	男	1944 年 11 月
戚宝农之母	胶州市胶莱镇小高戚家村	—	女	1944 年 12 月
王毓珍	胶州市胶莱镇西北庄村	29	男	1944 年 12 月
曾召龙	胶州市北关街道曾家庄村	29	男	1944 年 12 月
陈思功	胶州市胶东镇南堤子村	24	男	1944 年 12 月
刘从礼	胶州市李哥庄镇河荣西村	23	男	1944 年 12 月
李书慎	胶州市李哥庄镇后辛疃村	18	男	1944 年 12 月
李允伦	胶州市胶莱镇小高李家村	24	男	1944 年 12 月
匡绍育	胶州市九龙镇洋河崖村	19	男	1944 年 12 月
王文顺	胶州市九龙镇大王邑村	19	男	1944 年 12 月
詹 智	胶州市九龙镇迟家屯村	25	男	1944 年 12 月
纪汯海	胶州市胶西镇鲍家屯村	35	男	1944 年 12 月
戚耕民	胶州市胶莱镇小高戚家村	29	男	1945 年 2 月 6 日
李 × ×	胶州市胶莱镇小高李家村	—	男	1944 年冬
王书圆	胶州市胶莱镇中大高村	30	男	1944 年
孙丕君	胶州市胶莱镇中大高村	38	男	1944 年
刘丕言	胶州市胶莱镇中大高村	30	男	1944 年
王从德	胶州市胶莱镇中大高村	30	男	1944 年
赵振官	胶州市胶莱镇赵家大高村	21	男	1944 年
陈振唤	胶州市胶莱镇陈家闸子村	—	男	1944 年
陈立福	胶州市胶莱镇陈家闸子村	—	男	1944 年
张春茂	胶州市胶西镇尹家店一村	50	男	1944 年
张士正	胶州市李哥庄镇双京村	—	男	1944 年
郭德林	胶州市李哥庄镇双京村	—	男	1944 年
刘永祥	胶州市铺集镇于家庄村	25	男	1944 年
刘传建	胶州市铺集镇于家庄村	28	男	1944 年
杨云圣	胶州市北关街道朱家庄村	21	男	1944 年

姓 名	籍 贯	年龄	性别	死难时间
吴永镇	胶州市胶东镇小西庄村	22	男	1944 年
韩彩善	胶州市胶东镇大麻湾三村	23	男	1944 年
韩大昕	胶州市胶东镇大麻湾三村	20	男	1944 年
刘学良	胶州市胶东镇圈子村	—	男	1944 年
法光顺	胶州市李哥庄镇双京村	20	男	1944 年
张中举	胶州市胶莱镇撑角埠村	24	男	1944 年
随邦德	胶州市胶莱镇五里堆子村	23	男	1944 年
金世远	胶州市胶北镇后屯村	41	男	1944 年
陈洪友	胶州市胶北镇陈家泊子村	21	男	1944 年
高言绪	胶州市胶西镇行上店村	33	男	1944 年
周和平	胶州市张应镇孟慈村	21	男	1944 年
高福堂	胶州市里岔镇高家庄村	31	男	1944 年
柴世荣	胶州市洋河镇魏家庄村	51	男	1944 年
郭德参	胶州市李哥庄镇双京村	42	男	1944 年
张士政	胶州市李哥庄镇双京村	45	男	1944 年
匡绍庆	胶州市九龙镇洋河崖村	30	男	1944 年
匡少宇	胶州市九龙镇洋河崖村	24	男	1944 年腊月
郑子阳	胶州市洋河镇郑家小庄村	19	男	1944 年腊月
张廷贤之舅	胶州市九龙镇大王邑村	24	男	1944 年腊月
马怀贵	胶州市胶西镇马家村	45	男	1945 年 1 月 25 日
马怀仕	胶州市胶西镇马家村	55	男	1945 年 1 月 25 日
宋连海	胶州市胶西镇叶家庄村	58	男	1945 年 1 月 25 日
宋明良	胶州市胶北镇店子村	25	男	1945 年 1 月
王大山	胶州市胶北镇前七城村	16	男	1945 年 1 月
王大海	胶州市胶北镇前七城村	19	男	1945 年 1 月
姜可珍	胶州市胶莱镇小高李家村	19	男	1945 年 1 月
郑子扬	胶州市洋河镇袁家小庄村	40	男	1945 年 2 月 2 日
颜福仁	胶州市张应镇顾家屯村	35	男	1945 年 2 月 5 日
丁元正	胶州市胶东镇腊行村	33	男	1945 年 2 月 9 日
由长宾	胶州市胶东镇腊行村	39	男	1945 年 2 月 9 日
刘福堂	胶州市胶东镇腊行村	60	男	1945 年 2 月 9 日
丁化太	胶州市胶东镇腊行村	32	男	1945 年 2 月 9 日
隋赵氏	胶州市铺集镇盛家庄村	39	女	1945 年 2 月 11 日
孙成仁	胶州市洋河镇魏家庄村	42	男	1945 年 2 月 25 日

姓 名	籍 贯	年 龄	性 别	死难时间
于济训	胶州市洋河镇魏家庄村	43	男	1945 年 2 月 25 日
李德仁	胶州市洋河镇黑土岭村	31	男	1945 年 2 月 25 日
孙禄贞	胶州市九龙镇大屯村	26	男	1945 年 2 月
高振茂	胶州市九龙镇大屯村	21	男	1945 年 2 月
张安法	胶州市北关街道后大王戈村	15	男	1945 年 2 月
张辉锡	胶州市胶北镇柏兰村	22	男	1945 年 2 月
赵友信	胶州市胶北镇北赵家庄村	18	男	1945 年 2 月
迟洪昌	胶州市九龙镇	—	男	1945 年 2 月
迟廷贤	胶州市九龙镇	—	男	1945 年 2 月
朱成方	胶州市胶北镇岳头屯村	23	男	1945 年 2 月
宋锡龄	胶州市九龙镇斜庄村	39	男	1945 年农历 3 月 6 日
栾 弟	胶州市胶北镇于家村	21	男	1945 年 3 月 11 日
李洪俊	胶州市九龙镇兰东村	39	男	1945 年 3 月 15 日
李洪智	胶州市九龙镇兰东村	27	男	1945 年 3 月 15 日
李明九	胶州市九龙镇兰东村	28	男	1945 年 3 月 15 日
李洪文	胶州市九龙镇兰东村	44	男	1945 年 3 月 15 日
王 七	胶州市九龙镇张家艾泊村	17	男	1945 年 3 月 16 日
马同聚	胶州市九龙镇挪庄村	23	男	1945 年 3 月 16 日
庄美义	胶州市洋河镇神山后村	28	男	1945 年 3 月 19 日
许照修	胶州市胶东镇大麻湾三村	33	男	1945 年 3 月
王复善	胶州市马店镇宋家泊子村	29	男	1945 年 3 月
王培举	胶州市马店镇石门口村	31	男	1945 年 3 月
张锡五	胶州市胶北镇东赵家庄村	20	男	1945 年 3 月
赵汉林	胶州市杜村镇赵家屯村	50	男	1945 年 3 月
邵锡红	胶州市杜村镇赵家屯村	20	男	1945 年 3 月
韩盛海	胶州市九龙镇大王邑村	24	男	1945 年 3 月
李振山	胶州市九龙镇兰东村	61	男	1945 年 3 月
廉小柱	胶州市九龙镇大闹埠村	16	男	1945 年 3 月
廉清法	胶州市九龙镇大闹埠村	50	男	1945 年 3 月
杨进宝	胶州市九龙镇大闹埠村	39	男	1945 年 3 月
冯德玉	胶州市九龙镇张家艾泊村	31	男	1945 年春
于怀友	胶州市张应镇西青杨杭村	—	男	1945 年春
刘全基	胶州市洋河镇曲家芦村	38	男	1945 年 4 月 7 日
韩刘氏	胶州市洋河镇石沟村	44	女	1945 年 4 月 23 日

姓 名	籍 贯	年 龄	性 别	死难时间
魏业光	胶州市胶东镇大麻湾三村	22	男	1945 年 4 月
孙崇荣	胶州市李哥庄镇河荣一村	29	男	1945 年 4 月
刘风岗	胶州市胶北镇辛屯村	31	男	1945 年 4 月
马德寿	胶州市胶北镇于家村	22	男	1945 年 4 月
纪瑞兴	胶州市营海镇栾家村	26	男	1945 年 4 月
赵风山	胶州市阜安街道	7	男	1945 年 5 月 9 日
孙新嫚	胶州市阜安街道	7	女	1945 年 5 月 9 日
王宜福	胶州市营海镇塔埠头村	44	男	1945 年 5 月 10 日
赵正立	胶州市阜安街道	42	男	1945 年 5 月 25 日
叶云生	胶州市李哥庄镇小窑村	27	男	1945 年 5 月
张方平	胶州市胶北镇柏兰后街村	25	男	1945 年 5 月
胡忠礼	胶州市洋河镇临洋村	49	男	1945 年 5 月
赵喜平	胶州市铺集镇杨家庄村	31	男	1945 年 6 月 3 日
刘长福	胶州市胶东镇大西庄村	—	男	1945 年 6 月 6 日
贾德范	胶州市李哥庄镇贾疃村	54	男	1945 年 6 月 23 日
王连征	胶州市胶莱镇小高戚家村	25	男	1945 年 6 月
陈宗喜	胶州市胶莱镇中王珠村	21	男	1945 年 6 月
孙传让	胶州市胶北镇西蔡家寺村	24	男	1945 年 6 月
张立温	胶州市胶北镇王家村	22	男	1945 年 6 月
邵文玉	胶州市杜村镇赵家屯村	24	男	1945 年 6 月
蔡连合	胶州市九龙镇柳沟村	24	男	1945 年 6 月
孙殿楼	胶州市洋河镇宾贤四村	46	男	1945 年 6 月
李宝海	胶州市营海镇营房村	55	男	1945 年 7 月 1 日
赵连登	胶州市营海镇营房村	35	男	1945 年 7 月 1 日
张明华	胶州市营海镇营房村	68	男	1945 年 7 月 4 日
黑成奎	胶州市胶东镇刘家店村	—	男	1945 年 7 月 7 日
刘振录	胶州市胶东镇刘家店村	—	男	1945 年 7 月 7 日
刘振录之妻	胶州市胶东镇刘家店村	—	女	1945 年 7 月 7 日
吕 祥	胶州市胶东镇朱家庄村	17	男	1945 年 7 月 9 日
苟吕氏	胶州市北关街道砚里庄村	32	女	1945 年 7 月 10 日
高振山	胶州市胶西镇大行村	52	男	1945 年 7 月 15 日
时华义	胶州市胶西镇二里河子村	28	男	1945 年 7 月 15 日
宋锡恩	胶州市胶北镇店子村	50	男	1945 年 7 月
张守恩	胶州市胶北镇店子村	42	男	1945 年 7 月

姓 名	籍 贯	年 龄	性 别	死难时间
杨福轮	胶州市营海镇辛店村	45	男	1945 年 7 月
韩大成	胶州市马店镇韩家三村	20	男	1945 年 7 月
高合义	胶州市洋河镇李家庄村	22	男	1945 年 7 月
张立元	胶州市九龙镇南匡家茔村	27	男	1945 年 7 月
张立文	胶州市九龙镇南匡家茔村	22	男	1945 年 7 月
滕云玉	胶州市九龙镇北匡家茔村	21	男	1945 年 7 月
郭恩仁	胶州市阜安街道	55	男	1945 年 7 月
江法氏	胶州市南关街道逯家沟村	25	女	1945 年 7 月
赵有农	胶州市胶莱镇十五亩地村	56	男	1945 年 7 月
张 喜	胶州市洋河镇山寺村	48	男	1945 年 7 月
张坤月之兄	胶州市洋河镇山寺村	32	男	1945 年 7 月
刘厚思	胶州市胶东镇圈子村	33	男	1945 年 8 月 13 日
祁 九	胶州市胶西镇小行村	78	男	1945 年 8 月 14 日
田亭利	胶州市胶莱镇麦丘村	41	男	1945 年 8 月 19 日
鹿西林	胶州市铺集镇沙河东村	25	男	1945 年 8 月 20 日
相伯可	胶州市洋河镇山相家村	37	男	1945 年 8 月 21 日
刘佐臣	胶州市洋河镇仲家庄村	39	男	1945 年 8 月 23 日
夏付正	胶州市洋河镇相沟村	36	男	1945 年 8 月
宋安邦	胶州市洋河镇于家庄村	35	男	1945 年 8 月
刘福堂	胶州市胶莱镇大王疃刘家村	30	男	1945 年 8 月
韩维善	胶州市马店镇韩家三村	21	男	1945 年 8 月
向百志	胶州市洋河镇山相家村	43	男	1945 年 8 月
向百珂	胶州市洋河镇山相家村	34	男	1945 年 8 月
陆福顺	胶州市九龙镇北匡家茔村	42	男	1945 年 8 月
崔凤云	胶州市铺集镇崔家牛沟村	19	男	1945 年 8 月
崔廷智	胶州市铺集镇崔家牛沟村	31	男	1945 年 8 月
张方贤	胶州市胶北镇柏兰后街村	37	男	1945 年 9 月 11 日
贾维泰	胶州市北关街道东松园村	—	男	1945 年 9 月
李守德之父	胶州市北关街道东松园村	—	男	1945 年 9 月
王敬山	胶州市马店镇王家河头村	29	男	1945 年 9 月
宋明亮	胶州市胶北镇店子村	23	男	1945 年 9 月
孙德超	胶州市铺集镇姜家庄村	25	男	1945 年 9 月
谭友福	胶州市洋河镇山寺村	33	男	1945 年 9 月
高振云	胶州市北关街道西松园村	—	男	1945 年农历 8 月

姓　名	籍　贯	年　龄	性　别	死难时间
姜德勋	胶州市九龙镇张家艾泊村	26	男	1945 年秋
姜德茂	胶州市九龙镇张家艾泊村	24	男	1945 年秋
谢卫词	胶州市胶北镇辛屯村	—	男	1945 年
李华东	胶州市胶莱镇铁家庄村	33	男	1945 年
初发贵	胶州市胶西镇苑戈庄村	23	男	1945 年
陈凤悦	胶州市胶西镇陈家屯村	45	男	1945 年
逄克成	胶州市李哥庄镇后辛疃村	—	男	1945 年
李书审	胶州市李哥庄镇后辛疃村	—	男	1945 年
肖有茂	胶州市铺集镇铺上四村	—	男	1945 年
刘作贵	胶州市铺集镇铺上四村	—	男	1945 年
臧日度	胶州市铺集镇铺上四村	—	男	1945 年
邵明宗	胶州市铺集镇铺上四村	—	男	1945 年
孙立军之子	胶州市铺集镇铺上四村	—	男	1945 年
付桂庭之叔	胶州市铺集镇铺上四村	—	男	1945 年
刘永明	胶州市铺集镇于家庄村	26	男	1945 年
吴玉亮	胶州市胶莱镇刁家丘村	24	男	1945 年
赵有富	胶州市胶莱镇撑角埠村	19	男	1945 年
赵明春	胶州市胶莱镇大赵家村	22	男	1945 年
张宝太	胶州市胶莱镇小王疃村	32	男	1945 年
纪正太	胶州市胶莱镇南沙岭三村	25	男	1945 年
姜成甲	胶州市胶莱镇苍古屯村	22	男	1945 年
刘舒信	胶州市胶北镇辛屯村	34	男	1945 年
陈洪礼	胶州市胶北镇陈家河头村	23	男	1945 年
袁守亲	胶州市胶北镇袁家村	38	男	1945 年
杨维春	胶州市胶北镇肖家屯村	41	男	1945 年
王金红	胶州市杜村镇姚家村	45	男	1945 年
鹿增年	胶州市铺集镇沙河村	25	男	1945 年
赵世德	胶州市里岔镇前良乡二村	27	男	1945 年
陈守文	胶州市九龙镇斜庄村	18	男	1945 年
王志坤	胶州市九龙镇十五里夼村	21	男	1945 年
赵郭氏	胶州市胶莱镇大赵家村	54	女	1945 年
田德利	胶州市胶莱镇麦丘村	35	男	1945 年
李乐×	胶州市胶西镇宋家庄村	51	男	1945 年
李洪珂	胶州市九龙镇兰东村	38	男	1945 年

姓 名	籍 贯	年 龄	性 别	死难时间
王义贵	胶州市胶西镇花园村	15	男	—
郭志义	胶州市胶西镇花园村	15	男	—
王中贤	胶州市李哥庄镇东小埠村	—	男	—
王至温	胶州市李哥庄镇东小埠村	—	男	—
李守义	胶州市李哥庄镇李哥庄村	—	男	—
魏秀燕	胶州市李哥庄镇前辛疃村	—	女	—
丁宏福	胶州市李哥庄镇前辛疃村	—	男	—
徐以方	胶州市李哥庄镇前辛疃村	—	男	—
张桂清	胶州市李哥庄镇中张家庄村	—	男	—
刘 氏	胶州市李哥庄镇中张家庄村	—	女	—
张炳照	胶州市李哥庄镇中张家庄村	—	男	—
张桂臻之父	胶州市李哥庄镇中张家庄村	—	男	—
叶在元	胶州市李哥庄镇冷家庄村	—	男	—
刘锡洛	胶州市张应镇东张应村	—	男	—
李克棵	胶州市张应镇东张应村	—	男	—
邱可金	胶州市张应镇于家村	—	男	1938 年春
李格忠	胶州市马店镇栗园村	32	男	1938 年 9 月
皮 行	胶州市张应镇龙王庙村	—	男	1938 年秋
张永强	胶州市马店镇小杜戈庄村	—	男	1938 年 12 月
郭成祥	胶州市北关街道郭家湾村	19	男	1938 年
王玉祥	胶州市城里	—	男	1939 年 3 月
赵连文	胶州市马店镇陆家村	—	男	1939 年春
赵 三	胶州市马店镇陆家村	—	男	1939 年春
郭还清	胶州市胶莱镇郭家庄	23	男	1940 年 3 月
苏守爱	胶州市李哥庄镇韩信沟村	—	男	1940 年 3 月
杨茂本	胶州市胶北镇良戈庄村	26	男	1940 年
郭盛祥	胶州市北关街道郭家湾村	—	男	1940 年
孙善云	胶州市胶莱镇孙家大高村	32	男	1941 年 4 月
韩大奎	胶州市马店镇马店西村	36	男	1941 年 5 月
尹举先	胶州市胶莱镇占家庄村	26	男	1941 年 8 月
朱金先	胶州市李哥庄镇河荣二村	—	男	1941 年
李允乔	胶州市胶莱镇小高于家村	15	男	1941 年
张铭羲	胶州市城里	—	男	1942 年 1 月
韩恭元	胶州市胶莱镇后韩村	20	男	1942 年 6 月

姓　名	籍　贯	年　龄	性　别	死难时间
付敦太	胶州市胶西镇付家村	—	男	1942 年 8 月
王述芬	胶州市胶西镇付家村	—	男	1942 年 8 月
王连芬	胶州市胶西镇付家村	—	男	1942 年 8 月
赵吉秀	胶州市胶西镇徐村	—	女	1942 年秋
管世禄	胶州市胶西镇大行一村	40	男	1942 年
朱思升之子	胶州市李哥庄镇河荣二村	—	男	1942 年
牟忠义	胶州市胶莱镇南顶子村	—	男	1942 年
田福才	胶州市胶西镇行上店村	20	男	1943 年 3 月
付敦金	胶州市胶西镇行上店村	19	男	1943 年 3 月
杨汝×	胶州市杜村镇宋家屯村	—	男	1943 年 4 月 7 日
陈立法	胶州市胶莱镇姜家街村	—	男	1943 年 4 月
杨宦之祖母	胶州市马店镇大杜戈庄村	—	女	1943 年 8 月 20 日
杨宦之母	胶州市马店镇大杜戈庄村	—	女	1943 年 8 月 20 日
徐吉梅	胶州市城里	—	男	1943 年 8 月 22 日
孙宏开	胶州市胶莱镇十五亩地村	25	男	1943 年 9 月
孙埕君	胶州市胶莱镇中大高村	—	男	1943 年秋
韩积善	胶州市城里	—	男	1943 年秋
王邦信	胶州市胶北镇李家河头村	21	男	1943 年 12 月
王里歧	胶州市胶西镇曹戈庄村	48	男	1943 年
代六之子	胶州市中云街道东宋戈庄村	—	男	1943—1944 年间
孙丰喜	胶州市胶莱镇孙家大高村	29	男	1944 年 3 月 10 日
臧德权	胶州市马店镇西王益庄村	—	男	1944 年 4 月 28 日
夏付信	—	—	男	1944 年 8 月 28 日之后
王大典	胶州市胶北镇楼子底村	—	男	1944 年 9 月 9 日
李富城	胶州市胶北镇楼子底村	—	男	1944 年 9 月 10 日
门相承	胶州市胶北镇邰家村	—	男	1944 年 9 月
门相升	胶州市胶北镇邰家村	—	男	1944 年 9 月
王启叶	胶州市胶北镇邰家村	—	男	1944 年 9 月
王奕山	胶州市胶北镇邰家村	—	男	1944 年 9 月
王启勤	胶州市胶北镇邰家村	—	男	1944 年 9 月
姜清云	胶州市	45	男	1944 年 10 月 14 日
乔立顺	—	—	男	1944 年 10 月
李宗田	胶州市胶莱镇古兰村	—	男	1944 年秋
迟小三	胶州市胶莱镇古兰村	—	男	1944 年秋

姓 名	籍 贯	年 龄	性 别	死难时间
宁喜昌	胶州市胶莱镇南王珠村	17	男	1944 年 11 月
宁琪昌	胶州市胶莱镇南王珠村	—	男	1944 年 11 月
陈兆贤	胶州市胶北镇小沟底村	—	男	1944 年
王吉生	胶州市胶北镇小沟底村	—	男	1944 年
陈兆功	胶州市胶北镇小沟底村	—	男	1944 年
郑仲儒	胶州市	41	男	1945 年 1 月 2 日
王启积	胶州市胶北镇邰家村	37	男	1945 年 1 月 5 日
赵龙超	胶州市	46	男	1945 年 1 月 6 日
刘金科	胶州市	38	男	1945 年 1 月 6 日
李书中	胶州市北关街道小铺村	28	男	1945 年 1 月 7 日
刘成宝	胶州市胶北镇邰家村	55	男	1945 年 2 月 4 日
王玉珍	胶州市胶莱镇小高村	—	男	1945 年 2 月 6 日
李恕慎	胶州市胶莱镇小高村	—	男	1945 年 2 月 6 日
陈帮德	胶州市胶莱镇小高村	—	男	1945 年 2 月 6 日
蓝立保	胶州市	32	男	1945 年 3 月 2 日
陈祖发	胶州市胶北镇梁家屯村	27	男	1945 年 3 月 11 日
韩育民之警卫员	胶州市	—	男	1945 年 3 月 11 日
韩维信	胶州市	61	男	1945 年 3 月 14 日
王敬东	胶州市胶北镇邰家村	49	男	1945 年 4 月 4 日
李德全	胶州市胶北镇泉子崖村	28	男	1945 年 4 月 7 日
王成立	胶州市	38	男	1945 年 4 月 27 日
周公臣	胶州市李哥庄镇周家村	34	男	1945 年 4 月 30 日
黄相兰	胶州市九龙镇挪庄村	—	女	1945 年 4 月
王一成	胶州市胶北镇邰家村	17	男	1945 年 5 月 3 日
孙凤喜	胶州市	66	男	1945 年 5 月 15 日
韩云太	胶州市	25	男	1945 年 5 月 28 日
姜鸿宾之女	—	5	女	1945 年 5 月
夏福信	胶州市	23	男	1945 年 6 月 21 日
赵全发	胶州市	30	男	1945 年 6 月 25 日
解宗禄	胶州市	30	男	1945 年 7 月 29 日
王起业	胶州市胶北镇邰家村	53	男	1945 年 8 月 2 日
门相顺	胶州市胶北镇邰家村	43	男	1945 年 8 月 16 日
李福成	胶州市胶北镇楼子底村	58	男	1945 年 8 月 17 日
于大兴	胶州市胶北镇楼子底村	43	男	1945 年 9 月 1 日

姓 名	籍 贯	年 龄	性 别	死难时间
陈高亭	胶州市胶东镇南堤子村	—	男	1945 年 9 月 16 日
相世克	胶州市洋河镇山相家村	—	男	1945 年 10 月 1 日
李振红	胶州市胶西镇王家庄村	—	男	—
张炳号	胶州市李哥庄镇中张家庄村	—	男	—
张炳尧	胶州市李哥庄镇中张家庄村	—	男	—
吴××	胶州市马店镇吴家庄村	—	男	—
邹学舜	胶州市马店镇张跃屯村	—	男	—
纪××	胶州市马店镇张跃屯村	—	男	—
纪泰和	胶州市马店镇张跃屯村	—	男	—
姜瑞珍	胶州市胶东镇大店村	33	男	—
姚公民	胶州市	23	男	—
王友仁	胶州市胶东镇店口村	40	男	—
王义忠	胶州市胶北镇邰家村	28	男	—
王启同	胶州市胶北镇邰家村	24	男	—
门吉兴	胶州市胶北镇邰家村	17	男	—
杨阜镇	胶州市	53	男	—
门相清	胶州市胶北镇邰家村	43	男	—
于凤和	胶州市胶东镇石家庄村	31	男	—
殷桂贤	胶州市胶东镇	28	男	—
杨 在	胶州市胶北镇小沟底村	30	男	—
王发起	胶州市南关街道花园村	22	男	—
周天成	胶州市胶北镇梁家屯村	29	男	—
葛在文	胶州市胶北镇梁戈庄村	46	男	—
杨福红	胶州市胶北镇水牛村	48	男	—
赵文周	胶州市胶北镇水牛村	47	男	—
耿世喜	胶州市胶北镇秋连庄村	49	男	—
于亮清	胶州市胶北镇邢哥庄村	49	男	—
戚文尚	胶州市胶莱镇小高村	20	男	—
于守和	胶州市	28	男	—
纪发林	胶州市	38	男	—
李福志	胶州市胶北镇柏兰村	25	男	—
潘沙奎	胶州市马店镇宋家屯村	23	男	—
张学核	胶州市	32	男	—
刘宗泰	胶州市	40	男	—

姓　名	籍　贯	年　龄	性　别	死难时间
庄世昌	胶州市	55	男	—
刘福三	胶州市	44	男	—
李瑞兴	胶州市	39	男	—
王增礼	胶州市	25	男	—
薛清福	胶州市	32	男	—
郭永增	胶州市	38	男	—
辛元杰	胶州市	32	男	—
薛东贵	胶州市	25	男	—
潘瑞源	胶州市	23	男	—
李春江	胶州市	46	男	—
冷铁贵	胶州市洋河镇冷家村	34	男	—
法星惟	胶州市	47	男	—
王效集	胶州市胶西镇鲁戈庄村	18	男	—
王运芬	胶州市胶西镇鲁戈庄村	20	男	—
王述芬	胶州市胶西镇鲁戈庄村	17	男	—
石觉初	胶州市	17	男	—
台克勤	胶州市马店镇王家庄村	27	男	—
李玉清	胶州市	19	男	—
刘凤山	—	46	男	—
闫起良	—	23	男	—
李金斗	胶州市	18	男	—
王钦明	胶州市	32	男	—
惠子英	胶州市	30	男	—
安省增	胶州市	34	男	—
韩福景	胶州市	25	男	—
杨钦敬	胶州市	25	男	—
王起良	胶州市	24	男	—
朱正基	胶州市	21	男	—
赵童明	胶州市	19	男	—
李凤田	胶州市	21	男	—
陈锡义	胶州市	25	男	—
窦敬亭	胶州市	23	男	—
张云同	胶州市	25	男	—
李复勤	胶州市	36	男	—

姓 名	籍 贯	年 龄	性 别	死难时间
刘子明	胶州市	18	男	—
韩锡坤	胶州市	22	男	—
韩坤伦	胶州市	27	男	—
宋本昌	胶州市	20	男	—
张守口	胶州市	25	男	—
刘殿宇	胶州市	25	男	—
王守功	胶州市	29	男	—
韩金礼	胶州市	33	男	—
朱运臣	胶州市	33	男	—
韩林雨	胶州市	23	男	—
陈茂业	胶州市	26	男	—
孟吉清	胶州市	27	男	—
刘进宝	胶州市	33	男	—
梁天使	胶州市	27	男	—
谢米堂	胶州市	30	男	—
陆运明	胶州市	33	男	—
张力臣	胶州市	34	男	—
梁永华	胶州市	26	男	—
吴炳均	胶州市	34	男	—
陶陆年	胶州市	34	男	—
刘春亭	胶州市	38	男	—
宋连山	胶州市	38	男	—
吴云富	胶州市	26	男	—
朱子敬	胶州市	24	男	—
于胜年	胶州市	28	男	—
王德成	胶州市	29	男	—
高显耀	胶州市	26	男	—
邹玉波	胶州市	26	男	—
薛瑞琴	胶州市马店镇宋家屯村	38	男	—
王乐全	胶州市胶西镇徐家村	36	男	—
匡思发	胶州市洋河镇匡家庄村	25	男	—
刘元盛	胶州市	39	男	—
臧书堂	胶州市张应镇臧家庄村	25	男	—
臧东堂	胶州市张应镇臧家庄村	26	男	—

姓 名	籍 贯	年 龄	性 别	死难时间
丁振家	胶州市城里	26	男	—
蒋步隆	胶州市马店镇官庄村	22	男	—
冯宝山	胶州市城北	30	男	—
高　士	胶州市北关街道大庄村	50	男	—
宫其发	胶州市	39	男	—
陈吉友	胶州市胶东镇二铺村	44	男	—
薛和礼	胶州市李哥庄镇周家村	47	男	—
刘善吉	胶州市胶莱镇大回村	45	男	—
刘吉照	胶州市胶莱镇大回村	40	男	—
刘善利	胶州市胶莱镇大回村	40	男	—
陈宝凤	胶州市李哥庄镇周家村	34	男	—
袁福连	胶州市北关街道杨戈庄村	40	男	—
罗方贵	胶州市胶东镇大麻湾村	46	男	—
江义高	胶州市	22	男	—
合　计	**1099**			

责任人：兰振明　管洪涛　　　　核实人：方秀佳　贾贵浩　　　　填表人：李清林　赵业伟

填报单位（签章）：胶州市委党史研究室　　　　　　　　填报时间：2009 年 4 月 20 日

胶南市抗日战争时期死难者名录

姓 名	籍 贯	年 龄	性 别	死难时间
张玉秀	胶南市张家楼镇良家庄	36	女	1937 年 7 月 28 日
张法恭	胶南市张家楼镇苑庄	29	男	1937 年 8 月 13 日
杨学训之母	胶南市琅琊镇夏河城村	76	女	1937 年
陈文起	胶南市灵山卫街道	29	男	1937 年
傅邦振	胶南市宝山镇傅家屯	44	男	1938 年 1 月 4 日
张立让	胶南市灵山卫街道灵山卫南街	38	男	1938 年 1 月 9 日
鲁 虎	胶南市泊里镇东封家村	51	男	1938 年 1 月 12 日
王宗悦	胶南市泊里镇东封家村	24	男	1938 年 1 月 12 日
韩柏春	胶南市泊里镇东封家村	24	男	1938 年 1 月 12 日
马立元	胶南市宝山镇傅家屯	46	男	1938 年 2 月 27 日
石德聚之母	胶南市泊里镇泊里河西	38	女	1938 年 2 月
赵发玉之父	胶南市泊里镇泊里河西	75	男	1938 年 2 月
杜京甫之父	胶南市泊里镇泊里河西	35	男	1938 年 2 月
薛德兴	胶南市泊里镇朱家河	42	男	1938 年 3 月
杨继仁之叔	胶南市铁山街道李家店子	34	男	1938 年 3 月
韩风起	胶南市隐珠街道西卢家疃	42	男	1938 年 3 月
冯见绪	胶南市隐珠街道西卢家疃	48	男	1938 年 3 月
李洪富之父	胶南市大场镇刘家大庄	—	男	1938 年 3 月 23 日
李洪富之三弟	胶南市大场镇刘家大庄	—	男	1938 年 3 月 23 日
隋 玉	胶南市大场镇刘家大庄	—	男	1938 年 3 月 23 日
李云生	胶南市大场镇刘家大庄	—	男	1938 年 3 月 23 日
刘尚连之母	胶南市大场镇刘家大庄	—	女	1938 年 3 月 23 日
王殿元	胶南市大场镇刘家大庄	—	男	1938 年 3 月 23 日
夏老五	胶南市大场镇刘家大庄	—	男	1938 年 3 月 23 日
徐六昌之母	胶南市大场镇刘家大庄	—	女	1938 年 3 月 23 日
徐西桥	胶南市大场镇柳行大庄	40	男	1938 年 3 月 23 日
徐华斗	胶南市大场镇柳行大庄	40	男	1938 年 3 月 23 日
李常田之祖父	胶南市大场镇柳行大庄	50	男	1938 年 3 月 23 日
宋月聚	胶南市六汪镇后沟村	45	男	1938 年 4 月
迟风军	胶南市六汪镇下河山	23	男	1938 年 4 月
刘 弟	胶南市六汪镇店子	—	男	1938 年 4 月

姓 名	籍 贯	年 龄	性 别	死难时间
张树太之妻	胶南市	25	女	1938 年 4 月 4 日
孟吉贤	胶南市宝山镇七宝山	21	男	1938 年 4 月 6 日
王成德之女	胶南市宝山镇丛家屯	19	女	1938 年 4 月 6 日
启进有	胶南市宝山镇林子村	45	男	1938 年 4 月 18 日
启进礼	胶南市宝山镇林子村	39	男	1938 年 4 月 18 日
薛连玉	胶南市宝山镇林子村	56	男	1943 年 4 月
王桥根	胶南市张家楼镇良家庄	27	男	1938 年 4 月 20 日
王立海	胶南市六汪镇齐家庄	31	男	1938 年 4 月 22 日
刘 茂	胶南市宝山镇抬头	50	男	1938 年 5 月
赵守新	胶南市宝山镇抬头	41	男	1938 年 5 月
赵德顺	胶南市宝山镇抬头	60	男	1938 年 5 月
赵俊河	胶南市宝山镇抬头	60	男	1938 年 5 月
王明诗	胶南市六汪镇后沟	43	男	1938 年 5 月
冯林海	胶南市隐珠街道东山冯	19	男	1938 年 5 月
柴兆坤	胶南市宝山镇上柴	54	男	1938 年 5 月 5 日
张谨宽	胶南市六汪镇山周	22	男	1938 年 5 月 5 日
王怀海	胶南市六汪镇山周	45	男	1938 年 5 月 5 日
周宗兵	胶南市张家楼镇山家北	67	男	1938 年 5 月 6 日
杨文汪	胶南市张家楼镇山家北	65	男	1938 年 5 月 6 日
山秀美	胶南市泊里镇马家庄	19	女	1938 年 6 月 3 日
姜维员	胶南市泊里镇马家庄	18	男	1938 年 6 月 3 日
山宗奎	胶南市泊里镇马家庄	65	男	1938 年 6 月 3 日
宋学平	胶南市六汪镇后沟村	26	男	1938 年 5 月 6 日
朱云忠	胶南市灵山卫街道朱戈庄	34	男	1938 年 5 月 6 日
石小帮	胶南市灵山卫街道灵山卫东街	—	男	1938 年 5 月 6 日
程宝聚	胶南市灵山卫街道西门外	—	男	1938 年 5 月 6 日
王中柱	胶南市灵山卫街道灵山卫东街	46	男	1938 年 5 月 6 日
石 铭	胶南市灵山卫街道	44	男	1938 年 5 月 6 日
石东发	胶南市灵山卫街道	22	男	1938 年 5 月 6 日
张朱氏	胶南市灵山卫街道	44	女	1938 年 5 月 6 日
程桂义	胶南市灵山卫街道	32	男	1938 年 5 月 6 日
唐 吉	胶南市灵山卫街道	28	男	1938 年 5 月 6 日
石 志	胶南市灵山卫街道灵山卫东街	33	男	1938 年 5 月 6 日
高以亮	胶南市灵山卫街道小洼	47	男	1938 年 5 月 6 日

姓 名	籍 贯	年 龄	性 别	死难时间
高方全	胶南市灵山卫街道张家村	41	男	1938 年 5 月 6 日
张佃成	胶南市张家楼镇良家庄	59	男	1938 年 5 月 6 日
刘合增	胶南市王台镇石梁刘	43	男	1938 年 5 月 12 日
刘喜增	胶南市王台镇石梁刘	40	男	1938 年 5 月 12 日
崔元奎	胶南市张家楼镇中崔家滩	25	男	1938 年 5 月 14 日
姜润勋	胶南市滨海街道大新庄	40	男	1938 年 6 月
封仁相	胶南市大村镇龙潭	25	男	1938 年 6 月
封维善	胶南市大村镇龙潭	35	男	1938 年 6 月
封锡位	胶南市大村镇龙潭	25	男	1938 年 6 月
李廷桂之妻	胶南市铁山街道李家店子	53	女	1938 年 6 月
徐治亮	胶南市滨海街道东古镇营	45	男	1938 年 6 月 3 日
赵得征	胶南市滨海街道东古镇营	60	男	1938 年 6 月 3 日
张玉吉	胶南市藏南镇黄家营	40	男	1938 年 6 月 3 日
张殿成	胶南市张家楼镇良家庄	60	男	1938 年 6 月 3 日
姜维福	胶南市张家楼镇岭前马家庄	14	男	1938 年 6 月 3 日
姜维祥	胶南市张家楼镇岭前马家庄	10	男	1938 年 6 月 3 日
山增奎	胶南市张家楼镇岭前马家庄	63	男	1938 年 6 月 3 日
山 嫚	胶南市张家楼镇岭前马家庄	20	女	1938 年 6 月 3 日
周增兴	胶南市张家楼镇山家北	62	男	1938 年 6 月 3 日
杨文江	胶南市张家楼镇山家北	65	男	1938 年 6 月 3 日
杨文善	胶南市张家楼镇山家北	68	男	1938 年 6 月 3 日
金全华	胶南市张家楼镇山家北	66	男	1938 年 6 月 3 日
张开源	胶南市张家楼镇西石岭	50	男	1938 年 6 月 3 日
张玉树之妻	胶南市张家楼镇小泥沟头	23	女	1938 年 6 月 3 日
张 嫚	胶南市张家楼镇张家楼	20	女	1938 年 6 月 3 日
丁发治	胶南市泊里镇朱家河	32	男	1938 年 7 月
胡可修	胶南市灵山卫街道李家村	42	男	1938 年 7 月
苗张氏	胶南市灵山卫街道城口子	28	女	1938 年 7 月
丁兴叶	胶南市大村镇新乡村	63	男	1938 年 7 月
丁相文之叔	胶南市大村镇新乡村	56	男	1938 年 7 月
丁世一	胶南市大村镇新乡村	54	男	1938 年 7 月
丁良臣之祖父	胶南市大村镇新乡村	63	男	1938 年 7 月
丁世谦之妻	胶南市大村镇新乡村	43	女	1938 年 7 月
庄学尧	胶南市藏南镇崖下	55	男	1938 年 7 月 28 日

姓　名	籍　贯	年　龄	性　别	死难时间
尚梅运	胶南市藏南镇崖上	21	男	1938 年 7 月 28 日
张宗选	胶南市张家楼镇大山张	46	男	1938 年 7 月 28 日
逄增祥	胶南市张家楼镇逄家桃园	38	男	1938 年 7 月 28 日
薛兆聚	胶南市灵山卫街道杨七岭	33	男	1938 年 8 月 3 日
张玉岫	胶南市张家楼镇良家庄	36	男	1938 年 8 月 23 日
逄洪江	胶南市张家楼镇小北沟	42	男	1938 年 9 月 6 日
薛善福	胶南市泊里镇朱家河	26	男	1938 年 9 月
王西爵	胶南市张家楼镇王家洼子	35	男	1938 年 10 月 18 日
杨福祥	胶南市	56	男	1938 年 11 月
王玉荣之侄	胶南市大村镇市美	3	男	1938 年 11 月
王玉荣之母	胶南市大村镇市美	50	女	1938 年 11 月
邓代玲	胶南市大村镇市美	80	女	1938 年 11 月
丁纪红	胶南市泊里镇邱家庄	19	男	1938 年 12 月
丁方正	胶南市泊里镇邱家庄	28	男	1938 年 12 月
安茂柱	胶南市泊里镇泊里河西	30	男	1938 年 12 月
安茂柱之二弟	胶南市泊里镇泊里河西	24	男	1938 年 12 月
王维查之妻	胶南市大村镇市美	—	女	1938 年 12 月 8 日
王维查之子	胶南市大村镇市美	—	男	1938 年 12 月 8 日
邓良苓	胶南市大村镇市美	—	女	1938 年 12 月 8 日
杜会介	胶南市泊里镇泊里河南	—	男	1938 年
周兰田之母	胶南市泊里镇泊里河南	—	女	1938 年
吴德顺	胶南市泊里镇泊里河南	—	男	1938 年
李甫合之三叔	胶南市泊里镇泊里河南	—	男	1938 年
于世来	胶南市泊里镇泊里河南	—	男	1938 年
陈玉升	胶南市泊里镇泊里河南	—	男	1938 年
赵中新之女	胶南市大村镇西砚瓦	—	女	1938 年
刘　胖	胶南市藏南镇刘家庄	50	男	1938 年
常发田之妹	胶南市六汪镇孔家庄	23	女	1938 年
刘　生	胶南市理务关镇东十字路	—	男	1938 年
张治花之母	胶南市理务关镇东十字路	51	女	1938 年
王××	胶南市理务关镇戴家庄	50	男	1938 年
薛小友	胶南市灵山卫街道窝洛子	40	男	1938 年
张照安	胶南市泊里镇朱家庄	47	男	1938 年
张照增	胶南市泊里镇朱家庄	18	男	1938 年

姓　名	籍　贯	年　龄	性　别	死难时间
田青利	胶南市泊里镇朱家庄	55	男	1938 年
马老胡	胶南市张家楼镇东马家庄	60	男	1938 年
宗桂生	胶南市灵山卫街道灵山卫南街	25	男	1939 年 1 月 9 日
王安文	胶南市六汪镇店子	—	男	1939 年 2 月
王安臣	胶南市六汪镇店子	—	男	1939 年 2 月
闫宝三	胶南市隐珠街道阎家屋子	32	男	1939 年 3 月 6 日
赵柴氏	胶南市宝山镇瓦屋大庄	73	女	1939 年 3 月 17 日
赵宋氏	胶南市宝山镇瓦屋大庄	42	女	1939 年 3 月 17 日
王正新	胶南市藏南镇臧家村	23	男	1939 年 4 月
冯桂全	胶南市隐珠街道东山冯	18	男	1939 年 4 月
丁孝海	胶南市大场镇东寺	31	男	1939 年 4 月
张玉有	胶南市大村镇	36	男	1939 年 5 月
赵忠新之女	胶南市大村镇西砚瓦	20	女	1939 年 5 月
刘梦星之妻	胶南市大村镇东龙古	53	女	1939 年 5 月
刘世斋之佣人	胶南市大村镇东龙古	43	女	1939 年 5 月
刘世春之父	胶南市大村镇东龙古	48	男	1939 年 5 月
冯三麻子	胶南市海青镇大朱家洼	20	男	1939 年 5 月
管德祥	胶南市藏南镇刘家庄	45	男	1939 年 5 月
逄焕贵	胶南市张家楼镇东潘家庄	21	男	1939 年 5 月
逄焕聚	胶南市张家楼镇东潘家庄	21	男	1939 年 5 月
张法礼	胶南市张家楼镇张家楼	48	男	1939 年 5 月
张于氏	胶南市张家楼镇张家楼	46	女	1939 年 5 月
张德明	胶南市张家楼镇张家楼	42	男	1939 年 5 月
徐连奎之妻	胶南市铁山街道张仓	—	女	1939 年 5 月 9 日
毕文清之子	胶南市铁山街道张仓	1	男	1939 年 5 月 9 日
宋连吉之妻	胶南市六汪镇野潴	—	女	1939 年 5 月 20 日
宋可双之妻	胶南市六汪镇野潴	—	女	1939 年 5 月 20 日
宋柏五之女	胶南市六汪镇野潴	—	女	1939 年 5 月 20 日
宋连奎之妻	胶南市六汪镇野潴	—	女	1939 年 5 月 20 日
宋成全	胶南市六汪镇野潴	—	男	1939 年 5 月 20 日
宋可佐	胶南市六汪镇野潴	—	男	1939 年 5 月 20 日
宋可地	胶南市六汪镇野潴	—	男	1939 年 5 月 20 日
崔本兴	胶南市大村镇丁家洼	42	男	1939 年 5 月 25 日
王福军	胶南市六汪镇找字庄	45	男	1939 年 6 月 21 日

姓 名	籍 贯	年 龄	性 别	死难时间
赵 岩	胶南市六汪镇六汪	40	男	1939 年 6 月 21 日
樊连京	胶南市六汪镇六汪	61	男	1939 年 6 月 21 日
范缘昌	胶南市张家楼镇西草泊	44	男	1939 年 8 月
王洪隋	胶南市	50	男	1939 年 8 月
张北胜	胶南市	60	男	1939 年 8 月
王仁平之父	胶南市大村镇	50	男	1939 年 9 月
丁传书	胶南市大村镇丁家洼	22	男	1939 年 11 月 28 日
丛臣之妻	胶南市六汪镇	—	女	1939 年 12 月
丛学伦	胶南市宝山镇丛家屯	54	男	1939 年
于欣升	胶南市藏南镇丁家官庄	48	男	1939 年
刘永江	胶南市理务关镇理务关	—	男	1939 年
袁公成	胶南市铁山街道朱家园村	27	男	1939 年
郭西法	胶南市铁山街道朱家园村	39	男	1939 年
郭西道	胶南市铁山街道朱家园村	28	男	1939 年
袁海岭之妻	胶南市铁山街道朱家园村	18	女	1939 年
孙德温之父	胶南市铁山街道朱家园村	58	男	1939 年
孙隆昌之子	胶南市铁山街道朱家园村	30	男	1939 年
王宝仁	胶南市铁山街道朱家园村	34	男	1939 年
张祠山	胶南市张家楼镇良家庄	46	男	1939 年
张祠松	胶南市张家楼镇良家庄	59	男	1939 年
马开启之妻	胶南市张家楼镇东马家庄	39	女	1939 年
张相明	胶南市珠海街道北梁家庄	55	男	1939 年
王太之女	胶南市	19	女	1940 年 1 月 13 日
戚 会	胶南市大村镇大河西	—	男	1940 年 1 月 14 日
李同江	胶南市	54	女	1940 年 2 月 15 日
赵进成	胶南市大场镇大营	22	男	1940 年 3 月
李克桂	胶南市隐珠街道兰西	46	男	1940 年 3 月 6 日
李西会	胶南市张家楼镇石河头	53	男	1940 年 3 月 15 日
于总元	胶南市张家楼镇石河头	53	男	1940 年 3 月 21 日
庄奎元	胶南市张家楼镇李家村	48	男	1940 年 3 月 21 日
于照绪	胶南市张家楼镇石河头	23	男	1940 年 3 月 21 日
程堂见之妻	胶南市张家楼镇西碾头	37	女	1940 年 4 月 28 日
程济福之母	胶南市张家楼镇西碾头	51	女	1940 年 4 月 28 日
程锡见之女	胶南市张家楼镇西碾头	2	女	1940 年 4 月 28 日

姓 名	籍 贯	年 龄	性 别	死难时间
高宜礼之妹	胶南市张家楼镇西碾头	2	女	1940 年 4 月 28 日
刘瞎子	胶南市泊里镇泊里河北	52	男	1940 年 4 月
张文玉之子	胶南市六汪镇法家庄	1	男	1940 年 5 月
张付山	胶南市珠海街道梁家庄	63	男	1940 年 5 月 14 日
五结巴	胶南市珠海街道梁家庄	60	男	1940 年 5 月 14 日
王德玉	胶南市隐珠街道店头	69	男	1940 年 6 月 28 日
张子元	胶南市张家楼镇马家屋子	60	男	1940 年 7 月
肖汉山	胶南市灵山卫街道毛家沟	35	男	1940 年 7 月
吕金子	胶南市张家楼镇吕家屯	15	男	1940 年 7 月 2 日
吕祯隋	胶南市张家楼镇吕家屯	30	男	1940 年 7 月 2 日
刘天涯	胶南市宝山镇小张八	37	男	1940 年 8 月 19 日
张新友之姐	胶南市张家楼镇松山子	18	女	1940 年 9 月
王道顺	胶南市六汪镇花沟	50	男	1940 年 10 月
单记训	胶南市铁山街道逄家大沟	22	男	1940 年 10 月
单亦顺	胶南市铁山街道逄家大沟	46	男	1940 年 10 月
陈廷荣	胶南市泊里镇东红石	43	男	1940 年 10 月 14 日
董步田	胶南市泊里镇董大庄	40	男	1940 年 10 月 14 日
薛永和	胶南市隐珠街道薛家滩	49	男	1940 年 11 月
宋奎忠之二女	胶南市宝山镇前沟	19	女	1940 年 11 月 6 日
陈四海	胶南市张家楼镇大山张	42	男	1940 年
王可尊	胶南市灵山卫街道城口子	20	男	1940 年
王 氏	胶南市六汪镇王家庄	40	女	1940 年
王丕祥	胶南市六汪镇孔家庄	40	男	1940 年
常斗查	胶南市六汪镇孔家庄	42	男	1940 年
杨全林	胶南市铁山街道东南崖	52	男	1940 年
侯 玉	胶南市张家楼镇大荒	70	男	1940 年
李炳思	胶南市珠海街道芝子口	40	男	1940 年
王相臣	胶南市六汪镇店子	—	男	1941 年 1 月
冯克金之子	胶南市六汪镇法家庄	18	男	1941 年 2 月
徐仁月	胶南市滨海街道渔池	61	男	1941 年 2 月 2 日
李全和	胶南市	48	男	1941 年 2 月 8 日
陈玉祥	胶南市	40	男	1941 年 2 月 12 日
王成印	胶南市宝山镇滕家	43	男	1941 年 3 月 9 日
马衬秀	胶南市宝山镇滕家	46	男	1941 年 3 月 14 日

姓 名	籍 贯	年 龄	性 别	死难时间
张新邦	胶南市铁山街道祠堂	25	男	1941 年 3 月 23 日
张顺邦	胶南市铁山街道祠堂	26	男	1941 年 3 月 23 日
丁西三	胶南市张家楼镇东潘家庄	35	男	1941 年 4 月
李加元	胶南市大村镇市美	—	男	1941 年 4 月 18 日
王立成	胶南市大村镇市美	30	男	1941 年 4 月 18 日
李炳文	胶南市大村镇市美	20	男	1941 年 4 月 18 日
程信见之母	胶南市张家楼镇西碾头	41	女	1941 年 4 月
程进庭	胶南市张家楼镇西碾头	49	女	1941 年 5 月 8 日
程法见之妻	胶南市张家楼镇西碾头	51	女	1941 年 5 月 8 日
崔林相	胶南市大村镇	52	男	1941 年 5 月
徐保元	胶南市珠海街道小溧水	41	男	1941 年 5 月
毕文良之母	胶南市滨海街道前小口子	42	女	1941 年 6 月
毕 三	胶南市滨海街道前小口子	12	男	1941 年 6 月
毕 四	胶南市滨海街道前小口子	8	男	1941 年 6 月
刘孟林之母	胶南市大村镇东龙古	53	女	1941 年 6 月
安玉文之父	胶南市大村镇东龙古	46	男	1941 年 6 月
管恩常	胶南市六汪镇柏乡二村	40	男	1941 年 6 月
孙玉华	胶南市六汪镇柏乡三村	60	男	1941 年 6 月
鲁照松之子	胶南市六汪镇柏乡一村	2	男	1941 年 6 月
赵光毕	胶南市六汪镇柏乡一村	40	男	1941 年 6 月
陈法相	胶南市六汪镇柏乡一村	44	男	1941 年 6 月
鲁照松之妻	胶南市六汪镇柏乡一村	32	女	1941 年 6 月
王廷臻	胶南市六汪镇柏乡一村	42	男	1941 年 6 月
薛文玉	胶南市珠海街道王家楼	35	男	1941 年 7 月 11 日
于明春	胶南市张家楼镇	37	男	1941 年 7 月 28 日
小 明	胶南市六汪镇王家庄	13	男	1941 年 7 月
徐保佼	胶南市珠海街道小溧水	58	男	1941 年 8 月 10 日
刘步云	胶南市藏南镇刘家庄	36	男	1941 年 8 月 19 日
陈 月	胶南市六汪镇灰沟	23	男	1941 年 8 月
刘邦吉	胶南市宝山镇黄山后	34	男	1941 年 9 月 11 日
单亦联	胶南市铁山街道逢家大沟	58	男	1941 年 10 月
单建爵	胶南市铁山街道逢家大沟	37	男	1941 年 10 月
陈启温	胶南市泊里镇马家庄	56	男	1941 年 10 月 11 日
张相隋	胶南市珠海街道梁家庄	48	男	1941 年 11 月

姓 名	籍 贯	年 龄	性 别	死难时间
林茂桂之女	胶南市	18	女	1941 年 11 月 12 日
董照奎之子	胶南市藏南镇刘卜疃	1	男	1941 年 11 月 20 日
董照山	胶南市藏南镇刘卜疃	24	男	1941 年 11 月 20 日
宋孝伦	胶南市宝山镇前沟	18	男	1941 年 11 月 22 日
刘永和	胶南市六汪镇砖瓦屯	49	男	1941 年
王桂乐	胶南市六汪镇常家庄	30	男	1941 年
尹记瑞	胶南市珠海街道王家楼	27	男	1941 年
张茂宣	胶南市张家楼镇大山张	30	男	1941 年
张宗荃	胶南市张家楼镇大山张	45	男	1941 年
张宗蕙	胶南市张家楼镇大山张	40	男	1941 年
张路祯	胶南市张家楼镇黄崖前	62	男	1941 年
张日信	胶南市张家楼镇黄崖前	35	男	1941 年
程锡见	胶南市张家楼镇西碾头	30	女	1941 年
高拊法	胶南市张家楼镇西碾头	5	女	1941 年
程进圻	胶南市张家楼镇西碾头	31	女	1941 年
张逄氏	胶南市珠海街道大溧水	75	女	1941 年
张得瑞	胶南市珠海街道大溧水	24	男	1941 年
王发聚	胶南市六汪镇店子	—	男	1942 年 1 月
张郭氏	胶南市灵山卫街道灵山卫西街	36	女	1942 年 1 月 5 日
生克礼	胶南市灵山卫街道灵山卫西街	47	男	1942 年 1 月 5 日
丁世中之母	胶南市张家楼镇河头	65	女	1942 年 1 月 12 日
刘　录	胶南市藏南镇刘卜疃	50	男	1942 年 1 月 25 日
张术勤之弟	胶南市张家楼镇松山子	22	男	1942 年 2 月 18 日
侯克聚	胶南市灵山卫街道杨七岭	41	男	1942 年 3 月 14 日
牛光民	胶南市泊里镇	20	男	1942 年 4 月 7 日
张进禄	胶南市珠山街道曹戈庄	57	男	1942 年 4 月 8 日
刘子祯之女	胶南市泊里镇	25	女	1942 年 4 月 9 日
冷子和之女	胶南市泊里镇	23	女	1942 年 4 月 9 日
冷玉林之女	胶南市泊里镇	25	女	1942 年 4 月 9 日
王彦光	胶南市泊里镇	38	男	1942 年 4 月 9 日
牛启昶	胶南市泊里镇	51	男	1942 年 4 月 9 日
白乐江	胶南市泊里镇	32	男	1942 年 4 月 9 日
冷相臣	胶南市泊里镇	46	男	1942 年 4 月 9 日
赵华春	胶南市大场镇市美	—	男	1942 年 4 月 30 日

姓　名	籍　贯	年　龄	性　别	死难时间
滕　培	胶南市大场镇金头岭	—	男	1942 年 5 月
刘辛光	胶南市珠海街道王家楼	59	男	1942 年 5 月 6 日
王世海	胶南市王台镇朱郭	52	男	1942 年 6 月 6 日
雷文有	胶南市珠海街道王家楼	19	男	1942 年 6 月 12 日
郭玉志	胶南市隐珠街道郭家小庄	32	男	1942 年 7 月
苏增杰	胶南市灵山卫街道灵山卫西街	19	男	1942 年 7 月
张砚田	胶南市张家楼镇河头	47	男	1942 年 8 月
徐元成	胶南市珠海街道小溧水	60	男	1942 年 8 月 9 日
崔杰氏	胶南市滨海街道桃林	40	女	1942 年 9 月 3 日
陈邦智	胶南市大村镇胡家前夼	40	男	1942 年 10 月
张吕氏	胶南市张家楼镇大山张	25	女	1942 年 10 月
王步章之母	胶南市宝山镇王家小庄	58	女	1942 年 11 月 16 日
张奎童	胶南市	78	男	1942 年 11 月 18 日
王家和	胶南市珠海街道小台	49	男	1942 年 11 月 28 日
崔清沛	胶南市宝山镇尚庄	62	男	1942 年 11 月 29 日
崔清沛之妻	胶南市宝山镇尚庄	56	女	1942 年 11 月 29 日
滕文祥	胶南市宝山镇尚庄	18	男	1942 年 11 月 29 日
张坤岗之父	胶南市	58	男	1942 年 12 月
刘新一	胶南市藏南镇刘家庄	31	男	1942 年
王发先	胶南市泊里镇子良山后	22	男	1942 年
王孝思	胶南市泊里镇子良山后	22	男	1942 年
王文元	胶南市泊里镇季家村	14	男	1942 年
季进亮之祖母	胶南市泊里镇季家村	40	女	1942 年
季徐氏	胶南市泊里镇季家村	41	女	1942 年
季美玲	胶南市泊里镇季家村	6	女	1942 年
季玉华	胶南市泊里镇季家村	41	男	1942 年
季玉亮	胶南市泊里镇季家村	20	男	1942 年
季术桂	胶南市泊里镇季家村	20	男	1942 年
丁子路	胶南市泊里镇泊里河北	52	男	1942 年
樊喜才	胶南市六汪镇六汪	17	男	1942 年
张文崇之妻	胶南市张家楼镇黄崖前	36	女	1942 年
张本等	胶南市张家楼镇黄崖前	52	男	1942 年
王云龙	胶南市隐珠街道陈家庄	36	男	1942 年
王宗福	胶南市大场镇胜水村	43	男	1942 年

姓 名	籍 贯	年 龄	性 别	死难时间
王玉成	胶南市隐珠街道冯家岭	46	男	1942 年
高玉昌	胶南市隐珠街道冯家岭	56	男	1942 年
朱 大	胶南市隐珠街道大报屋	55	男	1942 年
苏祥信	胶南市灵山卫街道北门外	21	男	1942 年
李同云	胶南市铁山街道吉林	40	男	1943 年 2 月 3 日
苗解氏	胶南市铁山街道苗家河	25	女	1943 年 2 月 25 日
王成烈之子	胶南市六汪镇花沟	16	男	1943 年 3 月
王德正之兄	胶南市六汪镇花沟	16	男	1943 年 3 月
刘明宣	胶南市六汪镇小庙口	37	男	1943 年 3 月
刘振文	胶南市六汪镇后立柱	39	男	1943 年 3 月
刘守元	胶南市琅琊镇刘家崖下	24	男	1943 年 4 月 1 日
王建彩之妻	胶南市铁山街道东南崖	26	女	1943 年 4 月 6 日
王建德	胶南市铁山街道东南崖	25	女	1943 年 4 月 6 日
崔家道	胶南市六汪镇朱家沟	51	男	1943 年 4 月 22 日
于明金之父	胶南市张家楼镇马家屋子	50	男	1943 年 5 月 19 日
崔 福	胶南市六汪镇吕家大庄	25	男	1943 年 6 月
韩顺信	胶南市张家楼镇王家洼子	50	男	1943 年 6 月 13 日
徐世花	胶南市泊里镇前草场	67	女	1943 年 7 月
徐金书	胶南市泊里镇前草场	17	男	1943 年 7 月
徐世瑧	胶南市泊里镇前草场	17	女	1943 年 7 月
王圣先	胶南市滨海街道石板河	32	男	1943 年 7 月 15 日
李出忠	胶南市海青镇赵家庄	30	男	1943 年 8 月
李展吉	胶南市六汪镇下河山	50	男	1943 年 8 月
张守宣	胶南市珠山街道曹戈庄	48	男	1943 年 8 月 6 日
吕盛事	胶南市藏南镇东陡崖	26	男	1943 年 8 月 12 日
王志廉	胶南市藏南镇西陡崖	38	男	1943 年 8 月 12 日
逄焕农	胶南市张家楼镇东潘家庄	46	男	1943 年 9 月
逄焕克	胶南市张家楼镇东潘家庄	27	男	1943 年 9 月
崔洪和	胶南市六汪镇砖瓦屯	25	男	1943 年 9 月
陈吉亮	胶南市六汪镇法家庄	26	男	1943 年 10 月
李克山	胶南市海青镇赵家庄	65	男	1943 年 10 月 5 日
张记斗	胶南市张家楼镇河头	72	男	1943 年 10 月 6 日
单连友	胶南市六汪镇大沟	20	男	1943 年 11 月
丁世中之祖母	胶南市张家楼镇河头	—	女	1943 年 11 月

姓 名	籍 贯	年 龄	性 别	死难时间
赵成志	胶南市六汪镇吕家大庄	40	男	1943 年 11 月
赵全法	胶南市灵山卫街道积米崖	30	男	1943 年 11 月 6 日
王松廷	胶南市铁山街道东南崖	33	男	1943 年 12 月 10 日
王廷有	胶南市铁山街道东南崖	27	男	1943 年 12 月 10 日
宋光道	胶南市王台镇郎中沟	29	男	1943 年
高海奕	胶南市滨海街道南小庄	19	男	1943 年
高乃绪	胶南市滨海街道南小庄	19	男	1943 年
张日元	胶南市张家楼镇河头	68	男	1943 年
宋仙台	胶南市王台镇东埠后	63	男	1944 年 3 月
宋福瑞	胶南市王台镇东埠后	42	男	1944 年 3 月 29 日
宋福谦	胶南市王台镇东埠后	37	男	1944 年 3 月 29 日
丁跃北	胶南市泊里镇	—	男	1944 年 4 月
毛仲玉之妻	胶南市泊里镇	—	女	1944 年 4 月
毕乐章	胶南市泊里镇河北村	—	男	约 1944 年夏—1945 年秋
王星武	胶南市泊里镇马家庄	—	男	1944 年 5 月
冷建济	胶南市泊里镇	—	男	约 1944 年夏—1945 年秋
丁纪民	胶南市泊里镇	—	男	约 1944 年夏—1945 年秋
庞志堂	胶南市泊里镇	—	男	约 1944 年夏—1945 年秋
庞英国	胶南市泊里镇	—	男	约 1944 年夏—1945 年秋
李为进	胶南市泊里镇	—	男	约 1944 年夏—1945 年秋
杜吉农	胶南市泊里镇马家庄	—	男	约 1944 年夏—1945 年秋
尹照田	胶南市泊里镇	—	男	约 1944 年夏—1945 年秋
冯进堂	胶南市泊里镇	—	男	约 1944 年夏—1945 年秋
周宝洲	胶南市泊里镇	—	男	约 1944 年夏—1945 年秋
贾红彩	胶南市泊里镇	—	男	约 1944 年夏—1945 年秋
冷相臣之侄	胶南市泊里镇	—	男	约 1944 年夏—1945 年秋
王保书	胶南市泊里镇	—	男	1944 年 4 月
冯文初	胶南市泊里镇	—	男	1944 年 4 月
周哲千	胶南市泊里镇	—	男	1944 年 4 月
邵德红	胶南市泊里镇	—	男	1944 年 4 月
黄保绪	胶南市泊里镇	—	男	1944 年 4 月
王永相之伯母	胶南市大村镇下藏马三村	50	女	1944 年 4 月
王确买	胶南市大村镇下藏马三村	6	男	1944 年 4 月
王新续之弟	胶南市大村镇下藏马三村	16	男	1944 年 4 月

姓　名	籍　贯	年　龄	性　别	死难时间
王新续之侄女	胶南市大村镇下藏马三村	6	女	1944 年 4 月
王新续之侄	胶南市大村镇下藏马三村	4	男	1944 年 4 月
王永山之弟	胶南市大村镇下藏马三村	6	男	1944 年 4 月
于德荣之三爷	胶南市六汪镇前徐家庄	50	男	1944 年 4 月
单亦路	胶南市铁山街道东南崖	20	男	1944 年 4 月
张惊信	胶南市铁山街道新河村	38	男	1944 年 4 月 4 日
张惊尊	胶南市铁山街道新河村	23	男	1944 年 4 月 4 日
刘占山	胶南市铁山街道新河村	30	男	1944 年 4 月 4 日
刘金花	胶南市铁山街道新河村	21	女	1944 年 4 月 4 日
刘文斋	胶南市铁山街道新河村	29	男	1944 年 4 月 4 日
张惊知	胶南市铁山街道新河村	44	男	1944 年 4 月 4 日
刘传贵	胶南市铁山街道新河村	23	男	1944 年 4 月 4 日
韩守义	胶南市王台镇徐村	51	男	1944 年 4 月 10 日
韩加成	胶南市王台镇徐村	50	男	1944 年 4 月 11 日
杨小云	—	2	女	1944 年 4 月 20 日
杨青喜	胶南市铁山街道东南崖	48	男	1944 年 4 月 20 日
杨丙明	胶南市铁山街道东南崖	19	男	1944 年 4 月 20 日
杨仁来	胶南市铁山街道东南崖	31	男	1944 年 4 月 20 日
杨有全	胶南市铁山街道东南崖	26	男	1944 年 4 月 20 日
杨洪全	胶南市铁山街道东南崖	43	男	1944 年 4 月 20 日
杨青祥	胶南市铁山街道东南崖	52	男	1944 年 4 月 20 日
杨小农	胶南市铁山街道东南崖	30	男	1944 年 4 月 20 日
杨张氏	胶南市铁山街道东南崖	36	女	1944 年 4 月 20 日
杨至环	胶南市铁山街道东南崖	59	男	1944 年 4 月 20 日
杨孟氏	胶南市铁山街道东南崖	35	女	1944 年 4 月 20 日
周兆瑞	胶南市铁山街道东南崖	23	男	1944 年 4 月 25 日
周治凯	胶南市铁山街道东南崖	55	男	1944 年 4 月 25 日
周治汉	胶南市铁山街道东南崖	60	男	1944 年 4 月 25 日
周辉和	胶南市铁山街道东南崖	35	男	1944 年 4 月 25 日
王怀江	胶南市铁山街道东南崖	42	男	1944 年 4 月 25 日
张德宗	胶南市铁山街道东南崖	41	男	1944 年 4 月 25 日
周辉昌	胶南市铁山街道东南崖	58	男	1944 年 4 月 25 日
周治喜	胶南市铁山街道东南崖	61	男	1944 年 4 月 25 日
杨福群	胶南市铁山街道东南崖	25	男	1944 年 4 月 25 日

姓 名	籍 贯	年 龄	性 别	死难时间
周茂富	胶南市铁山街道东南崖	32	男	1944 年 4 月 25 日
柴景文	胶南市铁山街道	4	男	1944 年 4 月 26 日
单变运	胶南市铁山街道东南崖	50	男	1944 年 4 月 26 日
单纪成	胶南市铁山街道东南崖	25	男	1944 年 4 月 26 日
单纪伦	胶南市铁山街道东南崖	25	男	1944 年 4 月 26 日
柴兆西	胶南市铁山街道东南崖	47	男	1944 年 4 月 26 日
柴景和	胶南市铁山街道东南崖	2	男	1944 年 4 月 26 日
王成知	胶南市六汪镇花沟	22	男	1944 年 5 月
管恩敏	胶南市六汪镇法家庄	25	男	1944 年 5 月
张文平之弟	胶南市六汪镇法家庄	17	男	1944 年 5 月
冯克礼之子	胶南市六汪镇法家庄	18	男	1944 年 5 月
邓锋之母	胶南市大村镇市美	53	女	1944 年 5 月
邓星山	胶南市大村镇市美	43	男	1944 年 5 月
邓星山之母	胶南市大村镇市美	65	女	1944 年 5 月
邓星山之女佣	胶南市大村镇市美	18	女	1944 年 5 月
宋大会	胶南市滨海街道峡沟	23	男	1944 年 5 月
胡 奎	胶南市理务关镇洼里	—	男	1944 年 5 月
刘克耻	胶南市藏南镇大马家疃	22	男	1944 年 5 月 10 日
杨福喜	胶南市铁山街道西北庄	55	男	1944 年 5 月 12 日
杨甲明	胶南市铁山街道西北庄	19	男	1944 年 5 月 12 日
杨洪金	胶南市铁山街道西北庄	45	男	1944 年 5 月 12 日
杨有敬	胶南市铁山街道西北庄	37	男	1944 年 5 月 12 日
杨金介	胶南市铁山街道东南崖	—	男	1944 年 5 月 12 日
杨黎斗之兄	胶南市铁山街道东南崖	—	男	1944 年 5 月 12 日
杨金简	胶南市铁山街道东南崖	—	男	1944 年 5 月 12 日
杨胜让	胶南市铁山街道大下庄	50	男	1944 年 5 月 12 日
杨福随之母	胶南市铁山街道大下庄	40	女	1944 年 5 月 12 日
杨同周之母	胶南市铁山街道大下庄	40	女	1944 年 5 月 12 日
杨福准之叔	胶南市铁山街道大下庄	35	男	1944 年 5 月 12 日
杨梅征之祖父	胶南市铁山街道大下庄	40	男	1944 年 5 月 12 日
邓 风	胶南市大村镇市美	—	女	1944 年 5 月 28 日
邓丰祖之女	胶南市大村镇市美	—	女	1944 年 5 月 28 日
邓风桂之妻	胶南市大村镇市美	—	女	1944 年 5 月 28 日
邓风桂之女	胶南市大村镇市美	—	女	1944 年 5 月 28 日

姓　名	籍　贯	年　龄	性　别	死难时间
王立端之母	胶南市大村镇院前	—	女	1944 年 5 月 28 日
宋连国	胶南市六汪镇野潴	21	男	1944 年 6 月
王成照	胶南市六汪镇花沟	28	男	1944 年 6 月
王　奎	胶南市六汪镇花沟	5	男	1944 年 6 月
于文发	胶南市王台镇庄家茔	26	男	1944 年 6 月
刘景荣	胶南市藏南镇王家官庄	33	男	1944 年 6 月 13 日
杨茂新	胶南市藏南镇六合桥	40	男	1944 年 6 月 24 日
薛明田之母	胶南市六汪镇山周	58	女	1944 年 6 月 28 日
冷洪三	胶南市泊里镇河西村	—	男	约1944 年夏—1945 年秋
冷清美	胶南市泊里镇河西村	28	女	约1944 年夏—1945 年秋
冷清贞	胶南市泊里镇河西村	28	女	约1944 年夏—1945 年秋
冷瑞云	胶南市泊里镇河西村	—	女	约1944 年夏—1945 年秋
邵范武	胶南市泊里镇河西村	—	男	约1944 年夏—1945 年秋
崔本亮	胶南市大村镇	30	男	1944 年 7 月
刘宝伍	胶南市藏南镇刘家庄	40	男	1944 年 7 月
刘竹臣	胶南市藏南镇刘家庄	37	男	1944 年 7 月
李德月	胶南市铁山街道金猪坑	24	男	1944 年 7 月
孙　炳	胶南市	40	男	1944 年 7 月
朱云山	胶南市灵山卫街道朱戈庄	35	男	1944 年 7 月 1 日
张立年	胶南市灵山卫街道黄石圈	23	男	1944 年 7 月 1 日
尹德召	胶南市	36	男	1944 年 7 月 14 日
董为州	胶南市泊里镇棋子湾	45	男	1944 年 7 月 14 日
董云钦	胶南市泊里镇棋子湾	41	男	1944 年 7 月 14 日
董思秀	胶南市泊里镇小庄	42	男	1944 年 7 月 14 日
徐继元	胶南市泊里镇徐家官庄	56	男	1944 年 8 月
徐泽荒	胶南市泊里镇徐家官庄	63	男	1944 年 8 月
徐吉来	胶南市	31	男	1944 年 8 月 4 日
栾世太	胶南市王台镇王台西村	50	男	1944 年 8 月 12 日
刘彦池	胶南市	45	男	1944 年 8 月 16 日
王明斋之妻	胶南市	32	女	1944 年 8 月 16 日
单玉密	胶南市灵山卫街道窝洛子	34	男	1944 年 8 月 16 日
单玉臻	胶南市灵山卫街道窝洛子	41	男	1944 年 8 月 16 日
陈瑞东	胶南市琅琊镇湖崖	37	男	1944 年 8 月 16 日
辛修龄	胶南市琅琊镇湖崖	40	男	1944 年 8 月 16 日

姓 名	籍 贯	年 龄	性 别	死难时间
刘敬善	胶南市六汪镇刘新村	37	男	1944 年 9 月
王福原之姐	胶南市大场镇小辛庄	17	女	1944 年 9 月
郑德俊	胶南市六汪镇前徐家庄	28	男	1944 年 9 月
王甸举	胶南市六汪镇山周	44	男	1944 年 9 月 11 日
戚照章	胶南市大村镇大河西	—	男	1944 年 9 月 14 日
刘永斗	胶南市六汪镇刘新村	39	男	1944 年 10 月
徐明叶	胶南市海青镇徐家尧	21	男	1944 年 10 月
丁少友	胶南市理务关镇戴家尧	26	男	1944 年 11 月
丁新民	胶南市	26	男	1944 年 11 月 9 日
丁得堂	胶南市	35	男	1944 年 11 月 9 日
于殿福	胶南市灵山卫街道	30	男	1944 年 11 月 24 日
李福江	胶南市琅琊镇车轮山后	38	男	1944 年 12 月 1 日
刘福三	胶南市大场镇丁家柳沟	28	男	1944 年 12 月
黄万海	胶南市张家楼镇马家屋子	46	男	1944 年 12 月
丁 苞	胶南市珠山街道松园	54	男	1944 年 12 月 19 日
刘文礼	胶南市大村镇耿家沟	—	男	1944 年
沙纪志	胶南市大村镇耿家沟	—	男	1944 年
孙 明	胶南市六汪镇孔家庄	23	男	1944 年
刘传龙	胶南市琅琊镇刘家崖下	57	男	1944 年
王瑞湖	胶南市理务关镇后王家庄	24	男	1944 年
单成福	胶南市铁山街道逄家大沟	42	男	1944 年
杨仕盛	胶南市铁山街道东南崖	53	男	1944 年
杨青昌之子	胶南市铁山街道东南崖	28	男	1944 年
杨成绪	胶南市铁山街道东南崖	30	男	1944 年
杨全俭	胶南市铁山街道东南崖	42	男	1944 年
杨全皆	胶南市铁山街道东南崖	32	男	1944 年
杨成喜	胶南市铁山街道东南崖	62	男	1944 年
杨成喜之妻	胶南市铁山街道东南崖	66	女	1944 年
杨风顺	胶南市铁山街道东南崖	71	男	1944 年
杨金元	胶南市铁山街道东南崖	20	女	1944 年
杨玉贞	胶南市铁山街道东南崖	58	男	1944 年
赵瑞忠	胶南市大场镇西丁家庄	42	男	1944 年
丁锡堂	胶南市大场镇西丁家庄	44	男	1944 年
李成河	胶南市海青镇后河东	24	男	1944 年

姓 名	籍 贯	年 龄	性 别	死难时间
徐增荣	胶南市滨海街道高峪	—	男	1944 年
肖焕来之弟	胶南市王台镇大袁家沟	34	男	1944 年
杨金镯	胶南市铁山街道东南崖	22	男	1945 年 1 月
丁茂堂	胶南市泊里镇三合村	38	男	1945 年 1 月 27 日
杨同文	胶南市铁山街道东南崖	30	男	1945 年 2 月
董升江	胶南市泊里镇泊里河南	28	男	1945 年 2 月
赵清源	胶南市灵山卫街道山子西	27	男	1945 年 2 月 19 日
陈兴文	胶南市大村镇李家村	24	男	1945 年 3 月
庄金和	胶南市王台镇王台前村	45	男	1945 年 3 月 20 日
刘宝温	胶南市藏南镇刘家庄	18	男	1945 年 4 月
刘树勋	胶南市藏南镇刘家庄	26	男	1945 年 4 月
王振东	胶南市藏南镇刘家庄	33	男	1945 年 4 月
丁慰民	胶南市藏南镇孙家屯	24	男	1945 年 4 月
臧显清	胶南市藏南镇长阡沟	33	男	1945 年 4 月
殷树星	胶南市海青镇董家洼	37	男	1945 年 4 月
高泗亭	胶南市滨海街道南小庄	23	男	1945 年 4 月
王振西	胶南市藏南镇长阡沟	22	男	1945 年 4 月
王福堂	胶南市泊里镇马家庄	26	男	1945 年 4 月
杜锡九	胶南市泊里镇马家庄	30	男	1945 年 4 月
杜 坦	胶南市大场镇马家滩	34	男	1945 年 4 月
刘恒义	胶南市藏南镇大马家疃	38	男	1945 年 4 月 2 日
王锡千	胶南市藏南镇大马家疃	31	男	1945 年 4 月 2 日
安玉贞	胶南市泊里镇马家庄	48	男	1945 年 4 月 5 日
王成义	胶南市泊里镇马家庄	38	男	1945 年 4 月 5 日
尹洪田	胶南市泊里镇马家庄	37	男	1945 年 4 月 5 日
杜 城	胶南市泊里镇马家庄	34	男	1945 年 4 月 5 日
杜孝先	胶南市泊里镇马家庄	29	男	1945 年 4 月 5 日
仇西功	胶南市泊里镇马家庄	32	男	1945 年 4 月 5 日
臧澄海	胶南市藏南镇长阡沟	33	男	1945 年 4 月 9 日
逄奉臣	胶南市张家楼镇下村	34	男	1945 年 4 月 10 日
逄子堂	胶南市张家楼镇东潘家庄	26	男	1945 年 4 月 10 日
陈文祥	胶南市张家楼镇下村	43	男	1945 年 4 月 10 日
张金彦	胶南市泊里镇丁戈家庄	37	男	1945 年 4 月 10 日
丁 宣	胶南市泊里镇东封家村	51	男	1945 年 4 月 10 日

姓 名	籍 贯	年 龄	性 别	死难时间
丁 禄	胶南市泊里镇东封家村	43	男	1945 年 4 月 10 日
逄熟意	胶南市	28	男	1945 年 4 月 11 日
逄清汉	胶南市	41	男	1945 年 4 月 11 日
王玉臣	胶南市理务关镇高家庄子	16	男	1945 年 4 月 21 日
柳成记之女	胶南市滨海街道胡家小庄	16	女	1945 年 5 月 2 日
孟乐亭	胶南市藏南镇茉旺	38	男	1945 年 5 月 13 日
王清斋	胶南市藏南镇西陡崖	96	男	1945 年 5 月 13 日
丁笑秋	胶南市泊里镇邱家庄	21	男	1945 年 5 月 21 日
丁荣娇	胶南市泊里镇邱家庄	24	女	1945 年 5 月 23 日
丁荣桂	胶南市泊里镇邱家庄	27	女	1945 年 5 月 23 日
丁松福	胶南市泊里镇邱家庄	38	男	1945 年 5 月
杜锡伍	胶南市泊里镇马家庄	25	男	1945 年 5 月
尹伯玉	胶南市泊里镇马家庄	26	男	1945 年 5 月
宋连进	胶南市铁山街道宋家店子	23	男	1945 年 5 月
王结三	胶南市珠山街道汕上	25	男	1945 年 5 月
杜 雨	胶南市泊里镇马家庄	31	男	1945 年 6 月 1 日
孟广彦	胶南市藏南镇茉旺	51	男	1945 年 6 月 7 日
相西良	胶南市宝山镇七宝山	32	男	1945 年 6 月 9 日
郭玉锋	胶南市隐珠街道郭家河岩	21	男	1945 年 6 月 14 日
张世友	胶南市张家楼镇西石岭	37	男	1945 年 6 月 15 日
徐永公	胶南市海青镇徐官庄	25	男	1945 年 6 月
傅振献	胶南市隐珠街道大兰东	23	男	1945 年 6 月
刘风喜	胶南市理务关镇西十字路	35	男	1945 年 6 月
周培运	胶南市泊里镇蒋家庄	40	男	1945 年 7 月
徐明华	胶南市海青镇狄家河	19	男	1945 年 7 月
王百万	胶南市隐珠街道王家河岩	33	男	1945 年 7 月
张丕及	胶南市	20	男	1945 年 7 月 12 日
刘少联	胶南市王台镇王台前村	65	男	1945 年 7 月 13 日
韩风高	胶南市王台镇	20	男	1945 年 7 月 13 日
董玉德	胶南市宝山镇冷家小庄	44	男	1945 年 7 月 25 日
万克顺	胶南市大场镇胜水村	46	男	1945 年 8 月
李炳金	胶南市珠海街道芏子口	20	男	1945 年 8 月
刘明富	胶南市六汪镇小庙口	—	男	1945 年 8 月
冯德俊	胶南市六汪镇常家庄	22	男	1945 年 8 月

姓 名	籍 贯	年 龄	性 别	死难时间
孔庆香	胶南市隐珠街道长城村	19	女	1945 年 8 月
郑于氏	胶南市灵山卫街道东于河村	37	女	1945 年 8 月 7 日
董冈随	胶南市	45	男	1945 年 8 月 8 日
傅宗宝	胶南市隐珠街道大兰东	25	男	1945 年 9 月 1 日
万子东	胶南市珠山街道大邓陶	25	男	1945 年
封夕千	胶南市大村镇桃山村	18	男	1945 年
封夕忠	胶南市大村镇桃山村	18	男	1945 年
刘均全	胶南市理务关镇东十字路	20	男	1945 年
范传海	胶南市大村镇西陈家村	44	男	1945 年
封西民	胶南市大村镇田庄	16	男	1945 年
孙建章	胶南市滨海街道高峪	—	男	1945 年
王秀山	胶南市隐珠街道王家河岩	32	男	1945 年
李相臣	胶南市珠海街道逯家庄	32	男	1945 年
刘德玉	胶南市泊里镇三合村	31	男	1945 年
魏 堂	胶南市泊里镇三合村	31	男	1945 年
张 友	胶南市泊里镇三合村	31	男	1945 年
马开亮	胶南市	45	男	1945 年
马金敬	胶南市张家楼镇东马家庄	38	男	1945 年
马金章	胶南市张家楼镇东马家庄	24	男	1945 年
万仲平	胶南市大场镇胜水村	30	男	1945 年
周 坤	胶南市大场镇胜水村	60	男	1945 年
丁 文	胶南市大场镇胜水村	60	男	1945 年
孙廷勋	胶南市滨海街道西台子沟	29	男	1945 年
李玉业	胶南市滨海街道	43	男	1945 年
高泗同	胶南市滨海街道南小庄	24	男	1945 年
李凤密	胶南市海青镇董家洼	36	男	1945 年
陈至吉	胶南市隐珠街道董家庄	25	男	1938 年 3 月
薛永聚	胶南市隐珠街道董家庄	36	男	1938 年 3 月
孟光盛	胶南市隐珠街道孟家滩	—	男	1938 年 3 月
孟小启	胶南市隐珠街道孟家滩	21	男	1938 年 3 月
薛宗地之父	胶南市灵山卫街道	71	男	1938 年 3 月 6 日
卢文瑞	胶南市隐珠街道西卢家疃	30	男	1938 年 4 月
卢文风	胶南市隐珠街道西卢家疃	—	男	1938 年 4 月
张林朋	胶南市隐珠街道西卢家疃	56	男	1938 年 4 月

姓 名	籍 贯	年 龄	性 别	死难时间
宋光江	胶南市隐珠街道西卢家疃	—	男	1938 年 4 月
陈 宽	胶南市铁山街道后辛庄	—	男	1938 年 4 月
王德仁	胶南市铁山街道后辛庄	—	男	1938 年 4 月
张德盛	胶南市灵山卫街道张家村	28	男	1938 年 5 月 6 日
苗怀春	胶南市铁山街道苗家河	67	男	1938 年 5 月 14 日
樊泽生之父	胶南市六汪镇六汪	45	男	1938 年
赵清秀	胶南市理务关镇花根山	16	男	1938 年
孟东嫚	胶南市隐珠街道孟家滩	21	男	1939 年 3 月
丁世玉	胶南市大村镇镇丁家洼	53	男	1939 年 4 月 22 日
刘在坤	胶南市泊里镇菜园	25	男	1939 年 5 月
孟吉顺	胶南市隐珠街道孟家滩	53	女	1939 年 5 月
孟光君	胶南市隐珠街道孟家滩	—	男	1939 年 6 月
孟光东	胶南市隐珠街道孟家滩	37	男	1939 年 7 月
郭军贵	胶南市隐珠街道东山冯	58	男	1939 年 7 月 15 日
冯小三	胶南市隐珠街道东山冯	16	男	1939 年 7 月 26 日
冯连科	胶南市隐珠街道东山冯	58	男	1939 年 8 月 11 日
张存德	胶南市隐珠街道东山冯	55	男	1939 年 8 月 26 日
丁仁中	胶南市大村镇丁家洼	49	男	1939 年 10 月
丁逄氏	胶南市大村镇丁家洼	48	女	1939 年 10 月
秦玉法	胶南市泊里镇菜园	40	男	1939 年
刘丙瑞	胶南市泊里镇菜园	19	男	1939 年
周启来	胶南市泊里镇菜园	17	男	1939 年
秦玉喜	胶南市泊里镇菜园	20	男	1939 年
刘在春	胶南市泊里镇菜园	30	男	1939 年
刘在景	胶南市泊里镇菜园	38	男	1939 年
唐西明之妻	胶南市张家楼镇东马家庄	21	女	1939 年
孟小金	胶南市隐珠街道孟家滩	21	男	1940 年 1 月
张文锡	胶南市滨海街道顾家崖头	—	男	1940 年 2 月
李全坤之女	胶南市	4	女	1940 年 2 月
张德宽	胶南市滨海街道顾家崖头	42	男	1940 年 2 月
苏京臣	胶南市隐珠街道东山村	25	男	1940 年 3 月
代进元	胶南市王台镇山柴	31	男	1940 年 5 月 10 日
王茂甲	胶南市张家楼镇王家洼子	37	男	1940 年 6 月 24 日
王保积	胶南市张家楼镇王家洼子	47	男	1940 年 6 月 27 日

姓　名	籍　贯	年　龄	性　别	死难时间
冯占福	胶南市张家楼镇大山张	28	男	1940 年
唐　东	胶南市灵山卫街道城口子	18	男	1940 年
王振启	胶南市六汪镇王家庄	50	男	1940 年
王玉禄	胶南市六汪镇王家庄	60	男	1940 年
王　样	胶南市六汪镇王家庄	38	男	1940 年
宋芝法	胶南市张家楼镇	38	男	1940 年
孙光前	胶南市张家楼镇	40	男	1940 年
邓守佃	胶南市珠海街道茔子口	25	男	1940 年
贡成合	胶南市珠海街道王家楼	43	男	1940 年
尹　树	胶南市珠海街道王家楼	52	男	1940 年
尹纪付	胶南市珠海街道王家楼	18	男	1940 年
张　美	胶南市珠海街道王家楼	36	男	1940 年
张　杙	胶南市珠海街道王家楼	42	男	1940 年
郭连芳	胶南市隐珠街道东山村	45	男	1940 年
陈文网	胶南市灵山卫街道毛家沟	50	男	1941 年 2 月
肖活郎	胶南市灵山卫街道毛家沟	52	男	1941 年 2 月
王福昌之女	胶南市滨海街道石板河	3	女	1941 年 2 月
高四友	胶南市滨海街道南小庄	37	男	1941 年 2 月 2 日
高四清	胶南市滨海街道南小庄	37	男	1941 年 2 月 2 日
王进秋	胶南市滨海街道渔池	32	男	1941 年 2 月 2 日
高振青	胶南市滨海街道宅科	65	男	1941 年 2 月 2 日
高春一	胶南市滨海街道宅科	42	男	1941 年 2 月 2 日
高振朋	胶南市滨海街道宅科	50	男	1941 年 2 月 2 日
刘金先	胶南市滨海街道阡上	49	男	1941 年 3 月
纪子林	胶南市滨海街道阡上	43	男	1941 年 3 月
张　锡	胶南市滨海街道石甲	47	男	1941 年 3 月
姜仪环	胶南市滨海街道石甲	—	男	1941 年 3 月
王连福	胶南市隐珠街道大庄	23	男	1941 年 3 月
薛和法	胶南市隐珠街道尹家大庄	26	男	1941 年 3 月
王永臣	胶南市隐珠街道大庄	26	男	1941 年 4 月
马衬科	胶南市滨海街道刘家村	53	男	1941 年 5 月
段西秋	胶南市滨海街道刘家村	50	男	1941 年 5 月
段永成	胶南市滨海街道刘家村	45	男	1941 年 5 月
张法砚	胶南市滨海街道刘家村	54	男	1941 年 5 月

姓 名	籍 贯	年 龄	性 别	死难时间
单文兹	胶南市滨海街道柤杭	35	男	1941 年 5 月
刘存台	胶南市滨海街道柤杭	19	男	1941 年 5 月
徐法增	胶南市滨海街道柤杭	45	男	1941 年 5 月
崔锡信	胶南市滨海街道小马家庄	45	男	1941 年 5 月
马福敁	胶南市滨海街道小马家庄	55	男	1941 年 5 月
杨月升	胶南市隐珠街道尹家大庄	32	男	1941 年 5 月
逄焕张	胶南市滨海街道大辛庄	45	男	1941 年 6 月
徐长善	胶南市滨海街道大辛庄	40	男	1941 年 6 月
徐长善之母	胶南市滨海街道大辛庄	—	女	1941 年 6 月
姜芸章	胶南市滨海街道大辛庄	—	男	1941 年 6 月
陈 海	胶南市滨海街道大辛庄	55	男	1941 年 6 月
姜高氏	胶南市滨海街道大辛庄	35	女	1941 年 6 月
王本喜	胶南市滨海街道大辛庄	50	男	1941 年 6 月
徐柱早	胶南市滨海街道大辛庄	45	男	1941 年 6 月
徐德法	胶南市滨海街道大辛庄	35	男	1941 年 6 月
徐同公	胶南市滨海街道大辛庄	55	男	1941 年 6 月
马福叶	胶南市张家楼镇北马家庄	51	男	1941 年 6 月
张玉柱	胶南市张家楼镇小泥沟头	38	男	1941 年 6 月
刘德棋	胶南市张家楼镇小泥沟头	52	男	1941 年 6 月
赵洪彬之子	胶南市张家楼镇小泥沟头	18	男	1941 年 6 月
徐洪彩	胶南市张家楼镇小泥沟头	45	男	1941 年 6 月
王德恭	胶南市张家楼镇小泥沟头	44	男	1941 年 6 月
王介林	胶南市张家楼镇小泥沟头	—	男	1941 年 6 月
赵大学	胶南市隐珠街道赵家河	50	男	1941 年 8 月
薛 一	胶南市灵山卫街道	53	男	1941 年 10 月
王 有	胶南市珠海街道祝家庄	55	男	1941 年 11 月
王忠树	胶南市隐珠街道尹家大庄	26	男	1941 年 11 月
徐增岗	胶南市滨海街道高峪	54	男	1941 年
管日让	胶南市滨海街道高峪	48	男	1941 年
郭盛亭	胶南市滨海街道高峪	46	男	1941 年
吕长春	胶南市滨海街道高峪	—	男	1941 年
单相保	胶南市滨海街道高峪	35	男	1941 年
黄凤仁之子	胶南市滨海街道高峪	32	男	1941 年
徐小谦	胶南市滨海街道高峪	25	男	1941 年

姓 名	籍 贯	年 龄	性 别	死难时间
许玉江	胶南市珠海街道安子沟	—	男	1941年
许玉彬	胶南市珠海街道安子沟	—	男	1941年
张辉瑞	胶南市珠海街道大溧水	24	男	1941年
姜同海	胶南市张家楼镇西石岭	45	男	1941年
姜生秀	胶南市张家楼镇西石岭	22	男	1941年
张世金	胶南市张家楼镇西石岭	34	男	1941年
张号积	胶南市张家楼镇西石岭	19	男	1941年
张炎时	胶南市张家楼镇西石岭	46	男	1941年
孙保林	胶南市张家楼镇西石岭	—	男	1941年
孙　太	胶南市张家楼镇西石岭	25	男	1941年
张法楼	胶南市张家楼镇西石岭	—	男	1941年
张世启	胶南市张家楼镇西石岭	50	男	1941年
张世聚	胶南市张家楼镇西石岭	26	男	1941年
张洪钦	胶南市张家楼镇西石岭	30	男	1941年
张好元	胶南市张家楼镇西石岭	33	男	1941年
李德法	胶南市张家楼镇土山屯	31	男	1941年
王顺善	胶南市张家楼镇土山屯	—	男	1941年
芦成法	胶南市张家楼镇土山屯	58	男	1941年
张还时	胶南市张家楼镇张家楼	42	男	1941年
张还温	胶南市张家楼镇张家楼	28	男	1941年
王升春	胶南市张家楼镇张家楼	—	男	1941年
张法年	胶南市张家楼镇张家楼	29	男	1941年
张法林	胶南市张家楼镇张家楼	56	男	1941年
张法仕	胶南市张家楼镇张家楼	23	男	1941年
张还财	胶南市张家楼镇张家楼	24	男	1941年
侯方文	胶南市灵山卫街道灵山卫东街	—	男	1941年
薛永军	胶南市灵山卫街道大楼	—	男	1941年
徐任超	胶南市滨海街道东古镇营	59	男	1942年2月1日
王贻增	胶南市张家楼镇王家洼子	28	男	1942年2月
张奎栋	胶南市	40	男	1942年3月12日
张树林	胶南市	35	男	1942年3月18日
于德江	胶南市铁山街道东南崖	56	男	1942年4月9日
徐守林	胶南市滨海街道东古镇营	63	男	1942年4月16日
徐恒荟	胶南市滨海街道东古镇营	54	男	1942年4月21日

姓　名	籍　贯	年　龄	性　别	死难时间
陈　田	胶南市隐珠街道郭家河岩	—	男	1942 年 4 月 29 日
张焕智	胶南市琅琊镇安子	43	男	1942 年 5 月
陈　福	胶南市隐珠街道郭家河岩	—	男	1942 年 5 月 28 日
张焕积	胶南市琅琊镇安子	37	男	1942 年 6 月
李茂钦	胶南市六汪镇下河山	60	男	1942 年 6 月
杨增树	胶南市灵山卫街道窝洛子	18	男	1942 年 6 月 14 日
徐喜荟	胶南市滨海街道东古镇营	19	男	1942 年 6 月 22 日
逄焕林	胶南市滨海街道黄石坎	20	男	1942 年 7 月
于怀存	胶南市滨海街道东古镇营	26	男	1942 年 7 月
段洪顺	胶南市隐珠街道郭家河岩	—	男	1942 年 7 月 4 日
徐敬荟	胶南市滨海街道东古镇营	24	男	1942 年 8 月 1 日
于清荟	胶南市滨海街道东古镇营	45	男	1942 年 8 月
隋和昌	胶南市隐珠街道郭家河岩	—	男	1942 年 8 月 5 日
徐贞荟	胶南市滨海街道东古镇营	24	男	1942 年 8 月 6 日
朱振考	胶南市张家楼镇朱家屯	38	男	1942 年 8 月 20 日
张章伦之母	胶南市张家楼镇大山张	45	女	1942 年 8 月 26 日
王洪喜	胶南市隐珠街道郭家河岩	—	男	1942 年 9 月 14 日
陈培祯	胶南市隐珠街道辛屯	50	男	1942 年 10 月
陈还子	胶南市隐珠街道郭家河岩	—	女	1942 年 10 月 6 日
冯振让	胶南市隐珠街道石嘴子	50	男	1942 年 11 月
冯济起	胶南市隐珠街道石嘴子	17	男	1942 年 11 月
徐保锡	胶南市珠海街道小溧水	42	男	1942 年 11 月 8 日
徐风春	胶南市滨海街道东古镇营	30	男	1942 年
王祥云	胶南市泊里镇子良山后	22	男	1942 年
王亮思	胶南市泊里镇子良山后	22	男	1942 年
王宗希	胶南市泊里镇子良山后	22	男	1942 年
周长海	胶南市泊里镇子良山后	22	男	1942 年
彭进田	胶南市泊里镇	24	男	1942 年
王茂生	胶南市张家楼镇王家洼子	46	男	1942 年
冯太强	胶南市隐珠街道陈家庄	34	男	1942 年
吴际春	胶南市隐珠街道陈家庄	45	男	1942 年
刘福全	胶南市隐珠街道水城	56	男	1942 年
刘云连	胶南市隐珠街道水城	54	男	1942 年
冯太常	胶南市隐珠街道水城	37	男	1942 年

姓　名	籍　贯	年　龄	性　别	死难时间
刘立善	胶南市隐珠街道水城	26	男	1942 年
冯尚聚	胶南市隐珠街道水城	47	男	1942 年
王洪赞	胶南市隐珠街道王家林	54	男	1942 年
闫宝仁	胶南市隐珠街道阎家屋子	42	男	1942 年
闫小富	胶南市隐珠街道阎家屋子	19	男	1942 年
王瑞珍	胶南市隐珠街道郑家河岩	36	男	1942 年
王　岭	胶南市隐珠街道郑家河岩	38	男	1942 年
程效积	胶南市灵山卫街道东赵家庄	—	男	1942 年
程效九	胶南市灵山卫街道东赵家庄	—	男	1942 年
苏劳概	胶南市灵山卫街道东赵家庄	—	男	1942 年
苏风顺	胶南市灵山卫街道东赵家庄	—	男	1942 年
吴敬业	胶南市灵山卫街道东赵家庄	—	男	1942 年
陈济生	胶南市灵山卫街道东赵家庄	—	男	1942 年
陈济业	胶南市灵山卫街道东赵家庄	—	男	1942 年
赵金善	胶南市灵山卫街道东赵家庄	—	男	1942 年
赵金海	胶南市灵山卫街道东赵家庄	—	男	1942 年
万清太	胶南市灵山卫街道东赵家庄	—	男	1942 年
张研贵	胶南市张家楼镇河头	45	男	1943 年 1 月 12 日
刘金福	胶南市隐珠街道陡崖子	41	男	1943 年 1 月 21 日
朱贵宗	胶南市六汪镇朱家沟	37	男	1943 年 4 月 30 日
张叔珍	胶南市张家楼镇北马家庄	30	男	1943 年 5 月
刘为尊	胶南市珠山街道辛庄	29	男	1943 年 6 月 14 日
陈宝叶	胶南市灵山卫街道灵山卫南门里	35	男	1943 年 7 月 1 日
张桂礼	胶南市张家楼镇北马家庄	66	男	1943 年 7 月 6 日
李喜伦	胶南市隐珠街道黄山屯	—	男	1943 年 8 月
王道成	胶南市隐珠街道黄山屯	48	男	1943 年 8 月
殷洪升	胶南市隐珠街道黄山屯	59	男	1943 年 8 月
王农山	胶南市隐珠街道姜家洼子	51	男	1943 年 8 月
姜清云	胶南市隐珠街道李家洼子	52	男	1943 年 8 月
殷瑞三	胶南市隐珠街道黄山屯	45	男	1943 年 8 月
庄金帮	胶南市海青镇赵家庄	70	男	1943 年 10 月
马茂兰之母	胶南市张家楼镇北马家庄	76	女	1943 年 10 月
张宝珍	胶南市灵山卫街道蔡家庄	—	男	1943 年
王连科	胶南市灵山卫街道蔡家庄	—	男	1943 年

姓 名	籍 贯	年 龄	性 别	死难时间
王刘氏	胶南市宝山镇王家小庄	32	女	1944 年 4 月 8 日
韩西坤	胶南市王台镇徐村	31	男	1944 年 4 月 16 日
王风法之母	胶南市隐珠街道王家林	45	女	1944 年 5 月 24 日
周沛还	胶南市泊里镇菜园	50	男	1944 年 8 月
张宗皆之妻	胶南市张家楼镇大山张	48	女	1944 年 10 月
沈景文	胶南市灵山卫街道灵山卫北门里	—	男	1944 年
王泽淑	胶南市灵山卫街道北门里村	—	男	1944 年
樊俊禄	胶南市珠海街道肖家庄	20	男	1944 年
刘茂春	胶南市珠山街道辛庄	38	男	1945 年 4 月 11 日
丁书田	胶南市泊里镇	32	男	1945 年 4 月 15 日
刘金科	胶南市隐珠街道陡崖子	45	男	1945 年 6 月 1 日
刘茂春之子	胶南市珠山街道辛庄	3	男	1945 年 6 月 12 日
姜云启	胶南市王台镇东草夼	39	男	1945 年 6 月 15 日
陈保业	胶南市灵山卫街道灵山卫南街	40	男	1945 年 7 月
胡光芳	胶南市灵山卫街道李家村	40	男	1945 年
合 计	**862**			

责任人：王 军 刘洪亮　核实人：刘洪亮 杜银远 吕海燕 王华奎　填表人：杜银远
填报单位（签章）：胶南市委党史研究室　　　　　　　　　填报时间：2009 年 4 月 21 日

莱西市抗日战争时期死难者名录

姓 名	籍 贯	年 龄	性 别	死难时间
褚光堂	莱西市夏格庄镇官庄村	24	男	1938 年 2 月
于瑞一	莱西市店埠镇东庄头村	52	男	1938 年 3 月 17 日
于求一	莱西市店埠镇东庄头村	46	男	1938 年 3 月 17 日
于永大	莱西市店埠镇东庄头村	37	男	1938 年 3 月 17 日
于克瑶	莱西市店埠镇东庄头村	28	男	1938 年 3 月 17 日
于克风	莱西市店埠镇东庄头村	35	男	1938 年 3 月 17 日
葛友田	莱西市店埠镇庄子村	43	男	1938 年 3 月 17 日
于吾一	莱西市店埠镇东庄头村	32	男	1938 年 3 月 17 日
于永平	莱西市店埠镇东庄头村	48	男	1938 年 3 月 17 日
王葆忱	莱西市院上镇花园头村	58	男	1938 年 3 月 17 日
王岳西	莱西市院上镇花园头村	30	男	1938 年 3 月 17 日
王金彩	莱西市院上镇花园头村	58	男	1938 年 3 月 17 日
王 坐	莱西市院上镇花园头村	7	男	1938 年 3 月 17 日
王金戈	莱西市院上镇花园头村	62	男	1938 年 3 月 17 日
王炳政	莱西市院上镇花园头村	15	男	1938 年 3 月 17 日
王金法	莱西市院上镇花园头村	70	男	1938 年 3 月 17 日
王 钟	莱西市院上镇花园头村	68	男	1938 年 3 月 17 日
王任氏	莱西市院上镇花园头村	55	女	1938 年 3 月 17 日
王海全	莱西市院上镇花园头村	60	男	1938 年 3 月 17 日
王继臣	莱西市院上镇花园头村	40	男	1938 年 3 月 17 日
王维寿	莱西市院上镇花园头村	42	男	1938 年 3 月 17 日
王朴才	莱西市院上镇花园头村	58	男	1938 年 3 月 17 日
王维锋	莱西市院上镇花园头村	45	男	1938 年 3 月 17 日
王维屏	莱西市院上镇花园头村	43	男	1938 年 3 月 17 日
王维翰	莱西市院上镇花园头村	41	男	1938 年 3 月 17 日
王咸恒	莱西市院上镇花园头村	80	男	1938 年 3 月 17 日
王清美	莱西市院上镇花园头村	54	男	1938 年 3 月 17 日
王于氏	莱西市院上镇花园头村	78	女	1938 年 3 月 17 日
王清文	莱西市院上镇花园头村	56	男	1938 年 3 月 17 日
王淑杰	莱西市院上镇花园头村	40	男	1938 年 3 月 17 日
王李氏	莱西市院上镇花园头村	29	女	1938 年 3 月 17 日

姓 名	籍 贯	年 龄	性 别	死难时间
王金榜	莱西市院上镇花园头村	78	男	1938 年 3 月 17 日
王树声	莱西市院上镇花园头村	32	男	1938 年 3 月 17 日
王培勋	莱西市院上镇花园头村	25	男	1938 年 3 月 17 日
王海山	莱西市院上镇花园头村	42	男	1938 年 3 月 17 日
王海同	莱西市院上镇花园头村	45	男	1938 年 3 月 17 日
王金俊	莱西市院上镇花园头村	53	男	1938 年 3 月 17 日
王金阙	莱西市院上镇花园头村	71	男	1938 年 3 月 17 日
王炳彦	莱西市院上镇花园头村	32	男	1938 年 3 月 17 日
王钦法	莱西市院上镇花园头村	65	男	1938 年 3 月 17 日
王照桂	莱西市院上镇花园头村	30	男	1938 年 3 月 17 日
王周氏	莱西市院上镇花园头村	40	女	1938 年 3 月 17 日
王同春	莱西市院上镇花园头村	30	男	1938 年 3 月 17 日
王文彬	莱西市院上镇花园头村	8	男	1938 年 3 月 17 日
王张氏	莱西市院上镇花园头村	32	女	1938 年 3 月 17 日
王崔氏	莱西市院上镇花园头村	28	女	1938 年 3 月 17 日
王任氏	莱西市院上镇花园头村	34	女	1938 年 3 月 17 日
王周氏	莱西市院上镇花园头村	34	女	1938 年 3 月 17 日
王海宗	莱西市院上镇花园头村	70	男	1938 年 3 月 17 日
王海岳	莱西市院上镇花园头村	25	男	1938 年 3 月 17 日
王海峰	莱西市院上镇花园头村	26	男	1938 年 3 月 17 日
王清兰	莱西市院上镇花园头村	45	男	1938 年 3 月 17 日
王官增	莱西市院上镇花园头村	36	男	1938 年 3 月 17 日
王思谣	莱西市院上镇花园头村	30	男	1938 年 3 月 17 日
王于氏	莱西市院上镇花园头村	55	女	1938 年 3 月 17 日
王枝华	莱西市院上镇花园头村	30	男	1938 年 3 月 17 日
王淑冬	莱西市院上镇花园头村	34	男	1938 年 3 月 17 日
王李氏	莱西市院上镇花园头村	38	女	1938 年 3 月 17 日
王雪玉	莱西市院上镇花园头村	3	女	1938 年 3 月 17 日
王蝉玉	莱西市院上镇花园头村	4	女	1938 年 3 月 17 日
王诼玉	莱西市院上镇花园头村	3	男	1938 年 3 月 17 日
王昆玉	莱西市院上镇花园头村	3	男	1938 年 3 月 17 日
王海屿	莱西市院上镇花园头村	22	男	1938 年 3 月 17 日
王言彬	莱西市院上镇花园头村	25	男	1938 年 3 月 17 日
王文斋	莱西市院上镇花园头村	9	男	1938 年 3 月 17 日

姓　名	籍　贯	年龄	性别	死难时间
王德明	莱西市院上镇花园头村	32	男	1938 年 3 月 17 日
王金藏	莱西市院上镇花园头村	70	男	1938 年 3 月 17 日
崔姜氏	莱西市院上镇花园头村	35	女	1938 年 3 月 17 日
刘昌氏	莱西市院上镇花园头村	37	女	1938 年 3 月 17 日
于宝氏	莱西市院上镇花园头村	40	女	1938 年 3 月 17 日
于张氏	莱西市院上镇花园头村	38	女	1938 年 3 月 17 日
魏贤修	莱西市院上镇花园头村	37	男	1938 年 3 月 17 日
刘先圣	莱西市院上镇花园头村	36	男	1938 年 3 月 17 日
于硕一	莱西市院上镇花园头村	34	男	1938 年 3 月 17 日
张李氏	莱西市院上镇花园头村	40	女	1938 年 3 月 17 日
柳玉丰	莱西市武备镇毛家埠村	55	男	1938 年 6 月 10 日
张　氏	莱西市武备镇毛家埠村	46	女	1938 年 6 月 10 日
小　推	莱西市武备镇毛家埠村	17	女	1938 年 6 月 10 日
孙丰全	莱西市李权庄镇埠西村	29	男	1938 年 6 月 19 日
赵可礼	莱西市南墅镇萌山村	35	男	1938 年 6 月
李曰海	莱西市马连庄镇小台子村	37	男	1938 年 6 月
王文玉	莱西市望城街道后塔村	30	男	1938 年 9 月 10 日
张介廷	莱西市店埠镇李家横岭村	21	男	1938 年 9 月
宝	莱西市南墅镇萌山村	14	男	1938 年 9 月
刘凤起	莱西市日庄镇大埠阴村	19	男	1938 年 10 月
秦建本	莱西市院上镇葛家庄村	23	男	1938 年
张换文	莱西市开发区房家疃村	39	男	1938 年
李泮芝	莱西市开发区房家疃村	39	男	1938 年
倪成先	莱西市开发区后周村	31	男	1938 年
王深盛	莱西市孙受镇中赵村	22	男	1938 年
张世福	莱西市夏格庄镇夏二村	70	男	1938 年
刘　氏	莱西市夏格庄镇夏二村	72	女	1938 年
王　顺	莱西市夏格庄镇夏四村	35	男	1938 年
于成子	莱西市夏格庄镇夏四村	40	男	1938 年
王　氏	莱西市夏格庄镇夏四村	55	女	1938 年
孙　氏	莱西市夏格庄镇宫城村	30	女	1938 年
位永齐	莱西市夏格庄镇东位村	25	男	1938 年
位　氏	莱西市夏格庄镇东位村	50	女	1938 年
张俊栓	莱西市夏格庄镇东位村	—	男	1938 年

姓 名	籍 贯	年 龄	性 别	死难时间
吕维选	莱西市夏格庄镇西双村	—	男	1938 年
张林同	莱西市夏格庄镇西双村	—	男	1938 年
张中伦	莱西市夏格庄镇西双村	—	男	1938 年
张中航	莱西市夏格庄镇西双村	—	男	1938 年
张俊柏	莱西市夏格庄镇西双村	—	男	1938 年
张中恩	莱西市夏格庄镇西双村	—	男	1938 年
赵吉志	莱西市夏格庄镇渭田村	—	男	1938 年
李和尚	莱西市夏格庄镇渭田村	—	男	1938 年
陈 锡	莱西市夏格庄镇渭田村	—	男	1938 年
张中喜	莱西市夏格庄镇宫城村	30	男	1938 年
张代良	莱西市夏格庄镇东双村	—	男	1938 年
胡乃盛	莱西市水集街道胡家村	22	男	1938 年
李日新	莱西市马连庄镇格达村	18	男	1938 年
徐庆锡	莱西市马连庄镇朱耩村	25	男	1938 年
姜建成	莱西市马连庄镇管家屯村	53	男	1938 年
田文春	莱西市马连庄镇田家村	25	男	1938 年
丁凤信	莱西市日庄镇河北夼村	26	男	1938 年
高永本	莱西市日庄镇芽儿场村	24	男	1938 年
姜 顺	莱西市日庄镇后山珍村	39	男	1938 年
张俊琅	莱西市夏格庄镇东双村	—	男	1938 年
张咸洋	莱西市夏格庄镇东双村	—	男	1938 年
张咸香	莱西市夏格庄镇东双村	—	男	1938 年
于在恩	莱西市马连庄镇上柳连庄村	19	男	1939 年 2 月
戴进春	莱西市马连庄镇戴家院村	30	男	1939 年 3 月
郑 义	莱西市马连庄镇郑家下夼村	27	男	1939 年 3 月
王顺治之祖父	莱西市姜山镇姜山一村二村	70	男	1939 年 4 月 3 日
王顺治之叔	莱西市姜山镇姜山一村二村	50	男	1939 年 4 月 3 日
王富臣	莱西市李权庄镇西三都河村	28	男	1939 年 4 月 16 日
李九令	莱西市姜山镇姜山二村	16	男	1939 年 4 月 25 日
哑 巴	莱西市姜山镇姜山三村	15	男	1939 年 4 月 25 日
张中琰	莱西市姜山镇姜山四村	55	男	1939 年 4 月 25 日
张苏氏	莱西市姜山镇姜山四村	75	女	1939 年 4 月 25 日
张式鲁	莱西市姜山镇姜山四村	28	男	1939 年 4 月 25 日
张苏氏	莱西市姜山镇姜山四村	30	女	1939 年 4 月 25 日

姓　名	籍　贯	年龄	性别	死难时间
杜小欣	莱西市姜山镇姜山四村	20	男	1939 年 4 月 25 日
苏竹秋	莱西市姜山镇姜山四村	18	男	1939 年 4 月 25 日
苏香朴	莱西市姜山镇姜山五村	62	男	1939 年 4 月 25 日
苏李氏	莱西市姜山镇姜山五村	60	女	1939 年 4 月 25 日
苏　科	莱西市姜山镇姜山五村	41	男	1939 年 4 月 25 日
苏国军	莱西市姜山镇姜山五村	52	男	1939 年 4 月 25 日
李魏氏	莱西市姜山镇岭前村	37	女	1939 年 4 月 26 日
宫盛基	莱西市姜山镇泽口集村	18	男	1939 年 4 月 26 日
徐培木之母	莱西市姜山后庞家岚村	70	女	1939 年 4 月 26 日
张温先	莱西市姜山镇解家泽口村	40	男	1939 年 4 月 26 日
李宝相	莱西市姜山镇李家泽口村	42	男	1939 年 4 月 26 日
宫钦河之妻	莱西市姜山镇宫家泽口村	24	女	1939 年 4 月 26 日
张为玉	莱西市夏格庄镇张家疃村	23	男	1939 年 4 月
王　氏	莱西市李权庄镇蒲湾岭村	45	女	1939 年 5 月 11 日
小　叶	莱西市李权庄镇蒲湾岭村	5	女	1939 年 5 月 11 日
小　苏	莱西市李权庄镇蒲湾岭村	8	女	1939 年 5 月 11 日
王宋氏	莱西市李权庄镇蒲湾岭村	40	女	1939 年 5 月 11 日
王强嫚	莱西市李权庄镇蒲湾岭村	10	女	1939 年 5 月 11 日
王　洪	莱西市李权庄镇蒲湾岭村	48	男	1939 年 5 月 11 日
于永绍	莱西市店埠镇天井山村	25	男	1939 年 5 月
于永言	莱西市店埠镇天井山村	29	男	1939 年 9 月
王桂明之祖父	莱西市日庄镇寨里村	35	男	1939 年 10 月 21 日
王展华之母	莱西市日庄镇寨里村	30	女	1939 年 10 月 21 日
李小妹	莱西市河头店镇李家泊子村	8	女	1939 年 10 月
孙太之母	莱西市河头店镇东大寨村	32	女	1939 年 10 月
孙　马	莱西市河头店镇东大寨村	6	男	1939 年 10 月
孙小嫚	莱西市河头店镇东大寨村	1	女	1939 年 10 月
鞠文平	莱西市日庄镇小埠阴村	12	男	1939 年 10 月
王大雨	莱西市河头店镇王家泊子村	9	男	1939 年 11 月
王丙志	莱西市河头店镇王家泊子村	6	男	1939 年 11 月
邹世官	莱西市马连庄镇咸家屯村	22	男	1939 年 11 月
于　海	莱西市日庄镇大埠阴村	14	男	1939 年 11 月
于永坤	莱西市店埠镇西庄头村	23	男	1939 年
张中邦	莱西市夏格庄镇张家疃村	22	男	1939 年

姓 名	籍 贯	年龄	性别	死难时间
郑田立	莱西市南墅镇教书庄村	19	男	1939 年
刘玉卿	莱西市南墅镇唐家村	33	男	1939 年
赵庶香	莱西市南墅镇东馆村	22	男	1939 年
丁寿云	莱西市日庄镇河北夼村	—	男	1939 年
龚吉祥	莱西市日庄镇大埠阴村	30	男	1939 年
胡义光	莱西市日庄镇胡家都村	30	男	1939 年
刘桂喜	莱西市日庄镇鲍格庄村	—	男	1939 年
刘国庆	莱西市日庄镇鲍格庄村	—	男	1939 年
田文松	莱西市马连庄镇田家村	35	男	1939 年
田文同	莱西市马连庄镇田家村	41	男	1939 年
田文俭	莱西市马连庄镇田家村	35	男	1939 年
谢殿贵	莱西市马连庄镇彭格庄村	52	男	1939 年
丁凤先	莱西市日庄镇河北夼村	—	男	1939 年
丁世虎	莱西市日庄镇鲍格庄村	—	男	1939 年
邵焕喜	莱西市日庄镇日北村	20	男	1939 年
王廷瑞	莱西市日庄镇东朱毛村	18	男	1939 年
战云珍	莱西市日庄镇后李格庄村	33	男	1939 年
张汉东	莱西市日庄镇榆林庄村	48	男	1939 年
张永瑞	莱西市日庄镇榆林庄村	18	男	1939 年
邹进岗	莱西市日庄镇邹家庄村	32	男	1939 年
张玉华	莱西市沽河街道三教村	30	男	1939 年
李 欣	莱西市开发区前周村	33	男	1939 年
王守诸	莱西市孙受镇蒲湾泊村	19	男	1939 年
庞进武	莱西市马连庄镇孔家村	48	男	1939 年
徐作林	莱西市马连庄镇东军寨村	61	男	1939 年
李树堂	莱西市马连庄镇崔格庄村	22	男	1939 年
董日升	莱西市马连庄镇台上村	29	男	1939 年
张德恒	莱西市马连庄镇仲家村	21	男	1939 年
张忠岱	莱西市马连庄镇张家院村	38	男	1939 年
张忠松	莱西市马连庄镇张家院村	32	男	1939 年
徐从顺	莱西市马连庄镇朱耩村	38	男	1939 年
郭新安	莱西市李权庄镇烧锅庄村	32	男	1940 年 1 月 16 日
刘 善	莱西市马连庄镇河崖村	18	男	1940 年 1 月
任民传	莱西市孙受镇张格庄村	30	男	1940 年 1 月

姓 名	籍 贯	年 龄	性 别	死难时间
郎洪坤	莱西市孙受镇郎家庄村	22	男	1940 年 1 月
王学志	莱西市李权庄镇蒲湾岭村	38	男	1940 年 3 月 13 日
刘云生	莱西市南墅镇西院上村	47	男	1940 年 3 月
王仁翥	莱西市南墅镇董格庄村	27	男	1940 年 3 月
于 氏	莱西市马连庄镇望屋庄村	36	女	1940 年 3 月
赵方绍	莱西市南墅镇东馆村	34	男	1940 年 4 月
刘九思	莱西市南墅镇圈里村	51	男	1940 年 4 月
刘登科	莱西市南墅镇圈里村	28	男	1940 年 4 月
刘恒昌	莱西市马连庄镇河崖村	22	男	1940 年 5 月
庄国瑞	莱西市水集街道任家疃村	36	男	1940 年 5 月
王军光	莱西市院上镇兴隆屯村	29	男	1940 年 5 月
马新骐	莱西市马连庄镇河崖村	20	男	1940 年 5 月
赵恒吉	莱西市马连庄镇河崖村	18	男	1940 年 5 月
解 氏	莱西市姜山镇解家泽口村	32	女	1940 年 6 月
尚克勤	莱西市姜山镇绕岭村	20	男	1940 年 6 月
赵志京	莱西市姜山镇西屯村	30	男	1940 年 6 月
李惠新	莱西市姜山镇大泊村	48	男	1940 年 6 月
栾中太	莱西市姜山镇大泊村	51	男	1940 年 6 月
闫寿庆	莱西市马连庄镇闫家村	43	男	1940 年 6 月
孙振华	莱西市马连庄镇台上村	30	男	1940 年夏
张绍福	莱西市马连庄镇张家院村	34	男	1940 年 7 月
姜书法	莱西市武备镇张家屯村	21	男	1940 年 7 月
苏芝存	莱西市夏格庄镇东曲格庄村	24	男	1940 年 8 月
张敬珂	莱西市南墅镇岳石村	17	男	1940 年 8 月
马文香	莱西市日庄镇刁家沟村	30	男	1940 年 8 月
刘学民	莱西市南墅镇南宋家村	17	男	1940 年 9 月
刘曰高	莱西市马连庄镇河崖村	20	男	1940 年 9 月
于奎元	莱西市马连庄镇望屋庄村	21	男	1940 年 9 月
于希友	莱西市日庄镇大埠阴村	28	男	1940 年 10 月
赵志先	莱西市南墅镇东馆村	26	男	1940 年 10 月
郑云海	莱西市南墅镇下庄村	41	男	1940 年 10 月
张刚令	莱西市南墅镇北墅村	38	男	1940 年 11 月 14 日
张洪翠	莱西市南墅镇北墅村	36	男	1940 年 11 月 14 日
张同喜	莱西市马连庄镇河崖村	25	男	1940 年 11 月

姓 名	籍 贯	年 龄	性 别	死难时间
刘焕春	莱西市马连庄镇河崖村	20	男	1940 年 11 月
王世田	莱西市南墅镇董格庄村	30	男	1940 年 11 月
朱吉欣	莱西市孙受镇徐家庄村	14	男	1940 年 11 月
刘 敏	莱西市马连庄镇河崖村	20	男	1940 年 11 月
刘奎斗	莱西市南墅镇院后村	41	男	1940 年 12 月
李芝春	莱西市马连庄镇李家草泊村	26	男	1940 年 12 月
李 氏	莱西市马连庄镇西军寨村	50	女	1940 年冬
张 氏	莱西市马连庄镇西军寨村	50	女	1940 年冬
赵庶德	莱西市南墅镇东馆村	18	男	1940 年
于敬修	莱西市沽河街道牛溪埠村	19	男	1940 年
崔尚茂	莱西市沽河街道崔家埠村	26	男	1940 年
张振文	莱西市开发区房家疃村	18	男	1940 年
郑芝元	莱西市南墅镇下庄村	19	男	1940 年
郑永注	莱西市南墅镇下庄村	20	男	1940 年
张瑞义	莱西市南墅镇北墅村	41	男	1940 年
孙仁先	莱西市马连庄镇河崖村	40	男	1940 年
杨永生	莱西市马连庄镇上洼子村	23	男	1940 年
臧桂海	莱西市马连庄镇东巨家村	30	男	1940 年
殷利兴	莱西市马连庄镇小屯村	31	男	1940 年
李庆祥	莱西市马连庄镇李家草泊村	31	男	1940 年
咸丰国	莱西市马连庄镇咸家屯村	27	男	1940 年
解元文	莱西市马连庄镇解家沟子村	48	男	1940 年
于文合	莱西市马连庄镇望屋庄村	41	男	1940 年
顾万第	莱西市马连庄镇顾家村	38	男	1940 年
顾成虎	莱西市马连庄镇顾家村	40	男	1940 年
戴德智	莱西市马连庄镇顾家村	35	男	1940 年
李云林	莱西市马连庄镇顾家村	30	男	1940 年
刘石田	莱西市马连庄镇顾家村	28	男	1940 年
顾云松	莱西市马连庄镇顾家村	27	男	1940 年
李桂丹	莱西市马连庄镇崔格庄村	28	男	1940 年
王中悦	莱西市马连庄镇马连庄村	23	男	1940 年
董维修	莱西市马连庄镇马连庄村	21	男	1940 年
徐元喜	莱西市马连庄镇朱耩村	41	男	1940 年
张俊英	莱西市马连庄镇张家院村	28	男	1940 年

姓 名	籍 贯	年 龄	性 别	死难时间
左启元	莱西市马连庄镇西朱崔村	33	男	1940 年
柳建德	莱西市马连庄镇斛斗村	32	男	1940 年
张学林	莱西市马连庄镇张家院村	18	男	1940 年
孟照胜	莱西市马连庄镇孟家下夼村	31	男	1940 年
邹树叶	莱西市马连庄镇北埠后村	31	男	1940 年
徐奎礼	莱西市马连庄镇戴家院村	23	男	1940 年
张德刚	莱西市马连庄镇仲家村	30	男	1940 年
张丕俭	莱西市马连庄镇张家院村	24	男	1940 年
丁丰升	莱西市日庄镇鲍格庄村	32	男	1940 年
丁华云	莱西市日庄镇河北夼村	19	男	1940 年
丁俊卿	莱西市日庄镇河北夼村	—	男	1940 年
丁世贵	莱西市日庄镇河北夼村	—	男	1940 年
高振训	莱西市日庄镇芽儿场村	25	男	1940 年
胡玉俊	莱西市日庄镇河北夼村	—	男	1940 年
胡玉龙	莱西市日庄镇胡家都村	31	男	1940 年
李忠香	莱西市日庄镇堤上村	31	男	1940 年
李佐民	莱西市日庄镇后李格庄村	38	男	1940 年
邵合平	莱西市日庄镇日北村	20	男	1940 年
邵叔廷	莱西市日庄镇日北村	26	男	1940 年
孙会友	莱西市日庄镇东白石山村	—	男	1940 年
李明堂	莱西市南墅镇王家庄村	32	男	1940 年
姜 胜	莱西市南墅镇庞家庄村	36	男	1940 年
刘永修	莱西市南墅镇南墅村	22	男	1940 年
李兆初	莱西市望城街道辛庄村	36	男	1940 年
赵文先	莱西市南墅镇石庙村	20	男	1941 年 1 月
赵庶香之父	莱西市南墅镇萌山村	60	男	1941 年 1 月
于孟开	莱西市马连庄镇望屋庄村	36	男	1941 年 1 月
葛树善	莱西市马连庄镇郑格庄村	38	男	1941 年 1 月
刘曰宽	莱西市马连庄镇河崖村	27	男	1941 年 2 月
张显文	莱西市马连庄镇张家院村	30	男	1941 年 2 月
任中全	莱西市马连庄镇垛山前村	30	男	1941 年 2 月
战有涛	莱西市马连庄镇郭宝庄村	36	男	1941 年 2 月
杨吉先	莱西市日庄镇王徐庄村	24	男	1941 年 2 月
赵德恩	莱西市南墅镇萌山村	31	男	1941 年 2 月

姓　名	籍　贯	年　龄	性　别	死难时间
王永成	莱西市南墅镇小埠村	20	男	1941 年 2 月
赵庶智	莱西市南墅镇建新村	19	男	1941 年 3 月
赵学绩	莱西市南墅镇东馆村	29	男	1941 年 3 月
任中俊	莱西市孙受镇任家庄村	49	男	1941 年 3 月
任德山	莱西市孙受镇任家庄村	28	男	1941 年 3 月
邹世传	莱西市马连庄镇北埠后村	31	男	1941 年 3 月
于喜荣	莱西市马连庄镇上柳连庄村	42	男	1941 年 3 月
张太奎	莱西市马连庄镇张家院村	35	男	1941 年 4 月
马廷贤	莱西市店埠镇前由格庄村	24	男	1941 年 4 月
郝显庆	莱西市孙受镇任家庄村	70	男	1941 年 5 月
董振升	莱西市马连庄镇彭格庄村	24	男	1941 年 5 月
呼元斋	莱西市南墅镇西泥牛庄村	27	男	1941 年 5 月
胡财光	莱西市水集街道西爻村	19	男	1941 年 6 月
战春山	莱西市马连庄镇王家草泊村	28	男	1941 年 6 月
高义仁	莱西市马连庄镇高家草泊村	40	男	1941 年 6 月
高德臣	莱西市马连庄镇高家草泊村	18	男	1941 年 6 月
乔安善	莱西市马连庄镇乔家草泊村	30	男	1941 年 6 月
高仁山	莱西市马连庄镇高家草泊村	18	男	1941 年 6 月
李福财	莱西市南墅镇向阳村	32	男	1941 年 7 月
李思齐	莱西市武备镇了房村	45	男	1941 年 7 月
褚为堂	莱西市夏格庄镇官庄村	31	男	1941 年 8 月
刘成仙	莱西市院上镇西老庄村	31	男	1941 年 8 月
郑吉财	莱西市南墅镇下庄村	48	男	1941 年 9 月
王仁家	莱西市姜山镇东岭后村	21	男	1941 年 9 月
李云庆	莱西市南墅镇后石头山村	32	男	1941 年
王仁喜	莱西市南墅镇董格庄村	40	男	1941 年
赵风祥	莱西市南墅镇董格庄村	23	男	1941 年
郑保训	莱西市南墅镇董格庄村	43	男	1941 年
郑保进	莱西市南墅镇董格庄村	38	男	1941 年
刘奎兴	莱西市南墅镇东院上村	34	男	1941 年
王炳尧	莱西市院上镇兴隆屯村	31	男	1941 年
王泮林	莱西市院上镇兴隆屯村	34	男	1941 年
王太兴	莱西市院上镇兴隆屯村	46	男	1941 年
王继书	莱西市孙受镇蒲湾泊村	23	男	1941 年

姓　名	籍　贯	年　龄	性　别	死难时间
程元芳	莱西市南墅镇业家庄村	31	男	1941 年
郑可家	莱西市南墅镇教书庄村	21	男	1941 年
张永茂	莱西市日庄镇榆林庄村	42	男	1941 年
赵焕春	莱西市日庄镇瓦庄村	—	男	1941 年
邹同喜	莱西市日庄镇邹家庄村	32	男	1941 年
全日奎	莱西市姜山镇全家岭村	25	男	1941 年
郑化功	莱西市南墅镇教书庄村	24	男	1941 年
张洪禄	莱西市南墅镇北墅村	39	男	1941 年
郑　氏	莱西市南墅镇远西庄村	21	女	1941 年
胡玉信	莱西市水集街道茂芝场村	23	男	1941 年
刘曰顺	莱西市马连庄镇河崖村	21	男	1941 年
徐吉堂	莱西市马连庄镇下洼子村	34	男	1941 年
殷文成	莱西市马连庄镇小屯村	24	男	1941 年
王　谦	莱西市马连庄镇王家草泊村	30	男	1941 年
李　光	莱西市马连庄镇李家草泊村	32	男	1941 年
李俊君	莱西市马连庄镇李家草泊村	22	男	1941 年
李兰香	莱西市马连庄镇李家草泊村	21	男	1941 年
隋　芝	莱西市马连庄镇咸家屯村	23	男	1941 年
唐元臣	莱西市马连庄镇解家沟子村	22	男	1941 年
唐学福	莱西市马连庄镇解家沟子村	38	男	1941 年
李文有	莱西市马连庄镇展家村	27	男	1941 年
郭清鼎	莱西市马连庄镇顾家村	29	男	1941 年
郭银鼎	莱西市马连庄镇顾家村	24	男	1941 年
顾可信	莱西市马连庄镇顾家村	27	男	1941 年
张新民	莱西市马连庄镇顾家村	24	男	1941 年
顾金业	莱西市马连庄镇顾家村	38	男	1941 年
李福香	莱西市马连庄镇崔格庄村	23	男	1941 年
李桂茂	莱西市马连庄镇崔格庄村	29	男	1941 年
王守谦	莱西市马连庄镇崔格庄村	32	男	1941 年
李悦公	莱西市马连庄镇崔格庄村	22	男	1941 年
王岐春	莱西市马连庄镇仲格庄村	25	男	1941 年
赵守芳	莱西市马连庄镇山北头村	33	女	1941 年
张世珍	莱西市马连庄镇郑格庄村	16	男	1941 年
张敬新	莱西市马连庄镇下疃村	35	男	1941 年

姓 名	籍 贯	年 龄	性 别	死难时间
张振忠	莱西市马连庄镇下疃村	32	男	1941 年
姜培东	莱西市马连庄镇鲁格庄村	23	男	1941 年
刘洪一	莱西市马连庄镇孙家洼村	20	男	1941 年
赵 华	莱西市马连庄镇斛斗村	34	男	1941 年
刘玉贵	莱西市马连庄镇孙家洼村	25	男	1941 年
于起恩	莱西市马连庄镇上柳连庄村	34	男	1941 年
田文友	莱西市马连庄镇田家村	40	男	1941 年
田文尧	莱西市马连庄镇田家村	52	男	1941 年
李德珍	莱西市马连庄镇田家村	36	女	1941 年
邹振太	莱西市马连庄镇北埠后村	28	男	1941 年
张德瑞	莱西市马连庄镇仲家村	23	男	1941 年
王德和	莱西市马连庄镇下洼子村	38	男	1941 年
徐洪章	莱西市马连庄镇下洼子村	45	男	1941 年
徐吉庆	莱西市马连庄镇下洼子村	37	男	1941 年
徐吉令	莱西市马连庄镇下洼子村	36	男	1941 年
陈福明	莱西市日庄镇河北夼村	—	男	1941 年
丁春庆	莱西市日庄镇河北夼村	—	男	1941 年
丁云庆	莱西市日庄镇河北夼村	—	男	1941 年
高洪彬	莱西市日庄镇芽儿场村	26	男	1941 年
胡玉才	莱西市日庄镇胡家都村	29	男	1941 年
贾 爱	莱西市日庄镇车格庄村	—	男	1941 年
李恒春	莱西市日庄镇后李格庄村	24	男	1941 年
李文江	莱西市日庄镇西朱毛村	—	男	1941 年
刘德新	莱西市日庄镇鲍格庄村	—	男	1941 年
刘绍江	莱西市日庄镇大埠阴村	31	男	1941 年
栾凤亭	莱西市日庄镇东朱毛村	27	男	1941 年
孟岁檩	莱西市日庄镇榆林庄村	18	女	1941 年
孙宝合	莱西市日庄镇东白石山村	—	男	1941 年
孙会贤	莱西市日庄镇东白石山村	—	男	1941 年
王福增	莱西市日庄镇瓦庄村	—	男	1941 年
王金成	莱西市日庄镇院里村	20	男	1941 年
王庆举之兄	莱西市日庄镇瓦庄村	20	男	1941 年
王同学	莱西市日庄镇院里村	24	男	1941 年
王永进	莱西市日庄镇瓦庄村	—	男	1941 年

姓 名	籍 贯	年 龄	性 别	死难时间
王曰德	莱西市日庄镇院里村	30	男	1941 年
王曰贤	莱西市日庄镇院里村	33	男	1941 年
谢永河	莱西市日庄镇芽儿场村	30	男	1941 年
于丁氏	莱西市日庄镇芽儿场村	20	女	1941 年
于连臣	莱西市日庄镇芽儿场村	40	男	1941 年
张进才	莱西市日庄镇尹格庄村	31	男	1941 年
宋子章	莱西市马连庄镇崔格庄村	21	男	1942 年 1 月
李蒙科	莱西市河头店镇塔尔寨村	30	男	1942 年 1 月
孙孟松	莱西市马连庄镇孙家庄村	24	男	1942 年 1 月
邹进太	莱西市马连庄镇北埠后村	28	男	1942 年 1 月
邹树茂	莱西市马连庄镇北埠后村	26	男	1942 年 1 月
于喜训	莱西市马连庄镇上柳连庄村	42	男	1942 年 1 月
孙丰燕	莱西市南墅镇新埠村	20	男	1942 年 1 月
张敬玉	莱西市南墅镇岳石村	24	男	1942 年 1 月
李兆荣	莱西市望城街道辛庄村	34	男	1942 年 2 月
赵炳章	莱西市南墅镇萌山村	35	男	1942 年 2 月
郑开弟	莱西市南墅镇冷家庄村	56	男	1942 年 2 月
郑玉弟	莱西市南墅镇冷家庄村	53	男	1942 年 2 月
张敬璞	莱西市南墅镇岳石村	27	男	1942 年 2 月
王丕官	莱西市李权庄镇东三都河村	35	男	1942 年 3 月 28 日
王立湖	莱西市马连庄镇望屋庄村	29	男	1942 年 3 月
刘明常	莱西市马连庄道子泊村	21	男	1942 年 3 月
关仁松	莱西市日庄镇常家屯村	—	男	1942 年 3 月
梁行正	莱西市夏格庄镇上疃村	58	男	1942 年 3 月
赵庶法	莱西市南墅镇东馆村	27	男	1942 年 3 月
胡乃进	莱西市马连庄镇道子泊村	26	男	1942 年春
张 贤	莱西市马连庄镇西军寨村	20	男	1942 年春
吴月伯	莱西市武备镇吴家屯村	18	男	1942 年春
丛桂喜	莱西市李权庄镇丛家寄马埠村	30	男	1942 年 4 月 13 日
孙长寿	莱西市南墅镇前石头山村	39	男	1942 年 4 月
郑保敬	莱西市南墅镇董格庄村	39	男	1942 年 4 月
王启昌	莱西市南墅镇董格庄村	34	男	1942 年 4 月
刘兴德	莱西市南墅镇董格庄村	41	男	1942 年 4 月
王明贞	莱西市河头店镇河头店村	31	男	1942 年 4 月

姓　名	籍　贯	年龄	性别	死难时间
管梦文	莱西市马连庄镇管家村	17	男	1942 年 4 月
张　氏	莱西市李权庄镇北仰岭村	18	女	1942 年 5 月 10 日
仲召弟	莱西市李权庄镇涌家庄村	40	男	1942 年 5 月 25 日
李　同	莱西市河头店镇河头店村	58	男	1942 年 5 月
于子正之妻	莱西市河头店镇河头店村	60	女	1942 年 5 月
刘绍汉	莱西市日庄镇大埠阴村	32	男	1942 年 5 月
梁衡阳	莱西市夏格庄镇上疃村	50	男	1942 年 5 月
郑翠心	莱西市南墅镇董格庄村	24	男	1942 年 5 月
刘建山	莱西市南墅镇南墅村	27	男	1942 年 5 月
邹树生	莱西市马连庄镇北埠后村	30	男	1942 年 6 月
崔学安	莱西市院上镇北辛庄村	26	男	1942 年 6 月
王丕昌	莱西市李权庄镇东三都河村	29	男	1942 年 7 月
于平甫	莱西市水集街道岗河头村	30	男	1942 年 7 月
张中卿	莱西市日庄镇岱墅村	26	男	1942 年 7 月
宫白虎	莱西市河头店镇小里庄村	27	男	1942 年 8 月
左士达	莱西市店埠镇左官屯村	36	男	1942 年 8 月
左士俭	莱西市店埠镇左官屯村	25	男	1942 年 8 月
李思古	莱西市武备镇了房村	28	男	1942 年 10 月 12 日
刘春风	莱西市南墅镇南墅村	28	男	1942 年 10 月
左明堂	莱西市店埠镇左官屯村	24	男	1942 年 10 月
孙学南	莱西市水集街道范家疃村	28	男	1942 年 10 月
赵乃海	莱西市南墅镇石庙村	52	男	1942 年 11 月 14 日
盛本木	莱西市南墅镇盛家村	25	男	1942 年 11 月 14 日
胡仁升	莱西市南墅镇盛家村	27	男	1942 年 11 月 14 日
胡群升	莱西市南墅镇盛家村	20	男	1942 年 11 月 14 日
赵玉年	莱西市南墅镇盛家村	24	男	1942 年 11 月 14 日
胡大令	莱西市南墅镇盛家村	23	男	1942 年 11 月 14 日
老油匠	莱西市南墅镇盛家村	58	男	1942 年 11 月 14 日
莫地方	莱西市南墅镇盛家村	59	男	1942 年 11 月 14 日
盛本主	莱西市南墅镇盛家村	26	男	1942 年 11 月 14 日
张克德	莱西市南墅镇石庙村	51	男	1942 年 11 月 14 日
王言爱	莱西市南墅镇南宋村	21	男	1942 年 11 月 14 日
吴咸林	莱西市南墅镇小吴家村	—	男	1942 年 11 月 14 日
赵旦庆	莱西市马连庄镇赵家疃村	22	男	1942 年 11 月

姓 名	籍 贯	年 龄	性 别	死难时间
王寿宪	莱西市日庄镇淤场村	42	男	1942 年 11 月
于泗一	莱西市店埠镇天井山村	14	男	1942 年 11 月
赵可训	莱西市南墅镇萌山村	36	男	1942 年 11 月
赵德良之祖父	莱西市南墅镇萌山村	41	男	1942 年 11 月
胡山令	莱西市马连庄镇道子泊村	36	男	1942 年 11 月
刘尚国	莱西市南墅镇南墅村	30	男	1942 年 12 月
孙德安	莱西市南墅镇前石头山村	23	男	1942 年 12 月
葛瑞亭	莱西市店埠镇葛家疃村	21	男	1942 年 12 月
吕太永	莱西市马连庄镇下柳连庄村	49	男	1942 年 12 月
于文良	莱西市马连庄镇下柳连庄村	24	男	1942 年 12 月
仲老四	莱西市马连庄镇下柳连庄村	68	男	1942 年 12 月
于义堂	莱西市马连庄镇下柳连庄村	40	男	1942 年 12 月
吕元言	莱西市马连庄镇下柳连庄村	35	男	1942 年 12 月
王 春	莱西市南墅镇陶家村	50	男	1942 年 12 月
张 球	莱西市马连庄镇西军寨村	31	男	1942 年 12 月
李千照	莱西市马连庄镇格达村	31	男	1942 年 12 月
于合恩	莱西市马连庄镇上柳连庄村	48	男	1942 年 12 月
陈 文	莱西市马连庄镇上柳连庄村	33	男	1942 年 12 月
于平恩	莱西市马连庄镇上柳连庄村	32	男	1942 年 12 月
呼廷法	莱西市马连庄镇下柳连庄村	30	男	1942 年 12 月
徐春芳	莱西市马连庄镇朱耩村	19	男	1942 年冬
于克鲜	莱西市店埠镇天井山村	32	男	1942 年
刘德庆	莱西市南墅镇冷家庄村	36	男	1942 年
史建武	莱西市水集街道史家疃村	32	男	1942 年
庄正亭	莱西市水集街道任家疃村	22	男	1942 年
张国证	莱西市水集街道张家庄村	21	男	1942 年
于国民	莱西市沽河街道牛溪埠村	31	男	1942 年
王 瑞	莱西市沽河街道岭西头村	15	男	1942 年
铁 意	莱西市南墅镇黄家屯村	16	男	1942 年
郑年刚	莱西市南墅镇下庄村	50	男	1942 年
郑奎龙	莱西市南墅镇下庄村	38	男	1942 年
郑芝礼	莱西市南墅镇下庄村	22	男	1942 年
郑凳山	莱西市南墅镇下庄村	35	男	1942 年
郑奎芳	莱西市南墅镇下庄村	19	男	1942 年

姓 名	籍 贯	年 龄	性 别	死难时间
郑明廷	莱西市南墅镇教书庄村	51	男	1942 年
郑立中	莱西市南墅镇教书庄村	48	男	1942 年
张洪香	莱西市南墅镇张家村	23	男	1942 年
张仁春	莱西市南墅镇张家村	30	男	1942 年
郑学俭	莱西市南墅镇东泥村	24	男	1942 年
陶洪帮	莱西市南墅镇东泥村	23	男	1942 年
卢可焕	莱西市孙受镇卢家庄村	50	男	1942 年
王风书	莱西市水集街道西爻村	20	男	1942 年
于德江	莱西市水集街道西爻村	30	男	1942 年
周仁香	莱西市水集街道西爻村	18	男	1942 年
胡可义	莱西市水集街道胡家村	22	男	1942 年
董洪德	莱西市马连庄镇彭格庄村	27	男	1942 年
董纯书	莱西市马连庄镇彭格庄村	32	男	1942 年
徐　通	莱西市马连庄镇东巨家村	18	男	1942 年
孔庆新	莱西市马连庄镇孔家村	47	男	1942 年
张述先	莱西市马连庄镇西军寨村	24	男	1942 年
李华南	莱西市马连庄镇西军寨村	40	男	1942 年
李孟旭	莱西市马连庄镇格达村	17	男	1942 年
李富求	莱西市马连庄镇李家草泊村	26	男	1942 年
李官香	莱西市马连庄镇李家草泊村	23	男	1942 年
李　学	莱西市马连庄镇李家草泊村	39	男	1942 年
温玉坤	莱西市马连庄镇李家草泊村	32	男	1942 年
张维福	莱西市马连庄镇咸家屯村	26	男	1942 年
郭洪鼎	莱西市马连庄镇顾家村	32	男	1942 年
李云龙	莱西市马连庄镇顾家村	25	男	1942 年
李云寿	莱西市马连庄镇顾家村	21	男	1942 年
顾万对	莱西市马连庄镇顾家村	27	男	1942 年
刘德法	莱西市马连庄镇顾家村	35	男	1942 年
李文芳	莱西市马连庄镇顾家村	25	男	1942 年
刘法仁	莱西市马连庄镇顾家村	22	男	1942 年
李云美	莱西市马连庄镇顾家村	21	男	1942 年
顾云峰	莱西市马连庄镇顾家村	47	男	1942 年
张新春	莱西市马连庄镇顾家村	17	男	1942 年
顾万学	莱西市马连庄镇顾家村	25	男	1942 年

姓　名	籍　贯	年　龄	性　别	死难时间
王守礼	莱西市马连庄镇崔格庄村	27	男	1942 年
李树芬	莱西市马连庄镇崔格庄村	34	男	1942 年
王瑞国	莱西市马连庄镇崔格庄村	36	男	1942 年
姜翠祥	莱西市马连庄镇崔格庄村	28	男	1942 年
田春兴	莱西市马连庄镇田家村	35	男	1942 年
董奎仁	莱西市马连庄镇马连庄村	25	男	1942 年
王中道	莱西市马连庄镇马连庄村	29	男	1942 年
王中仁	莱西市马连庄镇马连庄村	29	男	1942 年
刘传京	莱西市马连庄镇马连庄村	26	男	1942 年
孙永学	莱西市马连庄镇台上村	27	男	1942 年
孙华山	莱西市马连庄镇台上村	37	男	1942 年
胡生光	莱西市马连庄镇道子泊村	40	男	1942 年
胡玉绍	莱西市马连庄镇道子泊村	26	男	1942 年
于殿义	莱西市马连庄镇下疃村	35	男	1942 年
张言考	莱西市马连庄镇下疃村	19	男	1942 年
徐策南	莱西市马连庄镇岚桑村	33	男	1942 年
徐学绥	莱西市马连庄镇岚桑村	30	男	1942 年
郑学诗	莱西市马连庄镇郑家下夼村	30	男	1942 年
郑文善	莱西市马连庄镇郑家下夼村	18	男	1942 年
赵延智	莱西市马连庄镇唐家庄村	18	男	1942 年
孙显章	莱西市马连庄镇孙家洼村	20	男	1942 年
臧洪宾	莱西市马连庄镇斛斗村	31	男	1942 年
左高氏	莱西市马连庄镇左家院村	41	女	1942 年
孙福昌	莱西市马连庄镇下疃村	24	男	1942 年
谢友山	莱西市马连庄镇下疃村	25	男	1942 年
李忠海	莱西市马连庄镇闫家村	35	男	1942 年
谢殿增	莱西市马连庄镇彭格庄村	31	男	1942 年
董纯胜	莱西市马连庄镇彭格庄村	36	男	1942 年
展义远	莱西市马连庄镇展家村	26	男	1942 年
高华云	莱西市马连庄镇高家草泊村	40	男	1942 年
徐吉山	莱西市马连庄镇下洼子村	40	男	1942 年
丁本瑞	莱西市日庄镇新建村	31	男	1942 年
丁希文	莱西市日庄镇河北夼村	42	男	1942 年
葛焕文	莱西市日庄镇郭庄村	27	男	1942 年

姓 名	籍 贯	年 龄	性 别	死难时间
胡乃岗	莱西市日庄镇胡家都村	28	男	1942 年
姜福祥	莱西市日庄镇后山珍村	33	男	1942 年
李永杰	莱西市日庄镇院里村	25	男	1942 年
倪民生	莱西市日庄镇倪家岭村	25	男	1942 年
孙玉欣	莱西市日庄镇西郭村	29	男	1942 年
王老虎	莱西市日庄镇鲍格庄村	—	男	1942 年
王德熙	莱西市日庄镇岱墅村	21	男	1942 年
王凤玉	莱西市日庄镇王徐庄村	—	男	1942 年
王国山	莱西市日庄镇王徐庄村	24	男	1942 年
王洪彬	莱西市日庄镇岱墅村	23	男	1942 年
王京亭	莱西市日庄镇院里村	26	男	1942 年
王 钧	莱西市日庄镇瓦庄村	27	男	1942 年
王庆南	莱西市日庄镇瓦庄村	—	男	1942 年
王永贵	莱西市日庄镇瓦庄村	24	男	1942 年
王玉成	莱西市日庄镇瓦庄村	22	男	1942 年
王云瑞	莱西市日庄镇淤场村	31	男	1942 年
谢永福	莱西市日庄镇芽儿场村	38	男	1942 年
谢永江	莱西市日庄镇芽儿场村	40	男	1942 年
杨丕德	莱西市日庄镇河北乔村	—	男	1942 年
于振亭	莱西市日庄镇院里村	26	男	1942 年
赵洪文	莱西市日庄镇瓦庄村	—	男	1942 年
邹进山	莱西市日庄镇邹家庄村	39	男	1942 年
邹振山	莱西市日庄镇邹家庄村	39	男	1942 年
左 林	莱西市日庄镇西车村	26	男	1942 年
王清官	莱西市院上镇兴隆屯村	34	男	1942 年
刘炳连	莱西市南墅镇西泥牛庄村	26	男	1942 年
迟建堂	莱西市姜山镇姜山三村	35	男	1942 年
迟宗桂	莱西市姜山镇姜山三村	33	男	1942 年
张洪好	莱西市南墅镇北墅村	25	男	1942 年
张杰令	莱西市南墅镇北墅村	18	男	1942 年
王建忠	莱西市南墅镇业家庄村	35	男	1942 年
郑可敬	莱西市南墅镇教书庄村	33	男	1942 年
刘永清	莱西市南墅镇西泥牛庄村	22	男	1942 年
刘占傲	莱西市南墅镇西泥牛庄村	18	男	1942 年

姓 名	籍 贯	年 龄	性 别	死难时间
姜淑兰	莱西市南墅镇南墅村	47	女	1942 年
赵乃义	莱西市南墅镇东馆村	25	男	1942 年
赵乃力	莱西市南墅镇东馆村	27	男	1942 年
郑木头	莱西市南墅镇后石头山村	18	男	1942 年
宋连公	莱西市南墅镇北宋家村	45	男	1942 年
王洪新	莱西市武备镇了房村	38	男	1942 年
曲进孝	莱西市河头店镇河头店村	41	男	1942 年
李保国	莱西市院上镇黄王地村	20	男	1942 年
王理才	莱西市院上镇兴隆屯村	33	男	1942 年
王海康	莱西市院上镇兴隆屯村	39	男	1942 年
解中海	莱西市南墅镇陶家村	19	男	1943 年 1 月
管云正	莱西市马连庄镇管家村	20	男	1943 年 1 月
吕付海	莱西市马连庄镇管家村	24	男	1943 年 1 月
高云才	莱西市马连庄镇郭家村	45	男	1943 年 2 月
姚吉奎	莱西市夏格庄镇岭南头村	36	男	1943 年 2 月
陶占海	莱西市南墅镇陶家村	31	男	1943 年 3 月
初焕卿	莱西市河头店镇大沟子村	20	男	1943 年 3 月
侯维仁	莱西市水集街道前疃村	36	男	1943 年 3 月
耿家盛	莱西市店埠镇西张格庄村	30	男	1943 年 3 月
代登泮	莱西市日庄镇大埠阴村	29	男	1943 年 3 月
王瑞华	莱西市日庄镇淤场村	—	男	1943 年 3 月
崔延志	莱西市店埠镇后埠村	27	男	1943 年 4 月
尉学连	莱西市夏格庄镇尉家庄村	32	男	1943 年 4 月
王淑兴	莱西市院上镇兴隆屯村	50	男	1943 年 4 月
郝德章	莱西市院上镇郝家许村	19	男	1943 年 4 月
王德真	莱西市河头店镇大里庄村	30	男	1943 年 4 月
王 和	莱西市马连庄镇王家草泊村	24	男	1943 年 4 月
黄王氏	莱西市李权庄镇黄家庄村	30	女	1943 年 5 月 9 日
闫士学	莱西市马连庄镇闫家村	22	男	1943 年 5 月
李茂才	莱西市院上镇南辛庄村	42	男	1943 年 5 月
崔红军	莱西市店埠镇后埠村	17	男	1943 年 5 月
郑保志	莱西市南墅镇董格庄村	29	男	1943 年 5 月
许可义	莱西市水集街道茂芝场村	22	男	1943 年 6 月
刘付柱	莱西市南墅镇西院上村	34	男	1943 年 6 月

姓 名	籍 贯	年 龄	性 别	死难时间
孙丕成	莱西市马连庄镇山北头村	23	男	1943 年夏
任起山	莱西市孙受镇任家庄村	25	男	1943 年 7 月
修松岩	莱西市李权庄镇埠西村	56	男	1943 年 8 月 7 日
邵龙贤	莱西市李权庄镇西三都河村	45	男	1943 年 8 月 8 日
邵岑贤	莱西市李权庄镇西三都河村	38	男	1943 年 8 月 8 日
邵耿氏	莱西市李权庄镇西三都河村	52	女	1943 年 8 月 8 日
邵毛氏	莱西市李权庄镇西三都河村	44	女	1943 年 8 月 8 日
邵振湖	莱西市李权庄镇西三都河村	30	男	1943 年 8 月 8 日
邵相财	莱西市李权庄镇西三都河村	50	男	1943 年 8 月 8 日
邵节贤	莱西市李权庄镇西三都河村	18	男	1943 年 8 月 8 日
邵德绪	莱西市李权庄镇西三都河村	14	男	1943 年 8 月 8 日
邵王氏	莱西市李权庄镇西三都河村	60	女	1943 年 8 月 8 日
邵孙氏	莱西市李权庄镇西三都河村	40	女	1943 年 8 月 8 日
邵小嫚	莱西市李权庄镇西三都河村	12	女	1943 年 8 月 8 日
张廷芳	莱西市李权庄镇西三都河村	48	男	1943 年 8 月 8 日
王少芳	莱西市李权庄镇西三都河村	47	男	1943 年 8 月 8 日
王小唐	莱西市李权庄镇中三都河村	16	男	1943 年 8 月 8 日
王利训	莱西市李权庄镇中三都河村	26	男	1943 年 8 月 8 日
王玉嫚	莱西市李权庄镇中三都河村	18	女	1943 年 8 月 8 日
王小奎	莱西市李权庄镇中三都河村	11	男	1943 年 8 月 8 日
张 良	莱西市李权庄镇东三都河村	32	男	1943 年 8 月 8 日
王丕朋	莱西市李权庄镇东三都河村	13	男	1943 年 8 月 8 日
房 禅	莱西市李权庄镇东三都河村	20	男	1943 年 8 月 8 日
张先文	莱西市李权庄镇西三都河村	16	男	1943 年 8 月 8 日
王方修	莱西市李权庄镇中三都河村	19	男	1943 年 8 月 8 日
王方纯	莱西市李权庄镇中三都河村	32	男	1943 年 8 月 8 日
王孝训	莱西市李权庄镇中三都河村	36	男	1943 年 8 月 8 日
王方洪	莱西市李权庄镇中三都河村	40	男	1943 年 8 月 8 日
王小辉	莱西市李权庄镇中三都河村	26	男	1943 年 8 月 8 日
王诚实	莱西市李权庄镇中三都河村	25	男	1943 年 8 月 8 日
王永墩	莱西市李权庄镇中三都河村	23	男	1943 年 8 月 8 日
王方选	莱西市李权庄镇中三都河村	26	男	1943 年 8 月 8 日
邵孙氏	莱西市李权庄镇西三都河村	46	女	1943 年 8 月 8 日
邵韩氏	莱西市李权庄镇西三都河村	46	女	1943 年 8 月 8 日

姓 名	籍 贯	年 龄	性 别	死难时间
邵王氏	莱西市李权庄镇西三都河村	40	女	1943 年 8 月 8 日
邵相太	莱西市李权庄镇西三都河村	18	男	1943 年 8 月 8 日
邵洪月	莱西市李权庄镇西三都河村	17	女	1943 年 8 月 8 日
万兆协	莱西市李权庄镇全家屯一村	48	男	1943 年 8 月 8 日
张显明	莱西市李权庄镇后张家庄村	31	男	1943 年 8 月 8 日
张李氏	莱西市李权庄镇后张家庄村	48	女	1943 年 8 月 8 日
高开先	莱西市李权庄镇后张家庄村	28	男	1943 年 8 月 8 日
毛玉卓	莱西市李权庄镇中三都河村	63	男	1943 年 8 月 8 日
王相义	莱西市李权庄镇中三都河村	52	男	1943 年 8 月 8 日
王云义	莱西市李权庄镇中三都河村	67	男	1943 年 8 月 8 日
王方吉	莱西市李权庄镇中三都河村	42	男	1943 年 8 月 8 日
王方力	莱西市李权庄镇中三都河村	43	男	1943 年 8 月 8 日
于殿成	莱西市马连庄镇下疃村	39	男	1943 年 8 月
高振杰	莱西市马连庄镇郭家村	40	男	1943 年 8 月
高云来	莱西市马连庄镇郭家村	39	男	1943 年 8 月
任良善	莱西市河头店镇肖家庄村	29	男	1943 年 9 月
王文田	莱西市夏格庄镇亭子口村	17	男	1943 年 9 月
徐 敏	莱西市武备镇徐家屯村	25	男	1943 年 9 月
陈老大	莱西市河头店镇河头店村	48	男	1943 年 10 月
邹进贤	莱西市马连庄镇北埠后村	31	男	1943 年 11 月
李华俊	莱西市马连庄镇西军寨村	20	男	1943 年 12 月
于喜乐	莱西市马连庄镇上柳连庄村	36	男	1943 年 12 月
闫太臻	莱西市马连庄镇闫家村	45	男	1943 年冬
臧树元	莱西市马连庄镇闫家村	44	男	1943 年冬
闫永昌	莱西市马连庄镇闫家村	35	男	1943 年冬
闫寿暖	莱西市马连庄镇闫家村	28	男	1943 年冬
赵文先	莱西市南墅镇石庙村	29	男	1943 年
李云瑞	莱西市南墅镇后石头山村	25	男	1943 年
李德奎	莱西市南墅镇后石头山村	38	男	1943 年
李学奎	莱西市南墅镇后石头山村	25	男	1943 年
赵炳美	莱西市南墅镇萌山村	39	男	1943 年
赵中绩	莱西市南墅镇东馆村	26	男	1943 年
赵淑先	莱西市南墅镇石庙村	31	男	1943 年
李仙芝	莱西市水集街道任家疃村	22	男	1943 年

姓　名	籍　贯	年龄	性别	死难时间
庄德新	莱西市水集街道任家疃村	25	男	1943 年
李勉修	莱西市水集街道夏家屯村	28	男	1943 年
张喜孟	莱西市水集街道张家庄村	19	男	1943 年
董秀兴	莱西市孙受镇董家山后村	19	男	1943 年
郑保业	莱西市南墅镇董格庄村	33	男	1943 年
黄兆桂	莱西市李权庄镇义和庄村	22	男	1943 年
孙　伦	莱西市武备镇了房村	37	男	1943 年
于文清	莱西市河头店镇枣行村	29	男	1943 年
修松然	莱西市李权庄镇埠西村	49	男	1943 年
李书德	莱西市夏格庄镇索兰村	27	男	1943 年
刘树文	莱西市南墅镇南宋家村	28	男	1943 年
姜尚元	莱西市南墅镇出石村	19	男	1943 年
郑保庆	莱西市南墅镇董格庄村	28	男	1943 年
于克浩	莱西市店埠镇天井山村	27	男	1943 年
邹瑞芳	莱西市院上镇邹家许村	22	男	1943 年
姜存训	莱西市院上镇七岌村	29	男	1943 年
张　陆	莱西市沽河街道三教村	28	男	1943 年
栾洪福	莱西市沽河街道北栾村	23	男	1943 年
于功义	莱西市沽河街道于家洼村	27	男	1943 年
孙桂堂	莱西市沽河街道望连庄村	26	男	1943 年
王保桂	莱西市沽河街道望连庄村	22	男	1943 年
呼元禄	莱西市南墅镇西泥牛庄村	21	男	1943 年
刘义敬	莱西市南墅镇西泥牛庄村	25	男	1943 年
郑可架	莱西市南墅镇教书庄村	28	男	1943 年
郑田胜	莱西市南墅镇教书庄村	28	男	1943 年
陶洪彩	莱西市南墅镇东泥村	34	男	1943 年
刘得庆	莱西市南墅镇冷家庄村	28	男	1943 年
周龙海	莱西市望城街道上屯村	38	男	1943 年
吕作义	莱西市望城街道前冯北村	37	男	1943 年
周龙江	莱西市望城街道上屯村	40	男	1943 年
刘东芝	莱西市武备镇刘家屯村	50	男	1943 年
麦　汉	莱西市武备镇刘家屯村	32	男	1943 年
孙　氏	莱西市夏格庄镇夏南庄村	27	女	1943 年
玩　兴	莱西市夏格庄镇夏二村	12	男	1943 年

姓 名	籍 贯	年 龄	性 别	死难时间
平 儿	莱西市夏格庄镇夏二村	11	男	1943 年
张咸瑞	莱西市夏格庄镇张疃村	35	男	1943 年
王小五	莱西市夏格庄镇梁庄村	8	男	1943 年
于 氏	莱西市夏格庄镇钓鱼台村	57	女	1943 年
胡乃康	莱西市水集街道胡家村	36	男	1943 年
王焕德	莱西市马连庄镇下洼子村	24	男	1943 年
吴永太	莱西市马连庄镇吴家庄村	17	男	1943 年
徐寿山	莱西市马连庄镇小屯村	28	男	1943 年
于天文	莱西市马连庄镇王家草泊村	24	男	1943 年
李明成	莱西市马连庄镇乔家草泊村	28	男	1943 年
李俊峰	莱西市马连庄镇李家草泊村	25	男	1943 年
李云华	莱西市马连庄镇李家草泊村	20	男	1943 年
展程远	莱西市马连庄镇展家村	20	男	1943 年
董连学	莱西市马连庄镇顾家村	29	男	1943 年
顾成海	莱西市马连庄镇顾家村	34	男	1943 年
李瑞章	莱西市马连庄镇崔格庄村	23	男	1943 年
李德章	莱西市马连庄镇崔格庄村	38	男	1943 年
李玉良	莱西市马连庄镇崔格庄村	36	男	1943 年
王丰奎	莱西市马连庄镇马连庄村	21	男	1943 年
吕克章	莱西市马连庄镇马连庄村	23	男	1943 年
张绍南	莱西市马连庄镇兴隆村	35	男	1943 年
王 安	莱西市马连庄镇仲格庄村	24	男	1943 年
徐文岗	莱西市马连庄镇朱耩村	30	男	1943 年
徐永志	莱西市马连庄镇朱耩村	25	男	1943 年
徐仁中	莱西市马连庄镇朱耩村	37	男	1943 年
徐中兴	莱西市马连庄镇朱耩村	30	男	1943 年
孙永利	莱西市马连庄镇台上村	25	男	1943 年
孙永谨	莱西市马连庄镇台上村	21	男	1943 年
孙丕忠	莱西市马连庄镇山北头村	28	男	1943 年
于忠江	莱西市马连庄镇上柳连庄村	29	男	1943 年
于忠龙	莱西市马连庄镇上柳连庄村	23	男	1943 年
孙福林	莱西市马连庄镇下疃村	21	男	1943 年
谢增元	莱西市马连庄镇下疃村	45	男	1943 年
韩炳礼	莱西市马连庄镇管家屯村	24	男	1943 年

姓　名	籍　贯	年　龄	性　别	死难时间
韩炳国	莱西市马连庄镇管家屯村	21	男	1943 年
左兰芝	莱西市马连庄镇左家院村	18	女	1943 年
徐学辛	莱西市马连庄镇岚桑村	26	男	1943 年
闫寿朋	莱西市马连庄镇闫家村	35	男	1943 年
管玉志	莱西市马连庄镇管家村	55	男	1943 年
管云海	莱西市马连庄镇管家村	32	男	1943 年
李成志	莱西市马连庄镇小台子村	35	男	1943 年
高振南	莱西市日庄镇芽儿场村	47	男	1943 年
杨守锡	莱西市日庄镇东莪兰村	18	男	1943 年
周华林	莱西市日庄镇河头村	20	男	1943 年
嫚	莱西市日庄镇芽儿场村	17	女	1943 年
丁庆云	莱西市日庄镇河儿北	—	男	1943 年
福　河	莱西市日庄镇瓦庄村	26	男	1943 年
高永全	莱西市日庄镇芽儿场村	38	男	1943 年
高振西	莱西市日庄镇芽儿场村	21	男	1943 年
焦洪玉	莱西市日庄镇瓦庄村	—	男	1943 年
李恒敬	莱西市日庄镇前山珍村	26	男	1943 年
李希祥	莱西市日庄镇西朱毛村	32	男	1943 年
刘京义	莱西市日庄镇泊子村	40	男	1943 年
马文喜	莱西市日庄镇刁家沟村	31	男	1943 年
秋　吉	莱西市日庄镇瓦庄村	—	男	1943 年
胜	莱西市日庄镇瓦庄村	—	男	1943 年
孙对嫚	莱西市日庄镇东白石山村	—	女	1943 年
孙广召	莱西市日庄镇寨里村	24	男	1943 年
王成先	莱西市日庄镇淤场村	53	男	1943 年
王洪祥	莱西市日庄镇门家庄村	20	男	1943 年
王庆茂	莱西市日庄镇瓦庄村	24	男	1943 年
王庭华	莱西市日庄镇王徐庄村	41	男	1943 年
王子瑞	莱西市日庄镇院里村	25	男	1943 年
徐龙岗	莱西市日庄镇鲍格庄村	—	男	1943 年
于世昌	莱西市日庄镇芽儿场村	16	男	1943 年
原德合	莱西市日庄镇刁家沟村	36	男	1943 年
张学福	莱西市日庄镇淤场村	31	男	1943 年
张玉环	莱西市日庄镇榆林庄村	52	男	1943 年

姓 名	籍 贯	年龄	性别	死难时间
张赵氏	莱西市日庄镇榆林庄村	43	女	1943 年
周玉财	莱西市日庄镇河头村	28	男	1943 年
邹 洪	莱西市日庄镇邹家庄村	44	男	1943 年
邹永南	莱西市日庄镇邹家庄村	41	男	1943 年
邹永祥	莱西市日庄镇瓦庄村	—	男	1943 年
邹振庆	莱西市日庄镇邹家庄村	36	男	1943 年
于俊成	莱西市院上镇福禄庄村	25	男	1943 年
李言尧	莱西市院上镇西老庄村	42	男	1943 年
黄深合	莱西市院上镇荆家庄村	40	男	1943 年
王清香	莱西市院上镇兴隆屯村	34	男	1943 年
王树竟	莱西市院上镇兴隆屯村	39	男	1943 年
王维海	莱西市院上镇兴隆屯村	20	男	1943 年
姜聚堂	莱西市院上镇崔家庄村	29	男	1943 年
李彦勇	莱西市院上镇大里村	22	男	1943 年
崔中平	莱西市院上镇北辛庄村	33	男	1944 年 1 月
郑国桐	莱西市南墅镇教书庄村	20	男	1944 年 1 月
赵苏先	莱西市南墅镇石庙村	31	男	1944 年 1 月
孙世才	莱西市日庄镇泊子村	—	男	1944 年 1 月
孙世田	莱西市日庄镇泊子村	—	男	1944 年 1 月
栾于氏	莱西市李权庄镇东村	55	女	1944 年 2 月 9 日
王仁堂	莱西市孙受镇埠下村	23	男	1944 年 2 月
高维玉	莱西市武备镇大刘格庄村	20	男	1944 年 2 月
沈庆利	莱西市夏格庄镇岭南头村	39	男	1944 年 2 月
曹占国	莱西市院上镇曹官屯村	23	男	1944 年 2 月
王修德	莱西市马连庄镇下洼子村	23	男	1944 年 2 月
徐吉法	莱西市马连庄镇下洼子村	19	男	1944 年 2 月
吴星庭	莱西市马连庄镇吴家草泊村	31	男	1944 年 2 月
盖百臣	莱西市李权庄镇西众水村	18	男	1944 年 3 月 28 日
赵炳礼	莱西市南墅镇萌山村	29	男	1944 年 3 月
刘德忠	莱西市南墅镇院后村	22	男	1944 年 3 月
柳中开	莱西市武备镇毛家埠中村	30	男	1944 年 3 月
王绪通	莱西市院上镇逄家会村	23	男	1944 年 3 月
郭九双	莱西市武备镇武备村	28	男	1944 年 3 月
张宝文	莱西市武备镇南院村	29	男	1944 年 3 月

姓　名	籍　贯	年　龄	性　别	死难时间
姜文英	莱西市水集街道茂芝场村	—	男	1944 年 3 月
徐奎义	莱西市马连庄镇戴家院村	31	男	1944 年 3 月
赵广法	莱西市马连庄镇大森格庄村	30	男	1944 年 3 月
张德奎	莱西市马连庄镇仲家村	25	男	1944 年 3 月
董　氏	莱西市马连庄镇朱耩村	48	女	1944 年春
李　氏	莱西市马连庄镇展家村	35	女	1944 年春
孙作东	莱西市马连庄镇山北头村	20	男	1944 年春
赵新高	莱西市李权庄镇石河村	25	男	1944 年 4 月 10 日
徐茂华	莱西市孙受镇徐家会村	20	男	1944 年 4 月
姜　连	莱西市南墅镇庞家庄村	20	男	1944 年 4 月
刘进传	莱西市夏格庄镇刘家疃村	39	男	1944 年 4 月
桂光发	莱西市马连庄镇孙家院村	44	男	1944 年 4 月
曹德法	莱西市南墅镇曹家村	29	男	1944 年 5 月
王永红	莱西市孙受镇西赵格庄村	31	男	1944 年 5 月
王殿臣	莱西市孙受镇西赵格庄村	20	男	1944 年 5 月
梁克吉	莱西市夏格庄镇梁家庄村	26	男	1944 年 5 月
梁德尧	莱西市夏格庄镇梁家庄村	33	男	1944 年 5 月
梁京文	莱西市夏格庄镇梁家庄村	16	男	1944 年 5 月
王吉春	莱西市夏格庄镇岭南头村	37	男	1944 年 5 月
李茂亭	莱西市院上镇西老庄村	24	男	1944 年 5 月
赵立月	莱西市日庄镇三曲埠村	18	男	1944 年 5 月
于　京	莱西市马连庄镇下柳连庄村	30	男	1944 年 5 月
张作田	莱西市店埠镇韩家汇村	38	男	1944 年 6 月
张俊志	莱西市武备镇张家屯村	24	男	1944 年 6 月
张　芝	莱西市沽河街道凤凰屯村	21	男	1944 年 6 月
邹亭军	莱西市马连庄镇邹家下夼村	8	男	1944 年 6 月
王业绪	莱西市河头店镇东大寨村	42	男	1944 年 6 月
柳中举	莱西市院上镇西王屋庄村	23	男	1944 年 6 月
路赫氏	莱西市马连庄镇北山口村	35	女	1944 年夏
路小妹	莱西市马连庄镇北山口村	—	女	1944 年夏
王华成	莱西市夏格庄镇索兰村	19	男	1944 年 7 月
王子恒	莱西市河头店镇东大寨村	18	男	1944 年 7 月
张金涛	莱西市马连庄镇河崖村	30	男	1944 年 7 月
孙胜奎	莱西市南墅镇新埠村	—	男	1944 年 8 月 13 日

姓　名	籍　贯	年　龄	性　别	死难时间
鲍克勤	莱西市河头店镇肖官庄村	41	男	1944 年 8 月
于庆忠	莱西市日庄镇胡家沟村	—	男	1944 年 8 月
马文炳	莱西市南墅镇南宋村	19	男	1944 年 8 月
宋深山	莱西市南墅镇南宋村	21	男	1944 年 8 月
李均山	莱西市夏格庄镇大宅科村	18	男	1944 年 8 月
苏先德	莱西市夏格庄镇西曲格庄村	29	男	1944 年 8 月
贾丕先	莱西市武备镇南武备村	30	男	1944 年 9 月
张代成	莱西市店埠镇后沙湾庄村	21	男	1944 年 9 月
宋深山	莱西市南墅镇南宋家村	23	男	1944 年 9 月
刘成奎	莱西市院上镇东老庄村	31	男	1944 年 9 月
王树香	莱西市院上镇王家庄村	31	男	1944 年 9 月
李彦明	莱西市院上镇南辛庄村	18	男	1944 年 9 月
崔英武	莱西市院上镇北辛庄村	28	男	1944 年 9 月
孙成林	莱西市武备镇兴隆寨村	16	男	1944 年 9 月
解保合	莱西市马连庄镇解家沟子村	25	男	1944 年 9 月
田树松	莱西市马连庄镇田家村	32	男	1944 年 9 月
赵　夏	莱西市日庄镇三曲埠村	33	男	1944 年 9 月
姜世暖	莱西市院上镇崔家庄村	20	男	1944 年 9 月
耿世才	莱西市院上镇前上泊村	24	男	1944 年 9 月
董月明	莱西市马连庄镇方里村	60	男	1944 年秋
徐万春	莱西市马连庄镇徐家草泊村	31	男	1944 年秋
王永年	莱西市夏格庄镇岭南头村	24	男	1944 年 10 月
李通绪	莱西市南墅镇董格庄村	27	男	1944 年 10 月
王明山	莱西市孙受镇西赵格庄村	34	男	1944 年 10 月
刘绍南	莱西市日庄镇大埠阴村	27	男	1944 年 11 月
杜从增	莱西市夏格庄镇杜家疃村	30	男	1944 年 11 月
张咸快	莱西市院上镇北大佛阁村	26	男	1944 年 11 月
姜堤云	莱西市院上镇兑旧泊村	21	男	1944 年 11 月
李龙泉	莱西市孙受镇南庄村	24	男	1944 年 11 月
宫立基	莱西市姜山镇泽口集村	21	男	1944 年 12 月
郝景云	莱西市院上镇郝家许村	29	男	1944 年 12 月
李玉光	莱西市夏格庄镇大宅科村	36	男	1944 年 12 月
赵财祥	莱西市马连庄镇赵家疃村	35	男	1944 年 12 月
常仁杰	莱西市日庄镇常家屯村	—	男	1944 年 12 月

姓 名	籍 贯	年龄	性别	死难时间
孙明龙	莱西市日庄镇西白石山村	29	男	1944 年 12 月
陈吉云	莱西市姜山镇后堤村	24	男	1944 年
张松亭	莱西市孙受镇西张家寨子村	20	男	1944 年
张俊柱	莱西市夏格庄镇张家疃村	28	男	1944 年
张为祥	莱西市夏格庄镇张家疃村	27	男	1944 年
姜克兰	莱西市夏格庄镇大李家疃村	20	男	1944 年
时心华	莱西市武备镇南武备村	26	男	1944 年
李梅亭	莱西市武备镇了房村	27	男	1944 年
徐洪功	莱西市武备镇徐家屯村	36	男	1944 年
卢显较	莱西市孙受镇卢家庄村	20	男	1944 年
李 杰	莱西市孙受镇西杨格庄村	33	男	1944 年
刘春新	莱西市孙受镇后莪乐村	20	男	1944 年
刘本太	莱西市孙受镇后莪乐村	30	男	1944 年
杨凤良	莱西市河头店镇肖官庄村	23	男	1944 年
柳建阳	莱西市院上镇西王屋庄村	22	男	1944 年
柳中远	莱西市院上镇西王屋庄村	30	男	1944 年
王维江	莱西市院上镇兴隆屯村	30	男	1944 年
崔永山	莱西市院上镇崔家庄村	19	男	1944 年
姜高堂	莱西市院上镇崔家庄村	30	男	1944 年
姜明进	莱西市院上镇葛家埠村	18	男	1944 年
于勤光	莱西市院上镇葛家埠村	31	男	1944 年
程义训	莱西市南墅镇业家庄村	47	男	1944 年
郑明连	莱西市南墅镇教书庄村	22	男	1944 年
郑明桂	莱西市南墅镇教书庄村	26	男	1944 年
李同海	莱西市南墅镇远西庄村	35	男	1944 年
刘 昆	莱西市南墅镇远西庄村	43	男	1944 年
刘熙仁	莱西市南墅镇刘家庄村	19	男	1944 年
陶占海	莱西市南墅镇陶家村	39	男	1944 年
郑 泵	莱西市南墅镇后石头山村	24	男	1944 年
郑奎庆	莱西市南墅镇下庄村	21	男	1944 年
李香绪	莱西市南墅镇董格庄村	22	男	1944 年
刘暖溪	莱西市南墅镇南墅村	28	男	1944 年
李焕修	莱西市望城街道东沙格庄村	28	男	1944 年
史学恩	莱西市望城街道焦格庄村	35	男	1944 年

姓 名	籍 贯	年 龄	性 别	死难时间
赵作湖	莱西市望城街道辛庄村	19	男	1944 年
赵洪胜	莱西市姜山镇解家泽口村	34	男	1944 年
刘 展	莱西市南墅镇西泥牛庄村	18	男	1944 年
郑国金	莱西市南墅镇教书庄村	17	男	1944 年
刘云合	莱西市南墅镇西院上村	21	男	1944 年
刘维福	莱西市南墅镇西院上村	16	男	1944 年
刘希良	莱西市南墅镇西院上村	14	男	1944 年
刘瑞生	莱西市南墅镇西院上村	25	男	1944 年
刘房志之妻	莱西市南墅镇西院上村	30	女	1944 年
张洪好	莱西市南墅镇北墅村	57	男	1944 年
张先令	莱西市南墅镇北墅村	42	男	1944 年
李 财	莱西市南墅镇东泥村	41	男	1944 年
刘丙敬	莱西市南墅镇东泥村	28	男	1944 年
郑安连	莱西市南墅镇东泥村	23	男	1944 年
刘京廷	莱西市南墅镇远西庄村	20	男	1944 年
刘 香	莱西市南墅镇远西庄村	16	男	1944 年
郑从弟	莱西市南墅镇冷家庄村	32	男	1944 年
陶占安	莱西市南墅镇陶家村	23	男	1944 年
黄学龙	莱西市南墅镇黄家屯村	27	男	1944 年
潘振娥	莱西市夏格庄镇潘疃村	40	男	1944 年
姜德福	莱西市夏格庄镇大李疃村	—	男	1944 年
张咸弟	莱西市夏格庄镇金疃村	26	男	1944 年
王绍太	莱西市夏格庄镇金疃村	25	男	1944 年
梁士温	莱西市夏格庄镇梁庄村	58	男	1944 年
夏相臣	莱西市夏格庄镇杜疃村	—	男	1944 年
胡玉显	莱西市水集街道茂芝场村	—	男	1944 年
李祥玉	莱西市马连庄镇格达村	22	男	1944 年
王 注	莱西市马连庄镇王家草泊村	25	男	1944 年
李现亭	莱西市马连庄镇李家草泊村	35	男	1944 年
顾万言	莱西市马连庄镇顾家村	31	男	1944 年
李日章	莱西市马连庄镇崔格庄村	38	男	1944 年
李廷香	莱西市马连庄镇崔格庄村	20	男	1944 年
李春臻	莱西市马连庄镇崔格庄村	35	男	1944 年
李鹤宽	莱西市马连庄镇崔格庄村	22	男	1944 年

姓 名	籍 贯	年 龄	性 别	死难时间
姜作祥	莱西市马连庄镇崔格庄村	26	男	1944 年
王子圣	莱西市马连庄镇崔格庄村	26	男	1944 年
李成章	莱西市马连庄镇田家村	19	男	1944 年
王丕德	莱西市马连庄镇马连庄村	23	男	1944 年
李日山	莱西市马连庄镇小台子村	28	男	1944 年
徐庆会	莱西市马连庄镇朱耩村	40	男	1944 年
徐庆芳	莱西市马连庄镇朱耩村	36	男	1944 年
徐朋春	莱西市马连庄镇朱耩村	40	男	1944 年
张显顺	莱西市马连庄镇山北头村	25	男	1944 年
孙仁昌	莱西市马连庄镇山北头村	23	男	1944 年
焦全香	莱西市马连庄镇斛斗村	23	男	1944 年
张显桂	莱西市马连庄镇张家院村	24	男	1944 年
戴佐邦	莱西市马连庄镇戴家院村	22	男	1944 年
戴佐梅	莱西市马连庄镇戴家院村	18	男	1944 年
张德庆	莱西市马连庄镇仲家村	24	男	1944 年
管振乐	莱西市马连庄镇管家村	24	男	1944 年
仲治仁	莱西市马连庄镇下柳连庄村	41	男	1944 年
张振武	莱西市马连庄镇下疃村	39	男	1944 年
徐玉臣	莱西市马连庄镇岚桑村	20	男	1944 年
史可俭	莱西市马连庄镇岚桑村	24	男	1944 年
陈德法	莱西市马连庄镇管家屯村	25	男	1944 年
韩　友	莱西市马连庄镇管家屯村	28	男	1944 年
韩炳仁	莱西市马连庄镇管家屯村	33	男	1944 年
赵吉祥	莱西市马连庄镇赵家疃村	45	男	1944 年
张勇奎	莱西市马连庄镇张家院村	26	男	1944 年
张小嫚	莱西市马连庄镇张家院村	3	女	1944 年
张仁庆	莱西市马连庄镇山北头村	24	男	1944 年
大嫚儿	莱西市日庄镇院里村	5	女	1944 年
丁世右	莱西市日庄镇鲍格庄村	22	男	1944 年
丁文芳	莱西市日庄镇车格庄村	33	男	1944 年
付凤成	莱西市日庄镇五子埠后村	20	男	1944 年
付奎珍	莱西市日庄镇付庄村	—	男	1944 年
付山珂	莱西市日庄镇付庄村	—	男	1944 年
付玉德	莱西市日庄镇付庄村	—	男	1944 年

姓 名	籍 贯	年 龄	性 别	死难时间
高鉴温	莱西市日庄镇刁家沟村	22	男	1944 年
高云香	莱西市日庄镇刁家沟村	20	男	1944 年
焦洪术	莱西市日庄镇瓦庄村	26	男	1944 年
李千祥	莱西市日庄镇西朱毛村	35	男	1944 年
刘桂杰	莱西市日庄镇鲍格庄村	33	男	1944 年
刘洪善	莱西市日庄镇门家庄村	—	男	1944 年
刘永基	莱西市日庄镇泊子村	—	男	1944 年
时德成	莱西市日庄镇院里村	—	男	1944 年
孙宝连	莱西市日庄镇东白石山村	22	男	1944 年
孙常孝	莱西市日庄镇寨里村	22	男	1944 年
孙会彬	莱西市日庄镇东白石山村	18	男	1944 年
孙 良	莱西市日庄镇五子埠后村	23	男	1944 年
孙士文	莱西市日庄镇郭格庄村	20	男	1944 年
孙学师	莱西市日庄镇泊子村	—	男	1944 年
唐丕吉	莱西市日庄镇付庄村	—	男	1944 年
唐瑞喜	莱西市日庄镇付庄村	—	男	1944 年
王福河	莱西市日庄镇瓦庄村	25	男	1944 年
王洪亭	莱西市日庄镇院里村	38	男	1944 年
王禄京	莱西市孙受镇埠下村	26	男	1944 年
林福全	莱西市孙受镇埠下村	31	男	1944 年
刘立安	莱西市孙受镇后裴乐村	30	男	1944 年
刘本述	莱西市孙受镇后裴乐村	21	男	1944 年
麻同芝	莱西市水集街道白玉庄村	21	男	1944 年
隋树友	莱西市水集街道隋家屯村	26	男	1944 年
张开山	莱西市店埠镇双河村	30	男	1944 年
王 军	莱西市日庄镇瓦庄村	25	男	1944 年
王孟开	莱西市日庄镇院里村	36	男	1944 年
王明瑞	莱西市日庄镇日东村	25	男	1944 年
王庆田	莱西市日庄镇瓦庄村	24	男	1944 年
王松芳	莱西市日庄镇院里村	68	男	1944 年
王永会	莱西市日庄镇瓦庄村	33	男	1944 年
王元松	莱西市日庄镇寨里村	33	男	1944 年
吴仲太	莱西市日庄镇日西村	28	男	1944 年
徐芳春	莱西市日庄镇幸福庄村	25	男	1944 年

姓　名	籍　贯	年　龄	性　别	死难时间
徐青林	莱西市日庄镇鲍格庄村	—	男	1944 年
徐　田	莱西市日庄镇鲍格庄村	30	男	1944 年
薛文寿	莱西市日庄镇门家庄村	28	男	1944 年
杨学祥	莱西市日庄镇东莪兰庄村	19	男	1944 年
于伯斗	莱西市日庄镇赵富庄村	21	男	1944 年
于敬坤	莱西市日庄镇河头村	19	男	1944 年
于民生	莱西市日庄镇余水庄村	—	男	1944 年
赵立行	莱西市日庄镇三曲埠村	19	男	1944 年
赵同胜	莱西市日庄镇三曲埠村	29	男	1944 年
赵文山	莱西市日庄镇鱼池村	22	男	1944 年
仇学喜	莱西市沽河街道青石埠村	29	男	1944 年
孙明广	莱西市李权庄镇东仰岭村	60	男	1945 年 1 月 10 日
胡玉清	莱西市马连庄镇郑格庄村	22	男	1945 年 1 月
赵玉生	莱西市姜山镇后垛埠村	22	男	1945 年 1 月
刘在昌	莱西市夏格庄镇索兰村	24	男	1945 年 1 月
姜克伦	莱西市夏格庄镇大李家疃村	23	男	1945 年 1 月
刘成诰	莱西市院上镇曹官屯村	29	男	1945 年 1 月
康学瑞	莱西市姜山镇后庞家兰村	22	男	1945 年 2 月
李成才	莱西市孙受镇西杨格庄村	30	男	1945 年 2 月
刘兰青	莱西市马连庄镇河崖村	26	男	1945 年 2 月
孙受松	莱西市日庄镇泊子村	—	男	1945 年 2 月
于成溪	莱西市店埠镇前张官寨村	24	男	1945 年 3 月
于战升	莱西市院上镇南大佛阁村	23	男	1945 年 3 月
姜殿刚	莱西市河头店镇韩埠村	30	男	1945 年 3 月
徐维新	莱西市马连庄镇东军寨村	31	男	1945 年 3 月
欣	莱西市日庄镇泊子村	—	男	1945 年 3 月
王泮举	莱西市日庄镇淤场村	28	男	1945 年 3 月
刘　民	莱西市日庄镇泊子村	—	男	1945 年 3 月
刘　春	莱西市日庄镇泊子村	—	男	1945 年 3 月
丁世奎	莱西市日庄镇三甲夼村	—	男	1945 年 3 月
赵　训	莱西市日庄镇三曲埠村	23	男	1945 年 3 月
展学洪	莱西市武备镇岘沽村	35	男	1945 年 4 月 6 日
展洪友	莱西市武备镇岘沽村	34	男	1945 年 4 月 6 日
展英宝	莱西市武备镇岘沽村	22	男	1945 年 4 月 6 日

姓　名	籍　贯	年　龄	性　别	死难时间
刘在臣	莱西市孙受镇后莪乐村	25	男	1945 年 4 月
张春远	莱西市武备镇北刘格庄村	21	男	1945 年 4 月
邹瑞本	莱西市院上镇邹家许村	20	男	1945 年 4 月
于永希	莱西市店埠镇天井山村	27	男	1945 年 4 月
于殿邦	莱西市马连庄镇望屋庄村	39	男	1945 年 4 月
崔尚作	莱西市沽河街道甲瑞村	24	男	1945 年 5 月
秦书显	莱西市武备镇南武备村	26	男	1945 年 5 月
郝兴君	莱西市院上镇郝家许村	22	男	1944 年 5 月
蔡典利	莱西市院上镇蔡家庄村	21	男	1945 年 5 月
王树敬	莱西市院上镇南大佛阁村	26	男	1945 年 5 月
姜作伦	莱西市沽河街道孟格庄村	26	男	1945 年 5 月
胡玉敬	莱西市马连庄镇道子泊村	39	男	1945 年 5 月
丁云奎	莱西市日庄镇三甲夼村	—	男	1945 年 5 月
李祥清	莱西市李权庄镇洽疃村	24	男	1945 年 6 月 7 日
修仁秋	莱西市李权庄镇埠西村	23	男	1945 年 6 月 9 日
李绍经	莱西市李权庄镇东众水村	25	男	1945 年 6 月 16 日
李光奇	莱西市孙受镇西杨格庄村	27	男	1945 年 6 月
于美中	莱西市姜山镇姜山一村	26	男	1945 年 6 月
李玉光	莱西市姜山镇兴隆庄村	20	男	1945 年 6 月
孙德洪	莱西市南墅镇新埠村	40	男	1945 年 6 月
王焕礼	莱西市马连庄镇西巨家村	26	男	1945 年 6 月
徐振春	莱西市马连庄镇西巨家村	23	男	1945 年 6 月
徐文天	莱西市马连庄镇西巨家村	32	男	1945 年 6 月
顾万庆	莱西市马连庄镇顾家村	25	男	1945 年 6 月
李学青	莱西市日庄镇胡家沟村	—	男	1945 年 6 月
孟照思	莱西市马连庄镇孟家下夼村	45	男	1945 年 7 月
李行章	莱西市姜山镇兴隆庄村	34	男	1945 年 7 月
张　久	莱西市河头店镇鞠家庄村	29	男	1945 年 7 月
隋光林	莱西市沽河街道高格庄村	26	男	1945 年 8 月
张世存	莱西市姜山镇后庞家兰村	29	男	1945 年 8 月
刘　平	莱西市姜山镇解家泽口村	27	男	1945 年 8 月
宫焕举	莱西市姜山镇泽口集村	24	男	1945 年 8 月
王喜增	莱西市姜山镇于旺庄村	21	男	1945 年 8 月
刘洪池	莱西市店埠镇前沙湾庄村	17	男	1945 年 8 月

姓　名	籍　贯	年龄	性别	死难时间
李光珍	莱西市孙受镇西杨格庄村	23	男	1945 年 8 月
刘在刚	莱西市孙受镇后㡳乐村	35	男	1945 年 8 月
孙太义	莱西市李权庄镇埠西村	24	男	1945 年 8 月
时香廷	莱西市武备镇南武备村	31	男	1945 年 9 月
耿以广	莱西市院上镇兴隆屯村	17	男	1945 年 9 月
周德臣	莱西市院上镇院上村	24	男	1945 年 9 月
迟宗寿	莱西市姜山镇姜山三村	30	男	1945 年
曲广昌	莱西市姜山镇曲家屯村	32	男	1945 年
贾先竹	莱西市姜山镇前堤村	25	男	1945 年
吕成璞	莱西市姜山镇望埠庄村	20	男	1945 年
胡令加	莱西市姜山镇胡家泊村	18	男	1945 年
董明海	莱西市河头店镇董家庄村	21	男	1945 年
牟桂法	莱西市河头店镇李家泊子村	26	男	1945 年
吕洪顺	莱西市河头店镇东大寨村	28	男	1945 年
张咸科	莱西市夏格庄镇张家庄村	29	男	1945 年
宁孝文	莱西市夏格庄镇宁家庄村	28	男	1945 年
张存文	莱西市孙受镇西张家寨子村	24	男	1945 年
张群文	莱西市孙受镇西张家寨子村	21	男	1945 年
王大泮	莱西市孙受镇王家寨子村	55	男	1945 年
李　信	莱西市孙受镇西杨格庄村	22	男	1945 年
林治卿	莱西市孙受镇埠下村	33	男	1945 年
庄学宽	莱西市水集街道李家疃村	37	男	1945 年
史开宾	莱西市水集街道院庄村	24	男	1945 年
刘洪顺	莱西市水集街道白玉庄村	40	男	1945 年
仇恒顺	莱西市水集街道展格庄村	16	男	1945 年
庄聚芳	莱西市水集街道任家疃村	24	男	1945 年
王永君	莱西市南墅镇小埠村	27	男	1945 年
王　柱	莱西市沽河街道牛溪埠村	27	男	1945 年
张寿增	莱西市沽河街道岭西头村	19	男	1945 年
邴龙先	莱西市沽河街道早朝村	35	男	1945 年
邴福延	莱西市沽河街道早朝村	26	男	1945 年
韩炳学	莱西市沽河街道前胡村	31	男	1945 年
李芝桂	莱西市沽河街道前庄扶村	26	男	1945 年
刘祥义	莱西市南墅镇远西庄村	24	男	1945 年

姓　名	籍　贯	年　龄	性　别	死难时间
李金福	莱西市孙受镇兴旺庄村	26	男	1945 年
林一品	莱西市马连庄镇马连庄村	28	男	1945 年
徐恒春	莱西市马连庄镇孔家村	51	男	1945 年
庞学成	莱西市马连庄镇孔家村	43	男	1945 年
徐才春	莱西市马连庄镇孔家村	36	男	1945 年
李树春	莱西市马连庄镇崔格庄村	21	男	1945 年
李树加	莱西市马连庄镇崔格庄村	26	男	1945 年
王守诚	莱西市马连庄镇崔格庄村	24	男	1945 年
田维民	莱西市马连庄镇田家村	24	男	1945 年
王　湖	莱西市马连庄镇仲格庄村	28	男	1945 年
徐芳顺	莱西市马连庄镇朱耩村	41	男	1945 年
孙振法	莱西市马连庄镇下疃村	18	男	1945 年
于凤章	莱西市马连庄镇下疃村	25	男	1945 年
高明九	莱西市马连庄镇鲁格庄村	28	男	1945 年
郑　勤	莱西市马连庄镇郑家下夼村	28	男	1945 年
王喜祥	莱西市马连庄镇唐家庄村	37	男	1945 年
郑　坤	莱西市马连庄镇郑家下夼村	38	男	1945 年
单洪喜	莱西市日庄镇东庞村	—	男	1945 年
付世珍	莱西市日庄镇付庄村	—	男	1945 年
解日喜	莱西市日庄镇胡家沟村	—	男	1945 年
李焕德	莱西市日庄镇前庞村	—	男	1945 年
李树良	莱西市日庄镇西朱毛村	36	男	1945 年
刘京义	莱西市日庄镇泊子村	—	男	1945 年
刘克训	莱西市日庄镇郭庄村	21	男	1945 年
刘明武	莱西市日庄镇前李格庄村	26	男	1945 年
刘仁福	莱西市日庄镇三曲埠村	23	男	1945 年
邵安喜	莱西市日庄镇日北村	20	男	1945 年
邵本尧	莱西市日庄镇日东村	29	男	1945 年
孙宝春	莱西市日庄镇东白石山村	—	男	1945 年
孙会芳	莱西市日庄镇东白石山村	—	男	1945 年
孙会国	莱西市日庄镇东白石山村	—	男	1945 年
孙　江	莱西市日庄镇东白石山村	—	男	1945 年
唐德才	莱西市日庄镇付庄村	—	男	1945 年
王和仁	莱西市日庄镇青峰岭村	25	男	1945 年

姓　名	籍　贯	年　龄	性　别	死难时间
王奎田	莱西市日庄镇寨里村	24	男	1945 年
姚明伦	莱西市日庄镇后李格庄村	26	男	1945 年
于凤江	莱西市日庄镇大埠阴村	25	男	1945 年
战云朋	莱西市日庄镇后李格庄村	24	男	1945 年
赵良溪	莱西市日庄镇三曲埠村	20	男	1945 年
周会南	莱西市日庄镇五子埠后村	23	男	1945 年
邹同春	莱西市日庄镇邹家庄村	23	男	1945 年
邹同福	莱西市日庄镇邹家庄村	34	男	1945 年
杨福胜	莱西市日庄镇东莪兰庄村	36	男	1945 年
丁洪义	莱西市日庄镇河头村	21	男	1945 年
姜恩堂	莱西市日庄镇埠头村	21	男	1945 年
孙明亮	莱西市日庄镇西白石山村	19	男	1945 年
姜克诰	莱西市夏格庄镇大李家疃村	36	男	1945 年
姜德福	莱西市夏格庄镇大李家疃村	19	男	1945 年
李云敬	莱西市南墅镇后石头山村	20	男	1945 年
王成秀	莱西市李权庄镇义和庄村	25	男	1945 年
孙风田	莱西市李权庄镇葛岭村	27	男	1945 年
郑奎月	莱西市南墅镇下庄村	20	男	1945 年
左子财	莱西市南墅镇下庄村	30	男	1945 年
丁德云	莱西市南墅镇东馆村	20	男	1945 年
李兴奎	莱西市南墅镇后石头山村	23	男	1945 年
孙全先	莱西市李权庄镇葛岭村	24	男	1945 年
宋德奎	莱西市李权庄镇东李权庄村	23	男	1945 年
于志臣	莱西市李权庄镇柴岚村	24	男	1945 年
陈玉亭	莱西市店埠镇花园岭村	27	男	1945 年
万德信	莱西市店埠镇西南阁村	32	男	1945 年
孙永千	莱西市店埠镇李仙庄村	18	男	1945 年
徐中山	莱西市店埠镇前朴木村	35	男	1945 年
刘英环	莱西市店埠镇前沙湾庄村	18	男	1945 年
张元岭	莱西市店埠镇后张官寨村	32	男	1945 年
孙水思	莱西市姜山镇沟东村	25	男	1945 年
姜喜春	莱西市姜山镇姜山一村	35	男	1945 年
王炳堂	莱西市院上镇葛家埠村	17	男	1945 年
董仁芳	莱西市院上镇葛家埠村	23	男	1945 年

姓　名	籍　贯	年　龄	性　别	死难时间
李茂祥	莱西市院上镇南辛庄村	38	男	1945 年
王克训	莱西市院上镇兴隆屯村	40	男	1945 年
张子英	莱西市院上镇赵家庄村	20	男	1945 年
王福训	莱西市院上镇兴隆屯村	41	男	1945 年
周子先	莱西市院上镇堆金泊村	28	男	1945 年
郝德正	莱西市院上镇郝家许村	28	男	1945 年
姜作奎	莱西市院上镇永丰庄村	22	男	1945 年
李树民	莱西市院上镇黄王地村	20	男	1945 年
吴道章	莱西市南墅镇小吴家村	—	男	—
吴成国	莱西市南墅镇小吴家村	—	男	—
刘刚业	莱西市夏格庄镇温泊南村	—	男	—
王　本	莱西市夏格庄镇温泊南村	—	男	—
温礼义	莱西市夏格庄镇温泊南村	—	男	—
吴茂庆	莱西市南墅镇小吴家村	44	男	1939 年 7 月
赵广瑞	莱西市马连庄镇管家屯村	25	男	1939 年
刘治国	莱西市南墅镇小吴家村	31	男	1940 年 3 月
孙红梅	莱西市李权庄镇葛岭二村	24	男	1940 年 5 月
赵延庆	莱西市马连庄镇南森格庄村	50	男	1940 年夏
赵溪祥	莱西市马连庄镇南森格庄村	30	男	1940 年夏
赵其祥	莱西市马连庄镇南森格庄村	35	男	1940 年夏
赵延庆之母	莱西市马连庄镇南森格庄村	—	女	1940 年夏
赵延庆之妻	莱西市马连庄镇南森格庄村	48	女	1940 年夏
赵溪祥之母	莱西市马连庄镇南森格庄村	55	女	1940 年夏
赵溪祥之妻	莱西市马连庄镇南森格庄村	29	女	1940 年夏
赵延温	莱西市马连庄镇南森格庄村	32	男	1940 年夏
赵延温之母	莱西市马连庄镇南森格庄村	53	女	1940 年夏
赵延温之妻	莱西市马连庄镇南森格庄村	30	女	1940 年夏
赵坤祥之妻	莱西市马连庄镇南森格庄村	35	女	1940 年夏
赵延保之妻	莱西市马连庄镇南森格庄村	38	女	1940 年夏
赵春年	莱西市马连庄镇南森格庄村	28	男	1940 年夏
张云平	莱西市南墅镇张家村	27	男	1940 年 7 月
郑元训之子	莱西市南墅镇下庄村	29	男	1940 年 7 月
赵玉年	莱西市南墅镇盛家村	31	男	1940 年 8 月
毛寿钦	莱西市马连庄镇北山口村	45	男	1940 年冬

姓 名	籍 贯	年 龄	性 别	死难时间
张明伦	莱西市开发区房家疃村	40	男	1940 年
吴石富	莱西市南墅镇小吴家村	40	男	1941 年 4 月
周正新	莱西市李权庄镇东李权庄村	26	男	1941 年 5 月
张俊科	莱西市夏格庄镇夏南庄村	50	男	1941 年
张为旬	莱西市夏格庄镇夏南庄村	20	男	1941 年
张为云	莱西市夏格庄镇夏南庄村	26	男	1941 年
张希明	莱西市夏格庄镇张疃村	32	男	1941 年
苏绍增	莱西市夏格庄镇金疃村	32	男	1941 年
黄成竹	莱西市李权庄镇黄家庄村	28	男	1942 年 6 月 4 日
张成忠	莱西市南墅镇张家村	41	男	1942 年 11 月
孙风言	莱西市南墅镇新埠村	29	男	1942 年 11 月
郑吉春	莱西市南墅镇下庄村	38	男	1942 年 11 月
郑奎珑	莱西市南墅镇下庄村	22	男	1942 年 11 月
郑登山	莱西市南墅镇下庄村	21	男	1942 年 11 月
盛本珠	莱西市南墅镇盛家村	28	男	1942 年 12 月
刘希法	莱西市马连庄镇下柳连庄村	21	男	1942 年 12 月
于显凯	莱西市马连庄镇下柳连庄村	21	男	1942 年 12 月
全维松	莱西市姜山镇全家岭村	39	男	1942 年
张孔祥	莱西市夏格庄镇夏二村	30	男	1942 年
于平捕	莱西市水集街道岗河头村	39	男	1942 年
赵广瑞	莱西市马连庄镇大森格庄村	18	男	1942 年
胡仁生	莱西市南墅镇盛家村	39	男	1943 年 1 月
胡群众	莱西市南墅镇盛家村	33	男	1943 年 1 月
胡玉兴	莱西市南墅镇盛家村	21	男	1943 年 1 月
盛本月	莱西市南墅镇盛家村	47	男	1943 年 5 月
李开钦	莱西市李权庄镇兴隆屯村	22	男	1943 年 7 月 4 日
王显良	莱西市李权庄镇兴隆屯村	27	男	1943 年 7 月 4 日
耿 喜	莱西市李权庄镇黄家庄村	24	男	1943 年 7 月 4 日
修松用	莱西市李权庄镇埠西村	43	男	1943 年 9 月 18 日
孙丰屋	莱西市李权庄镇埠西村	50	男	1943 年 9 月 18 日
修松香之兄	莱西市李权庄镇埠西村	43	男	1943 年 9 月 18 日
修振春	莱西市李权庄镇埠西村	45	男	1943 年 9 月 18 日
王兰香	莱西市夏格庄镇金疃村	24	男	1943 年
郑安连	莱西市南墅镇下庄村	39	男	1944 年 5 月

姓　名	籍　贯	年　龄	性　别	死难时间
马寿乐	莱西市孙受镇郭庄村	26	男	1944 年
王学礼	莱西市孙受镇郭庄村	20	男	1944 年
张学理	莱西市水集街道凤台埠村	22	男	1945 年 8 月
宋克强	莱西市孙受镇东杨村	—	男	—
合　计	**1293**			

责任人：于乃江　赵明江　　　　核实人：邴旭耀　麻连飞　　　　填表人：李　鸿

填报单位（签章）：莱西市委党史研究室　　　　　　　填报时间：2009 年 4 月 20 日

后　记

在中央党史研究室组织指导下，山东省于 2006 年开展了抗日战争时期人口伤亡和财产损失大型调研活动（以下简称"抗损调研"）。抗损调研的成果之一，是通过全省普遍的乡村走访调查，广泛收集见证人和知情人的口述资料，如实记录伤亡者的姓名、籍贯、性别、年龄、死难时间等信息，编纂一部《山东省抗日战争时期伤亡人员名录》（以下简称《名录》）。《名录》于 2010 年编纂完成后，共收录抗日战争时期日军造成的山东现行政区域范围内的伤亡人员 46.9 万余名。以《名录》为基础，我们选择信息比较完整、填写比较规范的 100 个县（市、区）抗日战争时期死难人员名录，经省市县三级党史部门进一步整理、编纂，形成了《山东省百县（市、区）抗日战争时期死难者名录》，共收录死难者 169173 人。

2005 年，中央党史研究室部署开展《抗日战争时期中国人口伤亡和财产损失》这一重大课题的调研工作。考虑到这项课题是一项艰巨复杂的浩大工程，山东省委党史研究室确定先行试点，在取得经验的基础上全面展开。2006 年 3 月，山东省委党史研究室在全省 17 个市选择 30 个县（市、区）作为抗损调研试点单位。在中央党史研究室指导下，山东省委党史研究室按照全国调研工作方案确定的指导思想、组织领导、调研项目、工作步骤、基本要求等，制定下发了《山东省抗日战争时期人口伤亡和财产损失调研试点工作方案》。各试点县（市、区）建立了两支调研队伍：一是县（市、区）建立由党史、档案、史志等单位人员组成的档案与文献资料查阅队伍；二是乡（镇）、村建立走访调查队伍。调查的方式是：以村为单位，以 70 岁以上老人为重点，走访调查见证人和知情人，调查人员根据访问情况填写调查表，被调查人员确认填写的内容准确无误后签字（按手印）；以乡（镇）为单位对调查表记录的人员伤亡和财产损失情况进行汇总统计；以县（市、区）为单位查阅历史档案和文献资料，细致梳理人员伤亡和财产损失情况记录，汇总统计本县（市、区）人口伤亡和财产损失情况。试点工作于 7 月底结束。

试点期间，中央党史研究室不仅从方案规划设计，调研方法步骤确定，以及走访调查和档案查阅等各个环节需要把握的问题，给予我们精心指导，而且一再提出把调研工作做成"基础工程、精品工程、警世工程、传世工程"的标准要求，不断提升我们对这项工作的认识高度。

在中央党史研究室的悉心指导下，试点工作不仅取得重要成果，而且深化了我们对抗损调研工作的认识，增强了我们做好这项工作的责任意识。

一是收集了大量历史档案和文献资料，掌握了历史上山东省对抗损问题的调研情况，对如何深化调研取得了新的认识。

试点期间，30个试点县（市、区）共查阅历史档案2.36万卷，文献资料6859册，收集档案、文献资料3.72万份。主要包括：抗日战争胜利后，山东解放区政府、冀鲁豫解放区政府和国民党山东省政府、国民党青岛市政府对抗日战争时期山东省境内人口伤亡和财产损失所做的调查资料；新中国成立后，为收集日本战犯罪行证据，由山东省人民政府统一组织领导，各级公安、检察机关所做的调查资料；20世纪五六十年代和改革开放以来，各级党史、史志、文史部门，社科研究单位和民间人士对抗日战争时期发生在山东省境内的人口伤亡和财产损失重大事件所做的典型调查资料等。

通过分析这些资料，可以看到，解放区政府和国民党政府所做的调查，调查时间是抗战胜利后至1946年初，调查方法是按照联合国救济总署设定的战争灾害损失调查项目进行的，调查目的在于战后救济与善后，着重于人口伤亡和财产损失的数据统计，其调查覆盖山东全境，统计数据全面、可靠，但缺少伤亡者具体信息的记录。新中国成立后及改革开放新时期的调查，留存了日本战犯和受害人、当事人的大量口供和证词。这些口供和证词记录了伤亡者姓名、被害经过等许多具体信息，但仅限于部分重大事件中的少数伤亡者。据此，我们认识到，虽然通过系统整理散落在各级档案馆、图书馆、博物馆的档案和文献中的历次调查资料，可以在确凿的历史档案、文献资料以及人证、物证等证据的基础上，进一步查明山东省抗日战争时期人口伤亡和财产损失的情况，但还是难以在全省范围内查明伤亡者更多的具体信息。因此，还需要我们做更多的工作。

二是收集了大量见证人、知情人口述资料，掌握了乡村走访调查的样本选择和操作方法，深化了对直接调查重要性的认识。

30个试点县（市、区）走访调查19723个村庄、103.6万人，召开座谈会13.13万人次，收集证人证言22.42万份。这些证言证词记载了当年日军的累累罪行。虽然时间已经过去了六七十年，见证人的有些记忆已很不完整、有些仅是片段式的，但亲眼目睹过同胞亲人惨遭劫难的老人们，仍能清晰讲述出其刻骨铭心的深刻记忆；虽然有些村庄已经消失，有些家族整个被日军杀绝，从而导致一些信息中断，但大多数村庄仍然保留有历史记忆，大量死难者有亲人或后人在世。

基于对证言证词的分析，我们认识到：村落是民族记忆的历史载体、家族生活的社会单元，保留着家族绵延续绝的历史信息；70岁以上老人在抗日战争胜利时已有十几岁，具备准确记忆的能力。以行政村为调查样本、以全省609万在世的70岁以上老人为重点人群，采用乡村走访调查的方法，可以收集更多的抗日战争时期伤亡人员信息，以弥补过去历次调查留下的缺憾。

三是查阅了世界其他国家对二战时期死难者调查的文献资料，增强了我们对历史负责、对死难者亡灵负责、对国际社会和人类文明负责的民族担当意识。

试点期间，山东省委党史研究室组织研究人员查阅了世界各国对二战时期死难者调查和纪念的相关资料。"尊重每一个生命，珍惜每一个人的存亡"，在第二次世界大战灾难的调查和纪念中得到充分体现。2004年，以色列纪念纳粹大屠杀的主题是"直到最后一个犹太人，直到最后一个名字"。在美国建立的珍珠港纪念碑上，死难者有名有姓，十分具体。在泰国、缅甸交界的二战遗址桂河大桥旁，盟军死难者纪念公墓整齐刻写着死难者的名字。铭记死难者的名字，抚平创伤让死难者安息，成为国际社会通行的做法。但是，日本全面侵华战争中造成数百万山东人民伤亡，60多年来在尘封的历史档案中记录的多是一串串伤亡数字，至今没有一部记录死难者相关信息的大型专著。随着当事人和见证者相继逝去，再不完成这方面的调查，将会成为无法弥补的历史缺憾。推动开展一次乡村普遍调查，尽可能多地查找死难者的名字、记录死难者的相关信息，既可告慰死难者的冤魂亡灵，又可留存日军残酷暴行的铁证。这是我们历史工作者的良心所在，责任所在！

中央党史研究室对山东试点工作及取得的成果给予充分肯定和高度评价，同意山东省委党史研究室对试点成果的分析和对抗损调研工作的认识，提出了开展山东省抗日战争时期人口伤亡和财产损失大型调研活动的指导意见，并要求努力实现以下两个主要目标：

一是在收集整理以往历次抗损调研成果的基础上，准确查明山东省抗日战争时期人口伤亡和财产损失的情况。即由省市县三级党史、史志、档案等部门具有一定研究能力的人员，广泛收集散落在各地档案馆、图书馆、博物馆的抗损资料，在系统整理、深入分析研究60多年来各级政府、社会团体、研究机构等调查和研究成果的基础上，准确查明山东省抗日战争时期人口伤亡和财产损失的情况；

二是开展一次普遍的乡村走访调查，尽可能多地调查记录伤亡者的信息，弥补以往历次调查的不足。即按照统一方法步骤，由乡村两级组成走访调查队伍，以行政村为调查样本、以70岁以上老人为重点调查人群，通过进村入户走访调查，广泛收集见证人和知情人的口述资料，如实记录死难者的姓名、性别、年龄、籍贯、伤亡时间、伤亡原因等信息。

在中央党史研究室的指导下，山东省委党史研究室研究制定了《山东省抗日战争时期人口伤亡和财产损失课题调研工作方案》，明确了抗损调研的指导思想、目标任务、方法步骤和保障措施等要求。在中央党史研究室的推动下，山东省成立了由党史、财政、史志、档案、民政、文化、出版、统计、司法等单位组成的大型调研活动领导小组，下设课题研究办公室（重大专项课题组）。

2006年10月中旬，山东省抗损调研领导小组研究通过并下发了《山东省抗日战争时期人口伤亡和财产损失课题调研工作方案》及关于录制走访取证声像资料、重大惨案进行司法公证、编写抗损大事记等相关配套方案，统一复制并下发了由中央党史研究室设计制定的"抗日战争时期人口伤亡调查表"、"抗日战争时期财产损失调查表"、"抗日战争时期人口伤亡统计表"、"抗日战争时期财产损失统计表"。

各市、县（市、区）按照方案要求进行了筹备部署：

一是组织调研队伍。各市、县（市、区）成立了抗损调查委员会，从党史、史志、档案、民政、统计、图书馆等单位抽调10～20名人员组成抗损课题办公室，主要负责本地调研工作的组织协调，历史档案和文献资料的查阅、收集、分析整理、汇总统计等任务。全省共组织档案文献查阅人员3910名。各乡（镇）抽调5～10人组成走访调查取证组，具体承担本乡（镇）各村的走访调查取证工作。全省各乡（镇）调查组依托村党支部、村委会共组织走访调查取证人员32万余名。

二是培训调研人员。各市培训所属县（市、区）骨干调研队伍，培训主要采取以会代训的形式，重点推广试点县（市、区）调研工作中的成功做法。各县（市、区）培训所属乡（镇）调研队伍，培训采取选择一个典型村或镇进行集中调研、现场观摩的形式。

三是乡（镇）以行政村为单位对辖区内70岁以上老人登记造册，统一印制并向70岁以上老人发放了"抗日战争时期人口伤亡和财产损失入户调查明白纸"，告知调查的目的和有关事项。

2006 年 10 月 25 日，山东省抗损调研领导小组召开了全省抗损调研动员会议。10 月 26 日，走访取证工作在全省乡村全面展开。各乡（镇）走访调查取证组携带录音、录像设备和"抗日战争时期人口伤亡调查表"、"抗日战争时期财产损失调查表"等深入辖区行政村走访调查。调查人员主要由乡（镇）调查组人员和村党支部、村委会成员以及离退休老干部和退休教师组成。调查对象是各村 70 岁以上老人。

调查人员按照"抗日战争时期人口伤亡调查表"设置的栏目，主要询问被调查人所知道的抗日战争时期伤亡者姓名、年龄，伤亡时间、地点、经过（被日军枪杀、烧杀、活埋、砍杀、奸杀、溺水等情节）、伤亡者人数等情况。被调查人讲述，调查人员如实记录。记录完成后调查人员当场向被调查人宣读记录，被调查人确认无误后签名或盖章、按手印，调查人同时填写调查单位、调查人姓名、调查日期。证人讲述的死难者遇难现场遗址存在或部分存在的，调查组在证人指证的遗址现场（田埂、河沟、大树、坟地、小桥、水井、宅基地等）拍摄照片、录制声像资料。至此，形成一份完整的证言证词。

对于文献资料中记载的一次伤亡 10 人以上的惨案，各县（市、区）课题办公室组织党史、档案、史志等部门专业人员进行了专题调查，调查主要采取召开见证人、知情人座谈会的形式，调查过程全程录音、录像。对证言证词准确完整、具备司法公证条件的惨案，司法公证部门进行了司法公证。

为加强对调研工作的协调和指导，确保乡村走访调查目标的实现，山东省抗损课题研究办公室建立了督导制度、联系点制度、信息通报制度。省市县三级抗损课题研究办公室主任负责本辖区调研工作的督查指导，分别深入市、县（市、区）、乡（镇）检查调研工作开展情况。各市抗损课题研究办公室向所属县（市、区）派出督导员，深入乡（镇）、村检查指导调查取证工作，解决遇到的具体问题。省、市抗损课题研究办公室每位成员确定一个县（市、区）或一个乡（镇）为联系点，各县（市、区）抗损课题研究办公室每位成员联系一个乡（镇）或一个重点村，具体指导调研工作开展。为交流经验，落实措施，山东省抗损课题研究办公室编发课题调研《工作简报》150 多期。

截止到 2006 年 12 月中旬，大规模的乡村走访取证工作结束，全省乡村两级走访调查队伍共走访调查 8 万余个行政村、507 万余名 70 岁以上老人，分别占全省行政村总数和 70 岁以上老人总数的 95% 和 80% 以上，共收集证言证词 79 万余份。录制了包括证人讲述事件过程、事件遗址、有关实物证据等内容的大量影像资料，其中拍摄照片 7376 幅（同一底片者计为一幅），录音录像 49678 分钟，制作光盘 2037 张，并对专题调查的 301 个惨案进行了司法公证。

自 2006 年 12 月中旬开始，调研工作进入回头检查和分类汇总调研材料阶段。各乡（镇）调查组回头检查走访调查取证是否有遗漏的重点村庄和重点人群，收集的证言证词中证人是否签名、盖章、留下指纹，证言是否表述准确，调查人、调查单位、调查日期等是否填写齐全。在回头检查的基础上，将有关事件、伤亡者信息等如实记载下来，填写"抗日战争时期人口伤亡统计表"、"抗日战争时期财产损失统计表"。

12 月 16 日，山东省抗损课题研究办公室印制并下发了《山东省抗日战争时期伤亡人员名录》表格。《名录》包括死难人员和受伤人员的"姓名"、"籍贯"、"年龄"、"性别"、"伤亡时间"、"伤亡地点"、"伤亡原因"等要素。《名录》以乡（镇）为单位填写，以县（市、区）为单位汇总，于 2007 年 7 月完成。

自 2007 年 8 月开始，山东省抗损课题研究办公室对各地上报的调研资料进行分类整理和分析研究，发现《名录》明显存在以下不足：一是《名录》收录的伤亡人员数远远少于档案资料中记载的抗日战争时期全省伤亡人数。山东解放区政府和冀鲁豫解放区政府调查统计的山东省平民伤亡人口为 518 万余人，国民党山东省政府和青岛市政府调查统计的全省平民伤亡人口为 653 万余人，《名录》收录的查清姓名的伤亡人员仅有 46 万余人，不到全省实际伤亡人口数的十分之一。分析其中原因，从见证人、知情人的层面看，主要是此次调研距抗日战争胜利已达 61 年之久，大多数见证人、知情人已经去世，加之部分村庄消失、搬迁，大量人口流动，调研活动中接受调查的 70 岁以上老人仅是当时见证人和知情人中的极少部分，而且他们中有些当时年龄较小、记忆模糊，只能回忆印象深刻的部分。从死难者的层面看，主要是记录伤亡者名字信息的家谱、墓碑在"文化大革命"时期大多已被销毁、损坏，许多名字随着时间流逝难以被后人记住。受农村传统习俗的影响，大多数农村妇女没有具体名字，而许多儿童在名字还没有固定下来时就已遇难。许多家族灭绝的遇难者，因没有留下后人而造成信息中断，难以通过知情人准确回忆姓名等信息。二是各县（市、区）名录收录的查清姓名的伤亡人员在人数的多少上与实际伤亡人数的多少不成正比，其中部分县（市、区）在抗日战争时期遭日军破坏程度接近，但所收录的伤亡人员在数量上存在较大差异。主要原因是调研活动的走访调查阶段，各县（市、区）对此项工作的重视程度、投入力量和走访调查的深入细致程度存在较大差异，有些县（市、区）在走访调查中遗漏见证人和知情人，有的在证言证词的梳理中遗漏伤亡者的填写。三是《名录》确定的各项要素有的填写不全，有些填写不完整、不规范。主要原因是，《名录》所依据的"证言证词"记录的要素有许多本身就不完整、不全面，而《名录》填写者来自乡（镇）调查组的数万名调查人员，在填写规范上也难以达到一致。

根据中央党史研究室关于编纂《抗日战争时期中国人口伤亡和财产损失调研丛书》的要求，针对《名录》中存在的主要问题，山东省抗损课题研究办公室于 2009 年初制定下发了《关于编纂〈山东省抗日战争时期伤亡人员名录〉有关要求的通知》（以下简称《通知》）。《通知》要求各市、县（市、区）党史部门以对历史高度负责的精神，集中时间、集中力量，对《名录》进行逐一核实和修订，真正把《名录》编纂成经得起历史检验和各方质疑的精品工程、传世工程、警世工程。《通知》明确了各市、县（市、区）的编纂任务和责任要求，各市委党史研究室负责所辖县（市、区）、高新技术开发区、经济开发区伤亡人员名录补充和核实校订工作的具体部署、组织指导、督促检查和汇总上报工作。各市委党史研究室主任为第一责任人，对本市所辖县（市、区）伤亡人员名录核实校订工作质量和完成时限负总责；确定一名科长为具体责任人，协助第一责任人做好工作部署和组织指导工作，具体做好督促检查和汇总上报工作。各县（市、区）委党史研究室具体负责本县（市、区）伤亡人员名录的补充、核实和校订工作。县（市、区）委党史研究室主任为责任人，对伤亡人员名录的真实性、可靠性负总责。各县（市、区）分别确定 1 至 2 名填表人和核实人。填表人根据《名录》表格的规范标准认真填写，确保无遗漏、无错误。《名录》正式出版后，责任人和填表人、核实人具体负责对来自各方的质询进行答疑。责任人、核实人、填表人在本县（市、区）伤亡人员名录最后一页页尾签名，并注明填报单位和填报时间。

《通知》下发后，各市委党史研究室确定了本市抗日战争时期伤亡人员名录编纂工作第一责任人和直接责任人。全省 140 个县（市、区）和 16 个经济开发区、高新技术开发区共确定了 460 余名责任人、核实人、填表人，并明确了责任。各县（市、区）党史研究室根据《通知》要求，细致梳理调研资料特别是走访调查资料，认真核实伤亡人员各要素，补充遗漏的伤亡人员。部分县（市、区）还针对调研资料中存在的伤亡人员基本要素表述不清、填写不完整等情况，进行实地回访或电话回访，补充了部分遗漏和填写不完整的要素。各县（市、区）抗日战争时期伤亡人员名录补充、核实工作完成后，各市委党史研究室按照《通知》提出的要求，进行了认真审核把关，对达不到要求的，返回县（市、区）进一步修订。

至 2010 年 10 月，全省 140 个县（市、区）和 16 个经济开发区、高新技术开发区共 156 个区域单位全部完成了《名录》的补充、核实和校订工作，共收录抗日战争时期因战争因素造成的、查清姓名的伤亡人员 46 万余名。此后，中央党史研究室安排中共党史出版社对《名录》进行多次编校，但终因《名录》存在伤亡原因、伤亡地点等要素不规范、不完整和缺失较多等诸多因素，未能正式出版。

2014 年初，中央党史研究室组织展开新一轮抗损课题调研成果审核出版工作，并把《名录》纳入《抗日战争时期中国人口伤亡和财产损失调研丛书》第一批出版。按照中央党史研究室的部署要求，山东省抗损课题研究办公室组织力量对 2010 年整理编纂的《名录》再次进行认真审核，从中选择死难者信息比较完整、规范的 100 个县（市、区）死难者名录，组织力量集中进行编纂。在编纂中，删除了信息缺失较多的死难者死难原因、死难地点等要素，保留了信息比较完整的姓名、籍贯、性别、年龄、死难时间等 5 项要素。2014 年 8 月，《山东省百县（市、区）抗日战争时期死难者名录》编纂完成后，山东省抗损课题研究办公室将其下发各市和相关县（市、区）进行了再次核对。

山东省抗日战争时期人口伤亡和财产损失大型调研活动和《山东省百县（市、区）抗日战争时期死难者名录》的编纂工作是一项极其复杂的系统工程。这项工程自始至终按照中央党史研究室设定的调研项目、方法步骤和基本要求开展，自始至终得到中央党史研究室的精心指导，倾注着中央党史研究室领导和专家的智慧和心血；这项工程得到了全省各级各有关部门和广大基层干部的积极支持和热情参与，包含着全省数十万名调研人员的辛勤奉献和全省各级党史部门数百名编纂人员历时数年的艰辛付出。

在调研活动和《名录》编纂过程中，每位死难者的名字，都激起亲历者、知情人难以言尽的惨痛回忆和血泪控诉，他们的所说令人震颤、催人泪下。我们深知：通过系统、详尽、具体的调查，将当年山东人民的巨大伤亡和损失尽可能完整地记载下来，上可告慰死难者的冤魂亡灵，表达后人的祭奠和怀念，下可教育子孙后代"牢记历史、珍爱和平"。我们深感：对发生在六七十年前的巨大灾难进行调查，由于资料散失、在世证人越来越少，调查和研究的难度难以想象，但良心和责任驱使我们力求使调查更加扎实、有力、具体和准确，给历史、给子孙一个负责任的交代。由于对那场巨大的战争灾难进行调查研究，毕竟是一项复杂的浩大工程，需要经过一个长期的研究过程，我们对许多调研资料的梳理还不够细致全面，对调研资料的研究还需进一步深化，我们目前取得的调研成果和研究编纂成果，都与中央党史研究室的要求存在一定差距。我们将以对历史负责、对人民负责、对死难者负责、对子孙负责的态度，不断深化研究，陆续推出阶段性研究成果，为推动人类和平和文明进步作出应有的贡献。

山东省抗损课题研究办公室
山东省委党史研究室重大专项课题组
2014 年 8 月